Instructor's Annotated Edition

SEGUNDA PARTE

Invitaciones

An Interactive Worktext for Beginning Spanish

Deana Alonso-Lyrintzis
Southwestern College

Esther Alonso
Southwestern College

Brandon Zaslow
Occidental College

Lab Activities

Beverly Burdette
Pellissippi State Community College

VISTA
HIGHER LEARNING

Boston, Massachusetts

Publisher: José A. Blanco

President: Stephen Pekich

Editorial Director: Denise St. Jean

Director of Production: Nancy Jones

Art Director: Linda Jurras

Senior Designer: Polo Barrera

Design Team: Linde Gee

Staff Editors: Sarah Kenney, Alicia Spinner

Contributing Writers and Editors: Francisco de la Rosa, Gabriela Ferland, Claudi Mimó, Lourdes Murray

Production Team: María Eugenia Castaño, Oscar Díez, Mauricio Henao, Charles Leo, Ray Levesque, Kristin Mehring

Student Text ISBN 1-59334-231-4

Instructor's Annotated Edition ISBN 1-59334-232-2

Library of Congress Card Number: 2003112451

1 2 3 4 5 6 7 8 9 VH 08 07 06 05 04 03

Table of Contents

Getting to Know INVITACIONES

INVITACIONES was conceived with the methodological needs of the instructors, the pedagogical needs of the students, and the time constraints of both in mind. You will find that teaching with **INVITACIONES** is easy because it provides you, the instructor, with all of the materials and activities needed to deliver a communicative language program successfully. The focus of **INVITACIONES** is to develop learners' ability to carry out language tasks by providing the knowledge, vocabulary, and linguistic structures necessary for students to use Spanish immediately for communication. Aligned with professional moves towards proficiency-oriented programs, **INVITACIONES** provides students with adequate time to assimilate vocabulary and forms as well as ample opportunities to use Spanish in meaningful communication by means of a realistic realignment of the grammatical syllabus.

The authors believe the best way to meet students' pedagogical needs and to engage them in language learning is through a story. **INVITACIONES** tells a story through the episodes of the **INVITACIONES** video and throughout the lessons of the worktext. Every phase of each lesson presents, deepens, discusses and elaborates on the lives of six Spanish-speaking college students as they confront the challenges and experience the joys of daily life. Their stories invite students to share their own lives. Students identify with the characters because the story reflects their own experiences as students.

With its unique story-driven, student-centered, task-oriented, interactive worktext, **INVITACIONES** delivers a comprehensive, all inclusive set of materials that will enable students to interact in informal, transactional, and interpersonal situations with native speakers of Spanish.

To get the most out of pages IAE-5–IAE-16 of your **Instructor's Annotated Edition**, you should familiarize yourself with the front matter to the **INVITACIONES** student worktext, especially the Introduction (page v), the **INVITACIONES-at-a-glance** (pages xiv–xxv), **Video program** (pages xxvi–xxvii), and **Ancillaries** (pages xxviii–xxix).

Getting to Know Your Instructor's Annotated Edition

The **Instructor's Annotated Edition (IAE)** of **INVITACIONES** contains a wealth of instructional resources. For your convenience, answers to all activities have been overprinted on the pages of the student worktext. In addition, to save you time in class preparation and course management, marginal annotations complement and support varied teaching styles and extend the rich content of the student worktext. Here are some of the principle types of annotations you will find in the **INVITACIONES IAE**:

- **Instructor's Resources** A correlation to all instructor supplements available to reinforce each lesson (**episodio**) section or subsection

  Instructor's Resources
  - Overheads
  - VHS Video
  - Worktext CD
  - IRM: Videoscript, Tapescript, Comprehensible input
  - Testing Program
  - Website

- **Video Synopsis** A brief synopsis of each **INVITACIONES** video episode on the first page of each lesson

- **Additional Activity** Supplemental activities, including games, that provide even more practice of the language of the corresponding section of the lesson

- **Script** Transcripts of the recordings for the listening activities in the four-color worktext pages, or references on where to locate the scripts, in the event that they are too long to fit in the margins of the **IAE**

- **Suggestions** Ideas and techniques for presenting, expanding, or varying individual instructional elements

> Please check our website, *www.vistahigherlearning.com*, periodically for program updates and additional teaching support.

INVITACIONES, the *ACTFL Proficiency Guidelines*, and the *Standards for Foreign Language Learning*

INVITACIONES uses the *ACTFL Proficiency Guidelines* to create instructional objectives that meet the specific needs of first-year Spanish language learners. Students are provided language-use activities that enable them to:

- function in informal, transactional, and interpersonal situations (contexts)

- understand the overall meaning, key ideas, and some supporting details of simple narration, description, and explanation (the receptive functions of listening and reading)

- ask and answer questions; produce simple narration, description, and explanation (the productive functions of speaking and writing)

- deal with topics related to self and the immediate environment (content)

- understand and produce sentences and simple paragraphs (text types)

- comprehend and be understood by sympathetic language users (accuracy).

INVITACIONES uses *the Standards for Foreign Language Learning in the 21st Century* to create activities that develop competence in each of the areas captured in the 5C's. Students are provided opportunities to:

- participate in interpersonal, interpretive, and presentational communication

- experience cultural products and practices and reflect on the perspectives that underlie them

- acquire knowledge and new perspectives from Spanish language sources

- learn about the nature of language and culture and how each manifests itself in human communication

- take language beyond the classroom and into real-world interactions with Spanish speakers.

Orienting Students to the Worktext

The first day of class, take some time to orient your students to their worktext. Point out the different sections, features, and icons. Refer students to the **Español al instante** section on the inside back cover of their books, so they are aware of this handy reference to words and expressions to use in classroom interactions. Explain to them that their books have been designed for them to write in directly, so as to personalize their learning experience.

Point out that icons provide on-the-spot visual cues for the kinds of activities they will encounter: video-based activities, listening activities, pair work, group work, reading activities, and writing activities. Make sure they understand that they can do the video-based activities outside of class using the Video CD-ROM, provided with their worktext, and the listening activities using the Worktext & Lab MP3 Files Audio CD-ROM, also provided with their worktext.

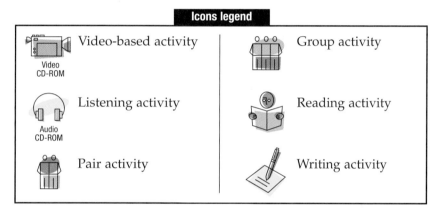

Show them a **Práctica adicional** reference and tell them that these boxed features indicate precisely when they should make use of their print and technology ancillaries. Point out that the abbreviations **WB** and **LM** list the page numbers and the exact activities in the **Cuaderno de tareas** workbook and lab manual sections they should complete for each section; **Pron.** refers to the **Pronunciación** section in the lab manual. Reinforce this information by having students turn to the **Cuaderno de tareas** pages referenced in the **Práctica adicional** box so that they realize those black and white pages appear at the end of each lesson.

Práctica adicional		
Cuaderno de tareas WB pp.231–232, I–J LM p.234, A–B	Audio CD-ROM Episodio 9	Website vistahigher learning.com

Inform students that all words and expressions appearing in the charts, lists, and illustrations of the **Gramática** and **Vocabulario** sections of **Para comunicarnos mejor** in the four-color pages of their worktext are considered active vocabulary. Additionally, point out that, at the end of each lesson, **Vocabulario del episodio** provides a convenient summary of the active vocabulary, as well as a section they can fill in with vocabulary important to their own lives and experiences. Finally, tell students that they are responsible for knowing the words and expressions in **Vocabulario del episodio**, and that they will appear on quizzes and exams.

Suggestions for Using Escenas de la vida

These opening pages of each lesson serve as advanced organizers that will help you set the stage and preview the story presented in the **INVITACIONES** video. By previewing vocabulary and structures in the context of the story, you will prepare students to understand and derive meaning from the video episode.

- **Objetivos comunicativos** This feature provides students with a list of tasks they will be able to carry out after completing the lesson's activities. Always go over the objectives with students so they have a real-life framework for their work in and outside of class.

- The tasks contained in **Escenas de la vida** are designed to spark students' interest in the content of the lesson, to tap into their knowledge of the topic presented in the video episode, and to familiarize them with the language necessary to comprehend and produce messages. Overhead transparencies provide the visual support you need to make the content of the story comprehensible.

- The illustrations and transparencies provide the tools you need for presenting grammar and vocabulary in real-life contexts. Use comprehensible input and involve students in your presentation. Share your personal experiences, and encourage students to share their stories as you help them to relate to the content and the characters in the video episode. Teach for meaning, but also focus your students' attention on form by writing key words on the board or on an overhead transparency. Check students' comprehension by means of questions that require **sí/no** or short answers. Since this phase of the lesson provides students with the knowledge, vocabulary, and structures of the episode, it is one of the most important parts of the communicative lesson. It may take between 20 and 40 minutes. See the **Instructor's Resource Manual (IRM)** for already-scripted sample comprehensible input that you can use with the **Escenas de la vida** section of each lesson.

- **Cultura a lo vivo** Everyday culture is an integral part of the **INVITACIONES** video episodes, which provide a window on the many manifestations of Hispanic culture and through which vocabulary and grammar are highlighted. **Cultura a lo vivo** appears in every **Escenas de la vida** section to deepen students' understanding of culture. Assign **Cultura a lo vivo** for in-class reading and discussion or as homework. Also, encourage students to learn more about the famous places, authors, music, and history mentioned in these boxes through research at the library, or on the **INVITACIONES** text-specific website that can be accessed through *www.vistahigherlearning.com*.

- **Learning Strategy** These sections present general processes that students use to maximize opportunities for learning. When available, discuss these strategies in class, model using them with the students, and provide practice in order to ensure student success.

Suggestions for Using the INVITACIONES Video

INVITACIONES is a video-driven program. Photos from the video, events from the storyline, and characters from the episodes are systematically integrated into virtually every section of each lesson, including the workbook and lab activities. It is important that you make students accountable for the content of the video, since it provides models for carrying out communicative tasks and establishes a common base of knowledge for meaningful discussions in class.

For each lesson, it is critical that students watch the video episode after you have previewed its contents by presenting the **Escenas de la vida** visual cues in tandem with comprehensible input as described on the previous page. Even with this initiation to the vocabulary, grammar, and language functions of the video episode, students may not be able to understand everything they hear, but they will be successful because they will have been prepared for the core content and will be able to respond to the prompts in the **Escenas de la vida** activities in the worktext.

It is strongly recommended that you show the video in class at least once, especially when students first see each episode. Ideally, students should view the video episode at least three times for each lesson: once for overall comprehension (no tasks involved), an additional viewing in order to complete the tasks in the **Escenas de la vida** activities, and a final viewing to summarize the content in their own words by doing the **¡A ver de nuevo!** activity in the **La correspondencia** section of each lesson in their worktext.

You may also choose to assign the **¡A ver de nuevo!** activity for homework and have students complete the third viewing outside of class—in the language lab, at home, in their dormitories—by using the Video CD-ROM that comes with their worktext or by listening to the audio track of the video episode on the Worktext & Lab MP3 Files Audio CD-ROM that also accompanies their worktext. Alternatively, if you do not have access to a VCR and monitor in your classroom, you can have students watch the video outside of class, and you can play the audiotrack of the video episode in class, using the Worktext Audio CD.

The first section in the workbook activities in **Cuaderno de tareas** for each lesson consists of video-based activities. You can have students watch the video and do these activities in class or you can assign them for homework, and students can watch the video or listen to the audiotrack of the video episode outside of class.

You might also want to use the **INVITACIONES** video in class when working with the **Para comunicarnos mejor** sections in the worktext. You could play the parts of the video episode that exemplify the vocabulary topics or grammar points being presented and ask students to identify them. You might try this technique as you progress through the section, or as a review of the entire section after you have completed it.

Suggestions for Using Para comunicarnos mejor

Para comunicarnos mejor highlights the grammar in **Gramática** or vocabulary in **Vocabulario** necessary to carry out the functions of the episode.

- **Analizar y descubrir** Lead students through these activities to help them discover the rules governing structures they will need for communication.

- **Model sentences and charts** Give students time to read the examples, so they understand what they will be repeating. Model the pronunciation of the words and phrases and have students repeat after you. Whenever possible, ask personalized questions using the vocabulary and grammar being taught.

- **Práctica** Activities provide highly contextualized guided practice. They generally begin by requiring only comprehension and move to those in which students manipulate form in meaningful and personalized ways. Students develop listening, reading, speaking, and writing skills through guided, yet meaningful exercises that increase their confidence and accuracy. The activities may be done orally as a class, in pairs or in small groups. They may also be assigned as homework. Remind students to refer to **Español al instante**, on the inside back cover of their worktext, in order to better understand activity direction lines in Spanish. The vocabulary and linguistic markers that characterize different varieties of Spanish as represented by the characters in the video have been used in the exercises and activities throughout the worktext as much as possible and within the acceptability of "standard" Spanish.

- **También se dice....** This features provides an avenue for different varieties of Spanish to be validated and discussed, if you so desire. Every effort has been made to include as many varieties as feasible to present a truly diverse look at the linguistic richness of the Spanish-speaking world.

Suggestions for Using Actividades comunicativas

The **Actividades comunicativas** section of each lesson provides highly motivating, interactive activities through which students receive the support they need to internalize vocabulary and grammar of the episode in a non-threatening environment. The activities promote cooperative learning and help develop a sense of community as students work together to accomplish learning goals. They include information gap, class surveys, and role-plays and may be completed in pairs, in groups, or in whole-class formats.

- Explain to students the importance of this section for developing oral proficiency in Spanish. Remind students to refer to the **Español al instante** section on the inside back cover of their worktexts in order to be able to interact with their classmates exclusively in Spanish.

- These activities should take from eight to ten minutes each. Monitor students' work by circulating around the class as they do the activites. Review answers with the entire class after the activities are completed. When applicable, have students report and summarize the information gathered from their classmates.

Suggestions for Using La correspondencia

With its three subsections, **La correspondencia** integrates language, culture, and real-world tasks. **El correo** contains a variety of informal texts such as e-mails and letters, many of which are written or received by the characters. Lively and relevant, they serve as models for students' written communication. Questions guide students in focusing on the main ideas and important details necessary to understand the text. Although students will not understand every word, they should be considered successful if they are able to accomplish the tasks. **Reading** and **Writing Strategies** guide students through more difficult texts and aid them in the reading and writing processes. **En papel** is a writing task in which students are invited to write their own materials in direct reaction to the **El correo** selection. **¡A ver de nuevo!** provides closure to the episode; students watch the video a final time and summarize its content, thereby realizing how much more of the **Escenas de la vida** story they understand, and how much language they have learned overall.

- **El correo** This activity may be assigned as homework. When available, review the **Reading Strategy** with students. If done in class, have students read the questions, ask for volunteers to read several sentences from the text, and have students finish reading the selection silently. Then, you may want to have students answer the questions as a class.

- **En papel** This activity may be assigned for homework. When available, review the **Writing strategy** with students, modeling the strategy and having students apply it. Give students the opportunity to engage in peer editing by editing a classmate's writing before assignments are turned in for a grade. Assign a grade based on task completion, focusing on the vocabulary and structures of the episode at hand, as well as the use of connectors and transition words. You are encouraged to display students' work, so that other students can learn from their classmates. Oral presentations based on an individual student's or a classmate's written work can be wonderful follow-up activities to the **En papel** assignments.

- **¡A ver de nuevo!** For the first few lessons, you may want to demonstrate the process of writing a summary, using a blank transparency on the overhead projector as you play the video segment. Ask students to tell you what happened in the **Escenas de la vida** episode, reminding them to paraphrase using the language they have learned and stressing the use of transition words. Once students have learned the process, you can assign the activity as homework, telling students to watch the video episode on the Video CD-ROM that comes with their worktext, or have students create their summaries in class in pairs.

- **Invitación a...** This section is written exclusively in Spanish, with English glosses where necessary. Read the captions with students in class. Encourage them to visit the **INVITACIONES** website in order to learn more about each country.

Suggestions for Using Vocabulario del episodio

Each episode concludes with a summary of the vocabulary and the structures practiced. The **Vocabulario personal** sections encourage students to personalize their learning so they are better able to talk about themselves and the world around them.

- As homework, the day before you start a new episode, ask students to look over the episode in order to get an idea of what they will be learning. Have them create flash cards with the new vocabulary. This task will build schema that will prepare them to better understand the episode's content.

- **Objetivos comunicativos** Remind students to review the communicative objectives in order to determine if they have attained all of the competencies taught in the episode.

- **Vocabulario personal** Have students write down all of the words they need to talk about the episode's theme with respect to themselves. You may wish to ask different students to share their personal vocabulary with the class. It will vary from student to student. For communication to be meaningful, it is important that students develop the ability to talk about themselves and gain a sense of "ownership" of words that are important to them.

Suggestions for Using Cuaderno de tareas

The **Cuaderno de tareas** is divided into two parts: **¡A escribir!** (workbook activities) and **¡A escuchar!** (lab activities). The activities on these black and white pages of the worktext are designed to provide students with out-of-class support and practice with the materials they are learning. **Práctica adicional** boxes in the color pages correlate each activity to the lessons.

- **¡A escribir!** Point out to students that the practice activities occur within the context of the story and the culture it reflects. The exercises are varied and include: discrete, form-and-meaning focused practice, open-ended questions, and reading and writing activities. Vocabulary, grammar, and language functions from the corresponding and previous lessons are consistently recycled throughout the materials. You may assign and collect these pages regularly to assess the progress of your students as you work through each lesson.

- **¡A escuchar!** The characters and storyline of the video are frequently integrated into these listening comprehension activities and pronunciation practice. The exercises are varied and include real-world listening, speaking, and writing activities. You may want to assign and collect these activities at the end of each lesson as you are working with the **La correspondencia** section. Students may complete the activities in the language lab or they may listen to them wherever they prefer, using the Worktext & Lab MP3 Files Audio CD-ROM that comes with their worktext.

Course and Lesson Planning

Overall Course Planning

INVITACIONES consists of two volumes, **Primera parte** and **Segunda parte. Primera parte** contains **Episodios 1–15** and **Segunda parte** contains **Episodios 16–30.** Each episode is designed to be completed in four to five contact hours. Students learn, practice, process, and acquire manageable quantities of language weekly. A modular instructional program, **INVITACIONES** can be used effectively in a variety of settings and may be divided as follows:

Option A (2 semesters, 5 contact hours per week)

Semester 1:	**Semester 2:**
Episodes 1–15	Episodes 16–30

With 4 contact hours per week, instructors may assign the **La Correspondencia** module as homework.

Option B (3 quarters, 5 contact hours per week or 3 semesters, 3 contact hours per week)

Quarter/semester 1:	**Quarter/semester 2:**	**Quarter/semester 3:**
Episodes 1–10	Episodes 11–20	Episodes 21–30

Lesson Planning

Here is a sample lesson for **Episodio 4: ¡Qué internacionales!**

Day 1

1. Read the **Objetivos comunicativos** on p. 81 so that students will know what they will be able to do at the end of the episode. (2 minutes)

2. Before playing the video, use comprehensible input to preview the content of **Escenas de la vida** by talking about the tasks and describing the pictures on p. 81. Complete sample comprehensible input is available in the **IRM**; an abbreviated version is provided below. Be sure to preview **ser de** + [*country*], family terms (**papá, mamá, hermanos, hijos**), and **tener... años** in the context of the story.

Sample comprehensible input: **Vamos a ver este mapa. ¿Qué país es éste?... Sí, es México. ¿Quién es de México? ¿Adriana o Sofía?... Bien, Sofía es de México. Los padres de Sofía también son de México. ¿De dónde es Adriana?... Adriana es de Puerto Rico. No sabemos de dónde es Manolo. Vamos a escuchar la conversación para indicar de dónde es Manolo. Aquí tenemos a los padres de Manolo. La mamá y el papá. Mi mamá se llama... y es de... Y tu mamá, ¿cómo se llama?... ¿De dónde es?** (Ask several students.) **Yo soy de... ¿Y tú? ¿Eres de aquí? ¿De dónde eres?** (Do not expect students to produce complete answers.) **Después de escuchar vamos a indicar de dónde son los padres de Ramón,** etc.

Ahora miren esta foto. Es la familia de Ramón. ¿Es una familia grande o pequeña? Sí, es grande, ¿verdad? Son seis. Mi familia es... somos... Y tu familia, ¿es grande o pequeña? (Ask several students.) **Vamos a ver: éste es el papá de Ramón; ¿cuántos años tiene el papá de Ramón? Humm, 48 ó 50, ¿qué creen? ¿Y la mamá? Mi mamá tiene... años. ¿Cuántos años tiene tu mamá?** (Ask several students.) **¿Y tú papá?** (Ask several students.) **Bueno ellos tienen cuatro hijos, ¿no? Ramón, Ana Mari y otros dos.** Question several students until you feel satisfied that they understand **soy de, es de, tengo hijos, tienes hermanos,** etc. (20–25 minutes)

3. Ask students to close their books and watch the **Escenas de la vida** video segment. Play the video. (3 minutes)

4. Have students open their books and complete the task in activity **A. ¡Mira cuánto puedes entender!** on p. 81. Read activities **B** and **C** on p. 82 with students. Play the video again in order for students to respond to the prompts. Go over the answers. (10 minutes)

5. Go over the **Learning Strategy** on p. 82 with students. Ask them to make up some associations for the vocabulary on p. 83 so they may share them the next day with the class. (3 minutes)

6. Model the pronunciation of **La familia, los familiares y más** on p. 83 and have students repeat after you. (3 minutes)

7. Briefly present the key points in *Expressing possession* on pp. 83–84, **Gramática 1** on pp. 86–87, and **Gramática 2** on p. 89 that you previewed through comprehensible input. (4 minutes)

8. For homework, have students study pp. 82–84 and do **Práctica** activities **A, B,** and **C** on pp. 84–86 and the **Escenas de la vida** workbook activities in **Cuaderno de tareas** on pp. 101–102. (1 minute)

Day 2

1. Begin class by reviewing the material from Day 1 and by collecting the **Escenas de la vida** workbook activities that were assigned as homework. Have students tell you what they remember about the characters. Use the family tree on p. 85 to review all of the relationships. Tell them about your family and ask students personalized questions about their own families. (10 minutes)

2. Have students work with a partner to check each other's answers to **Práctica** activities **A, B,** and **C** that were assigned as homework. (5 minutes)

3. Have students change partners and complete **Práctica D. ¿Y tus parientes?** on p. 86. (5 minutes)

4. Review *Expressing age* and model the pronunciation of **tener**, using the examples on p. 86. Ask students questions. Highlight the use of **tener** for expressing age. (4 minutes)

5. Complete **Práctica E. ¿Cierto o falso?** on p. 87 in a whole-class format. Ask volunteers to read each question. (4 minutes)

6. Model the pronunciation of a few numbers on p. 87, then write other numbers on the board and have students tell you what they are. (3–4 minutes)

7. Have students complete **Práctica F. El inventario** on p. 87 and **Práctica G. ¿Cuántos años tiene...?** on p. 88 in pairs. Students take turns playing each role. (6 minutes)

8. Have students complete **Práctica H. ¿Cuál es tu teléfono?** on p. 88 in groups of four. (5–7 minutes)

9. Refer students back to p. 81, asking them questions about where the characters' families are from. Emphasize the use of the preposition **de** to indicate origin. You may also want to do a quick review of the conjugation of **ser** (students already learned the verb in **Episodio 3**). (5 minutes)

10. Assign **Práctica** activities **I, J,** and **K** on pp. 88–89 for homework. (1 minute)

Day 3

1. Begin class by reviewing the material from Day 2. Ask students to share something about their families and ask personalized questions as well as questions about the characters, for example: **¿De dónde es Adriana? ¿Cuántos hijos tiene? ¿De dónde es Ramón? ¿De dónde es Manolo?** (4–6 minutes)

2. Have students interview a partner based on the questions from **Práctica** activity **I** that was assigned for homework. (5 minutes)

3. Go over the answers to **Práctica** activities **J** and **K** that were assigned for homework. Ask for volunteers. (5 minutes)

4. In groups of three, have students complete **Práctica L. ¿De dónde es tu familia?** on p. 90. Invite students to share their findings. (6–8 minutes)

5. Play the Worktext Audio CD or read the tapescript for **Práctica M. Una familia internacional** on p. 90 and have students complete the chart. Play or read it a second time so students can verify their answers. Have students share their responses. (5 minutes)

6. Have students complete the activities in **Actividades comunicativas** on pp. 91–96 with a partner. Remind students of the importance of accomplishing the tasks without looking at their partner's page. Circulate around the classroom, making note of students' mistakes for later review. If a pair of students finishes early, have them switch roles and complete the activity again. (15–20 minutes)

7. Assign the *Identifying family members and friends, Expressing age,* and *Telling where someone is from* workbook activities in **Cuaderno de tareas** on pp. 102–106. (1 minute)

Day 4

1. Begin class by reviewing the material from Day 3 and by collecting the **Cuaderno de tareas** workbook activities that were assigned as homework. Have students share their experiences with the communicative activities. (5 minutes)

2. Complete **El correo: Sofía te escribe** on p. 97. Focus students' attention on the information they need to understand when reading Sofía's letter by reviewing the questions before students begin to read. Provide students with sufficient time to read the letter either by themselves or with a partner. Have students respond to the questions, asking volunteers to share their answers. Discuss the content of the reading. (10 minutes)

3. In a whole-class format, guide students in using Sofía's letter as a model for **En papel: Una carta para Sofía** on p. 97. Have students write their first draft. (8–10 minutes)

4. Give students time to work with a partner to read each other's work and give feedback to their partner. Have them focus on the content first and on form second. (10–15 minutes)

5. For homework, have students type a final draft of their letter to Sofía and attach a picture of their family, for posting in class the next day. The first time that you ask students to bring something that will be displayed, be sure to prepare a model. In this case, you might paste a paragraph on cardstock and attach a picture, so students can see a sample of what they are expected to do. (5 minutes)

6. Review the objectives of the episode and announce and outline the content of the quiz to be given during the next class. Assign the lab activities in **Cuaderno de tareas** on pp. 107–108 as homework. (5 minutes)

Day 5

1. Collect the typed **En papel** assignments and the **Cuaderno de tareas** lab activities that were assigned for homework. Post students' writing and allow time for them to read three or four samples of their classmates' work. Talk about their families and ask them personal questions. Ask students to share what they have learned about their classmates' families. (20 minutes)

2. Play the video episode again and have students complete **¡A ver de nuevo!** on p. 98. (3–5 minutes)

3. Go over students' answers to **¡A ver de nuevo!** and have them summarize the content of the video episode. (8–10 minutes)

4. Administer the **Episodio 4 prueba**. (15 minutes)

5. Ask students to glance at the next episode to familiarize themselves with its content, and ask them to prepare flash cards with the new vocabulary for homework. (2 minutes)

SEGUNDA PARTE

Invitaciones

An Interactive Worktext for Beginning Spanish

Deana Alonso-Lyrintzis
Southwestern College

Esther Alonso
Southwestern College

Brandon Zaslow
Occidental College

Lab Activities

Beverly Burdette
Pellissippi State Community College

VISTA
HIGHER LEARNING

Boston, Massachusetts

Publisher: José A. Blanco

President: Stephen Pekich

Editorial Director: Denise St. Jean

Director of Production: Nancy Jones

Art Director: Linda Jurras

Senior Designer: Polo Barrera

Design Team: Linde Gee

Staff Editors: Sarah Kenney, Alicia Spinner

Contributing Writers and Editors: Francisco de la Rosa, Gabriela Ferland, Claudi Mimó, Lourdes Murray

Production Team: María Eugenia Castaño, Oscar Díez, Mauricio Henao, Charles Leo, Ray Levesque, Kristin Mehring

Student Text ISBN 1-59334-231-4

Instructor's Annotated Edition ISBN 1-59334-232-2

Library of Congress Card Number: 2003108875

1 2 3 4 5 6 7 8 9 VH 08 07 06 05 04 03

Dedication

At the time of his tragic death on August 15, 1996, my husband, **Costas Lyrintzis,** was a professor of Aerospace Engineering at San Diego State University. He was loved and respected by his students and colleagues because of his friendliness, his intelligence and his ability to smile and make others feel better, even in the worst of times.

Even though his death made the process of writing this book so much more difficult, he has been with us all along the way. His memory gave us strength, his faith in us and our ability to contribute to the teaching of Spanish kept us going at times when we wanted to quit. Our desire to write a book worthy of him and his memory raised our spirits.

We all love you, Costas. Our lives will never be the same without you.

Deana Alonso-Lyrintzis

Introduction

Bienvenido a INVITACIONES, your invitation to the rich language and the diverse cultures of the Spanish-speaking world! This program takes a communicative approach to developing your ability to use and understand Spanish in practical, everyday contexts. It also aims at building your cultural knowledge and competency.

▶ Unique interactive worktexts

A brand new program, **INVITACIONES** consists of two volumes, **Primera parte** and this volume, **Segunda parte**. Both are interactive worktexts, the first of their kind published for introductory college Spanish. Because you write in and otherwise "interact" with the lessons, the worktexts are spiral-bound, with paperback covers and perforated pages for easy removal.

▶ Five resources in one package

Each **INVITACIONES** worktext contains fifteen lessons, called *episodes*, and each episode is organized in exactly the same way: full-color lesson pages, immediately followed by black-and-white pages with workbook and lab activities. As a result, the worktext offers you three printed learning tools you need for learning Spanish in one self-contained volume. In addition, each new worktext comes packaged with the **INVITACIONES** Video CD-ROM and the Worktext & Lab MP3 Files Audio CD-ROM, ensuring that you have one convenient package with the multimedia ancillaries you need for success in your introductory Spanish course.

▶ Video-driven program

Specially shot for **INVITACIONES**, the video revolves around the everyday lives and relationships of a group of Spanish-speaking friends from various countries as they attend college in the United States. Photos from the video, events from the storyline, and characters from the episodes are systematically integrated into virtually every section of each lesson, including the workbook and lab activities.

▶ Personalized learning experience

Throughout the full-color pages of its lessons, **INVITACIONES** invites you to interact with the worktext by filling in information that interests you, any by personalized reactions and providing ideas for use with a partner, small groups, or the entire class. **Segunda parte** also begins with a review of **Primera parte** in **Episodio 16** and ends with a review of the entire program in **Episodio 30**. As you work through each lesson, you will find that the worktext consistently gives you the support you need to carry out real-life tasks in Spanish.

To familiarize yourself with the worktext's organization and features, turn to page xiv and take the **INVITACIONES: Segunda parte**-at-a-glance tour. For more information on **INVITACIONES: Primera parte**, see page xxx.

TABLE OF CONTENTS

	Escenas de la vida	Para comunicarnos mejor

TABLE OF CONTENTS

	Escenas de la vida	Para comunicarnos mejor

TABLE OF CONTENTS

	Escenas de la vida	Para comunicarnos mejor

TABLE OF CONTENTS

	Escenas de la vida	**Para comunicarnos mejor**

Consulta (Reference)

Escenas de la vida

opens every lesson with an input-driven *and* video-based introduction to the lesson's theme, vocabulary, and grammar.

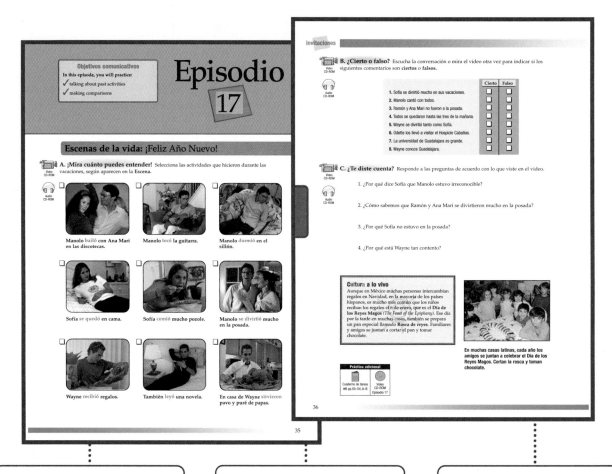

Objetivos comunicativos This brief list highlights the real-life tasks you will be able to carry out in Spanish by the end of the lesson in terms of language functions.

The INVITACIONES Video The **Escenas de la vida** sections in your worktext are designed to be used in conjunction with the corresponding **Escenas de la vida** video episode on the **INVITACIONES** video. The episodes tell the story of a group of Spanish-speaking friends attending college in the United States. To learn more about the video, turn to pages xxvi – xxvii in this at-a-glance tour.

Video Stills Images from the lesson's video episode set the scene for the video, visually support the topic and vocabulary being presented, and preview the grammatical structures of the lesson in context and in a comprehensible way.

Activities The **Escenas de la vida** activities guide you through the lesson's video episode and check your understanding of the key events and ideas. Frequently, activities are set up to let you interact hands-on with the materials by writing directly in your worktext.

Cultura a lo vivo Brief readings deepen your understanding of culture by providing an analysis of the video characters' behavior or by expanding on cultural concepts mentioned in the video.

Práctica adicional Cross-references to the **Cuaderno de tareas** part of your worktext let you know exactly which activities and technology ancillaries are available to reinforce **Escenas de la vida**.

Para comunicarnos mejor

presents the grammatical structures necessary to carry out the real-life tasks of the lesson.

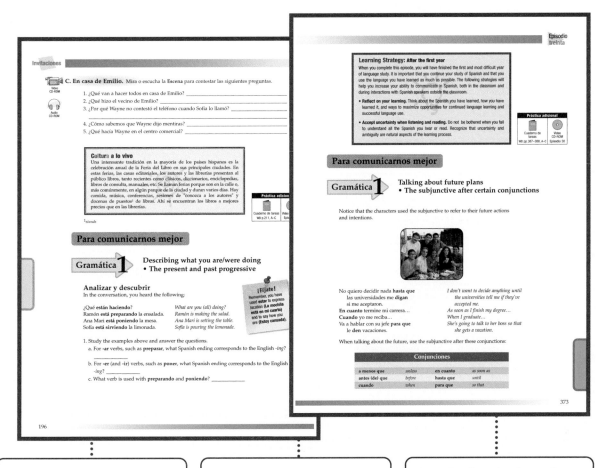

Gramática Grammatical concepts previewed in **Escenas de la vida** activities and featured in the corresponding **Escenas de la vida** video episode are presented in the grammar section of your worktext.

Analizar y descubrir This section appears, when appropriate, to guide you in analyzing and discovering grammatical structures and patterns featured in **Escenas de la vida**, before you use them in upcoming practice activities.

Examples Examples, frequently taken from the lesson's video episode, highlight the language and structures you are studying and put them in real-life contexts.

Learning Strategy Learning strategy boxes, related to specific language-learning tasks, present general techniques you can use to maximize your learning opportunities.

Para comunicarnos mejor

also focuses on the vocabulary necessary to carry out the real-life tasks of the lesson.

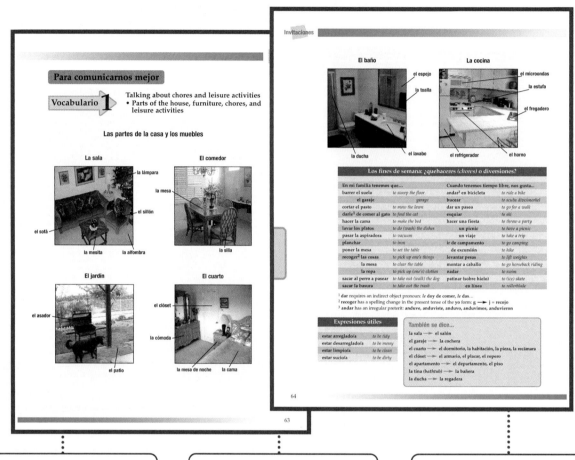

Vocabulario These sections present words and expressions taken from the lesson's video episode, as well as additional vocabulary related to the lesson's topic, using the same type of charts, examples, and other elements as in the **Gramática** sections.

Visual support New featured vocabulary is generally introduced through or supported by illustrations, photographs, or images from the lesson's **Escenas de la vida** video episode.

También se dice In recognition of the richness and diversity of the Spanish language, this feature presents alternate words and expressions used throughout the Spanish-speaking world.

Charts Colorful, easy-to-use charts call out key grammatical structures and forms, as well as vocabulary fundamental to communicating with the structures at hand.

Para comunicarnos mejor
provides varied types of guided, yet meaningful practice.

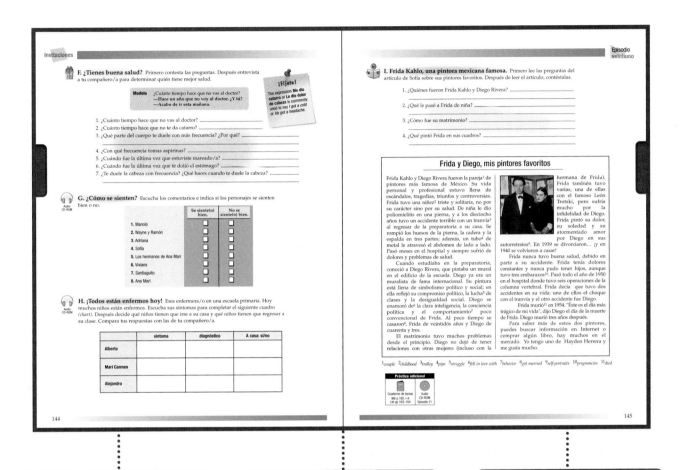

Práctica A wide variety of guided, yet meaningful activities develop both your language skills and your ability to express yourself in Spanish. Often, cultural information is also often embedded in these activities, as an integral part of their content.

Activity types include oral exercises, written activities, exercises that recycle previously learned vocabulary, pair work, and small group work. As in **Escenas de la vida**, activities are often set up to let you interact hands-on with the materials by writing directly in your worktext.

Progression of activities To build your confidence and accurate use of Spanish, the activities generally begin with those that require only comprehension and progress to those in which you produce and use the language.

Listening comprehension Listening activities based on real-life interactions are built into your worktext to develop your listening comprehension skills.

Icons Icons allow you to quickly identify the types of activities you are dealing with: listening, video viewing, reading, writing, pair work, and group work.

Para comunicarnos mejor
also features personalized and video-related activities.

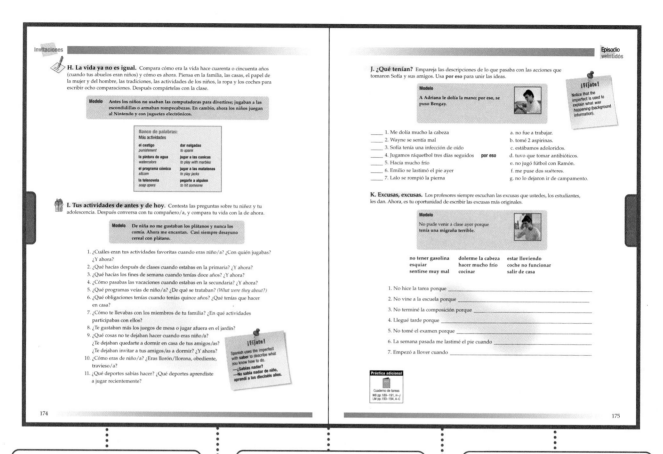

Práctica Activities in diverse formats offer opportunities for personal responses, as well as contexts that deepen the storyline of the **INVITACIONES** video. In addition, there is always one activity that asks you to carry out the same types of conversations and tasks that you saw in the video.

¡Fíjate! These boxes appear throughout the lessons, offering on-the-spot explanations, examples, reminders, and references to language structures you have already learned, to help you manipulate the language you are learning and maneuver through the tasks at hand.

Modelo Sample answers complement and clarify the instructions, providing you with a model to emulate in your own answers.

Banco de palabras These boxes provide you with on-the-spot vocabulary support directly related to the activities they accompany, so you may readily complete the language tasks at hand.

Práctica adicional Cross-references to the **Cuaderno de tareas** part of your worktext let you know exactly which activities and technology ancillaries are available to reinforce the **Gramática** and **Vocabulario** sections of **Para comunicarnos mejor**.

Actividades comunicativas

uses information gap activities to strengthen your communication skills.

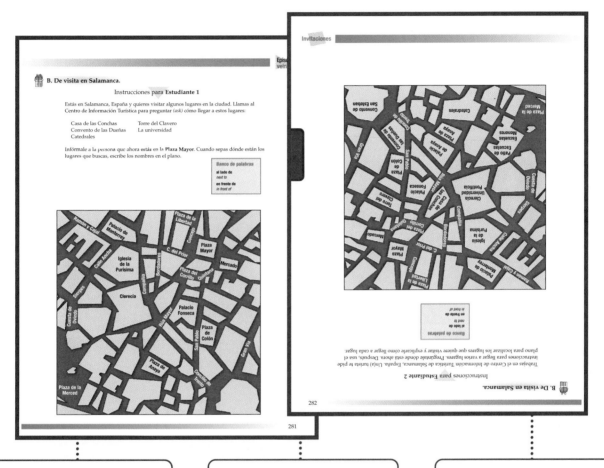

Information gap activities
Information gap activities support you as you practice the vocabulary and grammar of the lesson in problem-solving or other situations. These activities are frequently culturally-oriented. You and a partner each have only half of the information you need, so you must work together to accomplish the task at hand.

Varied activity types In **Crucigrama**, you and a partner give each other hints in order to complete a crossword puzzle, while in **En imágenes**, you work together to interpret a series of pictures. **Sopa de palabras** is based on scrambled sentences, and **Diferencias** deals with different versions of an illustration. Other information gap activities involve completing stories and enacting role-plays.

Banco de palabras These boxes provide you with on-the-spot vocabulary support directly related to the activities they accompany, so you may readily complete the language tasks at hand.

Actividades comunicativas

includes other creative and interactive activities that build your communication skills.

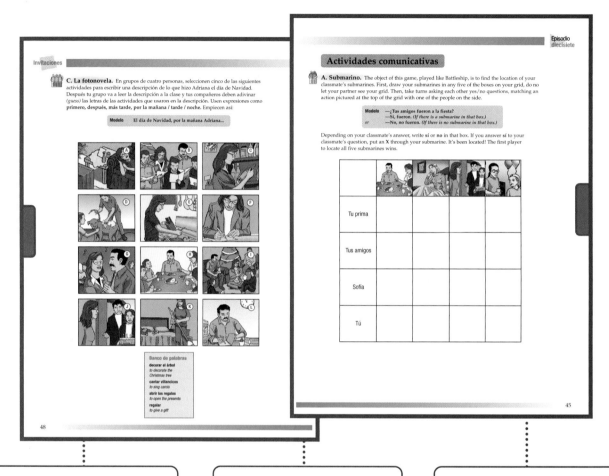

Communicative work The activities in this section require you to use all of the Spanish you have learned to accomplish the tasks at hand, but, as with the information gap activities, you are given the support you need for successfully doing them: illustrations, models, graphs, and charts.

Activity types In **Submarino**, you and a partner ask each other questions in order to locate and sink each other's submarines, while in **Fotonovela**, you use illustrations to create or reconstruct a story.

More activity types In **La encuesta dice**, you and your teammates attempt to determine the most common answers to questions that elicit language you have studied. In **La historia va así**, you listen to a story in order to put a series of pictures in the correct order.

Other activity types Other activities involve surveying your classmates to find out certain information. Story completions and role-plays are also included.

La correspondencia
develops your reading and writing skills in the context of the lesson theme.

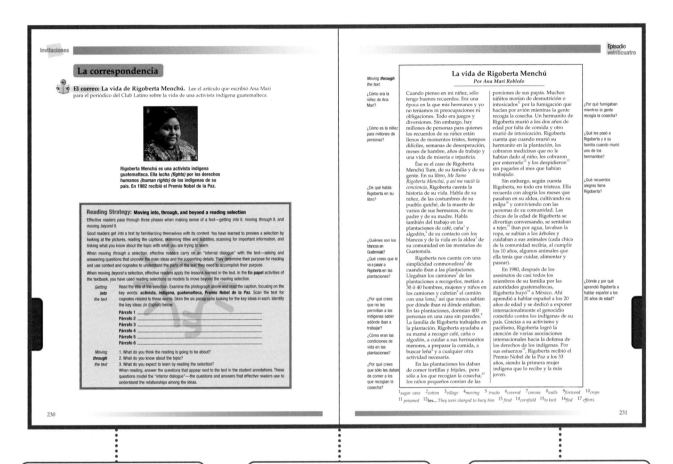

El correo A variety of realia and other texts, many of which are written or received by the characters in the **INVITACIONES** video, develop your reading skills and cultural knowledge.

Types of readings Among the kinds of readings you will encounter are e-mails, letters, newspaper and magazine articles, and brochures. Questions guide you in focusing on main ideas and overall comprehension.

Reading Strategy Reading strategies help you focus your reading, navigate more difficult texts, and respond to questions about the readings.

La correspondencia
also develops your writing skills, synthesizes the language of the lesson, and spotlights culture.

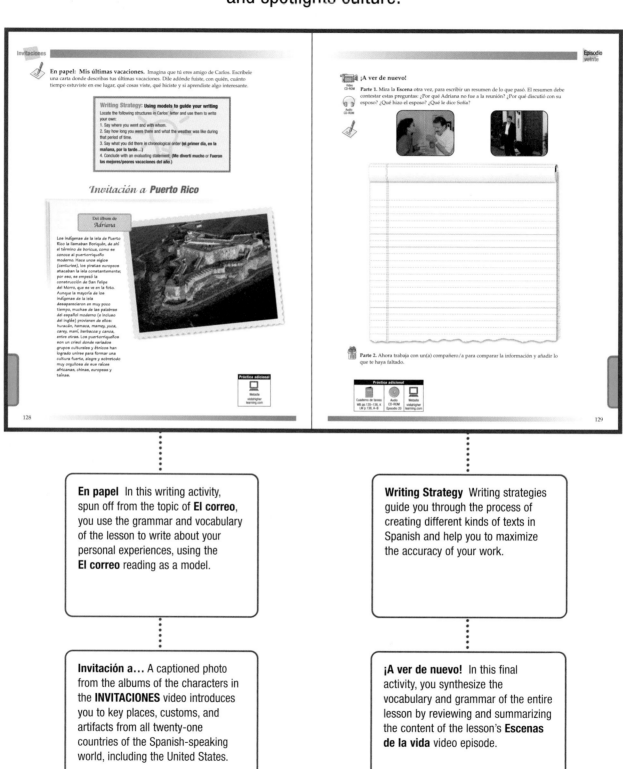

En papel In this writing activity, spun off from the topic of **El correo**, you use the grammar and vocabulary of the lesson to write about your personal experiences, using the **El correo** reading as a model.

Invitación a... A captioned photo from the albums of the characters in the **INVITACIONES** video introduces you to key places, customs, and artifacts from all twenty-one countries of the Spanish-speaking world, including the United States.

Writing Strategy Writing strategies guide you through the process of creating different kinds of texts in Spanish and help you to maximize the accuracy of your work.

¡A ver de nuevo! In this final activity, you synthesize the vocabulary and grammar of the entire lesson by reviewing and summarizing the content of the lesson's **Escenas de la vida** video episode.

Vocabulario and Español al instante
serve as important vocabulary references.

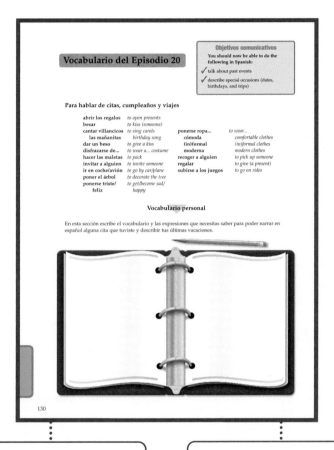

Vocabulario del Episodio 20

Objetivos comunicativos
You should now be able to do the following in Spanish:
✓ talk about past events
✓ describe special occasions (dates, birthdays, and trips)

Para hablar de citas, cumpleaños y viajes

abrir los regalos	to open presents		
besar	to kiss (someone)		
cantar villancicos	to sing carols	ponerse ropa...	to wear...
las mañanitas	birthday song	cómoda	comfortable clothes
dar un beso	to give a kiss	(in)formal	(in)formal clothes
disfrazarse de...	to wear a... costume	moderna	modern clothes
hacer las maletas	to pack	recoger a alguien	to pick up someone
invitar a alguien	to invite someone	regalar	to give (a present)
ir en coche/avión	to go by car/plane	subirse a los juegos	to go on rides
poner el árbol	to decorate the tree		
ponerse triste/ feliz	to get/become sad/ happy		

Vocabulario personal

En esta sección escribe el vocabulario y las expresiones que necesitas saber para poder narrar en español alguna cita que tuviste y describir tus últimas vacaciones.

130

Objetivos comunicativos This list restates the communicative tasks that you practiced throughout the lesson and should now be able to perform in Spanish.

Vocabulario personal This unique feature allows you to personalize your language learning by providing you with space to write down vocabulary related to the lesson's theme that is important to your own experiences and interests.

Vocabulario A list of all new words and expressions summarizes the active vocabulary of the lesson, providing an easy reference for review and study.

Español al instante The inside back cover of your worktext conveniently lists practical vocabulary key to the successful navigation of both your worktext and your classroom.

Cuaderno de tareas: ¡A escribir!
provides workbook activities that reinforce and expand on the materials in the lesson.

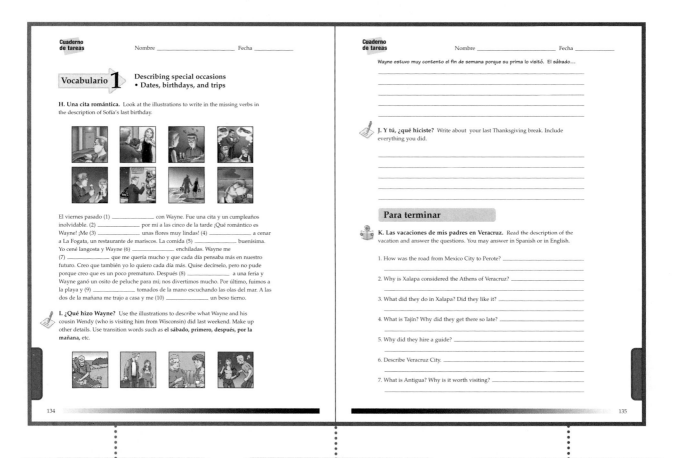

Workbook activities A series of workbook activities directly follow the color pages of each lesson in your worktext. You will know precisely when to complete these activities because they are referenced in the **Práctica adicional** boxes throughout the preceding pages of the lesson.

Lesson reinforcement A wide range of exercise types, often placed in the context of the **INVITACIONES** video and/or featuring the video characters, gives you ample written practice of the vocabulary and structures in the **Escenas de la vida**, **Gramática**, and **Vocabulario** sections of each lesson.

Cultural focus and language use The **Para terminar** section contains open-ended activities that synthesize the vocabulary and grammar of the lesson and recycle language from previous lessons. Cultural readings—realia, letters, and other formats—followed by comprehension and personal reaction questions are frequently included.

Cuaderno de tareas: ¡A escuchar!
develops listening comprehension skills while reinforcing the lesson's theme, vocabulary, and grammar.

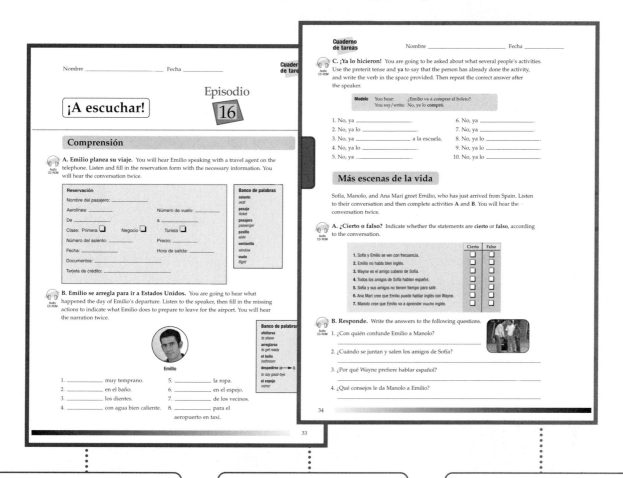

Lab activities Two pages of lab activities appear right after the workbook activities for each lesson. As with the workbook activities, **Práctica adicional** boxes throughout the lesson let you know exactly when to complete these activities.

Comprensión These activities, which are frequently placed in the context of the **INVITACIONES** video, build your listening comprehension skills as they practice the grammar and vocabulary of the lesson.

Más escenas de la vida A new, additional conversation between the video characters deepens the storyline of the lesson's **Escenas de la vida** video episode, while once again reinforcing the lesson's target structures and vocabulary.

Video Program

Fully integrated with your worktext, the **INVITACIONES: Segunda parte** video contains fifteen episodes, one for each lesson in your worktext. The episodes follow a group of Spanish-speaking students attending college in the United States as they confront the challenges and experience the joys of daily life. Several of the friends hold down part-time jobs. One is an American man who speaks good Spanish, while yet another is a Puerto Rican housewife who is returning to school and the workforce. The video, shot in southern California, follows the characters through an academic year and focuses on the Latino experience and influence in the United States.

Before you see each video episode, your instructor will use the **Escenas de la vida** section to preview the vocabulary and grammatical structures the characters will use and that you will study in the corresponding lesson. As the video progresses, the video conversations carefully combine new vocabulary and grammar with language taught in earlier lessons in your worktext. In this way, the video puts the language you are learning in action in real-life contexts.

The Cast

Here are the main characters you will meet when you watch the **INVITACIONES: Segunda parte** video:

From Cuba,
Manolo Báez Rodríguez

From Mexico,
Sofía Blasio Salas

From Puerto Rico,
Adriana Ferreira de Barrón

From the United States, of Mexican and Honduran heritage,
Ana Mari Robledo Suárez

From the United States,
Wayne Reilly

Ana Mari's brother,
Ramón Robledo Suárez

From Spain,
Emilio Pradillo Salas

A powerful and important learning tool, the video is integrated into every section of all the lessons in your worktext. The opening section each lesson, **Escenas de la vida**, prepares you for the video episode and checks your comprehension. Vocabulary and grammar used by the video characters appear throughout the **Para comunicarnos mejor** explanations and activities. The **Actividades comunicativas** and **La correspondencia** sections of each lesson reference the events and characters of the corresponding video episode, and both the workbook and lab activities in each lesson's **Cuaderno de tareas** pages are often set in the context of the video episode.

Student Ancillaries

Video CD-ROM

Free-of-charge with each new copy of **INVITACIONES: Segunda parte**, this easy-to-navigate CD-ROM contains the complete **INVITACIONES** video with videoscript.

Worktext & Lab MP3 Files Audio CD-ROM

Free-of-charge with each new copy of **INVITACIONES: Segunda parte**, the MP3 Files Audio CD-ROM contains all of the recordings you need to complete the listening activities in both the color pages of your worktext and the lab activities in the **Cuaderno de tareas: ¡A escuchar!**

Companion Website (accessed through *www.vistahigherlearning.com*)

The **INVITACIONES** website offers Internet activities and a wide range of on-line resources for you and your instructor that directly correlate to your worktext and go beyond it.

Instructor Ancillaries

Instructor's Annotated Edition (IAE)

The **Instructor's Annotated Edition** provides a wealth of information designed to support classroom teaching and management. The same size as the student worktext, the **IAE** provides answers overprinted on the student pages, as well as resources and suggestions for implementing and extending the worktext activities.

Instructor's Resource Manual (IRM)

The **Instructor's Resource Manual** offers materials that reinforce and expand upon the lessons in the student worktext. The **Comprehensible Input** section provides guidance on what language to pre-teach before showing the video for the **Escenas de la vida** section. The **Additional Activities** section offers suggestions and materials for additional activities to accompany the worktext episodes. The **Videoscript** and **Tapescript** sections provide transcriptions of all of the conversations from the **Escenas de la vida** video and the recorded activities, respectively.

VHS Video

This VHS version of the **INVITACIONES** video is ideal for showing the episodes in class.

Worktext CD

This audio CD contains the audio tracks of the **Escenas de la vida** video episodes on the **INVITACIONES** video and the recordings for all of the listening activities on the color pages of the lessons in the worktext. The printed scripts are available in the **IRM**.

Lab Audio CDs

These audio CDs contain the recordings that are used in conjunction with the lab activities in the **Cuaderno de tareas: ¡A escuchar!** section of each worktext lesson.

Cuaderno de tareas Answer Key

The Answer Key provides answers to the workbook and lab activities in the **Cuaderno de tareas** section of the worktext, should instructors wish to distribute them to students for self-correction.

Overhead Transparencies

This set of overhead transparencies contains maps of the Spanish-speaking world, as well as selected images from the student worktexts, for use in presenting and reinforcing the language introduced throughout the lesson.

Testing Program

The **Testing Program** contains a quiz for every lesson in **INVITACIONES**, as well as midterm and final exams.

Test Files CD-ROM for Windows® and Macintosh®

This CD-ROM contains the complete, printed **Testing Program** as Microsoft Word® files, so instructors can readily customize the tests and exams for their courses.

INVITACIONES: Primera parte
This companion volume begins the course, introducing the video storyline and providing the basis for the grammatical structures and vocabulary presented in INVITACIONES: Segunda parte

PRIMERA PARTE

Invitaciones
An Interactive Worktext for Beginning Spanish

Alonso-Lyrintzis Alonso Zaslow

INVITACIONES: Primera parte
offers the same features, input-driven instructional approach, and ancillary package as **Segunda parte**, as it opens the entire **INVITACIONES** program with **Episodios 1–15**.

Reviewers

The authors and the publishing professionals at Vista Higher Learning express their sincere appreciation to the college instructors nationwide who reviewed portions of the **INVITACIONES** program. Their comments and suggestions were invaluable to the final product.

Beatrice L. Bongiorno
Bellevue Community College, WA

José A. Carmona
Daytona Beach Community College, FL

Sharon Cherry
University of South Carolina Spartanburg, SC

Maritza Chinea-Thornberry
University of South Florida, FL

Conxita Domenech
Front Range Community College, CO

Marcella Fierro
Mesa Community College, AZ

Jennifer Garson
Pasadena City College, CA

Judy Getty
California State University, Sacramento, CA

Pamela A. Gill
Gaston College, NC

Andrew S. Gordon
Mesa State College, CO

Irene B. Hodgson
Xavier College, OH

Patricia Houston
Pima Community College, East Campus, AZ

Teresa Dee Kennedy
Lenoir Community College, NC

Marta F. Loyola
Trinity College, DC

Matthew Luke
Lane Community College, OR

John Markovich
Messiah College, PA

Kathryn McConnell
Point Loma Nazarene University, CA

Lori L. McGee
Kent State University, Stark Campus, OH

Susan McMillen Villar
University of Minnesota, Twin cities, MN

Silvina Montrul
University of Illinois at Urbana Champaign, IL

Eduardo Pacheco
Judson College, AL

Mercedes Palomino
Florida Atlantic University, FL

Marcela Ruiz-Funes
East Carolina University, NC

Loreto Sánchez
Johns Hopkins University, MD

Phillip Santiago
Buffalo State College, NY

Jennifer Schaber
St. Louis Community College, MO

Nidia A. Schuhmacher
Brandeis University, MA

Theresa Ann Sears
University of North Carolina at Greensboro, NC

Wendy Woodrich
Lewis and Clark College, OR

Susan Yoder-Kreger
University of Missouri-St. Louis, MO

Student Reactions

The authors would like to thank the students at California State University San Marcos, where the program was class tested in the summer of 1999, and at Southwestern College, where the **INVITACIONES** program was class-tested from the fall of 1999 until the time of publication. Their patience and candid remarks about the activities, the characters, and the philosophy of the text were invigorating and truly useful to the completion of the project. Below are some of their reactions.

"What I liked the most is that it was not a bunch of conjugating. It actually teaches you useful conversations."

"It is a brilliant idea to have everything in one book; I feel I am getting my money's worth."

"All the side notes helped me learn things!"

"I really liked the layout of the book. The activities help to break down your inhibitions about using the language."

"I loved having the vocabulary at the end of every episode."

"I enjoy learning about the characters and their lives; it helps to personalize the material for me."

"I enjoyed being able to write all my notes directly on the book. I know that in the future, I can look back and review my Spanish."

"Everything in the episodes was relevant and related to what we were learning!"

"This book made it fun to learn, and the language is sticking to me."

"I really appreciate not carrying three books around!"

Acknowledgments

The long process of writing this textbook was challenging and full of unexpected changes. It took a lot of tenacity, endurance, and our unappeasable dream that many more students would be successful in learning Spanish, if only the materials they used were more inviting, realistic, interactive, and fun.

Our most heartfelt gratitude goes to José Blanco and Denise St. Jean, who share our dream and were willing to take the inherent risk of bringing to the market a new, "out of the box" set of books. We are delighted to have been given the opportunity to work with them and their outstanding team of professionals, who made this program a reality.

We are grateful to Beverly Burdette, of Pellissippi State Community College, for creating lab activities to accompany our text; her conscientious contributions have always been in keeping with our own intentions, and round out our Spanish program.

We would like to thank our editors, Sarah Kenney and Gabriela Ferland, for their astute observations, unfaltering hard work and dedication, and, most of all, for their patience and cheery responses to our inquiries.

We are also indebted to our colleagues and friends, whose advice and contributions during the different stages of the manuscript helped us shape the book: Dinorah Guadiana-Costa and Concetta Calandra, of Southwestern College, for their support, constructive suggestions and enthusiasm while using our materials in their classes; Cuban poet Pedro Báez, Ana Hami, of Chapman University, and Francisco Zabaleta, of San Diego State University, for helping us create culturally and linguistically authentic Cuban, Puerto Rican, and Spanish characters, respectively; Diana Rossner and Nancy Barley, of Lake Tahoe Community College, for always offering sincere and encouraging remarks; Gary Anderson for sharing his ideas unselfishly; Virginia Young, of Grossmont College, for adding activities to our Instructor's Resource Manual; Hal Wingard, the Executive Director of the California Language Teachers Association, for embracing our materials and speaking on our behalf at the Foreign Language Conference of the California Community Colleges. We also give a special thanks to our colleagues and friends at the different institutions in San Diego, who have openly and warmly supported us, both personally and professionally.

A project of this magnitude could not be undertaken without the support of our families and close friends, who have unselfishly shared a piece of their lives by taking care of our children and pets, allowing us to use their pictures, their names, their stories. Thank you for enduring the joys and sorrows of the past few years with us.

We would also like to thank Southwestern College, for not only class testing our program, but also for being so cooperative and accommodating when we shot our video on the campus. Last but not least, we offer our sincere thanks to our wonderful team of adjunct instructors, who have served as anonymous reviewers.

Deana Alonso-Lyrintzis, Esther Alonso, and Brandon Zaslow

Episodio 16

Escenas de la vida: Emilio viene de España

Video
CD-ROM

A. ¡Mira cuánto puedes entender!

Audio
CD-ROM

1. Indica las actividades a las que Sofía y sus amigos van a llevar a Emilio.

Video Synopsis. Sofía writes a letter to her cousin Emilio, who is coming from Spain to learn English in the United States. In the letter, Sofía offers to introduce him to her friends, and to include him in all their activities. She responds to Emilio's questions about the weather, and assures him that he will enjoy his stay in the United States.

Escenas de la vida. The purpose of this section is to set the stage for the entire lesson. Comprehensible input provided by you, the instructor, prepares students to watch the video and complete the activities on this page. In the event that you cannot or do not wish to show the video in class, students may access the conversations in the video on the Worktext Audio CD, or the entire video on the Video CD-ROM; both of these components are packaged with each new Student Worktext. The images to support the comprehensible input are also available on the **Overhead Transparencies**. See the **Instructor's Resource Manual** or the **Website** for sample comprehensible input to use with this section and detailed information about language to preview.

2. Selecciona las actividades de Manolo, de Ana Mari y de Wayne, según dice Sofía en la carta.

Manolo discute con su compañero constantemente.

Quiere encontrar otro trabajo.

Toca la guitarra y canta.

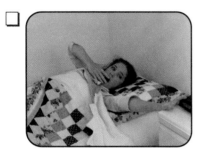

Ana Mari es muy trabajadora; se acuesta tarde y se levanta temprano.

Estudia leyes porque va a ser abogada.

Hacen ejercicio casi todos los días.

Wayne lee novelas de horror todo el tiempo.

Sale con Sofía. Es un chico cariñoso y atento.

A Sofía le gusta mucho Wayne.

3. ¿Qué tiempo hace donde vive Sofía?

Hace mucho frío.

Hace calor.

No llueve mucho.

B. ¿Cierto o falso? Indica si las frases son **ciertas** o **falsas**.

Video
CD-ROM

Audio
CD-ROM

	Cierto	Falso
1. Sofía tiene toda la información de la escuela de idiomas.	☐	☑
2. Sofía fue de vacaciones a Perú.	☐	☑
3. Manolo es el novio de Sofía.	☐	☑
4. Manolo discute mucho con su compañero de cuarto.	☑	☐
5. Ana Mari es la mejor amiga de Sofía.	☑	☐
6. Ana Mari y Sofía hacen ejercicio casi todos los días.	☑	☐
7. Wayne es español.	☐	☑
8. En invierno hace mucho frío.	☐	☑

B, C, and D. Have students read the questions in exercises B, C, and D. Then play the video a second time and have students answer the questions out loud. Do not expect students to respond in full sentences; focus on comprehension, not production.

 C. ¿Quién? Indica a quién se refieren estos comentarios: Emilio (**E**), Manolo (**M**), Ana Mari (**AM**), Wayne (**W**) o Sofía (**S**).

Video
CD-ROM

Audio
CD-ROM

<u> E </u> 1. Quiere aprender inglés.

<u> M </u> 2. Pinta cosas muy interesantes.

<u> AM </u> 3. Es inteligente y honesta.

<u> AM y S </u> 4. Van a llevar a Emilio a bailar.

<u> W </u> 5. Es norteamericano.

<u> E </u> 6. Va a conocer a los amigos de Sofía.

 D. ¿Te diste cuenta? Contesta las preguntas de acuerdo con lo que pasa en la **Escena**.

Video
CD-ROM

Audio
CD-ROM

1. ¿Quién es Emilio? ¿Por qué viene a Estados Unidos? ¿Por qué no va a estar solo?

   Emilio es primo de Sofía. Viene a Estados Unidos a estudiar inglés. Sofía le va a presentar a sus amigos.

2. ¿Quién es Manolo? ¿Cómo es? ¿Qué problemas tiene con su compañero de cuarto?

   Manolo es un amigo de Sofía. Es cómico y le gustan los animales. El chico hace fiestas todas la semanas y escucha una música horrible.

3. ¿Quién es Ana Mari? ¿Qué quiere ser? ¿Cómo es? ¿Qué deportes le gustan?

   Ana Mari es la mejor amiga de Sofía. Quiere ser abogada. Es inteligente, honesta e idealista. Le gusta mucho correr y jugar vóleibol.

4. ¿Quién es Wayne? ¿De dónde es? ¿Cómo es?

   Wayne es el novio de Sofía. Es de Estados Unidos. Es súper tranquilo, atento, moderno, cariñoso y respetuoso.

5. ¿Cuándo llega Emilio de España?

   Llega el 20 de enero a las 6:30 de la tarde.

Cultura a lo vivo

El idioma, como la cultura, se desarrolla de diferentes maneras en diferentes lugares debido a las características propias de cada lugar. Al igual que el inglés, el español es una lengua que se habla en muchos países; por lo tanto, hay diferencias importantes entre el español mexicano, el venezolano o el peninsular. Sin embargo, no hay una variedad que sea "mejor" que otra; simplemente son diferentes. Algunas personas tienen la percepción equivocada de que el español de España es "mejor" o "más correcto" que el español de Latinoamérica. Esto es equivalente a decir que el inglés de Inglaterra es más correcto que el de Estados Unidos. En todos los países hay una lengua culta (*educated*) y una lengua coloquial. Las lenguas cultas de todos los países hispanos son bastante similares.

Cultura a lo vivo. Have students scan the selection to try to determine the content of the reading. You may want to read the selection to students while they follow along in their books. You may ask: ¿En cuántos países se habla el español? ¿Cuáles son? ¿En cuántos países se habla el inglés? ¿Es diferente el inglés británico del estadounidense? ¿Es mejor el inglés británico que el inglés estadounidense? ¿Es la lengua culta de España mejor que la de México? ¿Es similar o diferente? ¿Es la lengua coloquial de Venezuela similar o diferente a la lengua coloquial de Puerto Rico?

Learning Strategy: How to be a successful language learner

Do you practice all of the necessary strategies to be successful in your Spanish class?
Indicate whether you do the following:

	Cierto	Falso
1. I look for opportunities to communicate with others in Spanish.	☐	☐
2. I take risks when trying to communicate with others.	☐	☐
3. I accept not understanding some of what I hear or read.	☐	☐
4. I communicate my messages simply, using only the words and structures I know.	☐	☐
5. I study frequently and in small amounts each time.	☐	☐
6. I look at the content of the lesson before it is presented in class.	☐	☐
7. I participate actively in class and practice what I learn in each class.	☐	☐
8. I compare my responses to those of the instructor and to those of my classmates.	☐	☐
9. I rehearse my responses to activities silently even though I am not called on to answer.	☐	☐
10. I determine what I know and study only what I do not know.	☐	☐
11. I focus on the meaning of entire phrases instead of translating word–for–word.	☐	☐
12. I use my knowledge of English to guess at the meaning of cognates— that is, words that are similar in Spanish and English.	☐	☐
13. I make creative associations between words that are not similar in English and Spanish.	☐	☐
14. I focus on the grammatical similarities and differences between English and Spanish.	☐	☐

If you answered *yes* to any of the statements, you already possess traits used by successful language learners! Review the questions to which you answered *no* and begin making a conscious effort to use those strategies. You may wish to review the Learning Strategies from Episodes 1–15.

Learning Strategy.
Highlight the importance of the **Learning Strategy.** Encourage students to read these strategies and use them as they learn and practice Spanish.

Práctica adicional

Cuaderno de tareas WB pp.23–24, A–C	Video CD-ROM Episodio 16

Vocabulario 1. Before students complete the activities, you may need to review the following content:
Family, age, professions (**Episodios 4, 12**)
Adjectives; gender and number of adjectives (**Episodios 3, 6**)
Clothing and numbers 0–100 (**Episodios 1, 4, 13**)
Food (**Episodio 9**)
Common daily activities (**Episodios 5, 8, 14**)
Present tense of regular and irregular verbs (**Episodios 1, 5, 8, 10, 11**)
Reflexive verbs (**Episodio 14**)
Seasons, months, and weather (**Episodio 13**)
Present and preterit (**Episodios 1, 5, 8, 10, 11, 15**)

Additional Activity. Play charades with the vocabulary from **Episodios 1-15.** Start by giving students cards with adjectives and actions written out on them, like **nervioso, nadar,** or **arrogante,** for them to act out; as students become more confident with the game, they may generate their own vocabulary to mime.

Para comunicarnos mejor

Vocabulario  **1**

Review of vocabulary Episodes 1–15
• People, descriptions, clothes,
  numbers, food, and activities

¡Fíjate!
Review *Describing yourself and others* on page 62 in **Primera parte**. Also review family members on page 83.

Instructor's Resource
• Overheads

PRÁCTICA

A. La familia de Sofía Blasio. Mira las fotos y contesta las preguntas.

1. ¿Cómo se llama la abuela de Sofía? <u>La abuela de Sofía se llama Esther C. de Salas.</u>
2. ¿Cuál es la profesión de la mamá de Sofía? <u>La mamá de Sofía es banquera.</u>
3. ¿Cuántos años tiene su abuelo? <u>El abuelo de Sofía tiene 74 años.</u>
4. ¿De dónde es su tío? <u>El tío de Sofía es español.</u>
5. ¿Cúantos primos tiene Sofía? <u>Sofía tiene cuatro primos.</u>
6. ¿Quién es la cuñada del señor Blasio? <u>La cuñada del señor Blasio es Laura S. de Pradillo.</u>
7. ¿Quién es el hermano de Sofía? <u>El hermano de Sofía es Lalo.</u>
8. ¿Cuántos años tienen los sobrinos de Diana? <u>Los sobrinos de Diana tienen 37, 35, 28 y 27 años.</u>

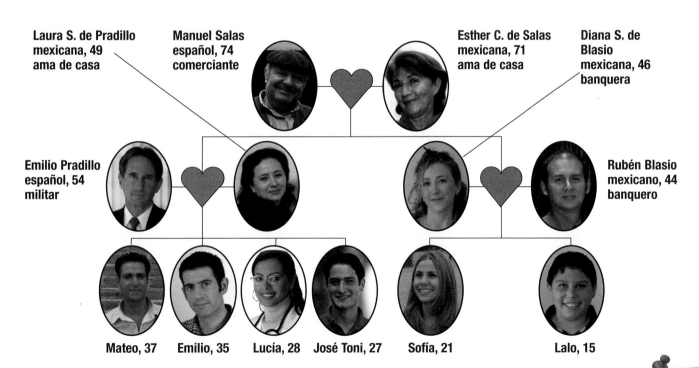

Laura S. de Pradillo mexicana, 49 ama de casa

Manuel Salas español, 74 comerciante

Esther C. de Salas mexicana, 71 ama de casa

Diana S. de Blasio mexicana, 46 banquera

Emilio Pradillo español, 54 militar

Rubén Blasio mexicano, 44 banquero

Mateo, 37   Emilio, 35   Lucía, 28   José Toni, 27   Sofía, 21   Lalo, 15

B. Las descripciones. Los siguientes adjetivos describen a los personajes.
Identifica la palabra que no pertenece a la categoría.

¡Fíjate!
Review adjectives on page 133 of **Primera parte**. Think about the meaning, gender, and number of the adjectives.

1. responsable, sincero, estudioso, (arrogante)
2. grosero, antipático, (cariñoso,) tonto
3. alta, guapa, (seria,) delgada
4. contento, (rubio,) emocionado, enojado
5. solteras, nerviosas, (reservado,) extrovertidas
6. ocupados, desilusionados, (molesto,) libres

C. Los precios. Estás en la Ciudad de México en una tienda. La empleada te da los precios de la ropa que tiene descuento. Escucha para escribir cuánto cuesta cada artículo.

Audio
CD-ROM

¡Fíjate!
Currency exchange for reference:
$1.00 = 11.00 pesos.

¡Fíjate!
Review numbers on pages 13, 87, and 293 of **Primera parte.**

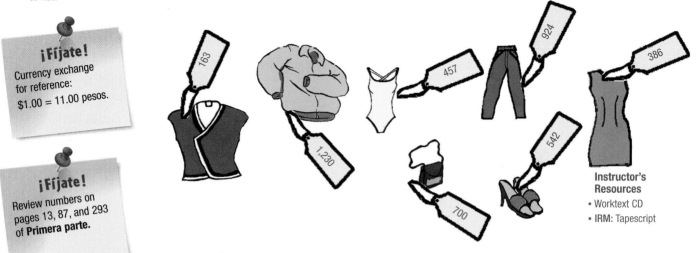

Instructor's Resources
• Worktext CD
• IRM: Tapescript

D. La comida. Usa todas las palabras para crear tu propio menú del Restaurante Intercontinental. Answers will vary.

Script. See the Instructor's Resource Manual.

arroz	jamón con queso	vino	papas fritas
huevos rancheros	pollo frito	carne asada	yogurt con fruta
refrescos	ensalada	pastel de chocolate	atún
flan	jugo de naranja	pavo	pescado relleno
pan tostado	leche	langosta	sopas

¡Fíjate!
Review food vocabulary on page 208 of **Primera parte.**

RESTAURANTE INTERCONTINENTAL

Desayuno

Almuerzo

Cena

Sándwiches

Postres

Bebidas

E. Actividades comunes. Escribe por lo menos tres actividades que tú o tus amigos/as hacen en cada uno de los siguientes lugares.   Answers will vary.

> **Modelo**   en la playa
> **Yo nado y leo un libro. Mis amigos juegan vóleibol.**

1. en la universidad _____

2. en el gimnasio _____

3. en el parque _____

4. en la biblioteca _____

5. en tu casa _____

6. en el trabajo _____

_____

Práctica adicional

Cuaderno de tareas
WB pp.24–25, D–F

Gramática 1

Instructor's
Resource
• Overheads

Review of grammar Episodes 1–15
- **Present tense of regular and irregular verbs**
- **Object pronouns**
- **Review of the preterit**

PRÁCTICA

F. Para conocernos. Sofía Blasio escribió la siguiente carta. Escribe la forma apropiada de cada verbo entre paréntesis.

¡Fíjate!

Remember that some of these verbs are irregular. You can review present tense and past tense verbs, as well as reflexive pronouns, object pronouns, and other topics in your appendix, beginning on page 399.

Me llamo Sofía Blasio, (1) _____soy_____ (ser) mexicana, y ahora vivo en Estados Unidos. (2) _____Estudio_____ (estudiar) arquitectura en la universidad. Este semestre estoy muy ocupada porque (3) _____tomo_____ (tomar) cinco clases y también (4) _____trabajo_____ (trabajar) veinte horas; soy niñera.

No tengo mucho tiempo libre porque mis clases (5) _____empiezan_____ (empezar) a las siete de la mañana y terminan a las dos. Por suerte, tengo una hora libre entre clases. A veces (6) _____voy_____ (ir) a la biblioteca donde (7) _____hago_____ (hacer) la tarea o estudio si tengo algún examen. Después voy a mi casa, como rápidamente y me pongo la ropa para ir a trabajar. Generalmente (8) _____estoy_____ (estar) en la casa de Linda (la niña que cuido) de las tres y media a las siete y media. A esa hora ya estoy cansada, así que regreso a casa, hablo por teléfono con mis amigos, miro la tele un rato con mis papás y (9) _____me acuesto_____ (acostarse) como a las diez.

Los fines de semana (10) _____juego_____ (jugar) vóleibol con mis amigos. Después tengo que (11) _____limpiar_____ (limpiar) la casa o lavar mi ropa. Por la noche (12) _____salgo_____ (salir) con Wayne o con Manolo. A veces todos (13) _____vamos_____ (ir) al cine o a tomar un café. Los domingos voy a (14) _____comer_____ (comer) en algún restaurante con mis papás o vamos de compras.

G. Una mañana en casa de Ana Mari.

Parte 1. Escribe oraciones usando todas las palabras. Debes conjugar los verbos y hacer los cambios necesarios.

¡Fíjate!
Review the reflexive pronouns on page 349 of **Primera parte**.

> **Modelo** mi / padres / levantarse / antes que todos
> **Mis padres se levantan antes que todos.**

1. En casa / todos levantarse / temprano.

En casa todos nos levantamos temprano.

2. Mi / hermanos / bañarse / noche.

Mis hermanos se bañan por la noche.

3. Después de desayunar / (ellos) lavarse / dientes / y ponerse / uniforme de la escuela.

Después de desayunar se lavan los dientes y se ponen sus uniformes de la escuela.

4. Ramón / bañarse / en menos de 10 minutos.

Ramón se baña en menos de 10 minutos.

5. Mi / mamá / pintarse / poco.

Mi mamá se pinta poco.

6. Mis papás y hermanos / irse / antes / ocho / mañana,

Mis papás y hermanos se van antes de las ocho de la mañana,

7. pero yo / quedarse / en casa / hasta / nueve.

pero yo me quedo en casa hasta las nueve.

Parte 2. ¿Cómo es la rutina en casa de Sofía? Escribe un párrafo. Usa las fotos como guía y ordénalas correctamente.   Answers will vary.

H. Las estaciones. Al lado de cada ilustración, escribe la siguiente información: Answers will vary.

- qué estación es
- cuáles son los meses de esa estación
- qué tiempo hace

- qué ropa te pones
- qué actividades haces durante esos meses

_____

_____

_____

_____

_____

_____

_____

_____

_____

_____

_____

_____

_____

_____

_____

_____

_____

_____

_____

_____

_____

I. Algo sobre ti. Contesta las siguientes preguntas en un pequeño párrafo. Después entrevista a tu compañero/a.   Answers will vary.

a. De tu trabajo... ¿Te gusta tu trabajo? ¿Por qué? ¿Qué haces? ¿Ganas bien? ¿Qué horario tienes? ¿Tus compañeros de trabajo te invitan a salir? ¿Cómo es tu jefe/a? ¿Qué ventajas/desventajas tiene tu trabajo?

b. De tus amigos... ¿Quién es tu mejor amigo/a? ¿Cómo es? ¿Te llama con frecuencia? ¿Te visita cuando estás enfermo/a? Cuando sale de vacaciones, ¿te manda tarjetas postales? ¿Te compra regalos? ¿Qué otras cosas hace por ti?

¡Fíjate!
Review the verbs in
Episodio 11, page
263 of **Primera parte.**

¡Fíjate!
Review the
expressions on page
261 of **Primera parte.**

J. Las cosas cambian. Selecciona las formas verbales apropiadas para completar las oraciones.

¡Fíjate!
Review the preterit forms on page 375 of **Primera parte.**

1. (juego / jugué) Ayer ____jugué____ tenis con Manolo por primera vez. Generalmente ____juego____ fútbol con él.
2. (vive / vivió) Mi padre ahora ____vive____ en Nueva Jersey, pero ____vivió____ 15 años en Puerto Rico.
3. (te levantas / te levantaste) Tú siempre ____te levantas____ temprano. ¿Por qué ____te levantaste____ tan tarde hoy?
4. (pago / pagué) Cada mes ____pago____ cientos de pesos en electricidad. El mes pasado que me fui de vacaciones sólo ____pagué____ 20 pesos.
5. (toma / tomó) El semestre pasado Wayne ____tomó____ una clase por la noche, pero casi siempre ____toma____ sus clases por la mañana.
6. (almuerzo / almorcé) El domingo pasado ____almorcé____ con Ramón y su familia. ¡Qué lástima (*what a pity!*) que no ____almuerzo____ con ellos con más frecuencia!

K. ¿Quién es Wayne? Escucha la narración para completar los siguientes comentarios.

Audio CD-ROM

Instructor's Resources
• Worktext CD
• IRM: Tapescript, Additional Activities

Script. See the Instructor's Resource Manual.

1. Wayne es de Estados Unidos.
2. Vive solo porque su familia se fue a vivir a otro estado.
3. Ramón y Wayne son amigos, juegan fútbol, toman clases juntos y salen con frecuencia.
4. Wayne quiere trabajar con computadoras.
5. Le gusta mucho la cultura latina.
6. Vivió un año en Chile donde perfeccionó su español.
7. También visitó Nicaragua.
8. Hace unos meses que Wayne sale con Sofía.
9. ¿Tú crees que Sofía extrañó (*missed*) a Wayne? Answers will vary.

Wayne

L. Conozca Chiapas. Estás de vacaciones en Chiapas, México, y vas a hacer una excursión por varios lugares del estado. El guía te va a dar la información acerca del itinerario.

Parte 1. Antes de escuchar, observa el mapa de Chiapas y lee todos los nombres de los lugares turísticos que se pueden visitar. Después escucha la información y resalta (*highlight*) solamente los lugares que tú vas a conocer en tu viaje.

Script. Parte 1. *Estás de vacaciones en Chiapas, México, y vas a hacer una excursión por varios lugares del estado. El guía te va a dar la información acerca del itinerario. Bienvenidos a Tuxtla-Gutiérrez en el estado de Chiapas. Nos espera una semana de diversión y emoción. Vamos a visitar lugares históricos interesantísimos, bellezas naturales y lugares exóticos. En esta semana vamos a visitar el Cañón del Sumidero, San Cristóbal de las Casas, Agua Azul y Palenque.*

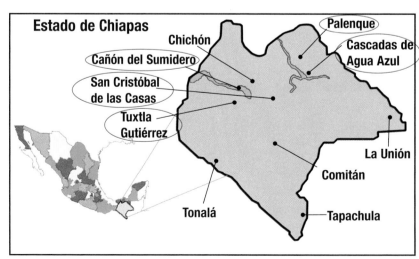

Estado de Chiapas

Chichón
Palenque
Cascadas de Agua Azul
Cañón del Sumidero
San Cristóbal de las Casas
Tuxtla Gutiérrez
La Unión
Comitán
Tonalá
Tapachula

Additional Activity. See the Instructor's Resource Manual for an additional activity to review the grammar and vocabulary of **Primera parte.**

Parte 2. Observa las fotografías de los lugares que vas a visitar. Después escucha la siguiente información para escribir el nombre y las actividades de cada lugar.

Instructor's Resources
• Worktext CD
• IRM: Tapescript

Script: See the Instructor's Resource Manual.

1.

El Cañón del Sumidero, dar un paseo en

lancha, nadar, escalar.

_____

_____

2.

San Cristóbal de las Casas, ir de compras al

mercado de artesanías, cenar, pasar la noche,

visitar la catedral, pasear y visitar los museos.

_____

_____

3.

Las cascadas de Agua Azul, nadar, montar a

caballo, admirar la belleza natural, comer

comida típica chiapaneca.

_____

_____

4.

Palenque, visitar las pirámides, el Templo de

las Inscripciones, el Observatorio en la Torre

del Palacio, ir de compras o cenar.

_____

_____

Parte 3. Contesta las preguntas.

1. ¿Qué necesitas llevar al **Cañón del Sumidero?** Sombrero, lentes, protección solar y traje de baño.

2. ¿Adónde vas a pasar la noche del lunes? En San Cristóbal de las Casas.

3. ¿Dónde y cuándo tienes el día libre? En San Cristóbal de las Casas, el martes.

4. ¿A qué hora tienes que estar en la **estación de autobuses** para regresar a Tuxtla?

   A las 6:30 de la mañana.

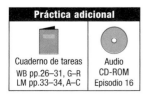

Práctica adicional

Cuaderno de tareas	Audio
WB pp.26–31, G–R	CD-ROM
LM pp.33–34, A–C	Episodio 16

Actividades comunicativas

A. ¡Mucho gusto de conocerte!

Parte 1. Trabajas para el Club Latino de tu universidad. Entrevista a tu compañero/a para llenar *(fill in)* el siguiente formulario. Hazle *(ask them)* las preguntas necesarias. Answers will vary.

> **Modelo** ¿Cómo te llamas? ¿De dónde eres?

Club LATINO

3 Uno Street , Los Ángeles CA. 21217

Solicitud de ingreso

Nombre _____

Edad _____

Lugar de origen _____

Lugar de empleo _____

Teléfono _____

Puesto _____

Carrera _____

Comidas favoritas _____

Preferencias musicales _____

Actividades favoritas _____

Clases _____

Personalidad _____

¡Fíjate!

The **Actividades comunicativas** require you to use all the Spanish you have learned to accomplish the task at hand. Do not be afraid of making mistakes. The purpose of these activities is to provide practice communicating in Spanish.

Banco de palabras

edad
age

carrera
major

lugar de empleo
place of employment

Parte 2. En grupos de cuatro personas presenta a tu compañero/a al resto del grupo. Answers will vary.

> **Modelo** Les presento a... Es de... , etc.
> Le gusta comer..., etc.

In each activity in this section, you will interact with another student. Many of these activities, such as **Práctica B,** are information gap activities. Before you begin these activities, decide who will take the role of **Estudiante 1** and who will take the role of **Estudiante 2. Estudiante 1** follows one set of instructions while **Estudiante 2** follows another set, found on the following page. Neither you nor your partner should look at the other's instructions or information.

 B. En familia.

Instrucciones para **Estudiante 1**

Parte 1. Usa las siguientes preguntas para entrevistar a tu compañero/a acerca de su familia. Escribe lo que te dice. Answers will vary.

> **Modelo** —¿Quién prepara la comida?
> —Mi mamá la prepara.

En tu casa, ¿quién...

1. te ayuda cuando lo necesitas? _____

2. discute por todo? _____

3. va al gimnasio regularmente? _____

4. se levanta más tarde? _____

5. limpia la casa? _____

6. no saca buenas notas? _____

7. se acuesta temprano? _____

8. escribe poemas o cuentos? _____

 Parte 2. Escribe un párrafo con la información que te dio tu compañero/a.

> **Modelo** **En la familia de Eva, nadie** (*nobody*) **lava el coche.**
> **Todos** (*everyone*) **hacen ejercicio. Su mamá prepara la comida...**

B. You may assign **Parte 2** for homework as a writing exercise or have students report to the rest of the class orally.

_____

_____

_____

_____

_____

_____

_____

_____

_____

_____

_____

In each activity in this section, you will interact with another student. Many of these activities, such as **Práctica B,** are information gap activities. Before you begin these activities, decide who will take the role of **Estudiante 1** and who will take the role of **Estudiante 2. Estudiante 1** follows one set of instructions while **Estudiante 2** follows another set, found on the following page. Neither you nor your partner should look at the other's instructions or information.

 B. En familia.

Instrucciones para **Estudiante 2**

Parte 1. Usa las siguientes preguntas para entrevistar a tu compañero/a acerca de su familia. Escribe lo que te dice. Answers will vary.

> **Modelo** —¿Quién prepara la comida?
> —Mi mamá la prepara.

En tu casa, ¿quién...

1. habla poco por teléfono? _____

2. come muchos chocolates? _____

3. entiende otro idioma? _____

4. te llama al celular? _____

5. ve más películas? _____

6. se queda en casa los sábados? _____

7. se baña por la noche? _____

8. pide los platos caros en los restaurantes? _____

Parte 2. Escribe un párrafo con la información que te dio tu compañero/a.

> **Modelo** **En la familia de Eva, nadie (*nobody*) lava el coche.**
> **Todos (*everyone*) hacen ejercicio. Su mamá prepara la comida...**

_____

_____

_____

_____

_____

_____

_____

_____

_____

C. Las actividades de Sofía y sus amigos.

Instrucciones para Estudiante 1

Ask your partner the necessary questions in order to fill in all the missing information. You each have the information the other needs. Ask your partner what they do at the times indicated and write it under the **Mi compañero/a** column. Answers will vary.

Modelo	¿Qué hace Sofía el sábado por la mañana?

	Sofía	Ramón y su familia	Wayne	Mi compañero/a
El viernes por la noche	[image]			
El sábado por la mañana		[image]	[image]	
El sábado por la tarde		[image]		
El domingo	[image]		[image]	

C. Las actividades de Sofía y sus amigos.

Instrucciones para **Estudiante 2**

Ask your partner the necessary questions in order to fill in all the missing information. You each have the information the other needs. Ask your partner what they do at the times indicated and write it under the **Mi compañero/a** column.   Answers will vary.

Modelo	¿Qué hace Sofía el viernes por la noche?

	Sofía	Ramón y su familia	Wayne	Mi compañero/a
El viernes por la noche				
El sábado por la mañana				
El sábado por la tarde				
El domingo				

La correspondencia

 El correo: Adriana te escribe. Primero, lee las preguntas. Después, lee la carta que te escribe Adriana acerca de su vida y su familia. Por último, contesta las preguntas.

1. ¿Quién es Adriana? ¿Qué sabes de sus hijos? Es compañera de Sofía. Viviana tiene 11 años, es muy buena estudiante y baila en un grupo folclórico. Santiaguito tiene 15 años; es alto y moreno, como su papá; toca la guitarra en un grupo musical. Carlos es piloto y es muy guapo; por eso, tiene mucho éxito con las chicas.

2. ¿Qué clase toma con Sofía? Toma cálculo.

3. ¿Cómo es su rutina por las mañanas? Se levanta a las seis de la mañana, se baña y prepara el desayuno para todos. Lleva a Viviana y Santiaguito a la escuela y después va a la universidad.

4. ¿Dónde trabaja? Trabaja en una oficina de bienes raíces.

5. ¿Por qué está celoso (*jealous*) su esposo? Ahora Adriana pasa mucho tiempo fuera de casa, sale con sus compañeros de clase y siempre está ocupada.

Queridos amigos:

Me llamo Adriana Barrón y soy compañera de Sofía. Estudiamos cálculo juntas. Soy puertorriqueña, tengo 45 años, soy casada y tengo tres hijos maravillosos: Viviana, Santiaguito y Carlos. Viviana tiene 11 años, es muy buena estudiante y baila en un grupo folclórico. Santiago tiene 15 años; es alto y moreno, como su papá. Toca la guitarra en un grupo musical. Mi hijo Carlos es piloto y es muy guapo; por eso, tiene mucho éxito con las chicas.

Mi esposo, Santiago, está un poco celoso porque ahora yo paso mucho tiempo fuera de casa, salgo con mis compañeros de clase y siempre estoy ocupada.

Estudio para ser contadora y trabajo tiempo parcial en una oficina de bienes raíces. Mi rutina diaria es un poco aburrida: me levanto a las seis de la mañana, me baño y preparo el desayuno para todos. Llevo a Viviana y Santiaguito a la escuela y después voy a la universidad. Mi primera clase empieza a las ocho.

Los días que no trabajo por la tarde, estoy en casa con mis hijos. Cuando tengo tiempo, limpio, cocino y lavo la ropa. Por la noche, después de cenar, estudio un par de horas y me acuesto temprano. ¡Qué vida!

Su amiga,
Adriana

En papel: El profesor quiere saber. Usa la carta de Adriana como modelo para escribir una carta para tu profesor(a). Incluye algo de: Answers will vary.

- tu familia
- tu rutina diaria
- tus clases
- tus actividades de fin de semana
- tus planes para las vacaciones

Video
CD-ROM

¡A ver de nuevo! Answers will vary.

Parte 1. Escucha la carta de Sofía otra vez, para escribir todo lo que sabes de cada personaje.

Audio
CD-ROM

Emilio

_____

_____

_____

_____

_____

_____

**Instructor's
Resources**
• VHS Video
• Worktext CD
• IRM: Videoscript

Manolo

_____

_____

_____

_____

_____

_____

¡A ver de nuevo!
Play the video
again and have
students write all
that they know
about each of the
characters. It is
best to do this
activity as an entire
class the first time
around. You may
demonstrate the
process by writing
what they tell you
on a blank
transparency on
the overhead
projector,
reminding them to
paraphrase and
simplify. Review
the use of
transition words.

Ana Mari

_____

_____

_____

_____

_____

_____

Wayne

_____

_____

_____

_____

_____

_____

Parte 2. Ahora trabaja con un(a) compañero/a para comparar la información y añadir lo que te haya faltado.

Invitación a **España**

Del álbum de
Emilio

El español no es el único idioma que se habla en España. Durante la dictadura de Franco, existió una política de total represión lingüística que pretendía extinguir cualquier manifestación cultural que no fuera de origen "castellano". Después de la muerte del dictador en 1975, los vascos, los catalanes y los gallegos, entre otros, han logrado el derecho a la igualdad cultural y lingüística. El bilingüismo ha resurgido en todo su apogeo: en las escuelas del País Vasco (donde está el Museo Guggenheim, que se ve en la foto), todos los niños estudian el vasco, llamado *euskera*, y el castellano. En las universidades de Cataluña se enseñan las clases regulares en catalán y la población catalana es casi totalmente bilingüe. En Galicia, hay tantos noticieros (*news*) en gallego como en castellano.

Práctica adicional		
Cuaderno de tareas WB p.31, S LM p.34, A–B	Audio CD-ROM Episodio 16	Website vistahigher learning.com

Vocabulario del Episodio 16

Instructor's Resources
• Testing program
• Website

Vocabulario. Remind students to refer to the Appendix of this book to review the grammar points mentioned below.

Objetivos comunicativos

You should now be able to do the following in Spanish:

✓ talk about yourself, your family, and your friends

✓ talk about your job, your classes, and your activities

✓ talk about the weather, clothing, and food

Vocabulario de **Primera parte** para repasar

✓ Las cosas, los lugares y las personas en la universidad (Episodio 2, p. 32)

✓ La familia y los adjetivos posesivos (Episodio 4, p. 82)

✓ Los adjetivos descriptivos (Episodio 6, p. 132)

✓ Los lugares en la ciudad (Episodio 8, p. 186)

✓ Las comidas (Episodio 9, p. 208)

✓ Vocabulario relacionado con el trabajo (Episodio 11, p. 263)

✓ Las profesiones (Episodio 12, p. 289)

✓ Las estaciones, los meses y el clima (Episodio 13, p. 321)

✓ La ropa y los colores (Episodio 13, p. 324)

✓ Para describir cómo estás (Episodio 15, p. 373)

Gramática de **Primera parte** para repasar

✓ Nouns and articles: gender and number (Episodio 2, p. 35)

✓ Subject pronouns (Episodio 3, p. 63)

✓ Regular verbs: the present tense (Episodio 5, p. 111; Episodio 8, p.181)

✓ Stem-changing verbs (Episodio 9, p. 214, Episodio 10, p. 237)

✓ Prepositional pronouns (Episodio 10, p. 243)

✓ Direct object pronouns (Episodio 12, p. 297)

✓ Reflexive pronouns (Episodio 14, p. 349)

✓ The preterit tense (Episodio 15, p. 375)

Vocabulario personal

Escribe todo el vocabulario que necesitas saber para poder hablar de tu familia, tu rutina en la escuela, en la casa y en el trabajo, tus actividades los fines de semana, tus planes profesionales, tu ciudad (el clima en las diferentes estaciones y los lugares bonitos para visitar), tus platos favoritos y tus amigos.

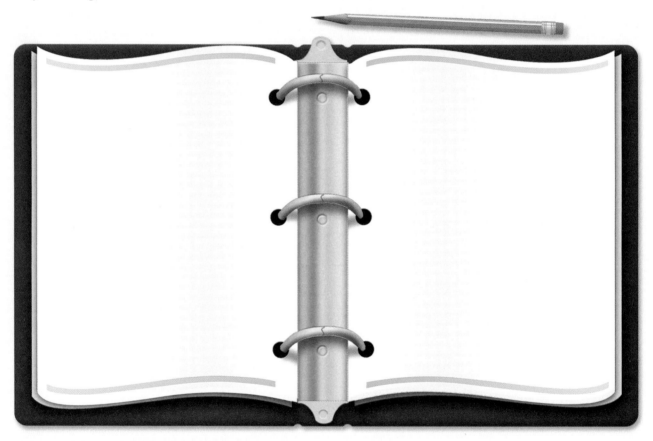

¡A escribir!

Episodio 16

Escenas de la vida: Emilio viene de España

Video
CD-ROM

A. ¡A ver cuánto entendiste! See how much of the **Escena** you understood by matching the Spanish sentences with their English equivalents.

1. Emilio viene de España.

__f__ 1. Estados Unidos te va a gustar mucho.

__c__ 2. Tengo varios amigos que quiero presentarte.

__d__ 3. Me alegro de que vengas a mi casa.

__e__ 4. No te vas a sentir solo.

__a__ 5. En un año vas a poder hablar inglés.

__b__ 6. La escuela está en la universidad.

a. In a year, you'll be able to speak English.

b. The school is in the university.

c. I have some friends I want to introduce you to.

d. I'm happy you're coming to my home.

e. You're not going to feel lonely.

f. You're going to like the U. S. a lot.

2. Sobre mis amigos.

__l__ 7. Toca la guitarra, canta y pinta.

__h__ 8. Va a ser una excelente abogada.

__i__ 9. Estudia leyes.

__g__ 10. El chico hace fiestas todas las semanas.

__k__ 11. Discuten constantemente.

__j__ 12. Escucha una música horrible.

g. The guy has parties every week.

h. She's going to be an excellent lawyer.

i. She's studying law.

j. He listens to horrible music.

k. They argue constantly.

l. He plays the guitar, sings, and paints.

Video
CD-ROM

B. La visita de Emilio. Complete each sentence with an element from both columns.

A

__d__ 1. No tengo toda la información…

__f__ 2. Comparte un apartamento con….

__a__ 3. Nos gusta mucho…

__c__ 4. Wayne es un muchacho…

__e__ 5. Tengo muchas ganas de…

__b__ 6. Es la mejor escuela…

B

a. correr y jugar vóleibol.

b. para aprender inglés.

c. súper tranquilo, atento, cariñoso y respetuoso.

d. de la escuela de idiomas.

e. verte.

f. un chico.

Video
CD-ROM

C. Cuando estés aquí. Complete the statements.

1. Te vamos a llevar <u>al cine y a bailar.</u>

2. Aquí, en verano <u>hace calor.</u>

3. En invierno <u>no hace mucho frío.</u>

4. Llueve poco pero <u>nunca nieva.</u>

5. Tenemos un equipo <u>de vóleibol de playa.</u>

6. Te puedes dar cuenta de que Wayne <u>me gusta mucho.</u>

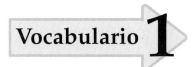

Vocabulario 1

Review of vocabulary Episodes 1–15
• People, descriptions, clothes, numbers, food, and activities

D. ¿Quiénes son? Your little cousin does not know who these well-known people are. Describe who they are (what they do), their personalities, and their physical characteristics. Answers will vary.

Modelo	Barbara Walters
	Barbara Walters es reportera de 20/20. Es una señora mayor, interesante, agradable, guapa, no muy alta y rubia. En su trabajo es inteligente y competente. Ella siempre entrevista a personas muy importantes.

1. Saddam Hussein _____

_____

_____

2. Michael Jordan _____

_____

_____

_____

3. Calista Flockhart _____

_____

_____

_____

4. Garth Brooks _____

_____

_____

_____

5. Dan Rather _____

_____

_____

E. La ropa. Label each item.

1. ____el abrigo____   2. ____la chaqueta____   3. ____las botas____   4. ____la camisa____

                                                                                ____los pantalones____

                                                                                ____los tenis____

5. ____el traje de baño____   6. ____la camisa____   7. ____la blusa____   8. ____el traje____

                                                                      ____la minifalda____   ____la corbata____

                                                                       ____la bolsa____   ____los calcetines____

                                                                       ____las sandalias____

F. ¡Vamos al súper! Your roommate is going grocery shopping this Saturday.
Make a shopping list with twelve foods and drinks you need for the month. Answers will vary.

La lista para el súper
_____
_____
_____
_____
_____
_____
_____
_____
_____
_____
_____
_____
_____

Gramática 1

Review of grammar Episodes 1–15
- Present tense of regular and irregular verbs
- Object pronouns
- Review of the preterit

G. Verbos regulares. Write the present tense of the three types of regular verbs. Answers will vary.

	-ar comprar	**-er** beber	**-ir** vivir
yo	compro	bebo	vivo
tú	compras	bebes	vives
usted/él/ella	compra	bebe	vive
nosotros/as	compramos	bebemos	vivimos
vosotros/as	compráis	bebéis	vivís
ustedes/ellos/as	compran	beben	viven

H. ¿Qué hacen? Describe what the characters do during the week or weekends. Be specific as to the day and time of day: i.e. morning, evening, etc. Answers will vary.

1. _____

_____

4. _____

_____

2. _____

_____

5. _____

_____

3. _____

_____

6. _____

_____

I. Preguntas personales. Answer the following questions. Answers will vary.

1. ¿Cuántos años tienes? _____
2. ¿Dónde y con quién vives? _____
3. ¿Trabajas este semestre? ¿Dónde? Cuántas horas? _____
4. Normalmente, ¿qué desayunas? _____
5. ¿Qué ejercicio haces? _____
6. ¿Con quién discutes? _____
7. ¿Qué programas ves en la tele? _____
8. ¿Quién limpia tu casa? _____

J. Verbos con cambios de raíz. Write the meaning of the following stem-changing verbs. Then complete the chart.

empezar ___to start___   almorzar ___to have lunch___   entender ___to understand___
querer ___to want___   servir ___to serve___   preferir ___to prefer___
dormir ___to sleep___   pensar ___to think___   recordar ___to remember___
pedir ___to ask for___   jugar ___to play___   perder ___to lose___
encontrar ___to find___

	e → ie	o → ue	e → i
yo	emp_ie_zo	alm_ue_rzo	s_i_rvo
tú	ent_ie_ndes	p_ue_des	s_i_rves
usted/él/ella	qu_ie_re	enc_ue_ntra	p_i_de
nosotros/as	pref_e_rimos	d_o_rmimos	p_e_dimos
ustedes/ellos/as	p_ie_nsan	rec_ue_rdan	s_i_rven

K. Actividades. Complete the statements using the following verbs in the present tense: **almorzar, dormir, encontrar, jugar, pedir, preferir, poder, querer, recordar,** and **servir.**

1. Yo (no) ___duermo___ más de ocho horas al día.
2. Sofía y Ana Mari ___juegan___ vóleibol.
3. Ana Mari y Ramón no ___recuerdan___ la letra de la canción *De colores*.
4. —Wayne, ¿___puedes___ prestarme cinco dólares?
   — No ___puedo___ porque no tengo dinero.
5. La mamá de Sofía generalmente les ___sirve___ café a sus invitados.
6. En Estados Unidos las personas ___almuerzan___ entre las 11:30 y la 1:00 de la tarde.
7. Los hermanos de Ramón no ___encuentran___ las raquetas de tenis.
8. La familia de Ramón ___prefiere___ visitar a los abuelos los domingos.
9. Ana Mari ___quiere___ bailar con los muchachos.
10. Wayne y yo ___pedimos___ una limonada. Y tú, ¿qué vas a ___pedir___?

L. La vida de Manolo. Complete the paragraph with the appropriate verbs.

entender	empezar	querer
beber	trabajar	salir
almorzar	poder	encontrar
dormir	limpiar	preferir

Manolo

Hola, me llamo Manolo Báez. Ahora (1) _____trabajo_____ en un hospital, pero quiero buscar otro trabajo porque no (2) _____puedo_____ trabajar cuarenta horas a la semana y tomar cinco clases. Estoy demasiado ocupado: casi nunca (3) _____almuerzo_____ porque no tengo tiempo, y no (4) _____duermo_____ suficiente tampoco. Necesito (5) _____encontrar_____ otro trabajo. Ahora voy a (6) _____empezar_____ a comprar el periódico todos los días. Me gustan mucho los animales. (7) _____Quiero_____ trabajar en una clínica veterinaria. (8) _____Prefiero_____ ganar menos dinero para tener más tiempo libre para estudiar y (9) _____salir_____ con mis amigos. Sofía dice que necesito novia, pero ella no (10) _____entiende_____ que para tener novia se necesita tiempo libre.

M. Verbos reflexivos. Use the cues provided to write questions and answers about the following people.

Modelo	Manolo / lavarse el pelo / por las mañanas (por las noches)
	¿Manolo se lava el pelo por las mañanas?
	No, se lava el pelo por las noches.

1. tu mamá / pintarse / todos los días (sólo cuando va a salir)

   ¿Tu mamá se pinta todos los días?

   No, se pinta sólo cuando va a salir.

2. a qué hora / acostarse / Sofía / entre semana (10:00)

   ¿A qué hora se acuesta Sofía entre semana?

   Sofía se acuesta a las 10 de la noche entre semana.

3. cuando / ponerse ropa elegante / Wayne (cuando salir con Sofía)

   ¿Cuándo se pone ropa elegante Wayne?

   Wayne se pone ropa elegante cuando sale con Sofía.

4. a qué hora / levantarse / tú / los sábados

   ¿A qué hora te levantas los sábados?

   Answers will vary.

5. nosotros / también / irse / en avión (en autobús)

   ¿Nosotros también nos vamos en avión?

   No, nosotros nos vamos en autobús.

N. Verbos irregulares en la primera persona. Complete the chart by filling in the missing **yo** form of the verbs and writing their meaning. Then complete Lalo's (Sofía's brother) description of his love life.

yo	usted	ellas	significado
sé	sabe	saben	to know
pongo	pone	ponen	to put
hago	hace	hacen	to do
veo	ve	ven	to see
salgo	sale	salen	to go out
conozco	conoce	conocen	to know

Hace dos semanas que (yo) (1) _____salgo_____ con una chica que se llama Beatriz. Vamos al cine o a escuchar música. Todavía no la (2) _____conozco_____ muy bien, pero creo que estoy enamorado (*in love*). Todas sus amigas se dan cuenta (*notice*) que me gusta mucho, porque cada vez que la (3) _____veo_____ en la cafetería de mi escuela, (4) _____pongo_____ cara de bobo (*silly looking face*) y digo tonterías (*foolish things*) ¡No (5) _____sé_____ qué me pasa! Es tan sólo una chica bonita.

Ñ. ¿Cuándo lo haces? Answer the questions using direct object pronouns. Answers will vary.

Modelo	¿Cuándo lavas tu coche?
	A veces lo lavo los sábados por la mañana.

1. ¿A qué hora ves la tele?

   _____

2. ¿Escribes tus trabajos (*papers*) de la escuela a máquina (*typewriter*) o en la computadora?

   _____

3. ¿Quién paga la cuenta (*bill*) del teléfono en tu casa?

   _____

4. ¿Quién lava la ropa?

   _____

5. ¿Quién te llama por teléfono el día de San Valentín?

   _____

6. ¿Ves a tus amigos todos los días?

   _____

7. ¿Dónde compraste el libro de español?

   _____

8. ¿Quién los visita a ustedes el Día de Acción de Gracias (*Thankgiving*)?

   _____

O. Repaso del pretérito. Write the missing verb forms.

	trabajar	correr	salir	acostarse	entender
yo	trabajé	corrí	**salí**	me acosté	entendí
tú	trabajaste	**corriste**	saliste	te acostaste	entendiste
usted él/ ella	trabajó	corrió	salió	**se acostó**	entendió
nosotros/as	trabajamos	corrimos	salimos	nos acostamos	**entendimos**
vosotros/as	**trabajasteis**	**corristeis**	**salisteis**	**os acostasteis**	**entendisteis**
ustedes ellos/as	**trabajaron**	corrieron	salieron	se acostaron	entendieron

P. La posada en Guadalajara. Complete the following description.

Odette, la amiga de Sofía, (1) ____organizó____ (organizar) una posada.
(2) ____Invitó____ (invitar) a muchos amigos y familiares. Ramón, Ana Mari y
Manolo (3) ____fueron____ (ir), pero Sofía no (4) ____fue____ (ir) porque estaba
enferma; ¡ella (5) ____comió____ (comer) demasiado pozole!

A la hora de pedir posada, la mitad de los invitados (6) ____salió____ (salir)
al jardín y la otra mitad (7) ____se quedó____ (quedarse) dentro de la casa, todos con
una vela y los versos tradicionales que se cantan en las posadas. Las personas que
estaban afuera (8) ____cantaron____ (cantar) unos versos y los que estaban adentro
respondieron con otros. Al final, (9) ____abrieron____ (abrir) la puerta y las personas
que estaban afuera entraron, y todos juntos cantaron el último verso. Después los niños
(10) ____rompieron____ (romper) la piñata.

Desafortunadamente, (11) ____empezó____ (empezar) a llover. Los mayores
(12) ____corrieron____ (correr) a la casa, pero los niños no; ellos (13) ____decidieron____
(decidir) recoger los dulces y juguetes de la piñata. En realidad, estaban emocionados
de comer dulces y jugar en la lluvia.

Odette estaba muy contenta porque todo salió muy bien. Muchas personas
(14) ____bailaron____ (bailar), otras conversaron, Manolo (15) ____tocó____ (tocar)
la guitarra. Todos los invitados se divirtieron mucho en la posada.

Ana Mari estaba feliz porque estaba de vacaciones, y todos los muchachos
bailaron con ella; aunque estaba un poco desilusionada de Manolo porque no
(16) ____habló____ (hablar) ni bailó con ella en toda la noche. Él
(17) ____estaba____ (estar) emocionado porque (18) ____era____ (ser) la
primera vez que (19) ____estaba____ (estar) en México.

Y Sofía... toda su ropa estaba sobre la cama, el vestido elegante para la fiesta, los
zapatos de tacón... ¡y no pudo usar nada más que su pijama!

Q. ¿Qué hiciste ayer? Write a brief description of what you did yesterday. Include the time you got up, where you went, what you did there, when you came back home, what you did before and after dinner, and what time you went to bed. Answers will vary.

_____

_____

_____

_____

_____

_____

_____

_____

R. Traducción. Write the following sentences in Spanish.

1. I bought my first *(primer)* car two years ago.
   Compré mi primer coche hace dos años.

2. My friends did not do their homework last night.
   Mis amigos no hicieron su tarea anoche.

3. Adriana's son started to work two weeks ago.
   El hijo de Adriana empezó a trabajar hace dos semanas.

4. My roommate and I went to Hawaii *(Hawai)* last year.
   Mi compañero de cuarto y yo fuimos a Hawai el año pasado.

Para terminar

 S. Un resumen de la historia. Read the summary of everything that has happened in **Escenas de la vida** until now and answer the questions. Answers will vary.

Sofía y Manolo conocieron a Adriana hace tres meses en la clase de cálculo. Se hicieron amigos y empezaron a salir y a estudiar juntos. Sofía también les presentó a Ana Mari, su mejor amiga y hermana de Ramón. A Ana Mari le gustó Manolo, pero él nunca la

 invita a salir ni le habla por teléfono. Manolo es un chico muy tímido y aunque Ana Mari le agrada bastante, no se anima a invitarla porque es la hermana de Ramón. Cuando fue cumpleaños de Wayne, Ramón organizó un picnic y todos fueron.

Se divirtieron mucho y a partir de eso todos empezaron a juntarse para ir al parque, ir al cine, a cenar o a bailar.

También organizaron un equipo de vóleibol y juegan los fines de semana, cuando hace buen tiempo. Wayne y Ramón son buenos amigos; juegan fútbol, estudian y salen juntos. Ahora cuando salen también invitan a Manolo.

Wayne ya conocía a Sofía pero hacía mucho tiempo que no la veía. Un día la invitó a salir, pero como no se ofreció a ir por ella a su casa, Sofía invitó a Ana Mari y a Ramón

también. A ella no le gusta salir de noche sola y prefiere no manejar. Pobre Wayne, llegó con unas flores para Sofía y las tuvo que tirar cuando vio que no estaba sola.

Durante las vacaciones organizaron un viaje a Guadalajara, México. Ana Mari y Ramón se quedaron en casa de sus abuelos y Sofía y Manolo en casa de Odette, la amiga de Sofía. Odette los llevó a muchos lugares interesantes y también organizó una posada en su casa. Fueron unas vacaciones muy divertidas para todos.

En cuanto a los planes profesionales de los chicos, Sofía quiere ser arquitecta, Ana Mari, abogada, Ramón, hombre de negocios internacionales y Wayne estudia computación e informática. El único que no sabe qué quiere ser es Manolo. No ha decidido si va a estudiar arte, pedagogía, veterinaria o literatura. Wayne y Ramón van a terminar sus estudios este semestre.

Wayne ya invitó a Sofía a salir muchas veces, ahora se ríen de lo que les pasó en la primera cita. Wayne está enamorándose cada vez más.

Adriana tiene problemas con su esposo porque está un poco celoso de los amigos de Adriana. Ahora sale y estudia con ellos en vez de estar en casa como antes. Los hijos de Adriana están contentos de que su mamá estudie. Pero Santiago, no tanto...

Sofía hace todo lo posible, sin que Manolo se dé cuenta, de que se fije en Ana Mari. Manolo sabe lo que Sofía está haciendo, pero...

1. ¿Quién es Adriana, cómo es, dónde la conocieron y qué problemas tiene?

_____
_____
_____

2. ¿Qué pasó en la primera cita de Sofía y Wayne? ¿Cuál es la situación ahora?

_____
_____
_____

3. ¿Quién es Manolo? ¿Qué hacen juntos?¿Le gusta Ana Mari? ¿Por qué no la invita a salir?_____

_____
_____

4. ¿Qué crees que va a pasar con Sofía y Wayne? ¿Con Adriana y su esposo? ¿Con Manolo y Ana Mari?_____

_____

Episodio

¡A escuchar!

16

Comprensión

Audio CD-ROM

A. Emilio planea su viaje. You will hear Emilio speaking with a travel agent on the telephone. Listen and fill in the reservation form with the necessary information. You will hear the conversation twice.

Reservación

Nombre del pasajero: _____ Emilio Pradillo _____

Aerolínea: _____ Iberia _____   Número de vuelo: _____ 2005 _____

De _____ Madrid _____   a _____ Los Ángeles _____

Clase: Primera ☐   Negocio ☐   Turista ☑

Número del asiento: _____ 34J _____   Precio: _____ 750 _____

Fecha: _____ 20 de enero _____   Hora de salida: _____ 9 am _____

Documentos: _____ pasaporte, carta de identidad y visa _____

Tarjeta de crédito: _____ Visa, 3124 4026 3815 1106 _____

Banco de palabras

asiento
seat

pasaje
ticket

pasajero
passenger

pasillo
aisle

ventanilla
window

vuelo
flight

Audio CD-ROM

B. Emilio se arregla para ir a Estados Unidos. You are going to hear what happened the day of Emilio's departure. Listen to the speaker, then fill in the missing actions to indicate what Emilio does to prepare to leave for the airport. You will hear the narration twice.

Emilio

Banco de palabras

afeitarse
to shave

arreglarse
to get ready

el baño
bathroom

despedirse (e ➝ i)
to say good-bye

el espejo
mirror

1. _____ Se levanta _____ muy temprano.

2. _____ Se arregla _____ en el baño.

3. _____ Se lava _____ los dientes.

4. _____ Se baña _____ con agua bien caliente.

5. _____ Se pone _____ la ropa.

6. _____ Se mira _____ en el espejo.

7. _____ Se despide _____ de los vecinos.

8. _____ Se va _____ para el aeropuerto en taxi.

C. ¡Ya lo hicieron! You are going to be asked about what several people's activities. Use the preterit tense and **ya** to say that the person has already done the activity, and write the verb in the space provided. Then repeat the correct answer after the speaker.

> **Modelo** You hear: ¿Emilio va a comprar el boleto?
> You say/write: No, ya lo **compró**.

1. No, ya _____cené_____ .

2. No, ya lo _____vendió_____ .

3. No, ya _____fueron_____ a la escuela.

4. No, ya lo _____pedí_____ .

5. No, ya _____estudiaron_____ .

6. No, ya _____comimos_____ .

7. No, ya _____salí_____ .

8. No, ya lo _____hice_____ .

9. No, ya lo _____llamó_____ .

10. No, ya lo _____escribieron_____ .

Más escenas de la vida

Sofía, Manolo, and Ana Mari greet Emilio, who has just arrived from Spain. Listen to their conversation and then complete activities **A** and **B**. You will hear the conversation twice.

A. ¿Cierto o falso? Indicate whether the statements are **cierto** or **falso**, according to the conversation.

	Cierto	Falso
1. Sofía y Emilio se ven con frecuencia.	☐	☑
2. Emilio no habla bien inglés.	☑	☐
3. Wayne es el amigo cubano de Sofía.	☐	☑
4. Todos los amigos de Sofía hablan español.	☑	☐
5. Sofía y sus amigos no tienen tiempo para salir.	☐	☑
6. Ana Mari cree que Emilio puede hablar inglés con Wayne.	☑	☐
7. Manolo cree que Emilio va a aprender mucho inglés.	☑	☐

B. Responde. Write the answers to the following questions.

1. ¿Con quién confunde Emilio a Manolo?

   Emilio confunde a Manolo con Wayne.

2. ¿Cuándo se juntan y salen los amigos de Sofía?

   Salen todos los fines de semana.

3. ¿Por qué Wayne prefiere hablar español?

   Quiere practicarlo.

4. ¿Qué consejos le da Manolo a Emilio?

   Mirar la tele, ir al cine, salir con sus compañeros de clase.

Episodio 17

Escenas de la vida: ¡Feliz Año Nuevo!

Video
CD-ROM

Audio
CD-ROM

Instructor's Resources
- Overheads
- VHS Video
- Worktext CD
- Website
- IRM: Videoscript, Comprehensible input

A. ¡Mira cuánto puedes entender! Selecciona las actividades que hicieron durante las vacaciones, según aparecen en la **Escena**.

Manolo bailó con Ana Mari en las discotecas.

Manolo tocó la guitarra.

Manolo durmió en el sillón.

Sofía se quedó en cama.

Sofía comió mucho pozole.

Manolo se divirtió mucho en la posada.

Wayne recibió regalos.

También leyó una novela.

En casa de Wayne sirvieron pavo y puré de papas.

Video Synopsis. Wayne visits Sofía when she returns from winter vacation; they catch up on everything that happened to the two of them. Wayne is happy that Sofía has returned and admits that he thought about her a lot. She also thought about him. They realize they missed each other.

Video
CD-ROM

B. ¿Cierto o falso? Escucha la conversación o mira el video otra vez para indicar si los siguientes comentarios son **ciertos** o **falsos.**

Audio
CD-ROM

	Cierto	Falso
1. Sofía se divirtió mucho en sus vacaciones.	✓	
2. Manolo cantó con todos.	✓	
3. Ramón y Ana Mari no fueron a la posada.		✓
4. Todos se quedaron hasta las tres de la mañana.	✓	
5. Wayne se divirtió tanto como Sofía.		✓
6. Odette los llevó a visitar el Hospicio Cabañas.	✓	
7. La universidad de Guadalajara es grande.	✓	
8. Wayne conoce Guadalajara.		✓

Video
CD-ROM

C. ¿Te diste cuenta? Responde a las preguntas de acuerdo con lo que viste en el video.

Audio
CD-ROM

1. ¿Por qué dice Sofía que Manolo estuvo irreconocible?

   Tocó la guitarra y cantó con todos.

2. ¿Cómo sabemos que Ramón y Ana Mari se divirtieron mucho en la posada?

   Se quedaron hasta las tres de la mañana.

3. ¿Por qué Sofía no estuvo en la posada?

   Comió demasiado pozole y se enfermó.

4. ¿Por qué está Wayne tan contento?

   Sofía ya regresó.

Cultura a lo vivo

Aunque en México muchas personas intercambian regalos en Navidad, en la mayoría de los países hispanos, es mucho más común que los niños reciban los regalos el 6 de enero, que es el **Día de los Reyes Magos** (*The Feast of the Epiphany*). Ese día por la tarde en muchas casas, también se prepara un pan especial llamado **Rosca de reyes**. Familiares y amigos se juntan a cortar el pan y tomar chocolate.

En muchas casas latinas, cada año los amigos se juntan a celebrar el Día de los Reyes Magos. Cortan la rosca y toman chocolate.

Práctica adicional	
Cuaderno de tareas WB pp.53–54, A–B	Video CD-ROM Episodio 17

Para comunicarnos mejor

 **Gramática 1**

Talking about past activities
- A review of the preterit
- The preterit of -ir stem-changing verbs
- The preterit of verbs with spelling changes

In their conversation, Sofía and Wayne said the following:

¿Ramón y Ana Mari **fueron** a la posada?   *Did Ramón and Ana Mari go to the **posada**?*
Sí, los dos **se divirtieron** mucho.   *Yes, the two of them had a lot of fun.*
Se quedaron hasta las tres de la mañana.   *They stayed until three in the morning.*
¿Y qué más **hicieron**?   *And what else did you do?*
Visitamos el Hospicio Cabañas.   *We visited the Hospicio Cabañas.*

1. Review the following chart:

Preterit of regular verbs			
	trabajar	**comer**	**salir**
yo	trabaj**é**	com**í**	sal**í**
tú	trabaj**aste**	com**iste**	sal**iste**
usted/él/ella	trabaj**ó**	com**ió**	sal**ió**
nosotros/as	trabaj**amos**	com**imos**	sal**imos**
vosotros/as	trabaj**asteis**	com**isteis**	sal**isteis**
ustedes/ellos/as	trabaj**aron**	com**ieron**	sal**ieron**

2. The following expressions are useful when speaking in the preterit.

Algunas expresiones para hablar del pasado			
ayer	*yesterday*	**el año pasado**	*last year*
anoche	*last night*	**hace dos semanas**	*two weeks ago*
la semana pasada	*last week*	**hace tres meses**	*three months ago*
el mes pasado	*last month*	**hace cuatro años**	*four years ago*

3. Remember that stem-changing verbs ending in -ar and -er do not change in the preterit.

		present	preterit
Preterit of -ar and -er stem-changing verbs			
		present	preterit
e ➤ ie	pensar	pienso	pensé
	entender	entiendo	entendí
	perder *(to lose)*	pierdo	perdí
o ➤ ue	acostarse	me acuesto	me acosté
	encontrar	encuentro	encontré

Siempre **entiendo** a la profesora, pero ayer no **entendí** nada.
Siempre **me acuesto** temprano, pero anoche **me acosté** tarde.

In **Episodio 15** (page 376), you learned three irregular verbs in the preterit: **ir, hacer,** and **tener.** See the appendix of this book to review these forms.

Ayer **fui** al gimnasio, pero no **hice** ejercicio porque **tuve** que ayudar a mi amiga con su tarea.

Stem-changing verbs ending in -ir (**divertirse, dormir, pedir, preferir, servir**) have a stem change (e ➤ i, o ➤ u) in the third person singular and plural of the preterit.

Preterit of -ir stem-changing verbs			
e ➤ i		o ➤ u	
pedí	pedimos	dormí	dormimos
pediste	pedisteis	dormiste	dormisteis
pidió	pidieron	durmió	durmieron

Ramón y Ana Mari **se divirtieron** mucho en la posada.
Adriana **prefirió** quedarse en casa a descansar.

4. Remember that there is a spelling change in the **yo** form of verbs ending in -car, -gar, and -zar.

to**car**	To**qué** la guitarra toda la noche.
pa**gar**	Pa**gué** el boleto con tarjeta de crédito.
almor**zar**	Almor**cé** con mis amigos el domingo pasado.

5. Verbs with a vowel next to the ending, such as **creer** *(to believe),* **leer,** and **oír** *(to hear)* have a spelling change in the third person singular and plural to avoid having three vowels together. Notice that all forms except the third person plural carry a written accent.

creer creí, creíste, **creyó,** creímos, creísteis, **creyeron**
leer leí, leíste, **leyó,** leímos, leísteis, **leyeron**
oír oí, oíste, **oyó,** oímos, oísteis, **oyeron**

¡Fíjate!
The present tense of **oír** is: **oigo, oyes, oye, oímos, oís,** and **oyen.**
No **oigo** a los niños cuando juegan.

Anoche no **oyeron** el timbre *(door bell);* por eso, no me abrieron.
¿**Leyó** el periódico ayer?

PRÁCTICA

Audio
CD-ROM

A. ¿Cuándo? Escucha las actividades de la familia de Sofía para indicar si ocurren todos los días o si ocurrieron ayer.

Instructor's Resources
• Worktext CD
• IRM: Tapescript

	Todos los días	Ayer
1.	☑	☐
2.	☐	☑
3.	☑	☐
4.	☐	☑
5.	☐	☑
6.	☐	☑

	Todos los días	Ayer
7.	☑	☐
8.	☐	☑
9.	☑	☐
10.	☐	☑
11.	☐	☑
12.	☐	☑

Script. *Escucha las actividades de la familia de Sofía para indicar si ocurren todos los días o si ocurrieron ayer. 1. Sofía se levanta temprano. 2. Los niños comieron mucho. 3. Duermen hasta tarde. 4. Se levantaron temprano. 5. La mamá de Sofía sirvió tamales. 6. No durmió en su casa. 7. Por la mañana leemos el periódico. 8. También comimos en un restaurante. 9. Oye las noticias en la radio. 10. Se divirtió en la fiesta. 11. Pagué el boleto con tarjeta de crédito. 12. Escribí un poema.*

B. ¿Qué hicieron el fin de semana? Escribe oraciones lógicas con las ilustraciones. Compara lo que tú hiciste con lo que hicieron otras personas en tu familia. Answers will vary.

Modelo

El sábado me acosté muy tarde, pero mi hermano Jimmy se acostó temprano.

1.    _____

2.    _____

3.   _____

4.    _____

C. Lotería.

Parte 1. Find out who did the following activities, writing a different name each time. The first student who forms three straight lines wins.   Answers will vary.

C. Remind students that they have to conjugate the verb in the **tú** form when asking their classmates and in the **él/ella** form when reporting their findings. They may not write the same person's name twice. They may use their own name once. This activity takes about eight to twelve minutes. When three students have finished, you may end the activity. Prompt answers from individual students: **Roger, ¿quién se levantó tarde ayer?**, etc.

Modelo _____ hizo ejercicio el domingo.
—¿Hiciste ejercicio el domingo?
—Sí, corrí dos millas y nadé. ¿Y tú?

se levantó tarde ayer.	almorzó en la cafetería el lunes pasado.	se acostó temprano anoche.	leyó un buen libro el mes pasado.
durmió menos de siete horas.	tuvo que trabajar el domingo.	salió con su novio/a el viernes.	vio una buena película.
empezó a trabajar hace dos años.	no entendió toda la tarea.	hizo ejercicio el domingo.	visitó a sus abuelos la semana pasada.
conoció a alguien interesante.	sacó A en la última prueba.	recibió muchos correos electrónicos hoy.	perdió un libro el semestre pasado.

Parte 2. Comparte la información con la clase.

Modelo   Estudiante 1:   Mary se levantó tarde.
Estudiante 2:   ¿A qué hora te levantaste, Mary?
Mary: Me levanté a las once de la mañana.

D. La vida de Emilio.
Ahora que Emilio está en casa de Sofía, su rutina es diferente. Termina las oraciones lógicamente.   Answers will vary.

Modelo   Emilio generalmente se acuesta temprano, pero anoche **se acostó tarde.**

Emilio

1. Emilio siempre duerme ocho horas, pero anoche _____.
2. Generalmente lee un poco antes de dormir, pero anoche _____.
3. También pide vino español cuando cena, pero anoche _____.
4. Generalmente no se divierte en las reuniones, pero anoche _____.
5. La mamá de Sofía casi nunca sirve paella, pero anoche _____.

E. El diario de Sofía. Primero, lee las preguntas. Después, completa los comentarios
que escribe Sofía en su diario para saber qué hizo ayer. Por último, contesta las preguntas.

1. ¿Qué hizo Sofía ayer por la mañana? <u>Se levantó temprano para preparar todo antes de la visita de Emilio.</u>
2. ¿Adónde fue por la tarde? <u>Fue al aeropuerto.</u>
3. ¿Qué cenaron en casa de Sofía? <u>Cenaron paella valenciana.</u>
4. ¿Cómo es Emilio? <u>Emilio es agradable.</u>
5. ¿A qué hora se acostaron? <u>Se acostaron a las dos de la mañana.</u>

Ayer (1) <u>me levanté</u> (levantarme) muy temprano para preparar todo
antes de la visita de Emilio. Mi mamá y yo (2) <u>lavamos</u> (lavar) la ropa
y (3) <u>limpiamos</u> (limpiar) toda la casa. Después nosotras
(4) <u>fuimos</u> (ir) al supermercado a comprar todo lo necesario para
hacer una paella valenciana. Mi mamá (5) <u>hizo</u> (hacer) una cena
española para Emilio. También yo (6) <u>invité</u> (invitar) a todos mis
amigos para que lo conocieran.

A las cinco de la tarde, (7) <u>me bañé</u> (bañarme) y (8) <u>me pinté</u>
(pintarme) a la carrera[1]. (9) <u>Llegué</u> (Llegar) al aeropuerto temprano,
así que (10) <u>tuve</u> (tener) que esperar un rato.

¡La cena estuvo deliciosa! A Emilio le (11) <u>gustó</u> (gustar) todo y lo
pasamos muy bien. ¡Qué agradable es Emilio! Todos (12) <u>nos divertimos</u>
(divertirnos) mucho con sus chistes y sus historias, y a mis amigos les cayó
muy bien. Por fin, a las dos de la mañana, todos (13) <u>se fueron</u> (irse) y
nosotros (14) <u>nos acostamos</u> (acostarnos) cansados pero contentos. ¡Qué día!

[1]*in a hurry*

F. El aspecto personal. Contesta las preguntas, y después entrevista a tu compañero/a. Answers will vary.

1. ¿Qué hiciste durante las vacaciones del año pasado? ¿Saliste de la ciudad? ¿A quién
visitaste? ¿Qué comiste? ¿Te divertiste?

_____
_____
_____
_____

2. ¿Qué hiciste el fin de semana pasado? ¿Saliste o te quedaste en casa? ¿Trabajaste?
¿Estudiaste mucho? ¿Limpiaste la casa? ¿Lavaste la ropa?

_____
_____
_____
_____

41

3. ¿Cuándo fue la última vez que cenaste en un restaurante con tu familia? ¿Cómo se llama el restaurante? ¿Qué pediste? ¿Con qué lo sirvieron? ¿Te gustó?

Práctica adicional

Cuaderno de tareas
WB pp.54–56, C–E

_____

_____

_____

_____

Gramática 2

Making comparisons
• Más/menos que, tan/tanto como, mejor/peor que

In the **Escena**, Wayne and Sofía made the following statements:

No me divertí **tanto como** tú. *I didn't have as much fun as you.*
¿La universidad es **tan** grande **como** dicen? *Is the university as big as they say?*
Sí, es **más** grande **que** la nuestra. *Yes, it's bigger than ours.*
Pero tiene **menos** estudiantes **que** aquí. *But it has fewer students than here.*

1. Comparisons of inequality *(more/less than, fewer than)* are formed with **más que (más ___ que)** and **menos que (menos ___ que).**

   a. Use **más ___ que** and **menos ___ que** when comparing qualities (adjectives) or things (nouns):
      La universidad es **más grande que** la nuestra.
      Hay **menos estudiantes que** aquí.

   b. Use **más que** and **menos que** when comparing activities (verbs):
      Sofía **se pinta menos que** Odette para ir a la universidad.

2. Comparisons of equality *(as ___ as, as much / many ___ as)* are formed with **tan ___ como/tanto ___ como.**

   a. Use **tan ___ como** with adjectives.
      Manolo es **tan activo como** su compañero de cuarto, pero no es **tan desordenado como** él.

   b. Use **tanto/a(s) ___ como** with nouns.
      Ana Mari toma **tantas clases como** Sofía, pero no compró **tantos libros como** ella.

   c. Use **tanto como** *(as much as)* with verbs.
      Wayne **estudia tanto como** sus amigos, pero no **trabaja tanto como** ellos.

3. Use **mejor que** to indicate *better than* and **peor que** to indicate *worse than.*
      Manolo toca la guitarra **mejor que** yo, pero cocina **peor que** yo.

PRÁCTICA

G. ¿Estás de acuerdo? Indica si estás de acuerdo o no con los siguientes comentarios. Explica claramente tu opinión a tu compañero/a. Answers will vary.

> **Modelo** Los profesores trabajan más que los estudiantes.
> **No estoy de acuerdo. En mi opinión, los estudiantes trabajan tanto como los profesores porque ellos tienen que estudiar y trabajar también.**

	Sí	No
1. Gloria Estefan vende menos discos que Julio Iglesias.	☐	☐
2. Barbra Streisand canta mejor que Bette Midler.	☐	☐
3. Los hombres son tan inteligentes como las mujeres.	☐	☐
4. Los *Padres* juegan peor que los *Yankees*.	☐	☐
5. Las mujeres trabajan menos que los hombres.	☐	☐
6. Tú trabajas tanto como tu jefe.	☐	☐
7. Estudiar español es más fácil que estudiar matemáticas.	☐	☐
8. Los doctores ganan más que los abogados.	☐	☐

H. Mi mejor amigo y yo. Compárate con tu mejor amigo/a de acuerdo con sus características físicas, la personalidad y las actividades. Después comparte tus oraciones con la clase. Answers will vary.

> **Modelo** **Mi amigo Joe tiene más responsabilidades que yo porque es casado.**

1. _____
2. _____
3. _____
4. _____

I. Compara a tu familia. Piensa en los miembros de tu familia para escribir seis comparaciones entre ellos. Después comparte tus oraciones con la clase. Answers will vary.

> **Modelo** **Mi mamá trabaja tanto como mi papá.**
> **Yo soy más guapo que mi hermano Rick.**

1. _____
2. _____
3. _____
4. _____
5. _____
6. _____

J. El año pasado. Compara las vacaciones de invierno de este año con las del año pasado. Recuerda que debes usar el pretérito para las dos. Piensa en el clima, la comida y tus actividades. Answers will vary.

> **Modelo** Este año nevó más que el año pasado.

1. _____

2. _____

3. _____

4. _____

5. _____

6. _____

K. Las vacaciones. Tell your partner about your last school break. Include some of the following: whether you worked, took classes, or traveled; whether you went to the movies, and, if so, what you saw; who you went out with; where you went; what you did, etc. Jot down your partner's activities in the space provided, so you can tell the rest of the class later. Answers will vary.

> **Learning Strategy: Keep it simple**
> Since your English thoughts are far more sophisticated than your Spanish skills, you need to find simple ways to express your thoughts. For example, in response to the (Spanish) question *Why didn't you go to the movies?*, you may want to answer *I would have gone if my brother had returned my car on time.* But, more simply, you may say *My brother took my car.*

¡Fíjate!
Try to use as much Spanish as you can in order to have a real conversation.

_____

_____

_____

_____

_____

_____

_____

Práctica adicional

Cuaderno de tareas	Audio
WB pp.56–57, F–G LM pp.59–60, A-C	CD-ROM Episodio 17

Additional Activity. Give pairs of students the photos or names of two famous people. Ask them to compare these people using **más/menos que, tan/tanto como, mejor/peor que.** Demonstrate the activity by comparing two people yourself. For example, compare Britney Spears and Christina Aguilera: **En mi opinión Britney es más atractiva que Christina, ¿están de acuerdo?** (Allow students to agree or disagree.) **Christina canta mejor que Britney, pero vende menos discos que Britney...** You may compare singing, clothes, make-up, advertisements, dancing, Spanish-speaking abilities, age, popularity, etc.

Actividades comunicativas

A. Submarino. The object of this game, played like Battleship, is to find the location of your classmate's submarines. First, draw your submarines in any five of the boxes on your grid; do not let your partner see your grid. Then, take turns asking each other yes/no questions, matching an action pictured at the top of the grid with one of the people on the side.

> **Modelo** —¿Tus amigos fueron a la fiesta?
> —**Sí, fueron.** *(If there is a submarine in that box.)*
> *or* —**No, no fueron.** *(If there is no submarine in that box.)*

Depending on your classmate's answer, write **sí** or **no** in that box. If you answer **sí** to your classmate's question, put an **X** through your submarine. It's been located! The first player to locate all five submarines wins.   Answers will vary.

A. Model the process using the grid on this page. If there is an odd number of individuals, form one group of three. Allow enough time for three students to win.

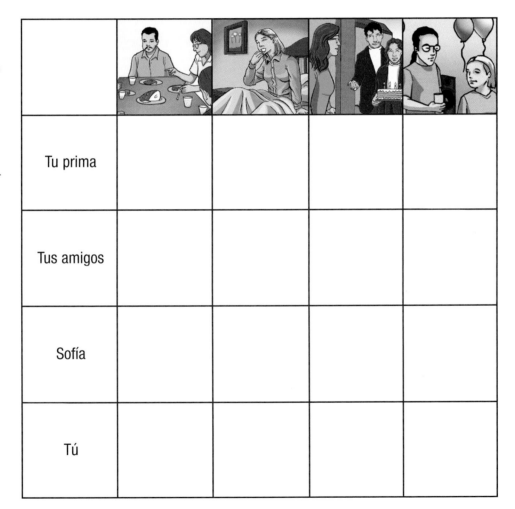

Tu prima				
Tus amigos				
Sofía				
Tú				

B. ¿Qué hizo Manolo el fin de semana? Answers will vary.

Instrucciones para **Estudiante 1**

Parte 1. Tú tienes la mitad *(half)* de las ilustraciones, y tu compañero/a tiene la otra mitad. Juntos tienen que descubrir *(find out)* qué hizo Manolo el fin de semana pasado. Describe tus ilustraciones y haz preguntas para completar el cuadro. Tú empiezas.

Modelo	Primero Manolo se levantó a las seis. ¿Qué hizo después?

B. Make sure students do not see their partner's page. Encourage them to use only Spanish while completing the activity.

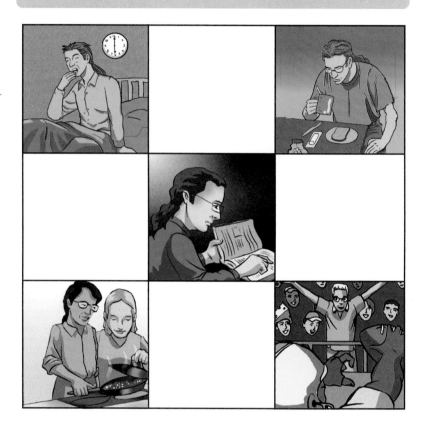

 Parte 2. Ahora escribe un párrafo con los eventos.

_____

_____

_____

_____

_____

_____

_____

_____

_____

¡Fíjate!

Remember to use transition words to join events from morning to afternoon to evening. Use **por la mañana, más tarde, luego, antes de, después de,** etc.

B. ¿Qué hizo Manolo el fin de semana? Answers will vary.

Instrucciones para Estudiante 2

Parte 1. Tú tienes la mitad *(half)* de las ilustraciones, y tu compañero/a tiene la otra mitad. Juntos tienen que descubrir *(find out)* qué hizo Manolo el fin de semana pasado. Describe tus ilustraciones y haz preguntas para completar el cuadro. Tu compañero/a empieza.

> **Modelo** Después Manolo se bañó y...

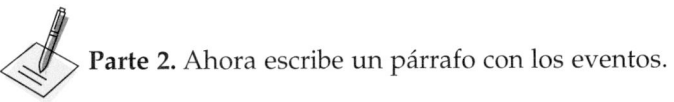 **Parte 2.** Ahora escribe un párrafo con los eventos.

¡Fíjate!

Remember to use transition words to join events from morning to afternoon to evening. Use **por la mañana, más tarde, luego, antes de, después de,** etc.

_____

_____

_____

_____

_____

_____

_____

_____

_____

C. La fotonovela. En grupos de cuatro personas, seleccionen cinco de las siguientes actividades para escribir una descripción de lo que hizo Adriana el día de Navidad. Después tu grupo va a leer la descripción a la clase y tus compañeros deben adivinar (*guess*) las letras de las actividades que usaron en la descripción. Usen expresiones como **primero, después, más tarde, por la mañana / tarde / noche**. Empiecen así: Answers will vary.

> **Modelo** El día de Navidad, por la mañana Adriana...

Banco de palabras

decorar el árbol
to decorate the Christmas tree

cantar villancicos
to sing carols

abrir los regalos
to open the presents

regalar
to give a gift

C. You may do this activity in groups or as a class. Allow enough time for students to write their story. When groups have finished their story, have one member of each group read it, while the other groups write the letters that correspond to the events being read. You may do this activity as a competition. Each group has a member writing the answers on the board; all members in the group must go to the board at least once. Divide the class in groups. There must be more (or as many) groups than students per group.

La correspondencia

 El correo: Mi viaje a Perú. Primero lee las preguntas. Después lee el artículo que escribió Ana Mari acerca de los incas y de su viaje a Perú. Por último, contesta las preguntas.

1. ¿Con quién fue Ana Mari a Perú? <u>Fue con su familia.</u>

2. ¿Cuánto tiempo se quedó en Lima? <u>Se quedó tres días.</u>

3. ¿En qué fueron a Cuzco? <u>Fueron en tren.</u>

4. ¿Qué pasó en la estación de tren? <u>Cuando llegaron, el tren ya había salido.</u>

5. ¿Qué hizo Ana Mari en Perú? <u>Aprendió, compró y se divirtió muchísimo.</u>

El año pasado fui a Perú con mi familia. Fue un viaje interesante y muy educativo. Nos gustó mucho el país, la gente, la comida y especialmente la ciudad de Lima, con sus edificios coloniales y amplias avenidas. Lima, la capital de Perú, fue una de las ciudades más bellas durante la época colonial. Llegamos a Lima el 23 de julio. Nos quedamos ahí tres días. Visitamos todos los museos y lugares turísticos. Compré artesanía y joyería de plata. Las cosas cuestan la mitad de precio que en Estados Unidos.

Lo mejor de todo nuestro viaje fue la excursión arqueológica que hicimos a varias zonas incas de Perú y Bolivia. El cuarto día, nos levantamos a las cinco de la mañana para tomar el tren a Cuzco. Tomamos un taxi a la estación de tren, pero cuando llegamos, el tren ya había salido. Así que tuvimos que esperar tres horas para tomar el siguiente tren.

Visitamos Cuzco (capital del imperio inca); vimos la ciudad fortaleza[1] de Machu Picchu, la fortaleza de Sacsahuamán (lo que quedó de ella); el Templo del Sol y la famosa Puerta del Sol. Seis días después regresamos a Lima para tomar el avión de regreso a casa. ¡Fueron las mejores vacaciones de mi vida! Aprendí, compré y me divertí muchísimo con toda mi familia. Hay cosas muy interesantes acerca de la cultura y el imperio inca. Puedes leer más acerca de ellos en la Red[2].

[1] fortress [2] Web (Internet)

El Templo del Sol

La Catedral de Cuzco

El mercado

En papel: Las vacaciones. In **Práctica K**, you talked to your partner about your vacation. Now, imagine you write to Wayne telling him what you did. Include whether you worked, took classes or traveled; whether you went to the movies; if so, what you saw, who you went with, where you went afterwards, etc. Be thorough and creative. Answers will vary.

Additional Activity. Use the **En papel** section as the basis for a three- or four-minute oral presentation. Have students paste pictures on a board and talk about their trip to their classmates. You may assign five or six students to present per day. Divide the rest of the class onto five or six groups of listeners and have them rotate from presentation to presentation, until all presenters have given their speech five or six times (set presenters around the room as far as possible from each other). The next day, another group of students will be the presenters, and so, on until everyone has presented. Take 15 minutes each day for oral presentations. It may take you a week to have all students present.

¡Fíjate!

Try to express yourself simply with the language you know. It is a poor strategy to write a letter in English and translate it into Spanish. Remember that your ability to write in English is far more sophisticated than your ability to write in Spanish.

Invitación a **Perú**

Del álbum de
Ana Marí

Perú tiene unos 28 millones de habitantes, de los cuales 45% son indígenas quechua o aymara. Es un poco más pequeño que el estado de Alaska. Hay dos lenguas oficiales; el español y el quechua. Lima, a la orilla del mar, es una de las más bellas ciudades de Sudamérica. Fue un gran centro cultural y económico durante la época prehispánica y la colonial. Cada año millones de turistas visitan Cuzco y Machu Picchu. Arequipa es otra ciudad importante, ya que es el principal centro textil de alpaca del mundo. Iquitos es la ciudad de mayor importancia en la zona de la Amazonía peruana, que hoy en día está todavía aislada del resto del país. Existen planes de abrir una carretera transamazónica que haría accesible la zona del Amazonas al resto del país.

Práctica adicional

Website
vistahigher
learning.com

Video
CD-ROM

¡A ver de nuevo!

Parte 1. Mira la **Escena** otra vez para escribir un resumen en tus propias palabras. Answers will vary.

Audio
CD-ROM

En este episodio Sofía le platica (tells) a Wayne...

**Instructor's
Resources**

• VHS Video
• Worktext CD
• IRM: Videoscript

¡A ver de nuevo!
Model the process of
summarizing the
Escena by doing it as
a whole class activity.
Have students tell
you what happened.

Parte 2. Ahora trabaja con un(a) compañero/a para comparar la información y añadir lo que
te haya faltado.

Práctica adicional		
Cuaderno de tareas
WB pp.57–58, H–I
LM p.60, A–B	Audio
CD-ROM
Episodio 17	Website
vistahigher
learning.com

Vocabulario del Episodio 17

Preterit of **-ar** and **-er** stem-changing verbs

		present	**preterit**
e → ie	pensar	p**ie**nso	pensé
	entender	ent**ie**ndo	entendí
o → ue	acostarse	me ac**ue**sto	me acosté
	encontrar	enc**ue**ntro	encontré

Instructor's Resources
• Testing Program
• Website

creer	*to think, to believe*	**oír**	*to hear*
leer	*to read*	**perder**	*to lose*

Preterit of **-ir** stem-changing verbs

e → i

pedí	pedimos
pediste	pedisteis
pidió	pidieron

Making comparisons

más/menos que	*more/less than*
tan [*adjective*] **como**	*as* [adjective] *as*
tanto/a(s) [*noun*] **como**	*as much/many* [noun] *as*
tanto como	*as much as*
mejor/peor que	*better/worse than*

Vocabulario personal

En esta sección escribe las palabras que necesitas saber para poder hablar mejor de tus actividades durante las vacaciones y los fines de semana.

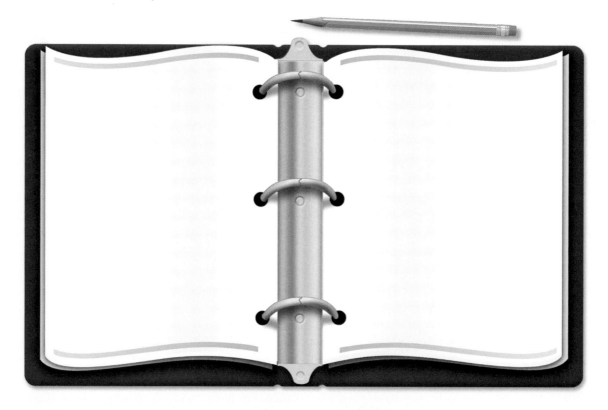

¡A escribir!

Episodio 17

Escenas de la vida: ¡Feliz Año Nuevo!

Video CD-ROM

A. ¡A ver cuánto entendiste! See how much of the **Escena** you understood by matching the Spanish sentences with their English equivalents.

_e_	1. Nos divertimos muchísimo.	a. Hard to believe.
_f_	2. Tocó la guitarra y cantó con todos.	b. How was your vacation?
_a_	3. Difícil de creer.	c. She danced all night.
_c_	4. Bailó toda la noche.	d. I was never more bored.
_d_	5. Me aburrí más que nunca.	e. We had a lot of fun.
_b_	6. ¿Qué tal pasaste las vacaciones?	f. He played the guitar and sang
_j_	7. No me divertí tanto como tú.	with everybody.
_g_	8. Recibí muchos regalos.	g. I received a lot of gifts.
_k_	9. Nos llevó por toda la ciudad.	h. It's bigger than ours.
_h_	10. Es más grande que la nuestra.	i. I thought about you a lot.
_l_	11. A ver si el año que entra puedo	j. I didn't have as much fun as you did.
	ir a México.	k. She took us all over the city.
_i_	12. Pensé mucho en ti.	l. Let's see if next year I can go to Mexico.

Video CD-ROM

B. Las vacaciones. Choose the appropriate answer for each question. Then indicate who is asking the question: Wayne **(W)** or Sofía **(S)**.

_W_ 1. ¿Y tú también bailaste mucho?
    a. Sí, bailé con muchos chicos.
    (b.) No, comí demasiado pozole y me enfermé.
    c. No, toqué el piano y Manolo tocó la guitarra.

_S_ 2. ¿Qué hiciste en Navidad?
    (a.) Fui a casa de mis papás.
    b. Nada. Tuve que trabajar.
    c. Fui de campamento.

Sofía

_W_ 3. ¿Por qué estuvo irreconocible Manolo?
    a. Porque no habló en toda la fiesta.
    b. Porque bailó con todas las chicas.
    (c.) Porque cantó y tocó la guitarra con todos.

Wayne

___S___ 4. ¿Conoces Guadalajara?

      a. No, pero leí mucho sobre la ciudad en el periódico.

      (b.) No, pero leí mucho sobre la ciudad en la Red *(Internet)*.

      c. Sí, fui la Navidad pasada.

___W___ 5. ¿Qué visitaron en Guadalajara?

      (a.) Fuimos al Hospicio Cabañas, al teatro y a la universidad.

      b. Fuimos al mercado de Tlaquepaque, a la catedral y a la universidad.

      c. Fuimos al cine todas las noches.

___W___ 6. ¿La universidad es tan grande como dicen?

      a. No, nuestra universidad es más grande.

      b. Sí, es tan grande como nuestra universidad.

      (c.) Sí, es enorme.

___W___ 7. ¿Ramón y Ana Mari fueron a la posada?

      a. Sí, pero se fueron temprano.

      b. No, Ana Mari comió mucho pozole y se enfermó.

      (c.) Sí, se quedaron hasta las tres de la mañana.

Gramática 1

Talking about past activities
- **A review of the preterit**
- **The preterit of -ir stem-changing verbs**
- **The preterit of verbs with spelling changes**

C. De compras. Ramón went shopping yesterday. Complete his description using the preterit. Then answer the questions.

Ayer yo (1) ___hice___ (hacer) muchas cosas.
Primero (2) ___fui___ (ir) al centro comercial,
(3) ___compré___ (comprar) *El último Don* de Mario Puzo para
Wayne porque él ya (4) ___leyó___ (leer) el primer *Don* y le gustó

Ramón

mucho. Después (5) ___entré___ (entrar) a una tienda de deportes
para comprar la camiseta del equipo de fútbol, pero no la (6) ___encontré___
(encontrar). Por último, pasé a la tienda de música para escuchar el último CD de Maná.
Lo compré porque me gustó mucho, pero nunca lo (7) ___escuché___
(escuchar), porque después (8) ___fui___ (ir) al baño en el centro comercial
y lo (9) ___perdí___ (perder). ¡Qué mala suerte!

1. ¿Qué compró Ramón? ___Ramón compró *El último Don* para Wayne y el último CD de Maná.___

_____

2. ¿Por qué no escuchó el CD? _____

         No escuchó el CD porque lo perdió en el baño del centro comercial.

D. Un cambio de rutina. Complete the statements with the present and preterit forms of the verbs in parentheses.

> **Modelo** (salir) Ana Mari siempre **sale** los fines de semana, pero la semana pasada no **salió**.

1. (leer) Yo nunca _____leo_____ el periódico, pero ayer _____leí_____ la sección de arte.

2. (tocar) Manolo normalmente _____toca_____ música cubana, pero el sábado pasado _____tocó_____ música clásica.

3. (pagar) Yo siempre _____pago_____ mis cuentas (bills) a tiempo, pero el mes pasado las _____pagué_____ tarde.

4. (jugar) Sofía y Ana Mari generalmente _____juegan_____ vóleibol los sábados, pero el sábado pasado _____jugaron_____ boliche.

5. (oír) Yo siempre _____oigo_____ el teléfono, pero ayer no lo _____oí_____.

6. (ir) Wayne y Sofía _____van_____ al cine los jueves, pero el jueves pasado _____fueron_____ a cenar.

7. (dormir) Los hijos de Adriana siempre _____duermen_____ en su casa, pero el viernes _____durmieron_____ en casa de unos amigos.

8. (hacer) Wayne nunca _____hace_____ más de media hora de ejercicio, pero ayer _____hizo_____ una hora.

9. (pedir) Emilio normalmente _____pide_____ sopa, pero anoche _____pidió_____ ensalada.

10. (divertirse) Ramón siempre _____se divierte_____ jugando cartas, pero el domingo no _____se divirtió_____ jugando porque perdió.

E. ¿Cómo conociste a Wayne? Odette wants to know how Sofía met Wayne. Complete their conversation to find out.

Odette   ¿Cómo conociste a Wayne?

Sofía   Lo (1) _____conocí_____ (conocer) un día en la cafetería. Manolo y yo (2) _____fuimos_____ (ir) a tomar un café y después Ramón (3) _____llegó_____ (llegar) con Wayne, pero casi no (4) _____hablé_____ (hablar) con él ese día. En septiembre Ramón (5) _____organizó_____ (organizar) un picnic para su cumpleaños. Ramón nos (6) _____invitó_____ (invitar) a todos. Ahí nosotros (7) _____conversamos_____ (conversar) mucho y Wayne me (8) _____invitó_____ (invitar) al cine, pero (9) _____tuvimos_____ (tener) un malentendido.

Odette   ¿Por qué? ¿Qué pasó?

Sofía

Odette

Sofía   Wayne me (10) _____llamó_____ (llamar) por teléfono para invitarme al cine, pero él no (11) _____fue_____ (ir) por mí a mi casa. Nosotros nos (12) _____encontramos_____ (encontrar) en el café. Yo (13) _____pensé_____ (pensar) que no era una cita, entonces (14) _____invité_____ (invitar) a Ramón y a Ana Mari al cine con nosotros. Wayne (15) _____llegó_____ (llegar) con unas flores, pero cuando (16) _____vio_____ (ver) a Ramón y a Ana Mari, las tiró (*threw*) a la basura.

Odette   ¡Huy, no sé cómo te volvió a invitar a salir!

Sofía   Ah, pues, puro amor.

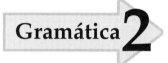 **Gramática 2**   **Making comparisons**
• **Más/menos que, tan/tanto como, mejor/peor que**

F. Las comparaciones. Make comparisons using **más/menos que** or **tan/tanto como**.

> **Modelo**   videos en español: tu profesora 8 / tú 12
> **Mi profesora tiene menos videos en español que yo.**

1. trabajo: tú trabajas 20 horas / tu amigo/a trabaja 20 horas

   Yo trabajo tanto como mi amigo/a.

2. clases: tú 4 / tus compañeros 5

   Yo tengo menos clases que mis compañeros.

3. alto/a: tú 5'6" / tu papá 5'8"

   Yo soy menos alto que mi papá.

4. hermanos: tú 3 / tu novio/a 1

   Yo tengo más hermanos que mi novio/a.

5. suéteres: tu hermano/a 6 / tú 6

   Mi hermano/a tiene tantos suéteres como yo.

G. Cuestión de opinión. Express your opinion about which of the following people or things are better or worse. Use **mejor/peor que.** Answers will vary.

> **Modelo** (jugar) Michael Jordan / Dennis Rodman
> **Yo creo que Michael Jordan juega mejor que Dennis Rodman.**

1. (ser) un Volkswagen / un Mercedes

   _____

2. (cocinar) Julia Child / mi mamá

   _____

3. (cantar) Andrea Bocelli / Luciano Pavarotti

   _____

4. (scr) los republicanos / los demócratas

   _____

5. (jugar) los equipos de hockey de Canadá / los equipos de hockey de Estados Unidos

   _____

6. (tocar el piano) Elton John / Barry Manilow

   _____

Para terminar

H. El menú de Hamburguesas Real. Examine the following chart to compare the nutritional value of the menu items.

> **Modelo** Qué tiene más sodio, la leche o la salsa de mostaza?
> **La salsa de mostaza tiene más sodio que la leche.**

1. ¿Qué tiene más grasa, una hamburguesa con queso o un sándwich de pollo?
   Un sándwich de pollo tiene más grasa que una hamburguesa.

2. ¿Qué tiene menos carbohidratos, un sundae de chocolate o un batido (*shake*) de chocolate?
   Un batido de chocolate tiene menos carbohidratos que un sundae de chocolate.

3. ¿Qué tiene más grasa, la Coca-Cola o la cerveza?
   La Coca-Cola tiene tanta grasa como la cerveza.

4. ¿Qué tiene más sodio, la torta de manzana o la hamburguesa con queso?
   La hamburguesa con queso tiene más sodio que la torta de manzana.

5. ¿Qué tiene más kilocalorías, el filete de pescado o las rocas de pollo?
   Un filete de pescado tiene más kilocalorías que las rocas de pollo.

6. ¿Qué bebida tiene menos proteínas que todas las demás?
   La Coca-Cola tiene menos proteínas que todas las demás.

7. ¿Qué salsa tiene más carbohidratos?
   La salsa agridulce tiene más carbohidratos que la salsa de mostaza.

Menú de Hamburguesas Real					
Menú	Kilo-calorías (kcal.)	Carbohi-dratos (gr.)	Grasa (*fat*) (gr.)	Proteína (gr.)	Sodio (*sodium*) (mgr.)
Hamburguesa con queso	330	30.8	16	17.6	710
Sándwich de pollo	415	36.8	21.9	20	643
Filete de pescado	413	32.5	23.3	20.5	824
Rocas de pollo	271	14	14.8	21.5	476
Papas fritas	220	26.9	11.7	3.6	165
Torta de manzana	236	26.6	13.3	2.4	152
Batido de chocolate	363	64	9.4	10.3	290
Sundae de chocolate	331	66.6	10.0	6.8	173
Coca-Cola	106	28.2	.1	0	12
Fanta de naranja	110	29.7	0	0.3	20
Cerveza	43	10.3	.1	1.8	66
Leche	115	8.6	6.6	5.84	124
Salsa de mostaza	35	3.34	2.39	.36	174
Salsa agridulce	28	7.24	0	11.12	150

I. ¿Quién comió mejor? Imagine that you and your co-worker went to **Hamburguesas Real** for lunch. Answers will vary.

1. ¿Qué pidió tu compañero/a?

_____

_____

2. ¿Qué pediste tú?

_____

_____

3. ¿Quién comió más carbohidratos en su almuerzo?

_____

_____

4. ¿Quién comió menos proteínas?

_____

_____

¡A escuchar!

Episodio

17

Comprensión

Audio
CD-ROM

A. La llegada de Emilio. You will hear eight sentences about events at Sofía's house the evening that Emilio arrives. The events are recounted in the present tense. As each sentence is spoken, change the verb to the preterit tense to retell the story as a past event. Write the verb in the preterit tense and say the sentence aloud.

Modelo	You hear:	**Sofía y su mamá cocinan paella para la cena.**
	You see:	**Sofía y su mamá _____ paella para la cena.**
	You say:	**Sofía y su mamá cocinaron paella para la cena.**

Sofía (1) ___se pintó___ para ir al aeropuerto. El avión (2) ___llegó___ a tiempo.

Emilio (3) ___salió___ del avión con una gran sonrisa.

En casa, la mamá de Sofía les (4) ___sirvió___ bebidas. Emilio

(5) ___bebió___ vino, pero Sofía (6) ___prefirió___ un refresco. Después

(7) ___llegaron___ los amigos de Sofía. Todos (8) ___se divirtieron___ mucho.

Audio
CD-ROM

B. ¿Cómo se conocieron? At dinner, Emilio asked Sofía how she and her friends met each other. Listen to the conversation, and mark the statements as **cierto** or **falso**. You will hear the conversation twice.

Emilio

Sofía

	Cierto	Falso
1. Todos los amigos de Sofía se conocen desde hace muchos años.	☐	☑
2. Todos los amigos asisten al Club Latino de la universidad.	☑	☐
3. Sofía conoció a su mejor amiga, Ana Mari, en la clase de cálculo.	☐	☑
4. En la clase de cálculo, Sofía sacó A y sus amigos sacaron B.	☑	☐
5. A los amigos les gustó estudiar en grupo el semestre pasado.	☑	☐
6. Celebraron el cumpleaños de Wayne en casa de Adriana.	☐	☑
7. En diciembre, Sofía, Manolo, Ana Mari y Ramón fueron a Puerto Rico.	☐	☑

C. Haciendo comparaciones. You will hear eight descriptions. For each one, make a statement of comparison using the written cue provided. Repeat the correct answer after the speaker.

Modelo	You see:	**más… que**
	You hear:	**Adriana trabaja veinte horas por semana y Sofía trabaja quince horas.**
	You say:	**Adriana trabaja más horas que Sofía.**

1. menos… que   3. tanto… como   5. tanto como   7. más… que

2. mejor que   4. menos… que   6. menos que   8. peor que

Más escenas de la vida

Manolo, Wayne, and Emilio are driving to a soccer game. Listen to their conversation and then complete activities **A** and **B**. You will hear the conversation twice.

Manolo

Wayne

Emilio

A. ¿Cierto o falso? Indicate whether the following statements are **cierto** or **falso**.

	Cierto	Falso
1. En España juegan más fútbol que en Estados Unidos.	✓	
2. Los niños en Estados Unidos juegan más que los adultos.	✓	
3. El equipo de México es mejor que el equipo de Estados Unidos, según *(according to)* Wayne.		✓
4. Los niños no tienen tanto interés en el fútbol como los adultos.		✓
5. En Estados Unidos los coches cuestan menos que en España.	✓	
6. Emilio dice que juega peor que Wayne.		✓

B. Responde. Write the answers to the following questions.

1. ¿Adónde van los chicos ahora? Los chicos van al partido de fútbol.

2. ¿Qué hicieron Wayne y Emilio ayer? Fueron a ver coches.

3. ¿Qué tipo de coche quiere comprar Emilio? Quiere comprar un coche deportivo.

4. ¿Adónde llevó Wayne a Emilio después? Lo llevó al cine y a cenar.

5. ¿Entendió Emilio la película? ¿Qué tipo de película vieron?
No entendió mucho. Vieron una película comercial de acción.

6. ¿Por qué el equipo de Wayne y Manolo necesita ayuda hoy?
La semana pasada perdieron con el equipo que van a jugar ahora.

Episodio 18

Escenas de la vida: En casa de los tíos

Video
CD-ROM

Audio
CD-ROM

Instructor's Resources
- Overheads
- VHS Video
- Worktext CD
- Website
- **IRM:** Videoscript, Comprehensible input

A. ¡Mira cuánto puedes entender!

1. Indica quién hace los siguientes quehaceres en casa de Emilio, según dicen en la **Escena.** Escribe **Emilio** o **Pilar** (su esposa).

Emilio

Pilar

Emilio

Emilio

2. Indica quién hace lo siguiente en casa de Sofía. Escribe **Sofía, Lalo, la mamá** o **no dice.**

Sofía

Lalo

Sofía

No dice

3. Indica qué va a hacer Lalo este fin de semana.

Video Synopsis. Sofía's mother protests having their guest, Emilio, help with the household chores. As they discuss the chores in Sofía's house, Emilio explains that he must contribute something to the maintenance of the house, as he would in his own home, if he is going to stay so many weeks.

Video
CD-ROM

Audio
CD-ROM

B. ¿Cierto o Falso? Indica si las siguientes frases son **ciertas** o **falsas** de acuerdo con el video.

	Cierto	Falso
1. Emilio está de visita *(guest)* en casa de Sofía.	✓	
2. Emilio va a hacer una presentación de Picasso y Dalí.	✓	
3. Lalo no tiene que hacer nada en su casa.		✓
4. Sofía tiene que lavar la ropa de todos.		✓
5. Lalo va a ir a esquiar con sus amigos.		✓
6. Nadie va a ayudar a Lalo con sus quehaceres.	✓	

Video
CD-ROM

Audio
CD-ROM

C. ¿Te diste cuenta? Contesta las preguntas según lo que viste en el video.

1. ¿Por qué dice Lalo que la esposa de Emilio lo explota *(exploits him)*? _____
   Emilio ayuda en la casa.

2. ¿Por qué dice Lalo que no tiene tiempo para lavar su ropa? _____
   Se va de campamento y necesita encontrar sus botas.

3. ¿Por qué la mamá de Sofía no quiere que Emilio pase la aspiradora? _____
   Está de visita.

4. ¿Cuánto tiempo puede quedarse Emilio en casa de los tíos? _____
   Puede quedarse el tiempo que quiera.

C. You may wish to ask the following questions to deepen students' understanding of the content of the **Escena**. ¿Qué quehacer no hace Emilio en su casa? ¿Por qué no quiere la mamá de Sofía que Emilio trabaje en la casa? ¿Por qué quiere Emilio ayudar? Y en tu casa, ¿quién hace cada quehacer? ¿Quién lava la ropa? ¿Quién cocina? ¿Quién pone la mesa/barre/corta el pasto… en tu casa? Do not expect students to respond in full sentences; focus on comprehension, not production.

Cultura a lo vivo

Emilio va a hacer una presentación sobre el famoso pintor, Salvador Dalí. Salvador Dalí nació en Figueras, España, en 1904. Desde joven fue rebelde y original. En 1928, se fue a París donde se unió al grupo surrealista y conoció a su musa, Gala. En este período pintó *La persistencia de la memoria*. Su exhibición en 1933 lo lanzó[1] a la fama internacional y comenzó una vida llena de excentricidades. De hecho, sus excentricidades y provocadoras declaraciones hicieron de él una de las más polémicas figuras del arte contemporáneo (un día se puso un traje de buzo[2] para ir a una conferencia en Londres). El grupo surrealista lo expulsó[3] un poco después, por no tener una postura política y por usar su excentricidad para comercializar sus cuadros[4]. En esta época, Dalí desarrolló su método de interpretación paranóico-crítico, basado en los principios del sicoanálisis. De este período es su cuadro *Playa con teléfono*.

Durante la Segunda Guerra Mundial[5], Dalí vivió en Estados Unidos, cerca de Hollywood, donde colaboró en algunas películas. Después de la guerra volvió a España e inició su período místico. Murió en Barcelona, en 1989.

Cultura a lo vivo. Have students scan the selection to try to determine the content of the reading. You may want to read the selection to students while they follow along in their books. You may ask: ¿De quién habla el párrafo? ¿De qué nacionalidad es? ¿Adónde se fue Dalí en 1928? ¿A quién conoció ahí? ¿A qué grupo se unió en París? ¿Por qué lo expulsaron los surrealistas? ¿Dónde vivió durante la Segunda Guerra Mundial?, etc. Have students look up more information on Dali and look at his paintings on the Internet.

[1]*launched* [2]*wet suit* [3]*expelled* [4]*paintings* [5]*World War II*

Práctica adicional
Cuaderno de tareas WB pp.83–84, A–C   Video CD-ROM Episodio 18

Para comunicarnos mejor

 Vocabulario **1**

Talking about chores and leisure activities
• Parts of the house, furniture, chores, and leisure activities

**Instructor's
Resource**
• Overheads

Las partes de la casa y los muebles

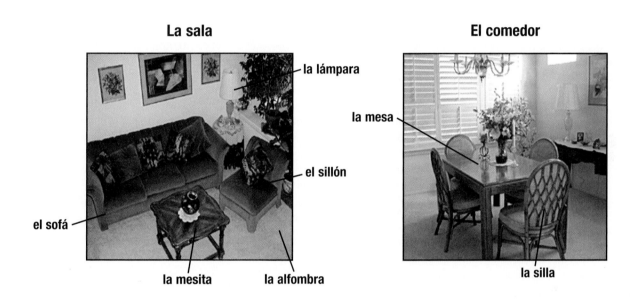

La sala

- la lámpara
- el sillón
- el sofá
- la mesita
- la alfombra

El comedor

- la mesa
- la silla

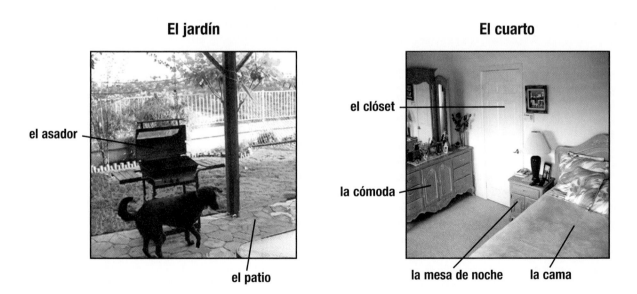

El jardín

- el asador
- el patio

El cuarto

- el clóset
- la cómoda
- la mesa de noche
- la cama

Vocabulario 1. Use the transparencies or the images in the book to teach the parts of the house. You may say: Ésta es mi casa; hay una sala grande, un comedor, etc. Ask students to draw a floor plan of their dwelling, including furniture, and to label it. Have students describe their home to a partner.

El baño

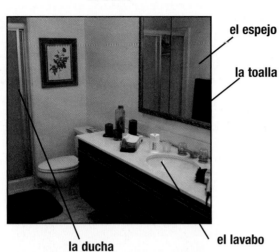

el espejo

la toalla

la ducha

el lavabo

La cocina

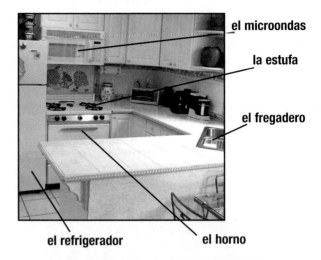

el microondas

la estufa

el fregadero

el refrigerador

el horno

Los fines de semana: ¿quehaceres (chores) o diversiones?

En mi familia tenemos que...		Cuando tenemos tiempo libre, nos gusta...	
barrer el suelo	to sweep the floor	andar[3] en bicicleta	to ride a bike
el garaje	garage	bucear	to scuba dive/snorkel
cortar el pasto	to mow the lawn	dar un paseo	to go for a walk
darle[1] de comer al gato	to feed the cat	esquiar	to ski
hacer la cama	to make the bed	hacer una fiesta	to throw a party
lavar los platos	to do (wash) the dishes	un picnic	to have a picnic
pasar la aspiradora	to vacuum	un viaje	to take a trip
planchar	to iron	ir de campamento	to go camping
poner la mesa	to set the table	de excursión	to hike
recoger[2] las cosas	to pick up one's things	levantar pesas	to lift weights
la mesa	to clear the table	montar a caballo	to go horseback riding
la ropa	to pick up (one's) clothes	nadar	to swim
sacar al perro a pasear	to take out (walk) the dog	patinar (sobre hielo)	to (ice) skate
sacar la basura	to take out the trash	en línea	to rollerblade

[1] **dar** requires an indirect object pronoun: *le* **doy de comer**, *le* **das**...

[2] **recoger** has a spelling change in the present tense of the **yo** form: **g** ⟶ **j** = **recojo**

[3] **andar** has an irregular preterit: **anduve, anduviste, anduvo, anduvimos, anduvieron**

Expresiones útiles

estar arreglado/a	to be tidy
estar desarreglado/a	to be messy
estar limpio/a	to be clean
estar sucio/a	to be dirty

Vocabulario 1. Model the pronunciation of the phrases and have students repeat after you. Ask students personalized questions, using the vocabulary that has not been pre-taught.

También se dice...

la sala ⟶ el salón

el garaje ⟶ la cochera

el cuarto ⟶ el dormitorio, la habitación, la pieza, la recámara

el clóset ⟶ el armario, el placar, el ropero

el apartamento ⟶ el departamento, el piso

la tina (bathtub) ⟶ la bañera

la ducha ⟶ la regadera

PRÁCTICA

A. ¿Quehacer o diversión? Indica si cada una de las actividades es **quehacer** o **diversión**.

	Quehacer	Diversión
1. Ayer por la tarde planché la ropa.	☑	☐
2. Anoche patiné en línea en el parque.	☐	☑
3. Mi hermana no hizo su cama.	☑	☐
4. Mi mamá hizo una fiesta.	☐	☑
5. Los fines de semana monto a caballo.	☐	☑
6. Vamos de excursión a las montañas.	☐	☑
7. Voy a cortar el pasto mañana.	☑	☐
8. Voy a hacer un viaje al Caribe.	☐	☑

B. Los quehaceres. ¿Qué quehaceres haces en los siguientes lugares? Puede haber más de una respuesta. Answers will vary.

1. En la sala…
   a. le doy de comer al gato.
   b. paso la aspiradora.
   c. pongo la mesa.

2. En el jardín…
   a. corto el pasto.
   b. hago la cama.
   c. saco la basura.

3. En la cocina…
   a. barro.
   b. lavo los platos.
   c. recojo la ropa.

4. En el baño…
   a. paso la aspiradora.
   b. baño al perro.
   c. limpio.

5. En el comedor…
   a. pongo la mesa.
   b. cocino.
   c. lavo los platos.

6. En el cuarto…
   a. barro.
   b. hago la cama.
   c. recojo la ropa.

C. Las partes de la casa.

Parte 1. Escribe en qué parte de la casa haces las siguientes actividades. Answers will vary.

> **Modelo** darle de comer al gato ⟶ **en el patio**

1. estudiar para un examen _____

2. lavarte las manos _____

3. preparar la comida _____

4. dormir la siesta _____

5. leer un buen libro _____

6. recibir a las visitas _____

7. ponerte la ropa _____

Parte 2. Comparte tus respuestas con tu compañero/a.

> **Modelo** Casi siempre le doy de comer al perro en el patio, pero cuando llueve le doy de comer en la cocina.

D. Planes de fin de semana. Escribe qué van a hacer estas personas durante el fin de semana.
Answers will vary.

> **Modelo** Mis amigos van a esquiar a las montañas de Big Bear.

1. Mi hermano   2. Mi novio/a y yo   3. Mis sobrinos   4. Yo

1. _____

2. _____

3. _____

4. _____

E. En las vacaciones. Answers will vary.

Parte 1. Indica si hiciste las siguientes actividades en las vacaciones.

	Cierto	Falso
1. Fui de campamento.	☐	☐
2. Hice ejercicio todos los días.	☐	☐
3. Pasé la aspiradora en mi cuarto.	☐	☐
4. Barrí la cocina.	☐	☐
5. Saqué la basura más de dos veces.	☐	☐
6. Jugué boliche con mis amigos.	☐	☐
7. Recogí toda la casa.	☐	☐
8. Hice un viaje.	☐	☐

 Parte 2. Cambia las oraciones a preguntas y entrevista a tu compañero/a para determinar quién hizo más quehaceres.

¡Fíjate!
First, identify the statements where there is a direct object, then use **lo, la, los,** or **las** when answering.

> **Modelo** —¿Fuiste de campamento en las vacaciones?
> —No, no fui de campamento. Me quedé en casa ¿Y tú?
> —Yo sí, mis amigos y yo fuimos a Lake Havasu.
>
> —¿Barriste la cocina en las vacaciones?
> —No, la barrió mi compañero/a de cuarto. ¿Y tú?
> —Yo sí, porque vivo solo/a.

F. Productos de marca. Escucha las actividades que se hicieron en la casa de Sofía. Escribe el nombre de las personas **(Emilio, Sofía, Lalo, mamá** o **papá)** que usaron estos productos, basándote en el quehacer que hicieron.

¡Fíjate!
Before listening, think about the chores for which you would use these products.

Instructor's Resources
• Worktext CD
• Website
• IRM: Tapescript, Additional Activities

Script. See the Instructor's Resource Manual.

Sofía   **Emilio**   **Lalo**   **Mamá**

¿Quién lo hizo?

1. Folgers ___Emilio___   5. Windex ___Lalo___
2. Hefty Bags ___papá___   6. Vidal Sassoon Shampoo ___Lalo___
3. Pam ___mamá___   7. Palmolive Liquid ___Emilio___
4. Tide ___Sofía___

G. ¿Quién es el más trabajador?

Parte 1. Indica quién hace los siguientes quehaceres en tu casa. Usa **lo, la, los** y **las** para evitar la repetición. Answers will vary.

¡Fíjate!
Remember to use **lo, la, los,** or **las** when answering to avoid repetition.

> **Modelo**   ¿Quién saca al perro a pasear?   **Mi papá lo saca.**

1. ¿Quién lava los platos? _____

2. ¿Quién plancha la ropa? _____

3. ¿Quién hace las camas? _____

4. ¿Quién prepara la comida? _____

5. ¿Quién corta el pasto? _____

6. ¿Quién pasa la aspiradora? _____

7. ¿Quién barre el garaje? _____

8. ¿Quién recoge las cosas? _____

Additional Activity. Play a memory game with the chores and leisure vocabulary. Make several copies of the same game, so 3–4 students can work on each one. Separate the verb from the direct object on cards, and have the students match them together: for example, **cortar** matches with **el pasto; hacer** can match with **la cama, una fiesta,** or **un viaje.** See the IRM for materials.

Parte 2. Ahora entrevista a tu compañero/a para ver si tienen algo en común.

> **Modelo**
>
> —¿Quién saca al perro a pasear?
> —Nadie lo saca porque tenemos un jardín muy grande en casa. ¿Y en tu casa?

H. ¿Qué saben hacer? Entrevista a cuatro compañeros para determinar quién es el/la más deportista. Pregúntales qué saben hacer y con qué frecuencia lo hacen. Ve la lista de actividades de la página 64. Answers will vary.

Práctica adicional

Cuaderno de tareas
WB pp.84–89, D–L

> **Modelo**   ¿Sabes esquiar?
>   ¿Te gusta levantar pesas?

Gramática 1 — Making affirmative and negative statements • Affirmative and negative words

In the conversation, you heard the following:

Nada, tía.	*Nothing, Aunt.*
Alguien tiene que hacerlo.	*Somebody has to do it.*
Nadie lo va a hacer por ti.	*Nobody is going to do it for you.*
Algún día tú vas a tener que hacer todo eso también.	*Someday you'll have to do all that too.*
No es **ninguna** molestia.	*It's no bother.*

Nada, alguien, nadie, algún, and **ninguna** are examples of affirmative and negative words in Spanish. In earlier chapters you have learned **nunca, siempre, también,** and **tampoco.** Here is a list of some very common affirmative and negative words.

Algunas palabras afirmativas y negativas			
Afirmativas		**Negativas**	
algo	*something, anything*	nada	*nothing, anything*
alguien	*someone, somebody*	nadie	*no one, nobody*
algún/alguna	*some, any*	ningún/ninguna	*not any*
siempre	*always*	nunca	*never, ever*
también	*also*	tampoco	*neither, either*

1. Spanish (unlike English) uses double negatives. This tendency means that **no** is needed before the verb when a negative word follows it. Some negative words can precede the verb. When they do, eliminate **no.**

No quiero comer **nada** ahora.	*I don't want to eat anything now.*
No te voy a hablar **nunca** más.	*I am not going to talk to you ever again.*

No me ayudó **nadie** a limpiar la casa. **Nadie** me ayudó a limpiar la casa. }	*Nobody helped me clean the house.*

A Lalo **no** le gusta **nada**. A Lalo **nada** le gusta. }	*Lalo does not like anything.*

2. **Algún/alguna** must match the noun that follows it in gender and in number. The plural forms are **algunos** and **algunas.**

—¿Tienes **algún** libro de cocina francesa?	*Do you have a French cookbook?*
—No, solamente tengo **algunas** recetas.	*No, I have only some recipes.*

3. **Ningún/ninguna** must also match the noun that follows it, but it is almost always singular (even though the English equivalent may be plural).

No conozco **ningún** jabón español.	*I am not familiar with any Spanish soap.*
No hay **ninguna** toalla limpia.	*There aren't any clean towels.*

PRÁCTICA

I. ¡Qué desastre! Primero, indica si los siguientes comentarios son **ciertos** o **falsos** según la ilustración. Después inventa dos más.

	Cierto	Falso
1. Mi hermana limpió la cocina.	☐	☑
2. No hay nada en el refrigerador.	☑	☐
3. No hay ninguna toalla sucia en el baño.	☐	☑
4. Nadie cortó el pasto.	☑	☐

	Cierto	Falso
5. Alguien comió pizza.	☑	☐
6. Lalo no sacó la basura.	☑	☐
7. Answers will vary.	☐	☐
8. Answers will vary.	☐	☐

J. Lalo está enojado. Hoy Lalo está muy enojado con Sofía y no quiere hablar con ella. Él le responde con frases negativas. ¿Qué dice Lalo en cada caso?

> **Modelo** Lalo, ¿hay algo interesante en la tele?
> **No, no hay nada interesante.**

Lalo

1. ¿Sales con alguien esta noche? No, no salgo con nadie esta noche.
2. ¿Sabes de algunos buenos videos? No, no sé de ningún buen video.
3. ¿Quieres algo de comer? No, no quiero nada de comer.
4. ¿Tienes alguna camisa limpia? No, no tengo ninguna camisa limpia.
5. ¿Tienes algún problema? No, no tengo ningún problema.
6. Tu cuarto está arreglado; ¿quién te ayudó? Nadie me ayudó.

K. El aspecto personal. Answers will vary.

Parte 1. Contesta las preguntas.

1. ¿Hay alguien en tu casa ahora? ¿Quién? ¿Qué hace ahí ahora?

_____

2. ¿Sales con alguien los fines de semana? ¿Con quién? ¿Adónde van?

_____

3. ¿Vas a comprar algo nuevo este mes? ¿Qué? ¿Dónde lo vas a comprar?

_____

4. ¿Hablaste con algún/alguna compañero/a de clase? ¿De qué hablaste?

_____

5. ¿Viste alguna buena película este mes? ¿Cuál?

_____

6. ¿Hiciste algún viaje interesante el año pasado? ¿Adónde fuiste?

_____

7. ¿Hiciste algo divertido la semana pasada? ¿Qué? ¿Con quién?

_____

Parte 2. Ahora comparte tus respuestas con tu compañero/a.

> **Modelo** ¿Hay alguien en tu casa ahora?
> **No, no hay nadie.**
> **Sí, mi mamá siempre está en casa a esta hora.**

L. Traducción.

Nadie ayuda a Adriana en su casa. Escribe las siguientes frases para saber qué dice en español.

1. The house is a mess. La casa está desarreglada.

2. Nobody made the beds. Nadie hizo las camas.

3. Did anybody take the trash out? ¿Alguien sacó la basura?

4. Are there any clean towels? ¿Hay alguna toalla limpia?

5. There is nothing to eat in the refrigerator. No hay nada de comer en el refrigerador.

6. You have to feed the dog. Nobody will do it for you. Tú tienes que darle de comer al perro.

   Nadie lo va a hacer por ti.

7. Somebody has to sweep the kitchen and the bathrooms! _____

   ¡Alguien tiene que barrer la cocina y los baños!

8. Nobody listens to me!!! ¡¡¡Nadie me escucha!!!

M. ¡A trabajar! El apartamento que compartes con tus compañeros/as está muy desordenado. En grupos de tres, hagan una lista de los quehaceres que tienen que hacer según la ilustración de la **Práctica I. ¡Qué desastre!**, p. 69, y decidan qué va a hacer cada persona.

Answers will vary.

> **Modelo** **Yo no quiero cortar el pasto. Prefiero hacer las camas.**

N. ¡Adriana recibe noticias de su hermana! Primero lee las preguntas. Después lee la carta que Adriana recibe de su hermana en Puerto Rico. Por último, contesta las preguntas.

1. ¿Qué noticias le da Cristina a Adriana? Dice que ya compró una casa.

_____

2. ¿Cómo es la casa? ¿Te gustaría comprar una casa así? ¿Por qué? Answers will vary.

_____

3. ¿Por qué es importante para Cristina la cocina? Le encanta cocinar.

4. ¿Qué tiene la casa de Cristina que no tienen la mayoría de las casas norteamericanas?

Answers will vary. Possible answers: El cuarto de servicio. /El jardín japonés.

5. ¿Por qué Adriana puede visitar a su hermana en Puerto Rico ahora? _____

La casa tiene cuarto de visitas.

San Juan, 3 de enero

Querida Adriana:

Déjame contarte las buenas noticias: por fin compramos una casa.
¡Es divina! Está en una zona bastante buena y no nos costó demasiado.
Es una casa de dos pisos[1]. Tiene cuatro cuartos con baño (y un medio
baño en el piso de abajo). La sala y el comedor tienen vista a un jardín
japonés que tiene algunas esculturas típicas japonesas y es bellísimo.
Los señores que nos vendieron la casa son decoradores de jardines.

Ya sabes que me encanta cocinar, así que lo más importante para mí es
la cocina. Te puedo decir que es preciosa. Es enorme y tiene mucha luz[2],
aunque no tiene ninguna ventana al jardín japonés. ¡Qué lástima! Por
supuesto, la casa tiene garaje para dos coches y un cuarto de servicio.

Ahora el problema va a ser amueblar la casa. Mis muebles ya están
viejos y no pienso llevarlos. No sé de dónde va a salir el dinero para
tantas cosas, pero ya veremos. Como puedes ver, va a ser imposible
visitarte este año, pero Uds. sí pueden venir a Puerto Rico. Ahora no vas
a tener excusa, pues tenemos un cuarto sólo para las visitas.

Bueno, ya te contaré en la próxima carta cómo va lo de la casa. Por
ahora, recibe como siempre un cariñoso abrazo de tu hermana que
te quiere.

Cristina

---

[1]*floors (stories)* [2]***Es...*** *It is spacious and well–lit*

Práctica adicional	

Cuaderno de tareas WB pp.89–90, M–N LM pp.93–94, A–C	Audio CD-ROM Episodio 18

Actividades comunicativas

 A. Crucigrama.

Instrucciones para **Estudiante 1**

Tu compañero/a y tú tienen el mismo crucigrama, pero tú tienes las respuestas que él/ella no tiene, y viceversa. Necesitas explicarle las palabras usando definiciones, sinónimos, antónimos o frases incompletas.

Modelo   *5 vertical:*   **Un quehacer que hacemos cuando el suelo está sucio.**
16 horizontal: **El lugar donde vivimos en un edificio.**

Learning Strategy: Paraphrasing

If you have forgotten or do not know a word you need, try to express your thought in another way. For example, if you forgot how to say *dirty*, say *not clean*. If you forgot how to say *Monday*, you may say *the day after Sunday*.

Learning Strategy. Go over the **Learning Strategy** with students. Also go over the model and give them other examples of how they can use this strategy to accomplish the task of the crossword puzzle.

Partes de la casa, muebles, quehaceres y diversiones

A. Crucigrama.

Instrucciones para **Estudiante 2**

Tu compañero/a y tú tienen el mismo crucigrama, pero tú tienes las respuestas que él/ella no tiene, y viceversa. Necesitas explicarle las palabras usando definiciones, sinónimos, antónimos o frases incompletas.

| **Modelo** | *5 vertical:* | **Un quehacer que hacemos cuando el suelo está sucio.** |
| | *16 horizontal:* | **El lugar donde vivimos en un edificio.** |

> **Learning Strategy: Paraphrasing**
>
> If you have forgotten or do not know a word you need, try to express your thought in another way. For example, if you forgot how to say *dirty*, say *not clean*. If you forgot how to say *Monday*, you may say *the day after Sunday*.

Partes de la casa, muebles, quehaceres y diversiones

			¹S	O	F	Á								
			A			²F		³P						
			⁴L	Á	M	P	A	R	A		⁵B			
			A			E		A		⁶T	O	A	L	L	A	⁷S
						G			I		R			I
			⁸C			⁹C	U	A	R	T	O		R		L
			Ó			D				E			L
			¹⁰M	U	¹¹E	B	L	E	S		R		Ó
			O		S		R					N
			D		T		O				
			A		U					¹²J
¹³B		¹⁴L		F			¹⁵C	O	C	I	N	A
¹⁶A	P	A	R	¹⁷T	A	M	¹⁸E	N	T	O		R
Ñ		V		I			S		¹⁹M	E	S	A	D
O		A		N			P		E			Í
		B		A			E		D			N
		O				J		²⁰H	O	R	N	O
						O		R

B. Diferencias.

Instrucciones para **Estudiante 1**

Aquí tienes un dibujo del apartamento de Emilio. Hay por lo menos siete diferencias entre este apartamento y el dibujo de tu compañero/a. Para encontrar las diferencias, necesitas describir los cuartos, los muebles y las actividades de los personajes. Answers will vary.

Modelo	En la sala hay una mesa, ¿no?
	No hay nadie en el baño, ¿verdad?

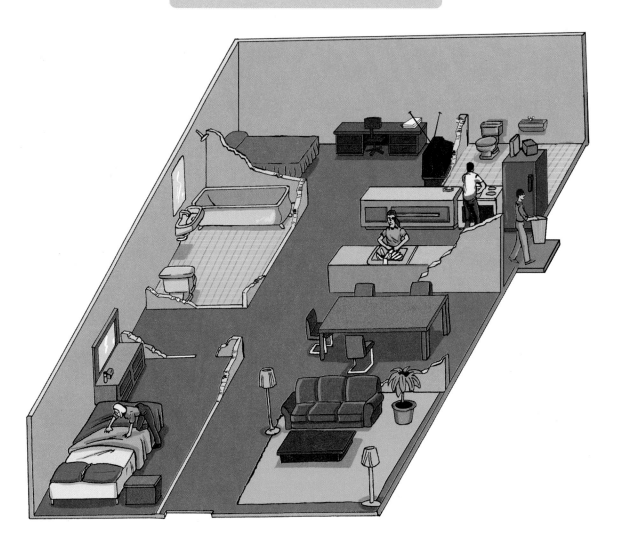

B. Diferencias.

Instrucciones para Estudiante 2

Aquí tienes un dibujo del apartamento de Emilio. Hay por lo menos siete diferencias entre tu apartamento y el de tu compañero/a. Para encontrar las diferencias, necesitas describir los cuartos, los muebles y las actividades de los personajes. Answers will vary.

Modelo	En la sala hay un sillón, ¿no? ¿Hay alguien en el cuarto?

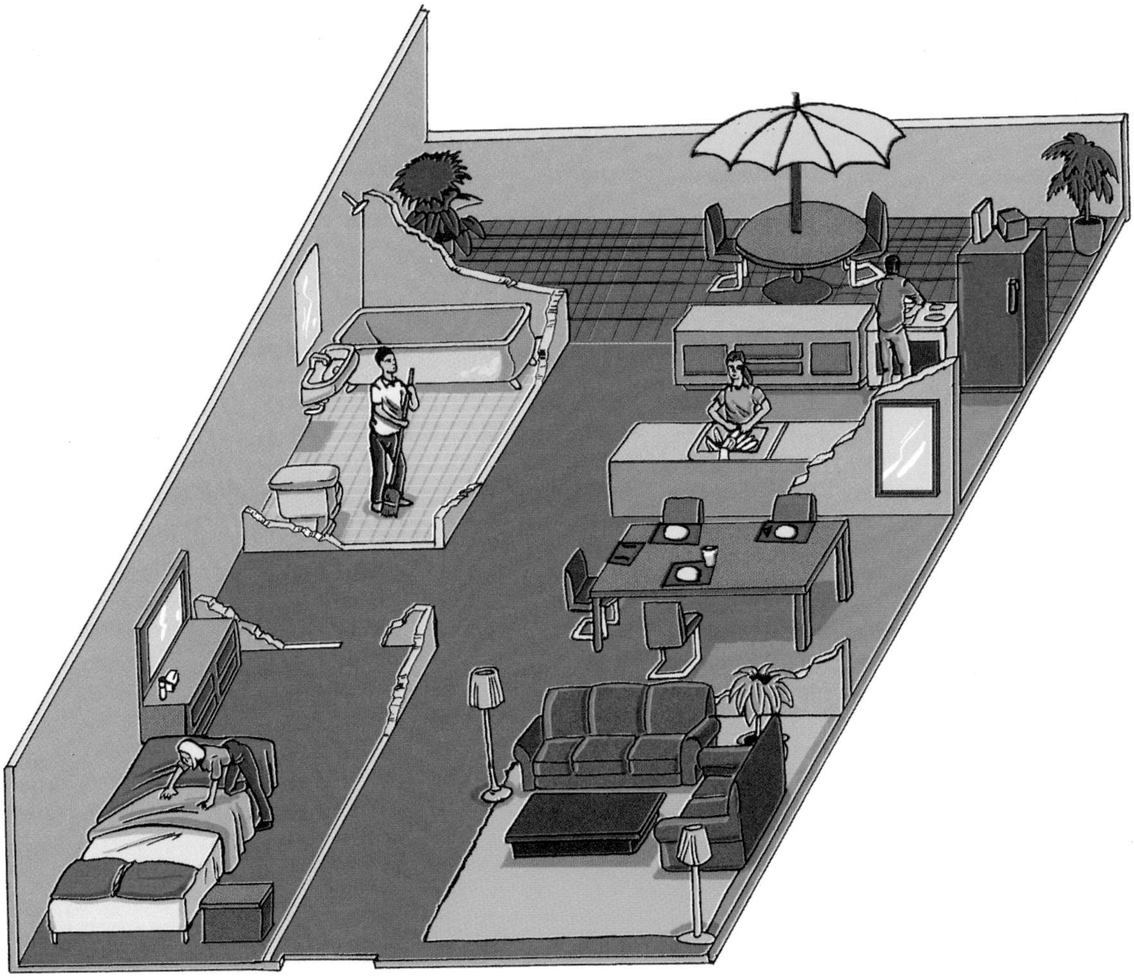

C. En imágenes.

Instrucciones para **Estudiante 1**

Usa las palabras y las ilustraciones para crear oraciones lógicas. Cuando tengas tus oraciones, léeselas a tu compañero/a, quien te va a decir si están bien o mal. Tomen turnos.

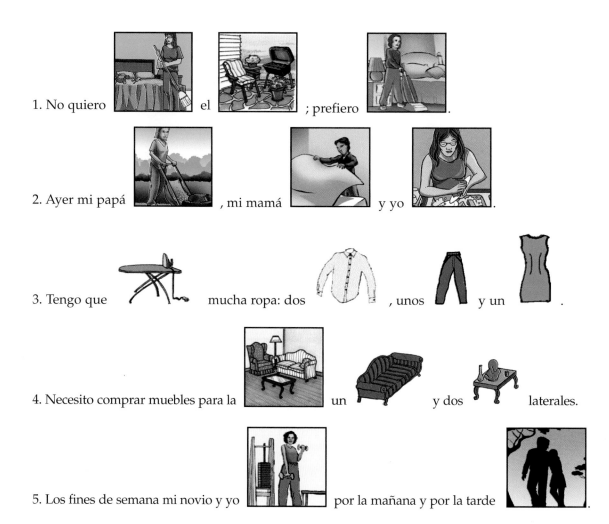

1. No quiero   el   ; prefiero   .

2. Ayer mi papá   , mi mamá   y yo   .

3. Tengo que   mucha ropa: dos   , unos   y un   .

4. Necesito comprar muebles para la   un   y dos   laterales.

5. Los fines de semana mi novio y yo   por la mañana y por la tarde   .

Las respuestas de tu compañero/a:

1. Voy a comprar un **microondas**, un **refrigerador** y una **estufa/horno**.
2. Nadie limpió el **baño**. La **tina** y el **espejo** están sucios.
3. Anoche mi esposo **sacó la basura**, mi hija **lavó la ropa** y yo **saqué al perro a pasear**.
4. Tu cuarto está **desarreglado**. Tienes que **recoger la ropa**, limpiar la **cómoda** y **la mesa de noche**.
5. Los domingos, mi hermana quiere **andar en bicicleta** y yo prefiero **montar a caballo**.

C. En imágenes.

Instrucciones para **Estudiante 2**

Usa las palabras y las ilustraciones para crear oraciones lógicas. Cuando tengas tus oraciones, léeselas a tu compañero/a, quien te va a decir si están bien o mal. Tomen turnos.

1. Voy a comprar un  un  y una  .

2. Nadie limpió el 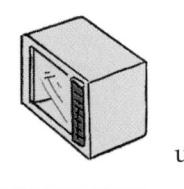 . La  y el 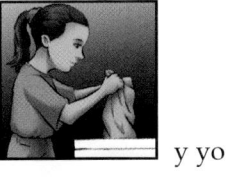 están sucios.

3. Anoche mi esposo  , mi hija  y yo  .

4. Tu cuarto está  . Tienes que  , limpiar la  y la  .

5. Los domingos, mi hermana quiere  y yo prefiero  .

Las respuestas de tu compañero/a:

1. No quiero **barrer** el **patio**; prefiero **pasar la aspiradora**.
2. Ayer mi papá **cortó el pasto**, mi mamá **hizo las camas** y yo **lavé los platos**.
3. Tengo que **planchar** mucha ropa: dos **camisas**, unos **pantalones** y un **vestido**.
4. Necesito comprar muebles para la **sala**: un **sofá** y dos **mesitas** laterales.
5. Los fines de semana mi novio y yo **levantamos pesas** por la mañana y por la tarde **damos un paseo**.

La correspondencia

El correo: La arquitectura y la cultura. Lee el artículo que escribió Sofía para el periódico del Club Latino y después contesta las preguntas. Answers will vary.

El correo. This activity may be assigned as homework. If done in class, first review the Reading Strategy, then read the questions to students. Finally, ask volunteers to read several sentences. Have students answer the questions as a class.

Reading Strategy: Using visuals to facilitate understanding

Always pay attention to visuals, since they constitute a powerful tool for confirming or negating the background information you possess. You are going to read about the relationship between culture and architecture, and how this applies to houses. Your background knowledge should prove useful in this area when guessing at meaning, since houses are similar in many parts of the world. To help you guess at meaning, use the photographs (visuals) to access your background knowledge. For example, look at the picture of the Alhambra Palace, in Spain. Notice how long the pool is. Do you think water was important? Why? Why not? Now look at the picture of the castle, also in Spain. Do you think it was warm and cozy inside? Do you think the entrances to the castle were designed for easy access? Why? Look at the pictures on the next page, and, judging from the houses, ask yourself questions about the cultural concepts of the people who live in them.

La Alhambra, Granada

El Alcázar, Segovia

Invitación a Estados Unidos

Del álbum de
Ramón

En Estados Unidos, la población hispana (más de 38 millones) es mayoritariamente joven y está en edad productiva. En Capitol Hill hay veintitrés hispanos en la Cámara de Representantes y los republicanos han empezado a ofrecer cursos de español para sus representantes tanto de la Cámara como del Senado, una muestra importante del poder de los votantes hispanohablantes en las elecciones futuras.

Práctica adicional

Website
vistahigher
learning.com

1. ¿Cómo interpretas la importancia del garaje en las casas californianas modernas?

_____

2. ¿Cómo explicas por qué la recámara principal es tan grande y las otras recámaras

tan pequeñas? _____

3. ¿Qué significado cultural tiene que no se vea la puerta de entrada en las casas

latinoamericanas y españolas? _____

La arquitectura y la cultura

Sin duda, la arquitectura es una manifestación cultural. Los palacios, los castillos, las fortalezas y las mismas casas que construímos representan la mentalidad de la

persona o de la época y la actitud de quienes las construyen. Los palacios árabes tienen jardines y fuentes por todos lados: el agua simboliza la vida[1], el agua relaja el cuerpo y el espíritu. Los castillos medievales son oscuros, fríos, de estrechos pasillos[2] como laberintos. Sus grandes paredes exteriores servían para protegerse de personas hostiles (y de ideas hostiles). Y así, tenemos a través de la historia innumerables construcciones que nos dicen algo de la cultura de las personas que las hicieron:

los templos griegos, las pirámides egipcias, aztecas y mayas, los puentes y construcciones romanas, los jardines japoneses, etc.

Hoy en día, las casas en las que vivimos también dicen algo de nosotros. En el sur de California, por ejemplo, muchas casas tienen unos garajes enormes al frente de la casa, y la puerta de entrada queda minimizada tras los garajes. El jardín al

frente de la casa no tiene barda, por lo que a menudo es posible ver desde la calle lo que hacen las personas dentro de la casa. Otra característica interesante es que la recámara principal es descomunalmente grande, con todo tipo de comodidades[3]: baño, cable para la televisión, balcón y hasta chimenea. En contraste, las otras recámaras son diminutas.

En Latinoamérica y España, la casas comúnmente tienen una barda alrededor de toda la propiedad para proteger la intimidad y la privacidad de la vida familiar. La puerta de entrada a la casa no se ve, la barda de afuera la protege. El garaje es una necesidad poco estética. El tamaño[4] de las recámaras depende del número de personas que las ocupan. Generalmente no hay mucha diferencia de tamaño con el resto de los cuartos.

[1]*life* [2]**estrechos...** *narrow hallways* [3]*comforts* [4]*size*

En papel: Un anuncio. The World Cup is going to be held in your city this year. You have heard that you can rent your house or apartment for four to seven days to Latin American fans. A website will advertise your house for free in all Latin American countries, but you have to create your own ad. Write a description of your house/apartment and mention the chores you expect the guests to do in order to leave the dwelling in the condition in which they found it. Answers will vary.

En papel. This activity may be assigned for homework. Review the Writing Strategies with students. Have students apply the strategy. Students should be given the opportunity to edit a classmate's writing before turning in the assignment. Assign a grade based on task completion, focusing on the vocabulary and structures of Episodio 18.

Writing Strategy: Improving the quality of your writing

Being accurate requires more than spelling words correctly: it requires matching subjects and verbs, nouns and adjectives, and combining elements so that what you want to communicate is comprehensible to Spanish speakers. A useful writing strategy is to write in two stages:

a) During the first stage, concentrate on communicating your message—that is, focus on meaning and ideas. For example, identify what you want to say about your house: which rooms you should describe in your ad, what chores should be part of the rental agreement.

b) During the second stage, concentrate on the quality of your message—that is, check that the forms you have used are correct. For example, check to see whether the adjectives match the nouns, if the word order is correct, and if the correct verb tense was used.

Continued monitoring of your ideas and the forms you use to express them will gradually improve your ability to communicate in Spanish.

Writing Strategy. You may want to demonstrate this strategy using a blank transparency to create and outline drawings from students topic/ideas for their own advertisement. You may want to use a Venn Diagram.

¡A ver de nuevo!

Video
CD-ROM

Audio
CD-ROM

Parte 1. Escucha la conversación de **Escenas de la vida** para hacer un resumen de lo que pasa. Incluye los quehaceres que hace Emilio en su casa, qué piensa Lalo de Emilio, qué planes tiene Lalo para el fin de semana, qué quehaceres hizo Sofía y qué tiene que hacer Lalo. Answers will vary.

Instructor's Resources
• VHS Video
• Worktext CD
• IRM: Videoscript

Parte 2. Ahora trabaja con un(a) compañero/a para comparar la información y añadir lo que te haya faltado.

Práctica adicional		
Cuaderno de tareas WB pp.90–92, Ñ–O LM p.94, A–B	Audio CD-ROM Episodio 18	Website vistahigher learning.com

Vocabulario del Episodio 18

Instructor's Resources
- Testing program
- Website

Partes de la casa y muebles

la alfombra	*carpet, rug*	los muebles	*furniture*
el apartamento	*apartment*	el patio	*patio*
el asador	*grill*	el refrigerador	*refrigerator*
el baño	*bathroom*	la sala	*living room*
la cama	*bed*	la silla	*chair*
el clóset	*closet*	el sillón	*arm chair*
la cocina	*kitchen*	el sofá	*sofa*
el comedor	*dining room*	la tina	*bathtub*
la cómoda	*dresser*	la toalla	*towel*
el cuarto	*room*		
la ducha	*shower*		
el espejo	*mirror*		
la estufa	*range, stove*		
el fregadero	sink (in a kitchen)		
el garaje	*garage*		
el horno	*oven*		
el jardín	*backyard, garden*		
la lámpara	*lamp*		
el lavabo	sink (in a bathroom)		
la mesa (de noche)	*(night) table*		
la mesita	*side table*		
el microondas	*microwave oven*		

Quehaceres

barrer el suelo	*to sweep the floor*
el garaje	*garage*
cortar el pasto	*to mow the lawn*
darle de comer al gato	*to feed the cat*
hacer la cama	*to make the bed*
lavar los platos	*to do (wash) the dishes*
pasar la aspiradora	*to vacuum*
planchar	*to iron*
poner la mesa	*to set the table*
recoger las cosas	*to pick up one's things*
la mesa	*to clear the table*
la ropa	*to pick up (one's) clothes*
sacar al perro a pasear	*to take out (walk) the dog*
sacar la basura	*to take out the trash*

Pasatiempos y diversiones

andar en bicicleta	*to ride a bike*
bucear	*to scuba dive/snorkel*
dar un paseo	*to go for a walk*
esquiar	*to ski*
hacer una fiesta	*to throw a party*
un viaje	*to take a trip*
un picnic	*to have a picnic*
ir de campamento	*to go camping*
de excursión	*to hike*
levantar pesas	*to lift weights*
montar a caballo	*to go horseback riding*
nadar	*to swim*
patinar (sobre hielo)	*to (ice) skate*
en línea	*to rollerblade*

Expresiones útiles

estar arreglado/a	*to be tidy*
estar desarreglado/a	*to be messy*
estar limpio/a	*to be clean*
estar sucio/a	*to be dirty*

Algunas palabras afirmativas y negativas

Afirmativas		Negativas	
algo	*something, anything*	**nada**	*nothing, not anything*
alguien	*someone, somebody*	**nadie**	*no one, nobody*
algún/alguna	*some, any*	**ningún/ninguna**	*not any*
siempre	*always*	**nunca**	*never, ever*
también	*also*	**tampoco**	*neither, either*

Vocabulario personal

En esta sección escribe las palabras que necesitas saber para poder describir tu propia casa, hablar de tus quehaceres y tus diversiones.

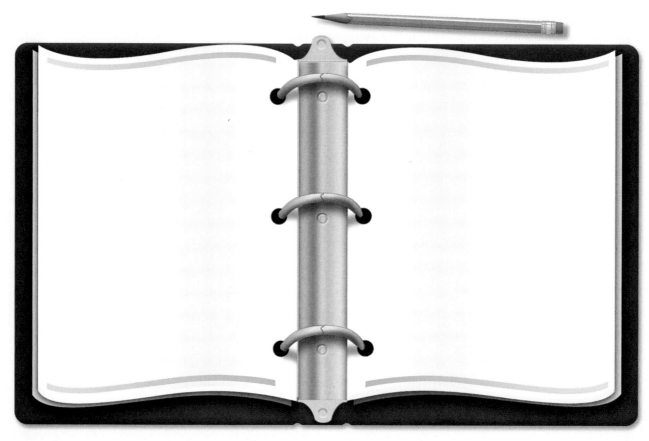

¡A escribir!

Episodio

18

Escenas de la vida: En casa de los tíos

Video
CD-ROM

A. ¡A ver cuánto entendiste! See how much of the **Escena** you understood by matching the Spanish sentences with their English equivalents.

___c___ 1. Nada.

___e___ 2. Tengo que pasar la aspiradora
        y poner la mesa.

___d___ 3. Alguien tiene que hacerlo.

___a___ 4. ¿Qué haces?

___b___ 5. Hago esto en casa.

___i___ 6. Aquí estás de visita.

___h___ 7. Tu esposa te explota.

___g___ 8. Ve a prepararla.

___f___ 9. Me voy de campamento.

a. What are you doing?

b. I do this at home.

c. Nothing.

d. Someone has to do it.

e. I have to vacuum and set the table.

f. I'm going camping.

g. Go and prepare it.

h. Your wife exploits you.

i. Here, you're a guest.

Video
CD-ROM

B. Todos ayudan en casa. Use the words in the box to complete the conversation in Sofía's house.

nadie	alguien	hago	haces	ayudar	tampoco
poner	planchar	aspiradora	algún	molestia	ninguna

La mamá de Sofía   Hijo, ¿qué (1) _____haces_____?

    Emilio   Nada, tía. Yo (2) _____hago_____ esto en casa. Tengo que pasar la (3) _____aspiradora_____, (4) _____poner_____ la mesa y hacer las camas. (5) _____Alguien_____ tiene que hacerlo.

    Lalo   Oye, tu esposa te explota.

    Emilio   (6) _____Algún_____ día vas a tener que hacer todo eso también.

    Mamá   Aquí también tiene que (7) _____ayudar_____. Lalo, ¿qué esperas? (8) _____Nadie_____ lo va a hacer por ti.

    Emilio   ¿Ves, tía? Aquí todos ayudan con la casa. Además, ya es bastante (9) _____molestia_____ quedarme en tu casa tantas semanas.

    Mamá   No es (10) _____ninguna_____ molestia. Ésta es tu casa.

Video
CD-ROM

C. En tus propias palabras. Tell a friend who did not see this episode what happened (in Spanish, of course!).   Answers will vary.

_____

_____

_____

_____

_____

_____

Vocabulario 1

Talking about chores and leisure activities
• Parts of the house, furniture, chores, and leisure activities

D. Los muebles del apartamento. Write the names of the furniture.

1.

2.

3.

4.

5.

6.

7.

8.

9.

10.

11.

12.

1. _____ la mesa de noche _____   7. _____ el sillón _____

2. _____ la estufa _____   8. _____ la sofá _____

3. _____ la cama _____   9. _____ la cómoda _____

4. _____ la tina _____   10. _____ la mesa _____

5. _____ el microondas _____   11. _____ el refrigerador _____

6. _____ el espejo _____   12. _____ la mesita _____

E. ¿Dónde están y qué hacen? Look at the drawing of Ramón's family. Use it to tell where each member is and what they are doing in each room. Answers will vary.

1. El papá de Ramón está en el patio; barre. _____

_____

2. La mamá de Ramón está en el cuarto; hace la cama. _____

_____

3. Ana Mari está en el jardín; corta el pasto. _____

_____

4. Ramón está en el comedor; pone la mesa. _____

_____

5. Luis está en la sala; juega en la mesita. _____

_____

6. Alejandro, el menor, está en el patio; baña al perro. _____

_____

F. ¡A la venta! Read the newspaper ads and answer the questions.

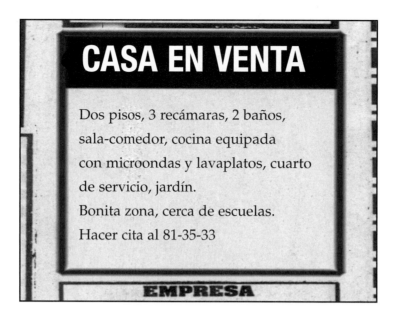

CASA EN VENTA

Dos pisos, 3 recámaras, 2 baños, sala-comedor, cocina equipada con microondas y lavaplatos, cuarto de servicio, jardín.

Bonita zona, cerca de escuelas.

Hacer cita al 81-35-33

EMPRESA

1. ¿Qué significa la palabra *pisos*? ¿Y *cuarto de servicio*?
   Floors and servant's room.

2. ¿Los anuncios de casas en tu ciudad son similares? ¿Qué diferencias notas?
   Answers will vary.

3. ¿Te interesa comprar una casa así? ¿Por qué?
   Answers will vary.

Condominio de lujo

Dos recámaras, 1 baño grande, cuarto de tv, sala con chimenea, patio andaluz. Cocina estilo americano, garaje. Zonas verdes, cerca de todo.

$88,500. $150 mantenimiento.

Blvd. Américas #25.

4. ¿Qué significa *zonas verdes*?
   Parks, green spaces.

5. ¿Es caro o barato este condominio en relación a los condominios de tu ciudad?
   Answers will vary.

6. ¿Qué muebles/aparatos crees que incluye la cocina?
   Answers will vary.

7. ¿Te gustaría comprar este condominio? ¿Por qué?
   Answers will vary.

G. Un anuncio de periódico. Imagine you want to sell your house or apartment. Write a description of the property for an ad in the local newspaper. Use the ads in **Práctica F,** p.86, as models.   Answers will vary.

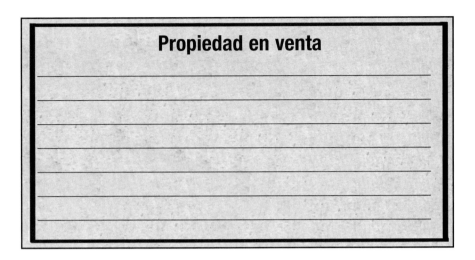

Propiedad en venta

H. ¡Qué divertido! Describe who among your family and friends do the following leisure activities.   Answers will vary.

Modelo   Mis papás van de campamento a Yosemite cada año.

1.    2.    3.    4.

5.   6.    7.   8.

1. _____

2. _____

3. _____

4. _____

5. _____

6. _____

7. _____

8. _____

I. Mis actividades.
List at least two chores or activities you may do in each part of the house. Answers will vary.

Modelo	En el jardín corto el pasto y descanso o tomo el sol.

1. En la sala _____
2. En la cocina _____
3. En mi cuarto _____
4. En el baño _____
5. En el comedor _____
6. En el patio _____

J. Los aparatos domésticos.
Identify which appliances you use or identify the places where you do the following things.

1. En la cocina,
   a. ¿dónde guardas la leche?   En el refrigerador.
   b. ¿dónde lavas los platos?   En el fregadero.
   c. ¿dónde haces un pastel?   En el horno.
   d. ¿qué necesitas para calentar (heat) un café?   La estufa. / El microondas.
   e. ¿qué aparatos necesitas para cocinar?   La estufa, el horno y el microondas.

2. En el baño,
   f. ¿dónde te lavas los dientes?   En el lavabo.
   g. ¿dónde te bañas?   En la ducha. / En la tina.
   h. ¿qué necesitas para verte?   Un espejo.

K. Las diversiones de Mili y Cristina.
Complete the description with the appropriate words.

Mis primos Emiliano y Cristina viven en la Ciudad de México, cuando tienen tiempo libre salen de la ciudad para hacer algo divertido. Son las personas más deportistas que yo conozco.

Algunos fines de semana van a Cocoyoc. Ahí ellos (1) ___bucean___ (scuba dive), (2) ___montan a caballo___, (go horseback riding) o simplemente (3) ___van de excursión___ (hike) a las bellas montañas, ríos y bosques (forests).

Otros fines de semana ellos (4) ___van de campamento___ (go camping) a Valle de Bravo. Ahí hay un lago enorme donde (5) ___esquían___ (ski) y (6) ___nadan___ (swim). A veces llevan sus bicicletas y (7) ___andan en bicicleta___ (ride bikes) por todo el pueblo.

Cuando tienen cuatro o cinco días de descanso, normalmente (8) ___hacen viajes___ (take trips) a Veracruz. En la ciudad de Veracruz, por las tardes (9) ___dan un paseo___ (go for a walk) por el centro, toman un helado en 'La Parroquia' y Cristina hace algunas compras.

L. El correo electrónico. You recently contacted a student from Bolivia on the Internet. They want to know what leisure activities you like doing during the summer and during the winter in your city. E-mail the student with the activities you do. Answers will vary.

En el verano… _____

_____

_____

_____

_____

En el invierno… _____

_____

_____

_____

_____

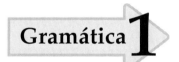 **Gramática 1** Making affirmative and negative statements • Affirmative and negative words

M. Palabras afirmativas y negativas. Complete the chart with the corresponding affirmative or negative words.

Afirmativas	Negativas
algo	**nada**
alguien	nadie
algún	**ningún**
también	tampoco
siempre	**nunca**

N. Adriana y Santiago discuten. Adriana has just arrived home and she is hungry. Santiago, a bit upset, answers negatively to Adriana's questions and comments. Write Santiago's responses.

1. Adriana ¿Alguien preparó la cena?

   Santiago _No, nadie preparó la cena._

2. Adriana ¿Hay algo de comer?

   Santiago _No, no hay nada de comer._

3. Adriana ¿Hay algunas verduras en el refrigerador?

   Santiago _No, no hay ninguna verdura en el refrigerador._

4. Adriana ¿Hay algún platillo congelado *(frozen)*?

   Santiago _No, no hay ningún platillo congelado._

5. Adriana Tú siempre estás de mal humor.

   Santiago _No, yo nunca estoy de mal humor._

6. Adriana Nunca preparas nada de comer.

   Santiago *(Neither do you.)* _Tú tampoco._

Para terminar

Ñ. Emilio le escribe a su esposa. First, read the questions, then read the letter that Emilio writes to his wife, Pilar. Answer the questions.

Emilio

1. ¿Qué va a hacer Emilio en su visita a Estados Unidos?

   Va a estudiar inglés.

2. ¿Cuánto tiempo va a quedarse?

   Va a quedarse seis meses.

3. Menciona algo que los chicos han hecho por Emilio.

   Answers will vary.

4. ¿Adónde lo invitaron los chicos el domingo pasado?

   Lo invitaron a esquiar.

5. ¿Qué hace Emilio los sábados?

   Juega fútbol con Manolo y Ramón.

6. ¿Por qué quiere comprar un coche?

   El transporte público aquí no es tan bueno como en España.

Hola mi amor:

Creo que es la primera vez que te escribo una carta y no sé ni cómo empezar, pues nunca hemos estado[1] separados. ¡No sé que voy a hacer sin ti seis meses!

Aquí toda la familia es encantadora. Los tíos son atentos y generosos, Sofía es una chica estupenda, y Lalo, aunque es un poco inmaduro todavía, es muy majo[2]. El día que llegué, la tía preparó una cena española y Sofía invitó a algunos amigos para que me conocieran. Yo pensé que estaría apaleado[3] después de doce horas de avión, pero no me sentí cansado hasta el día siguiente.

Ya empecé los cursos en el instituto de lenguas. ¡Jolines, qué difícil es el inglés! Yo pensé que sabía algo, pero no entiendo nada y no puedo decir más que lo elemental. Espero que después de seis meses aquí pueda comunicarme en inglés adecuadamente.

Afortunadamente, Sofía y sus amigos me han ayudado con todo: Sofía me inscribió en el instituto; uno de ellos, Manolo, me llevó a comprar los libros; y otro (Wayne) me regaló una grabadora para escuchar unas cintas que compré para practicar el inglés. El domingo pasado me invitaron a esquiar y ellos me prestaron todo el equipo. ¡Son majísimos! Aunque son más jóvenes que nosotros, me he integrado bien con ellos.

Empecé a jugar fútbol los sábados con Manolo y Ramón y pienso comprar un coche, pues aquí el transporte público no es tan bueno como en España; el autobús sólo pasa cada 20, 30 ó 40 minutos, y tienen pocas rutas. No hay metro, y los taxis son carísimos. Ya entiendo por qué aquí todos tienen coche.

Bueno, amor, ahora mismo son las dos de la mañana y tengo que acostarme. Si no, no voy a levantarme a tiempo para las clases. Te extraño[4].

Recibe un beso y un fuerte abrazo de tu

Emilio

[1]*we have never been* [2]*nice* [3]*I would be beat* [4]*I miss you.*

O. Una miniprueba para terminar. Complete the following communicative tasks to test your knowledge of the content of the chapter.

1. Ask Sofía and Ana Mari: a. if they lift weights often.

                                       b. how many times a year they go camping.

                                       c. who takes the dog out for a walk.

                                       d. where they like to go hiking.

a. ¿Levantan pesas frecuentemente? _____

b. ¿Cuántas veces al año van de campamento? _____

c. ¿Quién saca al perro a pasear? _____

d. ¿Adónde les gusta ir de excursión? _____

2. Ask Adriana: e. if she sets the table every night.

                                       f. what chores her kids have to do.

                                       g. who takes the trash out.

e. ¿Usted pone la mesa todas las noches? _____

f. ¿Qué quehaceres tienen que hacer sus hijos? _____

g. ¿Quién saca la basura? _____

3. Ask Wayne: h. if he knows how to ski.

                                       i. who goes horseback riding in his family.

h. ¿Sabes esquiar? _____

i. ¿Quién monta a caballo en tu familia? _____

4. Tell the characters: j. who does what chores in your household.

                                       k. which leisure activities you never do.

                                     l. everything you did during the last school break.

j. Answers will vary. _____

k. Answers will vary. _____

l. Answers will vary. _____

¡A escuchar!

Episodio 18

Comprensión

Audio CD-ROM

A. La agencia de bienes raíces. You have taken a job at a real estate agency and have arrived at work to find three messages on the answering machine from people inquiring about houses or apartments to rent or to buy. As you listen to the messages, enter the information on the forms provided. You will hear each message twice.

Banco de palabras			
alquilar	**localidad**	**amueblado/a**	**sin amueblar**
to rent	*location*	*furnished*	*unfurnished*

1.

Nombre _Rosa Martínez_   Teléfono _5-93-87-42_
Busca:
☐ casa   ☑ apartamento   ☐ para comprar   ☑ para alquilar
Localidad _Cerca de la universidad_   Número de dormitorios _Uno_   Número de baños _Uno_
Precio aproximado _$400 - $500_   ☑ amueblado   ☐ sin amueblar   ☐ garaje
Otros comentarios: _No tiene carro; el apartamento tiene que estar cerca de la universidad para poder_
caminar a sus clases.

2.

Nombre _Francisco Ramos Salazar_   Teléfono _4-52-70-45_
Busca:
☑ casa   ☐ apartamento   ☑ para comprar   ☐ para alquilar
Localidad _Buena zona residencial_   Número de dormitorios _Cuatro_   Número de baños _Tres_
Precio aproximado _$200.000_   ☐ amueblado   ☐ sin amueblar   ☑ garaje
Otros comentarios: _Necesitan el garaje para dos coches; también una cocina grande y un comedor._

3.

Nombre _María Luz Guzmán de Salas_   Teléfono _6-92-23-14_
Busca:
☑ casa   ☐ apartamento   ☑ para comprar   ☐ para alquilar
Localidad _la zona de Vallarta_   Número de dormitorios _Dos_   Número de baños _Dos_
Precio aproximado _$80.000 - $120.000_   ☐ amueblado   ☐ sin amueblar   ☑ garaje
Otros comentarios: _Quieren el dormitorio principal muy grande. Lo que más les importa es tener un jardín_
bonito con patio.

B. Los quehaceres. You are going to hear eight questions. Select the letter of the phrase that most logically answers each one. You will hear each question twice.

1. a. en el lavabo   (b.) en el horno   c. en el refrigerador
2. (a.) limpiar todo   b. lavar la ropa   c. dar un paseo
3. a. en el clóset   b. en la mesa   (c.) en el fregadero
4. a. la aspiradora   (b.) la ropa   c. la estufa
5. a. una silla   b. una ducha   (c.) un espejo
6. a. en el clóset de su cuarto   b. en la cómoda grande   (c.) en su sillón favorito
7. (a.) en la sala   b. en el jardín   c. en la cocina
8. (a.) en el lavabo   b. en la cómoda   c. en el horno de microondas

C. No hay nada. You are going to hear four questions. Give a negative response to each one, using one of these negative words: **nada, nadie, ningún, ninguna, nunca,** or **tampoco.** Then repeat the correct answer after the speaker.

Modelo	You hear:	¿Hay alguna mesa para la cocina?
	You say:	No, no hay ninguna mesa para la cocina.

Más escenas de la vida

Adriana and her family are having an argument. Listen to their conversation, and then complete activities **A** and **B**. You will hear the conversation twice.

A. ¿Quién? Indicate to whom the following statements refer: Viviana **(V)**, Santiaguito **(Sg)**, Adriana **(A)**, or Santiago **(S)**.

__V__ 1. Tiene que hacer su cama y recoger su cuarto.

__A__ 2. Va a limpiar el refrigerador y la cocina.

__Sg__ 3. No quiere ir de campamento.

__Sg__ 4. Va a tener que llevar libros y tarea al campamento.

__S__ 5. Quiere pasar las vacaciones en familia.

B. Responde. Write the answers to the following questions.

1. ¿Qué quiere hacer Adriana antes de irse? _Quiere limpiar la casa._

_____

2. ¿Qué hizo Viviana ayer? _Lavó toda la ropa._

3. ¿Qué tiene que hacer hoy mientras su mamá limpia la cocina? _Tiene que hacer su cama,_ _recoger su cuarto, limpiar su baño y pasar la aspiradora en toda la casa._

4. ¿Por qué Santiaguito quiere quedarse en casa? _Tiene muchos libros que leer, tiene tarea y un trabajo_ _para la clase de inglés._

5. ¿Qué piensa Santiaguito de las vacaciones en familia? _Piensa que son aburridas._

6. Y Santiago, ¿qué piensa de las vacaciones? _Piensa que las deben pasar en familia._

Episodio 19

Escenas de la vida: ¿Qué tienen ganas de hacer?

A. ¡Mira cuánto puedes entender!

Video
CD-ROM

Audio
CD-ROM

Instructor's Resources

• Overheads
• VHS Video
• Worktext CD
• Website
• **IRM:** Videoscript, Comprehensible input

1. Indica qué actividades le encantan a Ana Mari.

Ana Mari

Video Synopsis. The characters are trying to decide what they would like to do this evening. Ana Mari agrees to all of the suggestions, while Ramón rejects them all. Ramón and Ana Mari begin to argue. Finally, Manolo asks Emilio what he wants to do; Emilio asks the characters to take him to look for an apartment if they are unable to decide where to go.

2. Indica qué actividades le molestan a Ramón.

Ramón

Video
CD-ROM

B. ¿Te diste cuenta? Escucha la conversación para saber:

1. adónde quiere ir Sofía _____ A comer comida china. _____

Audio
CD-ROM

2. adónde quiere ir Manolo _____ A un lugar que les interese a todos. _____

3. adónde quiere ir Wayne _____ Al partido de fútbol americano. _____

4. adónde quiere ir Emilio _____ A buscar un apartamento. _____

Video
CD-ROM

C. ¿Quién lo dijo? Escucha la conversación otra vez para indicar quién hizo los siguientes comentarios: Ramón (**R**) o Ana Mari (**AM**).

Audio
CD-ROM

___AM___ 1. ¿Te gusta la comida china?

___R___ 2. A Adriana no le interesa ir a bailar.

___AM___ 3. Me interesa saber quién va a ganar este año.

___AM___ 4. A ti, con tal de no gastar[1] te molesta todo.

___R___ 5. A mí sólo me molestan las actividades tontas.

___AM___ 6. Me encanta el *chow mein.*

Práctica adicional

Cuaderno de tareas	Video CD-ROM
WB p.109, A–C	Episodio 19

[1] *if you have to spend money*

Cultura a lo vivo

El fútbol *(soccer)* es el deporte nacional de la mayoría de los países hispanos. Niños, jóvenes y adultos lo juegan en calles, clubes y parques. Hay ligas para todas las edades. Algunos estadios de Latinoamérica (el estadio Maracaná en Brasil y el estadio Azteca en México) son de los más grandes del mundo.

Durante "el mundial[1]" millones de personas dejan de trabajar[2] y de ir a la escuela para poder ver los partidos. Cuando gana el equipo nacional, hay celebraciones todo el día y toda la noche por las calles de la ciudad.

[1] *World Cup* [2] *stop working*

Para comunicarnos mejor

Gramática 1

Expressing likes, dislikes, and interests
- **Verbs like gustar**
- **Indirect object pronouns**

You heard the characters use the following verbs to talk about their preferences and interests.

Me encanta el *chow mein.*	*I love chow mein.*
Me encantan los *hot dogs.*	*I love hot dogs.*
A mí me molesta esa música tan alta.	*That loud music bothers me.*
¿Te gusta la comida china?	*Do you like Chinese food?*
A Adriana eso sí le va a gustar.	*Adriana is really going to like that.*
¿Qué nos interesa a todos?	*What are we all interested in?*

1. Notice that the verbs **encantar, molestar**, and **interesar** are like the verb **gustar**, which you learned in **Episodio 3**. Use them with the pronouns **me** (to refer to *me*), **te** (to refer to *you*), **le** (to refer to *her*), and **nos** (to refer to *us*). These words are *indirect object pronouns.*

Pronombres indirectos

a mí	me	to/for me
a ti	te	to/for you (informal)
a usted/él/ella	le	to/for you (formal), him, her
a nosotros/as	nos	to/for us
a vosotros/as	os	to/for you (pl. Spain)
a ustedes/ellos/as	les	to/for you, them

2. Since **le** can refer to different people—*to him, to her, to you* (**Ud.**)—and **les** can refer to *them* and to a *group of you* (**Uds.**), you will often need to clarify to whom you are referring by using **a** and the person's name.

> **A Adriana** eso sí **le va a gustar**.
> **A mis amigos les gusta** salir los viernes por la noche.
> **A los niños les encanta** jugar juegos nuevos, pero **les choca** perder.

**Instructor's
Resource**
• IRM: Additional
Activities

3. To emphasize or contrast what you and someone else like or dislike, use **a mí** and **a ti** before **me** and **te** and **a nosotros** before **nos**.

> **A mí** sólo **me** molestan las actividades tontas.
> **A ti**, con tal de no gastar, **te** molesta todo.
> **A nosotros nos** interesa saber qué cosas pasan en Latinoamérica.

Additional Activity.
See the IRM for
worksheet with
activities to practice
verbs like **gustar** and
indirect object
pronouns.

Para hablar de nuestros gustos

chocar	A los estudiantes **les choca** gastar tanto dinero en libros.	*Students hate to spend so much money on books.*
encantar	**Me encantan** las canciones de Ricardo Montaner.	*I love Ricardo Montaner's songs.*
fascinar	A Manolo **le fascina** aprender cosas nuevas.	*Manolo loves (is fascinated) to learn new things.*
gustar	¿**Te gusta** salir entre semana?	*Do you like to go out during the week?*
interesar	No **me interesa** fumar.	*I'm not interested in smoking.*
molestar	A Ana Mari y a mí **nos molesta** la actitud de Ramón.	*Ramón's attitude bothers Ana Mari and me.*

4. Notice that with these verbs, the subject normally follows the verb (but the subject may also precede the verb).

> Me molestan **las actividades tontas.**
> **Las actividades tontas** me molestan. } *Silly activities bother me.*

5. As always, these verbs agree with their subject when the subject is a noun; when the subject is one or more verbs, use the singular form.

> **Me gusta** el *chow mein*.   **Me gustan** los *hot dogs*.
> **Me molesta** trabajar.   **Me interesa** viajar y leer.

6. In the preterit, the conjugations for these verbs are **-ó** and **-aron**, since they are all **-ar** verbs.

> No **me gustaron** los camarones, pero **me encantó** la langosta.

PRÁCTICA

A. Las preferencias de los profesionales.
Empareja las frases de las dos columnas para crear oraciones lógicas.

____d____ 1. A los veterinarios les gusta   a. el arte.

____c____ 2. A los sicólogos no les molesta   b. errores en lo que leen.

____f____ 3. Al médico le interesa   c. escuchar los problemas
de sus pacientes.

____a____ 4. A los diseñadores les gusta   d. trabajar con animales.

____b____ 5. A los editores les choca encontrar   e. los problemas legales de
sus clientes.

____e____ 6. A los abogados les encanta resolver   f. la condición física de
la gente.

B. Mis estudios.

Parte 1. Indica si los siguientes comentarios son **ciertos** o **falsos** para ti. Answers will vary.

	Cierto	Falso
1. Me gustan mis clases este semestre.	☐	☐
2. Me choca hacer la tarea.	☐	☐
3. Me fascina aprender cosas nuevas.	☐	☐
4. Me molesta levantarme temprano.	☐	☐
5. Me encanta acostarme tarde entre semana.	☐	☐
6. Me interesan las computadoras y la tecnología.	☐	☐
7. Me gustan las clases difíciles.	☐	☐

Parte 2. Cambia las oraciones de la **Parte 1** para entrevistar a tu compañero/a. Decide a quién le interesan más sus estudios, a ti o a tu compañero/a. No olvides (*don't forget*) hacer los cambios necesarios.

Modelo	1. Me gustan mis clases este semestre. —¿Te gustan tus clases este semestre? —**Sí, me encantan. Tengo una clase de biología que me gusta mucho porque es muy interesante. También tengo una clase de sociología que es muy divertida. Y a ti, ¿te gustan tus clases?**

Audio
CD-ROM

C. ¿Les gusta o no?
Escucha los comentarios para determinar si a los personajes les gustan o no las actividades mencionadas.

Instructor's Resources
• Worktext CD
• IRM: Tapescript

	Sí	No
1.	☐	☑
2.	☐	☑
3.	☑	☐

	Sí	No
4.	☐	☑
5.	☑	☐
6.	☐	☑

Script: *Escucha los comentarios para determinar si a los personajes les gustan o no las actividades mencionadas.*
1. A Sofía le choca levantarse temprano.
2. A Manolo y a Wayne les molesta tomar clases por la mañana.
3. A mí me interesa mucho la sicología.
4. A nosotros nos preocupan los exámenes.
5. A Ana Mari le encanta bailar. 6. Emilio, veo que a ti no te gusta comer nada por la noche.

D. Sofía, la comunicativa. Completa las oraciones con el pronombre (me, te, le, nos, les) que falta para saber qué le cuenta Sofía a Emilio sobre los gustos de sus amigos.

1. A Ana Mari y a mí ____nos____ gusta mucho salir, pero a mí ____me____ choca manejar de noche porque no veo bien.

2. A Ramón ____le____ molesta gastar dinero, y por eso sale poco.

3. Al esposo de Adriana ____le____ molesta que Adriana llegue tarde, pero a sus hijos____les____ encanta que su mamá estudie.

4. Manolo es un bohemio: no ____le____ interesa el dinero, ____le____ preocupa la extinción de los animales y ____le____ molestan las personas materialistas.

5. A Wayne ____le____ encantan las computadoras.

6. A Ramón y a Wayne ____les____ gusta mucho jugar fútbol, pero ____les____ choca perder.

7. Oye, Emilio, si ____te____ gusta hacer ejercicio, puedes ir con nosotros.

8. A Ana Mari y a mí ____nos____ fascina ir al gimnasio.

9. Y a ti, ¿____te____ interesa aprender cosas nuevas en tus clases?

10. Sí, ____me____ fascina aprender algo nuevo cada día. Este semestre voy a aprender a diseñar páginas y sitios para Internet.

E. Tus gustos y preferencias y los de tu familia. Mira las ilustraciones y expresa qué actividades te gustan, te chocan o te molestan. Di qué piensan los otros miembros de tu familia sobre las mismas actividades. Escríbelas en tu cuaderno.
Answers will vary.

> **¡Fíjate!**
> Remember to use **a** + [*person*] when talking about family members.

Modelo	Me choca planchar, pero a mi mamá le gusta hacerlo.
	Me encanta trabajar en el jardín, pero a mi papá no le interesa.

Instructor's Resource
• Overheads

E. Use the transparencies from **Episodio 18** to have students describe what chores they like or hate to do, and what leisure activities they love to do or are interested in doing.

F. Los gustos. Escribe un párrafo con las cosas que (no) les gustan (encantan, molestan, chocan, interesan) a tus amigos y familiares. Piensa en la comida, la ropa, las películas (románticas, de aventura, de terror, policíacas) y las actividades de fin de semana (escalar, ir al cine, patinar, bucear, montar a caballo, etc.). Escribe cinco oraciones como mínimo. Después comparte tus comentarios con la clase. Answers will vary.

¡Fíjate! Review leisure activities on page 64.

> **Modelo** A mi mamá le choca ver películas de horror. Por eso, cuando rentamos videos generalmente vemos películas románticas o comedias.

G. El último concierto. Habla con un(a) compañero/a para indicar lo que te gustó, te encantó, te molestó, te interesó del último concierto al que fuiste. Answers will vary.

> **Modelo** Me encantó la comida que sirvieron.

1. las canciones
2. la ropa
3. el CD
4. el auditorio

5. el público
6. las bebidas
7. el precio del boleto

¡Fíjate! Use **que** as the relative pronoun *that*. **La comida que sirvieron....** *The food that they served....*

H. ¡A hablar! Todos tenemos gustos diferentes. Habla con un(a) compañero/a de las actividades que te gustan, te molestan, te chocan o te encantan en las siguientes situaciones. Usa las ilustraciones para ideas. Answers will vary.

> **Modelo** En el invierno, me choca bañarme por la mañana; por eso, me baño por la noche. Me fascina ponerme ropa gruesa: guantes, bufandas y gorros.

• en el verano
• entre semana
• cuando sales

• en la universidad
• los fines de semana

¡Fíjate! Notice that **me** is used twice. One belongs to **chocar** and **gustar**, and the other one is from a reflexive verb. **Me** choca bañar**me**. ¿**Te** gusta acostar**te** tarde?

Práctica adicional

Cuaderno de tareas WB pp.110–112, D–H LM pp.115–116, A–D | Audio CD-ROM Episodio 19

Actividades comunicativas

A. Los gustos de mis compañeros.

Parte 1. Escribe tu nombre al lado de las preguntas a las que responderías **sí**. Después, entrevista a tus compañeros para tener al menos dos nombres al lado de cada actividad.
Answers will vary.

Modelo	—¿Te molesta trabajar los fines de semana?		
	—No, no me molesta. ¿Y a ti?	o	—Sí, me molesta mucho.
	—A mí tampoco.		—A mí también.

Nombres

1. ¿Te molesta(n)...

   trabajar los fines de semana? _____ _____

   los animales? _____ _____

   las personas que fuman *(smoke)*? _____ _____

2. ¿Te interesa(n)?

   la política? _____ _____

   los deportes? _____ _____

   la música? _____ _____

3. ¿Te choca(n)...

   planchar? _____ _____

   hacer la tarea? _____ _____

   cocinar *(to cook)*? _____ _____

   las verduras? _____ _____

Parte 2. Escribe un informe con la información que tienes. Incluye por lo menos seis oraciones. Necesitas estar preparado para compartir la información con la clase.

Modelo	A Roberto y a mí nos interesa mucho la política.
	A John le molestan los animales.
	A Roberto y a Mary Ann les choca cocinar.

_____

_____

_____

_____

_____

_____

_____

_____

_____

¡Fíjate!

When talking about yourself and another person as the subjects of a sentence, always place yourself second. **A Wayne y a mí nos interesan las computadoras**.

B. Sopa de palabras.

Instrucciones para Estudiante 1

Primero escribe oraciones lógicas con todas las palabras. La primera y la última palabra ya están en su lugar. Después léele tus oraciones a tu compañero/a para verificar las respuestas. Si las oraciones de tu compañero/a tienen errores, ayúdalo/la a encontrarlos, pero no le des (give) la respuesta correcta inmediatamente.

Modelo

A choca el Emilio le limpiar **baño.**
A Emilio le choca limpiar el baño.

En la casa

1. **A** choca el mí me cortar **pasto.**

   _____

2. **A** papá trabajar en le mi encanta el **jardín.**

   _____

3. **A** mucho le mi gusta mamá **cocinar.**

   _____

4. **A** mí y a mi la ver casa molesta esposo nos **sucia.**

   _____

5. **A** planchar mis camisas les hermanas choca de las **papá.**

   _____

Las respuestas de tu compañero/a:
1. A mí me gusta mucho viajar en coche.
2. A mi mamá le molesta recoger nuestra ropa.
3. A mi papá le interesan las culturas diferentes.
4. A mi esposo y a mí nos encanta ir a la playa.
5. A mis hermanos les choca comer en restaurantes baratos.

B. Sopa de palabras.

Instrucciones para **Estudiante 2**

Primero escribe oraciones lógicas con todas las palabras. La primera y la última palabra ya están en su lugar. Después léele tus oraciones a tu compañero/a para verificar las respuestas. Si las oraciones de tu compañero/a tienen errores, ayúdalo/la a encontrarlos, pero no le des (*give*) la respuesta correcta inmediatamente.

Modelo

A encanta Sofía les hacer Manolo y **viajes.**
A Sofía y Manolo les encanta hacer viajes.

Cuando estamos de vacaciones

1. **A** viajar gusta me mí mucho en **coche.**

   _____

2. **A** molesta mi recoger le nuestra mamá **ropa.**

   _____

3. **A** las papá mi le culturas interesan **diferentes.**

   _____

4. **A** mí esposo nos ir la a mi y encanta a **playa.**

   _____

5. **A** comer les hermanos restaurantes choca mis en **baratos.**

   _____

Las respuestas de tu compañero/a:
1. A mí me choca cortar el pasto.
2. A mi papá le encanta trabajar en el jardín.
3. A mi mamá le gusta mucho cocinar.
4. A mi esposo y a mí nos molesta ver la casa sucia.
5. A mis hermanas les choca planchar las camisas de papá.

C. Necesito compañero/a de cuarto. Necesitas encontrar compañero/a de cuarto. Habla con tu compañero/a de clase para saber si ustedes son compatibles. Después de hablar de los siguientes temas *(topics)*, decidan si podrían *(you would be able)* vivir juntos/as.
Answers will vary.

Temas de conversación:

- tu rutina diaria
- los quehaceres que (no) te gusta hacer
- las cosas que te molestan
- las cosas que te interesan

Learning Strategy: Making communication easier

It is often frustrating when you try to communicate in Spanish and realize that you are not able to express many of your thoughts and feelings. However, there are many different ways to compensate for your limited language at this point in your studies.

• **Use a variety of techniques.** If a listener does not understand your message, try these techniques: say it again, say it slower, use gestures, or write down the word or phrase. If you think creatively, you will find a way to communicate!

Invitación a **República Dominicana**

Del álbum de
Manolo

La República Dominicana es dos veces el tamaño de New Hampshire. Es la capital mundial del Merengue. Los dominicanos celebran varios festivales de música y dos carnavales cada año. También es la cuna *(birthplace)* de jugadores de béisbol como José Rifo y Sammy Sosa, de músicos como Juan Luis Guerra y Frank Reyes, y del famoso diseñador Oscar de la Renta. En Santo Domingo se estableció la universidad más antigua del continente. La isla también ofrece diversos lugares paradisíacos para el turismo: El Parque Nacional Los Haitises; Puerto Plata, con su funicular que sube a más de 2.600 pies al monte Isabel de Torres, y docenas de playas idílicas.

Práctica adicional

Website
vistahigher
learning.com

La correspondencia

 El correo: La carta de Wayne. Primero lee las preguntas. Después lee la carta que Wayne le escribe a su amiga Nelly en Chile. Por último contesta las preguntas.

1. ¿Por qué dice Wayne que tiene la oportunidad de practicar español casi todos los días?

   Sale con Sofía y tienen amigos latinoamericanos.

2. ¿Por qué cree él que no conoce bien la cultura mexicana?

   Ha tenido algunos malentendidos culturales con Sofía.

3. ¿Qué cosas tienen en común Sofía y Wayne?

   Les gusta hacer ejercicio, salir a comer y viajar.

4. ¿Qué cosas les preocupan a los dos?

   La política internacional, el medio ambiente, la violencia y la pobreza.

5. ¿Por qué dice Wayne que Sofía y él son muy diferentes?

   Wayne se siente más cómodo con las computadoras que con la gente y a Sofía le encanta la gente.

Querida Nelly,

¡Qué gusto recibir tu carta! Muchas felicidades por tu graduación. Yo también me voy a recibir[1] este año. ¡Cómo pasa el tiempo! Se supone[2] que después de recibirnos, vamos a ser personas serias y responsables, pero yo me siento igual que siempre.

Cada vez me interesa más la cultura hispana. Hace varios meses que salgo con una chica mexicana; se llama Sofía. Tenemos muchos amigos de todas partes de Latinoamérica. Es increíble que aunque vivo en Estados Unidos, tengo la oportunidad de hablar español casi todos los días.

Todavía no conozco bien la cultura mexicana. Sofía y yo ya tuvimos algunos "malentendidos culturales": el primer día que la invité a salir, llegó al cine con dos amigos. ¡Yo me quería morir[3]! Cuando me explicó por qué invitó a sus amigos, nos dio mucha risa[4]. Ahora tengo una relación fabulosa con ella. Pasamos mucho tiempo juntos y tenemos muchas cosas en común. Nos gusta hacer ejercicio, salir a comer y viajar. Además tenemos metas[5] similares: conocer el mundo, tener un buen trabajo y formar una familia. También nos preocupan las mismas cosas: la política internacional, el medio ambiente[6], la violencia y la pobreza.
Lo más interesante de todo es que Sofía y yo tenemos personalidades completamente diferentes. Tú sabes que yo me siento más cómodo con las computadoras que con la gente. ¡A Sofía le encanta la gente! Es muy sociable y tiene veinte mil amigos. Yo creo que por eso me gusta tanto. Espero que la puedas conocer pronto.

Y tú, ¿ya tienes trabajo? ¿Qué planes tienes? Escríbeme pronto. Un abrazo de mi parte para toda tu familia.

Tu amigo,
Wayne

[1]*I'm going to graduate*   [2]*supposedly*   [3]*I wanted to die!*   [4]*we had a good laugh*   [5]*goals*   [6]*environment*

En papel: Reflexiones. Imagina que eres amigo/a de Wayne, escríbele una carta donde hables de lo que te gusta, lo que te molesta, los intereses que tienes en común con tus amigos/as y/o seres queridos. Puedes usar su carta como modelo.   Answers will vary.

¡Fíjate!

First, decide on the information you want to include. Second, devise a plan to organize the information. Third, write your letter in simple Spanish. Fourth, check your spelling and grammar.

¡A ver de nuevo!

Parte 1. Escucha la conversación de **Escenas de la vida** para hacer un resumen de lo que pasó en el episodio.   Answers will vary.

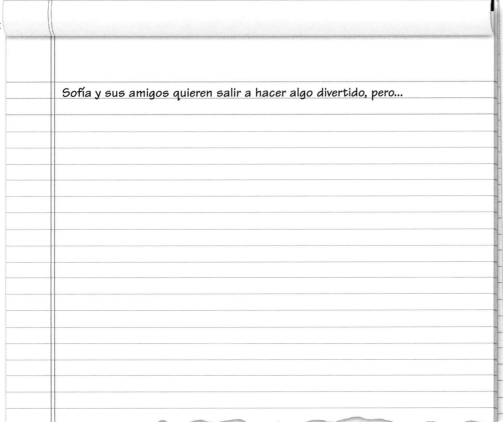

Sofía y sus amigos quieren salir a hacer algo divertido, pero...

Parte 2. Ahora trabaja con un(a) compañero/a para comparar la información y añadir lo que te haya faltado.

Práctica adicional		
Cuaderno de tareas WB pp.112–114, I–J LM p.116, A–B	Audio CD-ROM Episodio 19	Website vistahigher learning.com

Vocabulario del Episodio 19

Complementos indirectos

Instructor's Resources
• Testing program
• Website

a mí
a ti
a usted/él/ella
a nosotros/as
a ustedes/ellos/as

chocar	*to hate/ to dislike*
encantar	*to love (things)*
fascinar	*to love (to be fascinated by)*
gustar	*to like*
interesar	*to be interested in*
molestar	*to be bothered by*

Pronombres indirectos

me	*to/for me*
te	*to/for you* (informal)
le	*to/for you* (formal), *him, her*
nos	*to/for us*
les	*to/for you, them*

Verbos nuevos

aprender (a + [verb])	*to learn (how)*
aprender cosas nuevas	*to learn new things*
fumar	*to smoke*
gastar dinero	*to spend money*

Vocabulario personal

En esta sección escribe las palabras que necesitas saber para expresar en español lo que te gusta, lo que te molesta y lo que te interesa.

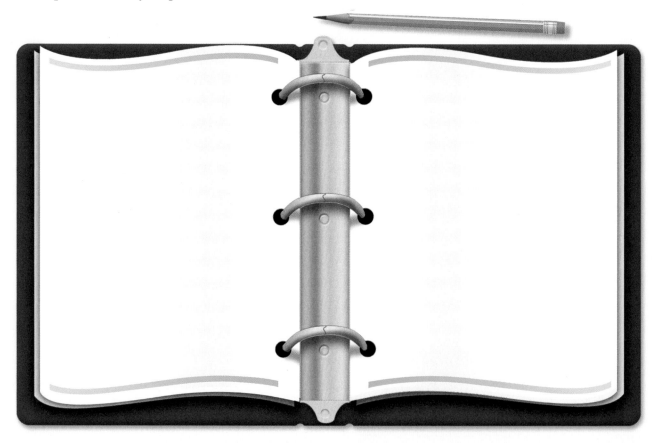

¡A escribir!

Episodio

19

Escenas de la vida: ¿Qué tienen ganas de hacer?

Video
CD-ROM

A. ¡A ver cuánto entendiste! See how much of the **Escena** you understood by matching the Spanish phrases with their English equivalents.

¿Qué hacemos?

___d___ 1. ¿Qué tienen ganas de hacer?　　　　a. I'm interested to know who'll win.

___e___ 2. Me gusta mucho como canta.　　　　b. That loud music bothers me.

___b___ 3. Me molesta esa música tan alta.　　　c. What are we all interested in?

___a___ 4. Me interesa saber quién va a ganar.　d. What do you feel like doing?

___c___ 5. ¿Qué nos interesa a todos?　　　　　e. I really like how he sings.

___f___ 6. Con tal de no gastar te molesta　　　 f. Everything bothers you if you
　　　　todo.　　　　　　　　　　　　　　　　have to spend money.

Video
CD-ROM

B. No se ponen de acuerdo. Match the question or statement in the first column with its response in the second.

___d___ 1. ¿Dónde está Adriana?　　　　　　a. A mí me molesta esa música

___e___ 2. Me encantan los *hot dogs* que　　　　tan alta.
　　　　venden en el estadio.　　　　　　b. Hombre, me da igual.

___a___ 3. ¿Por qué no vamos a bailar a una　c. Me gusta mucho como canta.
　　　　discoteca?　　　　　　　　　　　d. ¡Quién sabe! No debe tardar.

___b___ 4. ¿Qué tienes ganas de hacer?　　　e. A ti, con tal de salir, te encanta

___c___ 5. ¿Saben que hoy hay un concierto　　　todo.
　　　　de Enrique Iglesias?

Video
CD-ROM

C. Un resumen. Write what each person wants to do.

> **Modelo**　**Ana Mari quiere ir a comer comida china.**

Sofía　　　Sofía quiere ir a comer comida china. / quiere ir al concierto de Enrique Iglesias.

Ana Mari　Ana Mari quiere ir a comer comida china. / al concierto de Enrique Iglesias. / al partido de fútbol americano.

Emilio　　Emilio quiere ir a buscar un apartamento.

Ramón　　Ramón no quiere ir a ninguna parte.

Manolo　　Manolo quiere hacer lo que les interese a todos.

> ## Gramática 1
> Expressing likes, dislikes, and interests
> • Verbs like <u>gustar</u>
> • Indirect object pronouns

D. Las preferencias. Write complete sentence using the cues provided and the indirect object pronouns **me, te, le, les,** and **nos.**

> | Modelo | a mi mamá/ chocar/ trabajar los domingos |
> |---|---|
> | | **A mi mamá le choca trabajar los domingos.** |

1. a mí/ molestar/ trabajar de noche
   A mí me molesta trabajar de noche.

2. a nosotros/encantar/bucear
   A nosotros nos encanta bucear.

3. a mis amigos/chocar/los exámenes finales
   A mis amigos les chocan los exámenes finales.

4. a mi novia/gustar/salir entre semana
   A mi novia le gusta salir entre semana.

5. a mis hijos/no interesar/los deportes
   A mis hijos no les interesan los deportes.

E. ¿Qué hacemos? Sofía, Ana Mari, Ramón, and Manolo are trying to decide where they should go. Complete their conversation. Use the verbs in parenthesis and indirect object pronouns when necessary.

Sofía	¿Por qué no vamos al museo? Hoy hay una exhibición de fotografías en blanco y negro.
Ana Mari	Sí, vamos. Me (1) _____fascinan_____ (fascinar) las fotografías en blanco y negro. ¿Vamos Ramón?
Ramón	La verdad es que a mí no me (2) _____interesa_____ (interesar) ir al museo.
Manolo	Bueno, entonces vamos a comer churros con chocolate. Abrieron un café nuevo cerca de mi casa.
Sofía	¡Mmmm! Me (3) _____encantan_____ (encantar) los churros y hace años que no los como. A Ramón sí (4) _____le gustan_____ (gustar) ¿verdad?
Ramón	Pues sí me gustan, pero no tengo hambre.
Ana Mari	Ay, Ramón. Todo (5) _____te molesta_____ (molestar). ¿Qué quieres hacer tú?
Ramón	Quiero quedarme en casa. (6) _____Me choca_____ (chocar) gastar el dinero a lo tonto. No hay nada interesante hoy. ¿Por qué no alquilamos (rent) una película?

F. Los gustos. Write truthful statements using an element from each column. Use the appropriate indirect object pronoun. Answers will vary.

| Modelo | A mí me fascinan las plantas. |

a mí	gustar	salir a restaurantes
al/a la profesor(a)	molestar	ir de compras
a mi novio/a	fascinar	los perros
a mis amigos	encantar	la pintura
a nosotros/as	chocar	cocinar

1. _____
2. _____
3. _____
4. _____
5. _____

G. Mis preferencias. Write how you feel about each of the following illustrations. Use **(no) me encanta(n), me gusta(n), choca(n), fascina(n),** and **interesa(n).** Answers will vary.

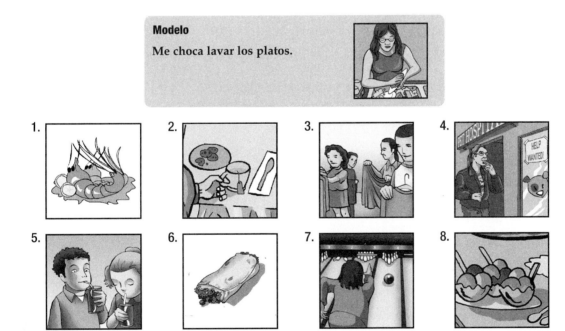

Modelo

Me choca lavar los platos.

1. _____
2. _____
3. _____
4. _____
5. _____
6. _____
7. _____
8. _____

H. ¿Me ayudas? Your neighbor has asked you to help her write about her visit to Costa Rica for her Spanish class. Help her to express her thoughts in Spanish; use the verbs **fascinar, gustar, chocar, encantar, interesar**, and **molestar**.

My parents love to travel to interesting places. Last year we went to Costa Rica. The country is interesting and beautiful. I love the vegetation (**vegetación**) and I like the weather —although (**aunque**) the mosquitoes really bother me! Also, I am fascinated by the volcanoes (**los volcanes**), but I hate the smell (**el olor**). Now, I am very interested in the history and the geography of Central America. I want to go back again next summer.

A mis papás les encanta viajar a lugares interesantes. El año pasado fuimos a Costa Rica. El país es interesante y bonito. Me encanta la

vegetación y me gusta el clima; sin embargo, ¡los mosquitos realmente me molestan! También, me fascinan los volcanes, pero me

choca el olor. Ahora, estoy muy interesada en la historia y la geografía de Centroamérica. Quiero ir otra vez el próximo verano.

Para terminar

I. Un joven de 23 años.

Parte 1. Read the following description about Iván Díaz, a 23-year-old student from Mexico City, who lives in Tijuana, Mexico with his parents and younger sister. As you read about what he does and his likes and dislikes, think about your own preferences; you will answer his letter.

1. ¿Qué cosas le interesan a Iván?

   Le interesan la crítica social, la música, el cine de arte y la fotografía.

2. ¿Qué hace en el periódico *El Mexicano*?

   Escribe artículos de investigación y crítica social; hizo encuestas.

3. ¿Cuáles son algunos de sus grupos favoritos? ¿Los conoces?

   Offspring, NOSX, Radiohead y Portishead. Answers will vary.

4. ¿Qué tipo de películas le encantan?

   Le encantan las películas serias que tienen algún mensaje y los *thrillers* sicológicos.

5. ¿Qué opina del cine norteamericano? ¿Estás de acuerdo?

   Opina que en Estados Unidos sólo tienen éxito las películas superficiales de acción. Answers will vary.

Hola,

Me llamo Iván Díaz, tengo 23 años y soy estudiante en la Universidad Autónoma de Baja California, en Tijuana, México. Mi carrera es Comunicación y estoy en mi último año. Espero recibirme este año.

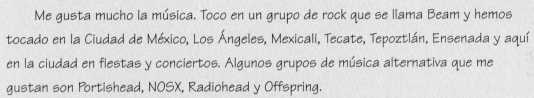

A mí me interesan muchas cosas; me interesa la crítica social, la música, el cine de arte y la fotografía.

Ahora trabajo para el periódico *El Mexicano*. Escribo artículos de investigación y crítica social. Hice encuestas[1] para saber cuál era la opinión de los tijuanenses sobre diferentes temas[2] desde la religión hasta la política local y nacional.

Me gusta mucho la música. Toco en un grupo de rock que se llama Beam y hemos tocado en la Ciudad de México, Los Ángeles, Mexicali, Tecate, Tepoztlán, Ensenada y aquí en la ciudad en fiestas y conciertos. Algunos grupos de música alternativa que me gustan son Portishead, NOSX, Radiohead y Offspring.

Dos de mis pasatiempos favoritos son ver películas y leer. Me encantan las películas serias que tienen algún mensaje y los *thrillers* sicológicos. Por suerte, en México vemos una gran cantidad de películas extranjeras (coreanas, vietnamitas, francesas, etc.) Algo que me molesta es que en Estados Unidos sólo tienen éxito las películas superficiales de acción. Parece que a los americanos no les interesa discutir de la problemática de la sociedad moderna. También me interesa el nuevo cine con bombardeo de imágenes hiperactivas; un buen ejemplo de esta técnica es "Enemigo público número uno".

En cuanto a mi vida diaria, la cosa que más me molesta es que se descomponga[3] mi coche cuando tengo prisa, o cuando ya es de noche y tengo ganas de llegar a mi casa a dormir. Tengo una camioneta vieja del 90, y se descompone a cada rato[4]. También me molesta mucho tratar con[5] gente intolerante y cerrada[6].

Bueno, ya sabes un poco de mis gustos y mis intereses, ahora me gustaría saber algo de tus gustos y tus actividades.

[1]*surveys* [2]*topics* [3]*break down* [4]*all the time* [5]*deal with* [6]*closed-minded*

Parte 2. Now write a letter to Iván, using his letter as a model.

Hola Iván:

_____

_____

_____

_____

_____

_____

_____

_____

_____

_____

_____

_____

_____

_____

_____

_____

_____

J. Preguntas para Iván. Imagine a conversation between you and Iván. What would you ask him? What would you be interested to know about him, his job, and his taste in music or movies? Ask him five questions. Answers will vary.

1. _____

2. _____

3. _____

4. _____

5. _____

Episodio

¡A escuchar!

19

Comprensión

Audio CD-ROM

A. Las reacciones de Adriana. Use the written cues to say how Adriana feels about the things and activities that you will hear. Repeat the correct answers after the speaker.

> **Modelo** You see: **le choca**
> You hear: **estudiar matemáticas**
> You say: **Le choca estudiar matemáticas.**

1. le molesta   2. le interesa   3. le encanta   4. le gusta   5. le chocan   6. le fascina

Audio CD-ROM

B. ¿Qué te gusta, Manolo? Using the written cues and **¿te gusta?** or **¿te gustan?**, ask Manolo if he likes the things listed. Repeat the correct question after the speaker. You will then hear Manolo's reply. Indicate what his answer is by selecting **sí** or **no**.

> **Modelo** You see/hear: **la música cubana**   You see/hear: **los tamales**
> You say: **¿Te gusta la música cubana?**   You say: **¿Te gustan los tamales?**

	Sí	No
1. los animales	☑	☐
2. trabajar en el hospital	☐	☑
3. las películas románticas	☐	☑
4. el arte	☑	☐
5. hacer ejercicio	☐	☑
6. las fiestas	☑	☐

Audio CD-ROM

C. La respuesta lógica. You will hear five questions. Listen and select the most logical answer from the choices provided. You will hear each question twice.

1. a. Sí, voy a casa.   b. Sí, me fascinan sus pinturas.
   c. Sí, me encanta la música.
2. a. Me molesta pagar todos los gastos.   b. Recibí un regalo.   c. Me encantan tus ideas.
3. a. No, los políticos no me interesan.   b. Sí, pero le choca discutir.
   c. Sí, nos gusta mucho estudiar ciencias políticas.
4. a. Barrer el patio es divertido.   b. Siempre plancho las camisas.
   c. Me choca limpiar.
5. a. Sí, me encanta el fútbol.   b. No, no le gusta mucho.
   c. Nos molestan los quehaceres.

115

D. En el parque zoológico. Manolo has gone to the zoo to interview for a position as caretaker and researcher. Listen to part of his interview and then complete the sentences to describe how Manolo feels about certain aspects of the job. You will hear the conversation twice.

1. A Manolo le fascinan _los animales_ .

2. Le interesa _la carrera de veterinario_ .

3. Le choca _acostarse tarde y tener que levantarse temprano_ .

4. Le encantan _las mañanas al aire libre_ .

5. Le molesta _ver a los animales en jaulas pequeñas_ .

Banco de palabras

al aire libre
outdoors

ambiente
environment

animales salvajes
wild animal

jaulas
cages

Más escenas de la vida

It is Saturday morning, and the friends are at Sofía's house. Listen to their conversation, and then complete activities **A** and **B.** You will hear the conversation twice.

A. ¿Quién? Indicate to whom the following statements refer: Ramón **(R)**, Manolo **(M)**, Ana Mari **(AM)**, or Emilio **(E)**. **¡Atención!** Some of the activities may be done by more than one person.

___R___ 1. Va a llevar a Emilio a ver apartamentos.

___R, E___ 2. Les gustaron unos apartamentos cerca de la universidad.

___M___ 3. Le gusta sentarse a leer y tomar café.

___AM___ 4. Le fascinó la última novela de García Márquez.

___M___ 5. Le interesa la literatura chicana.

B. Responde. Write the answers to the following questions.

1. ¿Adónde va a llevar Ramón a Emilio?

   Ramón va a llevar a Emilio a ver apartamentos.

2. ¿A qué hora van a juntarse para comer? ¿Dónde?

   Van a juntarse a las cuatro en el centro.

3. ¿Qué va a comprar Manolo?

   Manolo va a comprar unos libros.

4. ¿Cómo se llama la última novela de García Márquez?

   Se llama *Vivir para contarla.*

5. ¿Qué libro acaba de leer (*did he just read*) Manolo?

   Acaba de leer *A motorcycle ride on the sea of tranquility.*

Episodio 20

Escenas de la vida: La pelea

Video
CD-ROM

Audio
CD-ROM

Instructor's Resources
• Overheads
• VHS Video
• Worktext CD
• Website
• IRM: Videoscript, Comprehensible input

A. ¡Mira cuánto puedes entender! Indica si los comentarios son **ciertos** o **falsos**.

	Cierto	Falso
1. Adriana fue a la reunión con sus amigos.	☐	☑
2. Adriana tuvo una discusión con su esposo.	☑	☐
3. El esposo de Adriana acepta bien su nueva situación.	☐	☑
4. Adriana está siempre en casa.	☐	☑
5. Sofía quiere que Adriana hable con su mamá.	☑	☐
6. Sofía quiere hablar con un consejero matrimonial.	☐	☑

Video Synopsis. Sofía calls Adriana, who explains that she and her husband, Santiago, had a terrible fight. Santiago is having difficulty accepting the fact that Adriana cannot be home all the time. Sofía suggests that they see a counselor.

Video
CD-ROM

Audio
CD-ROM

B. ¿Quién? Indica a quién se refieren las siguientes descripciones: Adriana (**A**), Sofía (**S**), el esposo (**E**) de Adriana o la mamá (**M**) de Sofía.

_____A_____ 1. No puede estar siempre en casa.

_____M_____ 2. Consultó a una consejera matrimonial.

_____A_____ 3. Quiso llamar a Sofía, pero no pudo.

_____E_____ 4. No quiso salir con Sofía y sus amigos.

_____S_____ 5. Quiere ayudar a Adriana.

Cultura a lo vivo

Puerto Rico tiene una situación única en Latinoamérica. No es un país independiente, sino un **Estado Libre Asociado** de Estados Unidos. Los puertorriqueños son ciudadanos norteamericanos y tienen un representante en el Congreso. No pueden votar en las elecciones presidenciales, pero ellos sí pueden elegir a sus propios gobernantes. No pagan impuestos federales, pero sí sirven en el ejército norteamericano. Puerto Rico tiene clima tropical todo el año, y tiene mucho turismo que visita las playas, los bosques y los monumentos históricos.

Video
CD-ROM

Audio
CD-ROM

C. ¿Te diste cuenta? Empareja las frases.

_____e_____ 1. Adriana no fue a la reunión porque

_____d_____ 2. El esposo de Adriana

_____b_____ 3. Adriana no puede

_____c_____ 4. Sofía y sus amigos

_____a_____ 5. Adriana y su esposo

a. tienen problemas.

b. estar en casa todo el tiempo.

c. llevaron a Emilio a ver apartamentos.

d. se fue de viaje.

e. tuvo una discusión con su esposo.

Práctica adicional

Cuaderno de tareas	Video CD-ROM
WB p.131, A–B	Episodio 20

117

Para comunicarnos mejor

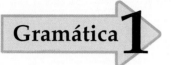

Gramática 1

Talking about past events
• The preterit of irregular verbs

Most verbs in the preterit tense are regular. You have learned the preterit forms of these common irregular verbs: **hacer, ir,** and **tener.**

In the conversation, you heard the following:

¿Por qué no **vino**?	*Why didn't you come?*
Quise llamarlos, pero… no **pude**.	*I tried to call you, but… I couldn't.*
Mi esposo se **puso** furioso.	*My husband got very furious.*

Vino, quise, pude, and **puso** are irregular preterit forms of the verbs **venir** *(to come)*, **querer, poder,** and **poner.** There are other common verbs with irregular preterits. Study their conjugations. You can remember them more easily by grouping them as follows:

Verbos con formas irregulares en el pretérito
The -u- group

andar	anduve, anduviste, anduvo, anduvimos, anduvisteis, anduvieron
estar	estuve, estuviste, estuvo, estuvimos, estuvisteis, estuvieron
poder	pude, pudiste, pudo, pudimos, pudisteis, pudieron
poner	puse, pusiste, puso, pusimos, pusisteis, pusieron
tener	tuve, tuviste, tuvo, tuvimos, tuvisteis, tuvieron

The -i- group

hacer	hice, hiciste, hizo, hicimos, hicisteis, hicieron
querer	quise, quisiste, quiso, quisimos, quisisteis, quisieron
venir	vine, viniste, vino, vinimos, vinisteis, vinieron

The -j- group

decir	dije, dijiste, dijo, dijimos, dijisteis, dijeron
traer	traje, trajiste, trajo, trajimos, trajisteis, trajeron

Other verbs

dar	di, diste, dio, dimos, disteis, dieron
ir ⎫ ser ⎭	fui, fuiste, fue, fuimos, fuisteis, fueron
ver	vi, viste, vio, vimos, visteis, vieron

Gramática 1. Model the pronunciation of the irregular preterit forms and have students repeat after you. Highlight the group affiliations to help familiarize students with the forms.

¡Fíjate!

The present tense of **traer** *(to bring)* is as follows: **traigo, traes, trae, traemos,** and **traen.**

Querer, when used negatively, also means *to refuse.*

Santiago no quiso ir con Adriana.

Santiago refused to go with Adriana.

1. Notice that the first three groups all have the same endings:**-e, -iste, -o, imos, -isteis, -ieron**, except for the **ellos** form of the **-j-** group: **decir ⟶ dijeron**, and **traer ⟶ trajeron**.

2. Note that with **hacer**, the **-c-** changes to a **-z-** before **-o (hizo)**, to maintain the sound of the stem.

PRÁCTICA

A. En tu cumpleaños.

Parte 1. Indica si los comentarios son **ciertos** o **falsos** para ti. Answers will vary.

	Cierto	Falso
1. Mis amigos me hicieron una fiesta de cumpleaños.	☐	☐
2. Todos me dijeron "Feliz cumpleaños" ese día.	☐	☐
3. Me puse ropa nueva para celebrarlo.	☐	☐
4. Me dieron muchos regalos de cumpleaños.	☐	☐
5. Estuve feliz todo el día.	☐	☐
6. No vine a la escuela ese día.	☐	☐

Parte 2. Convierte las oraciones en preguntas. Después entrevista a tu compañero/a.

> **Modelo**   Mis amigos me hicieron una fiesta de cumpleaños.
> **¿Tus amigos te hicieron una fiesta de cumpleaños?**

B. ¡Qué divertido! Los hermanos de Ana Mari se divirtieron mucho este fin de semana. En tu cuaderno escribe lo que no quisieron hacer y lo que sí hicieron. Usa la lógica y las ilustraciones. Answers will vary.

> **Modelo**   **No quisieron hacer sus camas, pero sí anduvieron en bicicleta toda la mañana.**

C. Otro problema. Primero completa el párrafo usando los verbos entre paréntesis. Después contesta las preguntas.

¡Fíjate!

The verb **ponerse**, when followed by an adjective, means *to become*.

Santiago se puso furioso. Adriana se puso triste. To review adjectives, see **Episodio 15,** page 373.

La semana pasada Adriana y su esposo Santiago
(1) ___tuvieron___ (tener) otra discusión. Adriana se levantó
temprano, (2) ___fue___ (ir) al supermercado y
(3) ___compró___ (comprar) todo para preparar la cena de
la semana, pero no (4) ___pudo___ (poder) prepararla.
(5) ___Tuvo___ (tener) que ir a la universidad para
escribir un trabajo porque su computadora se descompuso *(broke down)*. Por
la noche, cuando Santiago (6) ___llegó___ (llegar) del trabajo y (7) ___vio___ (ver)
que no había comida, (8) ___salió___ (salir) a cenar con Santiaguito y Viviana a un
restaurante, sin esperar a Adriana. Cuando Adriana (9) ___regresó___ (regresar) a su casa,
no había nadie y no había nada de comer. Adriana (10) ___se puso___ (ponerse) muy triste.
¡Qué desconsiderados!

1. ¿Qué hizo Adriana por la mañana?

   Se levantó temprano y fue al supermercado.

2. ¿Por qué no preparó la comida?

   Tuvo que ir a la universidad para escribir un trabajo.

3. ¿Por qué es desconsiderado su esposo?

   Salió a cenar con sus hijos sin esperar a Adriana.

D. Un resumen de la historia. Conjuga los verbos para formar oraciones completas y haz los cambios necesarios para contarle a un amigo lo que pasó en el **Episodio 19**.

Modelo fin / semana / pasado / Sofía y sus amigos / no poder / decidir adónde ir
El fin de semana pasado Sofía y sus amigos no pudieron decidir adónde ir.

1. Ramón / no querer / ir a / una discoteca

   Ramón no quiso ir a una discoteca.

2. tampoco / tener ganas de / ir a / el juego de fútbol americano

   Tampoco tuvo ganas de ir al juego de fútbol americano.

3. chicos / no querer / ir a / el concierto de Enrique Iglesias

   Los chicos no quisieron ir al concierto de Enrique Iglesias.

4. finalmente / ellos / ir / con Emilio / a buscar un apartamento

   Finalmente ellos fueron con Emilio a buscar un apartamento.

5. entonces / Manolo / ir a / la tienda / a comprar el periódico

   Entonces Manolo fue a la tienda a comprar el periódico.

6. chicos / querer / ver algunos apartamentos / pero / no poder

   Los chicos quisieron ver algunos apartamentos pero no pudieron.

7. por fin / chicos / regresar / a casa y / no hacer / nada

   Por fin los chicos regresaron a casa y no hicieron nada.

E. ¿Qué hiciste? Primero, contesta las preguntas y después, habla con tu compañero/a de las cosas que hiciste la semana pasada. Usa las preguntas como guía. Answers will vary.

La semana pasada…
1. ¿Viniste a clase? ¿Te dieron mucha tarea? ¿La hiciste? ¿Tuviste algún examen?
2. ¿Viste a tus amigos? ¿Hicieron algo juntos? ¿Adónde fueron? ¿Se divirtieron?
3. ¿Estuviste enfermo/a recientemente? ¿Viste al doctor? ¿Tomaste medicinas?
4. ¿Qué quehaceres hiciste? ¿Sacaste la basura, pusiste la mesa, hiciste tu cama? Y, para divertirte, ¿anduviste en bicicleta, hiciste una fiesta, esquiaste, fuiste a una disco?

Práctica adicional

Cuaderno de tareas
WB pp.132–133, C–G

 **Vocabulario 1** | Describing special occasions • Dates, birthdays, and trips

Instructor's Resource
• Overheads

The following vocabulary is useful when talking about dates, birthday parties, or trips:

Para hablar de citas, cumpleaños y viajes			
abrir los regalos	to open presents	poner el árbol	to decorate the tree
besar	to kiss (someone)	ponerse triste/feliz	to get/become sad/happy
cantar villancicos	to sing carols	ponerse ropa...	to wear...
las mañanitas	a birthday song	cómoda	comfortable clothes
dar un beso	to give a kiss	(in)formal	(in)formal clothes
disfrazarse de...	to wear a... costume	moderna	modern clothes
hacer las maletas	to pack	recoger a alguien	to pick someone up
invitar a alguien	to invite someone	regalar	to give (a present)
ir en coche/avión	to go by car/plane	subirse a los juegos	to go on rides

PRÁCTICA

F. La Navidad pasada.

Parte 1. Mira las ilustraciones para hablar con tu compañero/a de lo que hizo Adriana la Navidad pasada. Answers will vary.

Parte 2. Ahora hablen de una celebración familiar. Incluye la siguiente información.

- ¿Dónde lo pasaste? ¿Te divertiste?
- ¿Qué ropa te pusiste ese día, elegante o informal?
- ¿Quiénes vinieron? ¿Qué trajeron? ¿Qué hicieron?
- ¿Qué sirvieron para cenar? ¿Quién hizo la cena?
- ¿A qué hora se fueron? ¿A qué hora te acostaste ese día?

G. Los veintiuno de Ana Mari.

Audio
CD-ROM

Parte 1. Escucha la narración de Ana Mari para contestar las preguntas.

1. ¿Qué le regaló su mamá? ¿Y su papá? ¿Y Ramón?

   Su mamá le regaló una falda y una blusa.

   Su papá le regaló un CD de Shakira. Ramón le regaló un perfume.

Instructor's Resources
- Worktext CD
- IRM: Tapescript, Additional Activities

Script. See the Instructor's Resource Manual for the script to this activity.

2. ¿Qué ropa se puso Ana Mari para salir con Manolo? ¿Y Manolo?

   Ana Mari se puso un vestido rojo, unos zapatos negros de tacón y una bolsa negra pequeña. Manolo se puso jeans

   y tenis.

3. ¿Qué cosas dice Ana Mari que no le interesan a Manolo? ¿Por qué?

   No le interesa la ropa ni la moda, porque es un artista.

4. ¿Por qué pasaron a casa de Manolo? Manolo quiso ponerse otra ropa.

5. ¿Qué pasó cuando Ana Mari y Manolo tocaron el timbre (rang the bell)?

   Nadie abrió la puerta.

6. ¿Qué organizaron sus amigos? ¿Por qué no le dijeron nada?

   Organizaron una fiesta de cumpleaños. No le dijeron nada porque era una fiesta sorpresa.

7. ¿Qué hicieron toda la noche? ¿Hasta qué hora se quedaron en casa de Manolo?

   Comieron, cantaron, bailaron y contaron chistes. Se quedaron hasta las tres de la mañana.

8. ¿Por qué el cumpleaños de Ana Mari no fue lo que ella pensó?

   No sabía que le iban a hacer una fiesta.

Parte 2. Usa la narración como modelo para escribir sobre tu cumpleaños. En tu cuaderno, escribe frases simples. Habla de lo que hiciste ese día, con quién estabas, adónde fuiste y qué regalos recibiste. Answers will vary.

G. Advise students to save the compositions that accompany **Parte 2**, or take a copy yourself, because students will be asked to revise this paragraph in **Episodio 25, Práctica E.**

Additional Activity. You may play a board game. See the **Instructor's Resource Manual** for materials for this activity.

Práctica adicional	
Cuaderno de tareas	Audio CD-ROM
WB pp.134–135, H–J LM pp.137–138, A–C	Episodio 20

Actividades comunicativas

A. Actividades en común.

Parte 1. Contesta las preguntas y escribe tus respuestas en la primera columna (**yo**). Después busca un(a) compañero/a que tenga las mismas respuestas que tú. Escribe su nombre en la otra columna. Después escribe dos preguntas originales para preguntar a tu compañero/a. Answers will vary.

La celebración de Año Nuevo	yo	compañero/a
1. ¿Adónde fuiste a pasar el Año Nuevo?		
2. ¿Con quién estuviste?		
3. ¿Qué ropa te pusiste?		
4. ¿A qué hora te acostaste esa noche?		
5. ¿Qué hiciste al día siguiente?		
6. ¿Tuviste que trabajar el primero de enero?		
7. ¿Viste los fuegos artificiales (*fireworks*)?		
8. ¿Invitaste a alguien a tu casa a ver los partidos de fútbol americano?		
9.		
10.		

Parte 2. Prepara un informe (*report*) para compartir con la clase. Recuerda que primero escribes el nombre de tu compañero/a y después **yo**.

> **Modelo**   María y yo no invitamos a nadie a ver el partido de fútbol americano.

Parte 3. Con un(a) compañero/a, prepara ocho preguntas para entrevistar a alguien sobre las actividades del día de las brujas (*Halloween*). Pregúntale si se disfrazó, si pidió dulces, si llevó a alguien a pedir dulces, etc. Después en grupos de cuatro, hablen de qué hicieron ese día.

1. _____
2. _____
3. _____
4. _____
5. _____
6. _____
7. _____
8. _____

A. You may have students complete the **yo** column for homework. If done in class, allow several minutes for students to complete this part. Then provide five to seven minutes for students to interview as many classmates as possible. Ask volunteers to share their findings. You may take part in the activity to give students the opportunity to practice using the **usted** form.

B. Una cita romántica.

Instrucciones para Estudiante 1

Parte 1. Tú tienes la mitad de las ilustraciones, y tu compañero/a tiene la otra mitad. Juntos tienen que describir la última cita de Sofía y Wayne. Describe tus ilustraciones y haz preguntas para completar la historia. Tú empiezas. Answers will vary.

Modelo	Wayne fue por Sofía a su casa a las 5. ¿Qué pasó después?

Banco de palabras

la feria
fair

los globos
balloons

el animal de peluche
stuffed animal

la champaña
champagne

Parte 2. Ahora escribe un párrafo con los eventos. Inventa los detalles. Empieza así:

La última cita de Sofía y Wayne fue muy romántica...

_____

_____

_____

_____

_____

_____

_____

_____

_____

B. Una cita romántica.

Instrucciones para **Estudiante 2**

Parte 1. Tú tienes la mitad de las ilustraciones, y tu compañero/a tiene la otra mitad. Juntos tienen que describir la última cita de Sofía y Wayne. Describe tus ilustraciones y haz preguntas para completar la historia. Tu compañero/a empieza. Answers will vary.

> **Modelo** Cuando Sofía abrió la puerta, Wayne le dio unas flores.

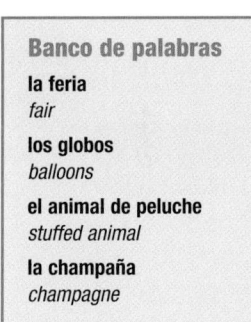

Banco de palabras

la feria
fair

los globos
balloons

el animal de peluche
stuffed animal

la champaña
champagne

 **Parte 2.** Ahora escribe un párrafo con los eventos. Inventa los detalles. Empieza así:

La última cita de Sofía y Wayne fue muy romántica...

_____

_____

_____

_____

_____

_____

_____

_____

C. Una cita inolvidable. Intercambia experiencias con un(a) compañero/a acerca de una cita inolvidable. Para organizar tus ideas, contesta las siguientes preguntas antes de conversar. Answers will vary.

¡Fíjate!
Remember to paraphrase when needed, to keep it simple, to repeat yourself if you are not being understood, and to use conversation fillers such as **este, déjame ver, espera,** and **¿cómo se dice?**

1. ¿Adónde fuiste en esa cita?

_____

2. ¿Con quién fuiste?

_____

3. ¿Qué pasó?

_____

_____

_____

_____

La correspondencia

El correo: Mi viaje a Puerto Rico. Lee la carta que Carlos les escribió a sus padres cuando regresó de Puerto Rico. Luego contesta las preguntas.

1. ¿Cuánto tiempo estuvieron en casa de tía Cristina? <u>Estuvieron cinco días en casa de tía Cristina.</u>

2. ¿Adónde fueron con Tina? <u>Con ella fueron a la Fortaleza del Morro y a conocer el viejo San Juan.</u>

3. ¿Por qué aprendió Carlos mucho sobre la historia de Puerto Rico?
<u>Visitó más lugares al ir de turista que cuando vivió en el país.</u>

4. ¿Cuántos tipos de pájaros hay en El Yunque? <u>En El Yunque hay más de doscientos tipos de pájaros.</u>

5. ¿Por qué se puso enfermo Peter?
<u>Se puso enfermo porque comió mucho.</u>

Queridos mamá y papá:

Acabo de regresar de Puerto Rico. Fui con Peter. Estuvimos cinco días en casa de tía Cristina. ¡Qué buena es! Su casa nueva es bellísima. Tina ya es toda una señorita y es lindísima. Con ella fuimos a la Fortaleza del Morro y a conocer el Viejo San Juan.

¡Cómo ha cambiado todo! ¡Qué bonito es ver todas esas construcciones coloniales restauradas! Peter compró muchas cosas en la Calle de Cristo. Tía Cristina nos dejó usar su coche y no nos permitió pagar nada. ¡A Peter le encantaron Puerto Rico… y Tina! Compró un libro sobre la historia de Puerto Rico y se pasó los cinco días leyendo la historia en voz alta. Estaba impresionado con la antigüedad de El Morro. ¡Tardaron más de cuarenta años en construirlo! También leyó que la mascota nacional de Puerto Rico es el coquí[1], y que sólo se encuentra en Puerto Rico. Pudimos escuchar su canto todas las noches. En esta foto el coquí está listo para cantar. Tiene un canto muy dulce que escuchamos claramente cuando visitamos el parque nacional de El Yunque. ¿Ustedes sabían que en el parque hay más de doscientos tipos de pájaros? Creo que aprendí y conocí más de Puerto Rico en este viaje que en los seis años que vivimos allí. ¡Qué irónico! ¡Visité más lugares al venir de turista que cuando viví aquí!

Bueno, otro día fuimos a la playa. ¡Qué bellas son las playas puertorriqueñas! Estuvimos todo el día tomando el sol y coquito[2] frío. También visitamos Ponce y la bahía fosforescente de la Parguera. Hizo calor y sol los cinco días que estuvimos allí, así que estamos bien tostados…¡y gordos! Tía Cristina nos preparó muchos platos diferentes: pasteles, mofongo[3] con camarones y arroz con gandules[4], entre otros. El pobre de Peter se puso malísimo del estómago… por comer tanto.

Bueno, ahora tenemos que regresar a la base. Los tíos les mandan muchos saludos y besos.

Besos a todos,
Carlos

el coquí

[1] *breed of tree frog* [2] *a sweetened coconut drink* [3] *a dish with green plantains* [4] *pigeon peas*

En papel: Mis últimas vacaciones. Imagina que tú eres amigo de Carlos. Escríbele una carta donde describas tus últimas vacaciones. Dile adónde fuiste, con quién, cuánto tiempo estuviste en ese lugar, qué cosas viste, qué hiciste y si aprendiste algo interesante.
Answers will vary.

En papel. Advise students to save the compositions from this activity, or take a copy yourself, because students will be asked to revise these drafts in Episodio 25, Práctica F.

Writing Strategy: Using models to guide your writing

Locate the following structures in Carlos' letter and use them to write your own:
1. Say where you went and with whom.
2. Say how long you were there and what the weather was like during that period of time.
3. Say what you did there, in chronological order **(el primer día, en la mañana, por la tarde…)**.
4. Conclude with an evaluating statement **(Me divertí mucho** or **Fueron las mejores/peores vacaciones del año)**.

Invitación a **Puerto Rico**

Del álbum de
Adriana

Los indígenas de la isla de Puerto Rico la llamaban Borinquén, de ahí el término "boricua", nombre con el que se conoce al puertorriqueño moderno. Hace unos siglos *(centuries)*, los piratas europeos atacaban la isla constantemente; por eso, se empezó la construcción de San Felipe del Morro, que se ve en la foto. Aunque la mayoría de los indígenas de la isla desaparecieron en muy poco tiempo, muchas de las palabras del español moderno (e incluso del inglés) provienen de ellos: *huracán, hamaca, mamey, yuca, carey, maní, barbacoa y canoa,* entre otras. Los puertorriqueños son un crisol donde variados grupos culturales y étnicos han logrado unirse para formar una cultura fuerte, alegre y sobretodo muy orgullosa de sus raíces africanas, chinas, europeas y taínas.

Práctica adicional

Website
vistahigher
learning.com

Video
CD-ROM

Audio
CD-ROM

¡A ver de nuevo!

Parte 1. Mira la **Escena** otra vez, para escribir un resumen de lo que pasó. El resumen debe contestar estas preguntas: ¿Por qué Adriana no fue a la reunión? ¿Por qué discutió con su esposo? ¿Qué hizo el esposo? ¿Qué le dice Sofía?   Answers will vary.

Parte 2. Ahora trabaja con un(a) compañero/a para comparar la información y añadir lo que te haya faltado.

Práctica adicional		
Cuaderno de tareas WB pp.135–136, K LM p.138, A–B	Audio CD-ROM Episodio 20	Website vistahigher learning.com

Vocabulario del Episodio 20

Para hablar de citas, cumpleaños y viajes

Instructor's Resources
• Testing program
• Website

abrir los regalos	*to open presents*		
besar	*to kiss (someone)*		
cantar villancicos	*to sing carols*	**ponerse ropa...**	*to wear...*
las mañanitas	*a birthday song*	**cómoda**	*comfortable clothes*
dar un beso	*to give a kiss*	**(in)formal**	*(in)formal clothes*
disfrazarse de...	*to wear a... costume*	**moderna**	*modern clothes*
hacer las maletas	*to pack*	**recoger a alguien**	*to pick up someone*
invitar a alguien	*to invite someone*	**regalar**	*to give (a present)*
ir en coche/avión	*to go by car/plane*	**subirse a los juegos**	*to go on rides*
poner el árbol	*to decorate the tree*		
ponerse triste/ feliz	*to get/become sad/ happy*		

Vocabulario personal

En esta sección escribe el vocabulario y las expresiones que necesitas saber para narrar en español alguna cita que tuviste y describir tus últimas vacaciones.

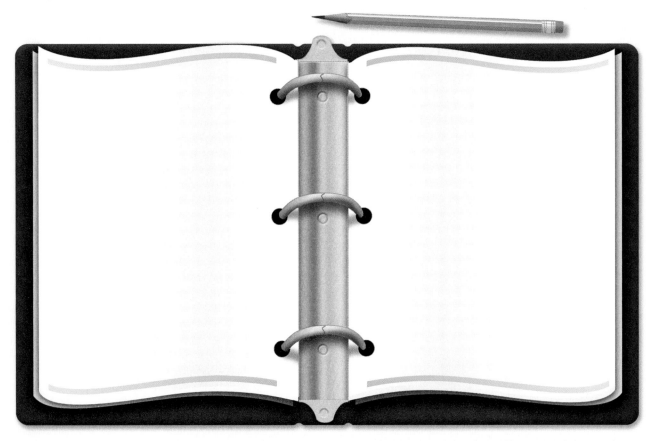

¡A escribir!

Episodio **20**

Escenas de la vida: La pelea

Video
CD-ROM

A. ¡A ver cuánto entendiste! See how much of the **Escena** you understood by matching the Spanish phrases with their English equivalents.

¿Qué pasó con usted?

_a_	1. Quise llamarlos pero no pude.	a. I tried to call you, but I couldn't.
_d_	2. Se puso furioso.	b. We had an argument.
_f_	3. Se fue de viaje sin decirme nada.	c. I told him I would go by myself.
_e_	4. ¿Qué pasó con usted ayer?	d. He got furious.
_b_	5. Tuvimos una discusión.	e. What happened to you yesterday?
_c_	6. Le dije que iba a ir sola.	f. He went on a trip without telling me.

Video
CD-ROM

B. Un resumen. Use following the questions as a guide to write a summary of the **Escena**.

¿Qué le pasa a Adriana? ¿Por qué llora? ¿Dónde está? ¿Por qué no fue a casa de Sofía? ¿Por qué está molesto Santiago? ¿Dónde está ahora? ¿Por qué fueron a ver a una consejera los papás de Sofía? ¿Qué hicieron los chicos anoche? Answers will vary.

_____

_____

_____

_____

_____

_____

_____

_____

_____

_____

_____

_____

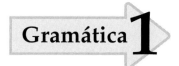
Gramática 1

Talking about past events
• **The preterit of irregular verbs**

C. El pretérito irregular. Complete the chart with the appropriate conjugation.

	ir/ser	poder	hacer	dar	decir
yo	fui	pude	**hice**	di	dije
tú	fuiste	**pudiste**	hiciste	diste	dijiste
usted él/ella	fue	pudo	hizo	**dio**	dijo
nosotros/as	**fuimos**	pudimos	hicimos	dimos	**dijimos**
vosotros/as	**fuisteis**	**pudisteis**	**hicisteis**	**disteis**	**dijisteis**
ustedes ellos/as	fueron	**pudieron**	hicieron	dieron	dijeron

D. ¿Qué dijeron? Match the question/statement with its appropriate response.

___d___ 1. ¿Qué te dieron en tu cumpleaños?   a. Fui con mis tíos al cine.

___e___ 2. ¿Qué te dijo Wayne?   b. Te digo que las puse en tu bolsa.

___a___ 3. ¿Qué hiciste anoche?   c. Mil gracias, ¡qué bonitas están!

___c___ 4. Mira, te trajimos unas flores.   d. Me dieron un suéter.

___b___ 5. ¿Dónde pusiste las llaves?   e. No me dijo nada, ¿por qué?

E. Todo salió mal. Write what Sofía and Ana Mari wanted to do last Saturday and what they had to do instead. Use **querer, poder,** and **tener que.**

> **Modelo**   yo/ver el canal 15/ ver el canal 6
> **Quise ver el canal 15 pero no pude; tuve que ver el canal 6.**

1. Yo/pedirle prestado el periódico a Manolo/comprarlo

   Quise pedirle prestado el periódico a Manolo pero no pude; tuve que comprarlo.

2. Nosotras/invitar a Manolo/ir solas

   Quisimos invitar a Manolo pero no pudimos; tuvimos que ir solas.

3. Ana Mari/llamarme por teléfono/venir a mi casa

   Ana Mari quiso llamarme por teléfono pero no pudo; tuvo que venir a mi casa.

4. Ana Mari y yo/ir al cine/ir a jugar boliche

   Ana Mari y yo quisimos ir al cine pero no pudimos; tuvimos que ir a jugar boliche.

5. En el restaurante, las chicas/pagar con la tarjeta de crédito/pagar en efectivo
   (*with cash*)

   En el restaurante, las chicas quisieron pagar con la tarjeta de crédito pero no pudieron; tuvieron que pagar en efectivo.

F. Una conversación. Complete Sofía's and Adriana's conversation about what they did last night.

Adriana   Hola Sofía, ¿cómo estás? Oye, anoche te llamé, pero no estabas.

¿(1) __Saliste__ (salir) con Wayne?

Sofía   No, Wayne (2) __tuvo que__ (tener que) trabajar. (3) __Salí__ (salir) con Ana Mari. (4) __Fuimos__ (ir; nosotras) a un concierto, pero no (5) __pudimos__ (poder) entrar porque ya no tenían boletos.

Adriana   ¡Qué pena! Y entonces, ¿qué (6) __hicieron__ (hacer)?

Sofía   (7) __Vimos__ (ver) una película italiana. (8) __Estuvo__ (estar) buenísima. Se la recomiendo. De hecho *(in fact)*, (9) nos __dieron__ (dar; ellos) unos pases gratis para mañana. ¿Los quiere?

Adriana   Pero... ¿tu familia no los quiere?

Sofía   No, todos me (10) __dijeron__ (decir) que estaban ocupados mañana.

Adriana   Bueno, pues muchas gracias.

Sofía   No hay de qué. Y usted, ¿(11) __hizo__ (hacer) algo interesante?

Adriana   Pues, no. (12) __Vinieron__ (venir) unos amigos y nos (13) __trajeron__ (traer) un pastel, así que nos quedamos aquí.

G. La fiesta de Manolo. Complete the conversation between Manolo and Wayne about Manolo's party. Use the preterit of the verbs below.

ir	ponerse	tener que	andar	dormirse	hablar
salir	llegar	perder	trabajar	venir	decir

Manolo   Wayne, ¿por qué no (1) __fuiste__ anoche a la fiesta?

Wayne   ¡Hombre, lo siento! (2) __tuve que__ trabajar hasta tarde y (3) __salí__ cansado y de mal humor del trabajo. Cuando llegué a casa (4) __me dormí__ inmediatamente. ¡Ni siquiera cené![1]

Manolo   Pues te (5) __perdiste__ una fiesta excelente. (6) __Hablamos__ y bailamos hasta el amanecer. Y además… bueno, pasó de todo.

Wayne   ¿Ah sí? Dime qué pasó.

Manolo   Primero, Mike sacó a bailar a la novia de Jorge. Por supuesto, Jorge (7) __se puso__ furioso ¡y, casi se dan de golpes![2] Después, un amigo de Jorge (8) __trabajó__ tanto todo el día que se quedó dormido en el sofá, y, como siempre, Alberto y su novia (9) __llegaron__ a media noche con la comida. Ya conoces a Alberto; nunca llega a tiempo a nada.

Wayne   Oye, ¿y Sofía (10) __fue__ a la fiesta?

Manolo   ¡Qué! ¿Estás celoso?

Wayne   ¡No, cómo crees! Lo que pasa es que no me (11) __dijo__ nada.

Manolo   Ah. No, ni Sofía ni Ana Mari vinieron. Creo que fueron a un concierto.

[1]*I didn't even have dinner*   [2]*they almost got into a fist fight*

Vocabulario 1 — Describing special occasions
• Dates, birthdays, and trips

H. Una cita romántica. Look at the illustrations to write in the missing verbs in the description of Sofía's last birthday.

El viernes pasado (1) ____salí____ con Wayne. Fue una cita y un cumpleaños inolvidable. (2) ____Vino/Fue____ por mí a las cinco de la tarde ¡Qué romántico es Wayne! ¡Me (3) ____trajo/llevó____ unas flores muy lindas! (4) ____Fuimos____ a cenar a La Fogata, un restaurante de mariscos. La comida (5) ____estuvo____ buenísima. Yo cené langosta y Wayne (6) ____pidió/cenó____ enchiladas. Wayne me (7) ____dijo____ que me quería mucho y que cada día pensaba más en nuestro futuro. Creo que también yo lo quiero cada día más. Quise decírselo, pero no pude porque creo que es un poco prematuro. Después (8) ____fuimos____ a una feria y Wayne ganó un osito de peluche para mí; nos divertimos mucho. Por último, fuimos a la playa y (9) ____caminamos____ tomados de la mano escuchando las olas del mar. A las dos de la mañana me trajo a casa y me (10) ____dio____ un beso tierno.

I. ¿Qué hizo Wayne? Use the illustrations to describe what Wayne and his cousin Wendy (who is visiting him from Wisconsin) did last weekend. Make up other details. Use transition words such as **el sábado, primero, después, por la mañana,** etc. Answers will vary.

Wayne estuvo muy contento el fin de semana porque su prima lo visitó. El sábado...

_____

_____

_____

_____

_____

J. Y tú, ¿qué hiciste? Write about your last Thanksgiving break. Include everything you did. Answers will vary.

_____

_____

_____

_____

_____

Para terminar

K. Las vacaciones de mis padres en Veracruz. Read the description of the vacation and answer the questions. You may answer in Spanish or in English.

1. How was the road from Mexico City to Perote? _____

   Con curvas, subidas y bajadas, túneles y una densa neblina.

2. Why is Xalapa considered the Athens of Veracruz? _____

   Hay una intensa vida cultural.

3. What did they do in Xalapa? Did they like it? _____

   Visitaron todos los puntos importantes de la ciudad. Sí, les encantó.

4. What is Tajín? Why did they get there so late? _____

   Es la principal zona arqueológica de la cultura olmeca. Los tíos quisieron pararse a desayunar por el camino.

5. Why did they hire a guide? _____

   Su papá olvidó el libro de Tajín en el hotel de Xalapa.

6. Describe Veracruz City. _____

   Es una moderna ciudad, con centros comerciales, hoteles y amplias avenidas.

7. What is Antigua? Why is it worth visiting? _____

   Es la primera ciudad del país.

Este verano, mis papás y mis tíos visitaron el estado de Veracruz, México. Fue un viaje divertido y educativo porque ellos quisieron tomar la misma ruta que hizo Hernán Cortés en 1519, pero en sentido contrario. Mis papás salieron en coche de la Ciudad de México muy temprano por la mañana. Después de tres horas de curvas, subidas y bajadas[1], túneles y una densa neblina[2], llegaron a Perote. En Perote, por fin pudieron estirar las piernas y tomarse un cafecito; el estado de Veracruz es famoso por su café. Ahí fueron a visitar el Cofre de Perote, donde está uno de los volcanes más bellos y más altos del país.

Después continuaron a Xalapa, la capital del estado. A Xalapa se le conoce como la Atenas Veracruzana porque hay una intensa vida cultural. La ciudad está en las montañas, y muchos días del año está cubierta de neblina. Está llena de parques, museos, centros culturales, galerías de arte y librerías. Mis papás visitaron todos los puntos importantes de la ciudad. Fueron a la Universidad de Xalapa, y ahí dieron un paseo por el bellísimo jardín ecológico al lado de la universidad (tiene acueductos y una colección de plantas reconocida a nivel nacional). Fueron al Museo de Antropología, donde se encuentra la colección de las gigantes cabezas olmecas más grande del mundo.

Ellos hicieron una excursión por la zona histórica de la ciudad. Visitaron la Catedral de Xalapa, el Callejón del Diamante, donde mi mamá compró un anillo de plata muy lindo para mí y un libro de tarot para mi hermano. A mis papás les encantó Xalapa y dicen que van a regresar para estar más tiempo ahí.

A 10 km de Xalapa, conocieron una espectacular hacienda: era la casa de veraneo del famoso (más bien, infame) General Santa Anna (infame porque vendió la mitad del territorio mexicano). Hoy en día es un museo, tiene muebles de la época, varios lagos pequeños, jardines y una capilla[3]. Esa tarde regresaron a Xalapa, cenaron en un restaurancito típico y pasaron la noche en un hotel en el centro.

A la mañana siguiente, salieron muy temprano para ir a Tajín, la principal zona arqueológica de la cultura olmeca. Llegaron a Tajín a las 11 de la mañana, porque mis tíos quisieron pararse a desayunar por el camino. Cuando llegaron, tuvieron que contratar un guía, porque mi papá olvidó[4] el libro de Tajín en el hotel de Xalapa. Estuvieron el resto de la mañana en Tajín, vieron un baile típico y compraron algunas artesanías de los indígenas totonacas (el principal grupo indígena de Veracruz).

Continuaron hacia el puerto de Veracruz. Hoy en día es una moderna ciudad, con centros comerciales, hoteles y amplias avenidas. Hay muchas cosas interesantes: visitaron San Juan de Ulúa, la fortaleza más antigua del continente. Fueron al Café de la Parroquia, donde la gente llama al mesero golpeando el vaso o la taza con una cucharita.

Por la noche, caminaron por el malecón, cenaron y se acostaron temprano. Al día siguiente, fueron a la playa, nadaron, tomaron el sol, y después de comer, visitaron La Antigua, la primera ciudad del país. Ahí vieron la casa de Hernán Cortés (que realmente era la casa de la aduana[5]), bueno, en realidad, ya no hay casa tampoco, sólo están las paredes detenidas por las raíces[6] de unos árboles impresionantes.

Al día siguiente, empezaron el camino de regreso a la Ciudad de México.

[1]*ups and downs* [2]*fog* [3]*chapel* [4]*forgot* [5]*customs* [6]*roots*

¡A escuchar!

Episodio 20

Comprensión

A. ¿Qué pasó antes? You will hear some statements about things that are happening now. As you hear each statement, pay attention to the verb so you can change it to indicate what happened in the past. Write the verb in the preterit tense and say the sentence aloud. Then repeat the correct answer after the speaker.

Modelo	You hear:	**Estoy en la clase.**
	You see:	**El mes pasado _____ de vacaciones.**
	You say/write:	**El mes pasado estuve de vacaciones.**

1. Ayer __te pusiste__ una camisa.

2. Antes de clases, Adriana __fue__ a la farmacia.

3. Ayer __dijiste__ otra cosa.

4. Anoche los chicos __vieron__ una película de acción.

5. Ayer no __pudimos__ trabajar.

6. Ayer Wayne __trajo__ Pepsi a la fiesta.

B. ¿Dónde estuviste? You will hear a conversation between Ramón and Manolo. Listen and select the best answer to each question. You will hear the conversation twice.

1. ¿Por qué Manolo no pudo ir al partido de básquetbol?
   a. Estuvo enfermo.
   b. Tuvo una entrevista de trabajo.
   c. Pudo ir pero no quiso.

2. ¿Cómo le fue a Manolo?
   a. Sí, le dieron el trabajo.
   b. No. Otra persona tomó el trabajo.
   c. No sabe todavía.

3. ¿Dónde estuvieron ayer los otros amigos?
   a. Fueron a un partido.
   b. Estuvieron en casa.
   c. Fueron de vacaciones.

4. ¿Ganó su equipo?
   a. Sí. Hubo una celebración.
   b. No. Perdió por dos puntos.
   c. No saben quién ganó.

5. ¿Cómo se sintió Ramón?
   a. Estuvo muy feliz.
   b. Quiso llorar.
   c. Se enojó y peleó con los árbitros.

6. ¿Por qué no se sentó Ramón con su hermana y Sofía?
   a. Porque ellas se sentaron en la primera fila.
   b. Porque Ramón fue para ver el partido, no para socializar.
   c. No pudo encontrarlas.

C. Las excusas. One of your younger brothers got an F on his report card, and he wants to know why. Listen to his conversation with his teacher and write down his excuses. **¡Atención!** Remember to make all the necessary changes to relate the excuses in the third person.

Modelo	You see:	Mi hermanito preguntó por qué _____
	You write:	Mi hermanito preguntó por qué **sacó "F."**

Banco de palabras
lastimarse la mano
to hurt one's hand

1. Mi hermanito no vino a clase ayer porque ____estuvo muy enfermo____ .

2. No hizo la tarea porque ____su perro se comió el cuaderno____ .

3. No pudo leer la lección porque ____no encontró su libro de texto____ .

4. No escribió la composición porque ____tuvo un accidente y se lastimó la mano____ .

Más escenas de la vida

Emilio is talking to his wife, Pilar, on the phone. Listen to their conversation, and then complete activities **A** and **B.** You will hear the conversation twice.

A. En orden. Put the sentences in the correct order, according to the conversation.

_5_ 1. Lo más seguro es que sea en julio.

_3_ 2. Creo que no sólo vas a aprender inglés, sino español mexicano también.

_4_ 3. Pues me da gusto que estés bien.

_1_ 4. Me sentí muy mal de no estar contigo el día de tu cumpleaños.

_2_ 5. Menos mal, no lo has pasado solo.

Emilio

B. Responde. Write the answers to the following questions.

1. ¿Qué hizo Emilio el día de su cumpleaños?

Estuvo en su casa con Sofía y sus amigos.

2. ¿Qué llevaron Sofía y sus amigos a su nuevo apartamento ese día?

Llevaron comida, música y bebidas; y le dieron un regalo.

3. ¿A dónde lo llevaron?

Lo llevaron a Disneylandia.

4. ¿Cuándo es posible que Pilar visite a Emilio?

En julio.

5. ¿Qué va a hacer Emilio esta noche?

Le va a escribir un correo a Pilar.

Episodio 21

Escenas de la vida: ¡Me siento mal!

Video
CD-ROM

A. ¡Mira cuánto puedes entender! Indica las respuestas correctas según ocurre en la **Escena**.

Audio
CD-ROM

Instructor's Resources
• Overheads
• VHS Video
• Worktext CD
• Website
• IRM: Videoscript, Comprehensible input

1. Adriana no se siente bien. ¿Qué tiene?

Tiene fiebre.

Tiene catarro.

Tiene tos.

2. Adriana dice que se lastimó, ¿Qué se lastimó? ¿Con qué se lastimó? _____ Con la puerta. _____

Se lastimó la espalda.

Se lastimó la mano.

Se lastimó el pie.

3. ¿Qué le duele?

Le duele el estómago.

Le duele el oído.

Le duele la cabeza.

Video Synopsis. Sofía and her mother visit Adriana, who is sick. After they discuss different remedies for Adriana's cold, the conversation turns to her marital problems. Since Adriana and her husband have decided they need to address their problems, Sofía's mother recommends a marriage counselor to Adriana.

Video
CD-ROM

Audio
CD-ROM

B. ¿Te diste cuenta? Completa las oraciones de acuerdo a lo que pasa en la **Escena**.

1. A Sofía y a su mamá les gusta _____ el café _____ .
2. Adriana ahora está _____ enferma _____ .
3. El esposo de Adriana no _____ durmió en toda la noche _____ .
4. La mamá de Sofía y su esposo tuvieron _____ problemas _____ .
5. La mamá de Sofía le recomienda a Adriana consultar con una _____ consejera matrimonial _____ .

Video
CD-ROM

Audio
CD-ROM

C. Adriana se siente mal. Empareja las frases que los personajes dicen en la **Escena**.

_____ b _____ 1. Mira cómo tiene los ojos;   a. para el estómago.

_____ d _____ 2. Siempre nos enfermamos cuando   b. creo que lleva tres días llorando.

_____ a _____ 3. Acabo de tomar un té de manzanilla   c. si no, puede convertirse en pulmonía.

_____ c _____ 4. Necesita cuidarse ese catarro;   d. más necesitamos estar sanas.

Cultura a lo vivo. You may check for comprehension by asking simple questions like ¿Qué se usa en las culturas hispanas para curar problemas físicos y de salud? ¿Con quién consultan los hispanos cuando los remedios caseros no funcionan? ¿Cuándo van los hispanos al doctor? ¿Por qué crees que prefieren no ver al doctor a menos que sea absolutamente necesario?

Cultura a lo vivo
La cultura hispana tiene una larga tradición en el uso de remedios naturales o caseros[1] para curar todo tipo de problemas de salud. Hoy en día, la mayoría de los hispanos combinan los remedios caseros con la medicina moderna. Cuando los remedios naturales no funcionan, muchísimas personas van a consultar al farmaceuta, que por lo general puede recomendar y vender los medicamentos necesarios para problemas comunes. En los países latinos, es muy común evitar[2] la consulta con el doctor, a menos que[3] se trate de una enfermedad seria o crónica.

[1]*homemade* [2]*to avoid* [3]*unless*

Práctica adicional	
Cuaderno de tareas WB pp.157–158, A–C	Video CD-ROM Episodio 21

Para comunicarnos mejor

Vocabulario 1

Talking about your health
- **Symptoms and parts of the body**
- **Acabar de** + [*infinitive*]

In the conversation, you heard these statements:

Siempre nos **enfermamos...**   *We always get sick ...*

Necesita **cuidarse** ese catarro.   *You need to take care of that cold.*

Acabo de lastimarme la mano con la puerta.   *I just hurt my hand in the door.*

Enfermarse, cuidarse, and **lastimarse** are some common verbs that you may use to talk about health. Notice that these verbs are used with reflexive pronouns.

Remedios			
el antibiótico	*antibiotic*	**el jarabe para la tos**	*cough syrup*
la aspirina	*aspirin*	**el líquido**	*liquid*
el descanso	*rest*	**la pastilla**	*pill*

Para hablar de la salud

acabar de + [infinitive]	to have just (done something)
cuidarse	to take care of oneself
enfermarse	to get sick
doler (o → ue)	to ache, hurt
Me duele la espalda.	My back hurts.
Me duelen las piernas.	My legs hurt.
estar adolorido/a	to be sore
estar mareado/a	to be dizzy
lastimarse	to hurt oneself
romperse un brazo	to break an arm
sentirse bien/mal/fatal (o → ie)	to feel well/ill/horrible
igual	the same
mejor/peor	better/worse
tener buena salud	to have/enjoy good health
(el) catarro	a cold
(el) dolor de...	a(n) . . . ache
(la) fiebre	a fever
(la) gripe	the flu
(la) tos	a cough
una infección	an infection

1. With **doler,** use **a** + [person] to indicate the person involved.

   A Adriana le duele el estómago.

2. Notice that **me duele** works like **me gusta:**

   Me duele la cabeza.   **Me duelen las piernas.**

También se dice...

doctor → médico

lastimarse → hacerse daño

3. To express the English equivalent of *just (done a given activity)*, use the Spanish construction **acabar de** + [infinitive]. **Acabar** is a regular **-ar** verb.

   Acabo de tomar una aspirina.   *I just took an aspirin.*

Instructor's Resource
• Overheads

Las partes del cuerpo

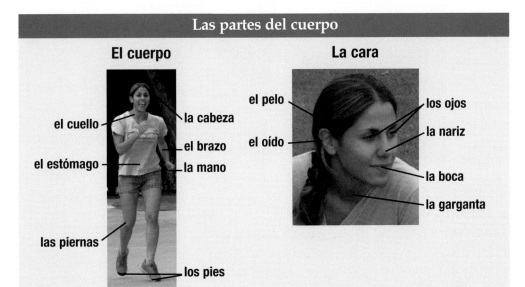

El cuerpo

el cuello — la cabeza
el estómago — el brazo
— la mano
las piernas —
— los pies

La cara

el pelo — los ojos
el oído — la nariz
— la boca
— la garganta

Vocabulario 1. Use the images to model pronunciation and introduce the parts of the body. Then ask personalized questions using the vocabulary that has not been pre-taught: ¿Te cuidas? ¿Qué haces para cuidarte? ¿Comes bien? ¿Duermes ocho horas? ¿Haces ejercicio regularmente? ¿Te enfermas con frecuencia? ¿Quién se rompió algún hueso? ¿Qué te rompiste? ¿Cómo?, etc.

PRÁCTICA

A. Remedios. Empareja el remedio con el síntoma.

_b_ 1. Ramón acaba de tomar dos aspirinas.	a. Le duelen las piernas.
_c_ 2. Adriana acaba de tomar jarabe.	b. Le duele la cabeza.
_d_ 3. Sofía tomó dos pastillas de *Dramamine.*	c. Tiene tos.
_a_ 4. Ana Mari jugó vóleibol dos horas.	d. Está mareada.

 B. Las medicinas. Comenta con tu compañero/a qué parte del cuerpo y qué síntoma asocias con las siguientes medicinas. Answers will vary.

B. Students may complete this activity with a partner. Then have volunteers read their descriptions (one by one and out of order), while the rest of the class guesses what medicine they are describing.

Modelo	*Dramamine*
	Es para el estómago cuando estás mareado.

1. *Robitussin*	4. *Alka-Seltzer*	7. *Doan's Pills*
2. *Halls*	5. *Bengay*	8. *Sudafed*
3. *Excedrin*	6. *Visine*	

 C. ¿Por qué van a la clínica? Escribe por qué van al doctor las siguientes personas y comenta tus respuestas con un(a) compañero/a.

Modelo	**Al niño que lleva la camiseta roja le duele el oído.**

1. La señora tiene fiebre/gripe.
2. La chica que lleva la blusa café se lastimó el brazo.
3. El niño que lleva la blusa anaranjada tiene tos/catarro.
4. Al chico que lleva el suéter azul le duele la garganta.
5. Al señor que lleva la camiseta blanca le duele la cabeza.
6. A la señora que lleva el vestido morado le duele el estómago.

D. Adriana consulta a la doctora. Completa la conversación con las palabras de la lista.

descanso	catarro	fiebre	pastillas
me siento	le duele	el estómago	cuidarse

D. Students may work with a partner. Ask volunteers to act out the dialogue. Ask them questions afterward, stressing the importance of reading for meaning, after they have completed the dialogue.

Adriana — Buenas tardes, doctora, ¿cómo está?

Dra. Cheng — Bien, gracias. ¿Cómo se siente hoy?

Adriana — Pues, (1) __me siento__ un poco mejor, pero todavía me duele (2) __el estómago__ .

Dra. Cheng — ¿Y todavía tiene (3) __fiebre__? ¿Se puso el termómetro?

Adriana — Sí. Pero ya no tengo (4) __catarro__ . Tomé un té de buganvilla con cebolla que me recomendó una amiga mexicana.

Dra. Cheng — ¿Qué? ¡Por eso (5) __le duele__ el estómago! Necesita tomar antibióticos. Lo que usted tiene es una infección. Aquí están los análisis.

Adriana — No me gusta tomar antibióticos. Si uno toma muchas (6) __pastillas__ , el cuerpo se acostumbra y no funcionan.

Dra. Cheng — Eso sólo pasa si se toman en exceso.

> **Práctica adicional**
>
> Cuaderno de tareas
> WB pp.158–159, D–H

Gramática 1

Saying how long something has been going on
• **Hace** + [*time*] + **que** + [*activity*]

You heard Adriana say:

Hace tres días que me siento muy mal. *I have been feeling bad for three days.*

To say for how long something has been going on, Spanish uses the construction **hace** + [*period of time*] + **que** + [*activity*]. For example, if Dra. Cheng wanted to ask Adriana how long she has been feeling ill, she would say **¿Cuánto tiempo hace que se siente mal?**

PRÁCTICA

E. ¿Cuánto tiempo hace que...? Escribe oraciones lógicas y ciertas para ti usando una palabra de cada columna. Answers will vary.

Modelo	Hace tres meses que estudio español.

hace	2, 3, 4... meses	que	vivo en esta ciudad.
	3, 4, 5... años		conozco a mi mejor amigo/a.
	un año		estudio español.
	5 días		asisto a esta universidad.

1. _____

2. _____

3. _____

4. _____

F. ¿Tienes buena salud? Primero contesta las preguntas. Después entrevista a tu compañero/a para determinar quién tiene mejor salud. Answers will vary.

> **Modelo**   ¿Cuánto tiempo hace que no vas al doctor?
> —**Hace un año que no voy al doctor. ¿Y tú?**
> —**Acabo de ir esta mañana.**

1. ¿Cuánto tiempo hace que no vas al doctor? _____
_____

2. ¿Cuánto tiempo hace que no te da catarro? _____

3. ¿Qué parte del cuerpo te duele con más frecuencia? ¿Por qué? _____
_____

4. ¿Con qué frecuencia tomas aspirinas? _____

5. ¿Cuándo fue la última vez que estuviste mareado/a? _____

6. ¿Cuándo fue la última vez que te dolió el estómago? _____

7. ¿Te duele la cabeza con frecuencia? ¿Qué haces cuando te duele la cabeza? _____
_____

Audio
CD-ROM

G. ¿Cómo se sienten? Escucha los comentarios e indica si los personajes se sienten bien o no.

Instructor's Resources
• Worktext CD
• IRM: Tapescript

Script. See the Instructor's Resource Manual for the script to this activity.

	Se siente(n) bien.	No se siente(n) bien.
1. Manolo	☐	☑
2. Wayne y Ramón	☐	☑
3. Adriana	☐	☑
4. Sofía	☑	☐
5. Los hermanos de Ana Mari	☐	☑
6. Viviana	☑	☐
7. Santiaguito	☐	☑
8. Ana Mari	☑	☐

Audio
CD-ROM

H. ¡Todos están enfermos hoy! Eres enfermera/o en una escuela primaria. Hoy muchos niños están enfermos. Escucha sus síntomas para completar el siguiente cuadro *(chart).* Después decide qué niños tienen que irse a su casa y qué niños tienen que regresar a su clase. Compara tus respuestas con las de tu compañero/a. Answers will vary.

Script. See the Instructor's Resource Manual for the script to this activity.

	síntoma	diagnóstico	A casa: sí/no
Alberto	Le duele mucho, no puede escribir.	Se lastimó el brazo.	
Mari Carmen	Está mareada y le duele el estómago.	Se enfermó.	
Alejandra	Le duele todo el cuerpo, le duele la cabeza, le duele la garganta y tiene tos.	Tiene gripe.	

I. Frida Kahlo, una pintora mexicana famosa. Primero lee las preguntas del artículo de Sofía sobre sus pintores favoritos. Después de leer el artículo, contéstalas.

I. This activity may be assigned for homework. Have students share their responses to the questions. Bring some reproductions of Frida's works to class, especially those showing her accident or other physical problems.

1. ¿Quiénes fueron Frida Kahlo y Diego Rivera? Fueron la pareja de pintores más famosa de México.

2. ¿Qué le pasó a Frida de niña? Le dio poliomielitis en una pierna.

3. ¿Cómo fue su matrimonio? El matrimonio tuvo muchos problemas desde el principio.

4. ¿Qué pintó Frida en sus cuadros? Pintó su dolor, su soledad y su atormentado amor por Diego.

Frida y Diego, mis pintores favoritos

Frida Kahlo y Diego Rivera fueron la pareja[1] de pintores más famosa de México. Su vida personal y profesional estuvo llena de escándalos, tragedias, triunfos y controversias. Frida tuvo una niñez[2] triste y solitaria, no por su carácter sino por su salud. De niña le dio poliomielitis en una pierna, y a los dieciocho años tuvo un accidente terrible con un tranvía[3] al regresar de la preparatoria a su casa. Se rompió los huesos de la pierna, la cadera y la espalda en tres partes; además, un tubo[4] de metal le atravesó el abdomen de lado a lado. Pasó meses en el hospital y siempre sufrió de dolores y problemas de salud.

Cuando estudiaba en la preparatoria, conoció a Diego Rivera, que pintaba un mural en el edificio de la escuela. Diego ya era un muralista de fama internacional. Su pintura está llena de simbolismo político y social; en ella reflejó su compromiso político, la lucha[5] de clases y la desigualdad social. Diego se enamoró de[6] la clara inteligencia, la conciencia política y el comportamiento[7] poco convencional de Frida. Al poco tiempo se casaron[8], Frida de veintidós años y Diego de cuarenta y tres.

El matrimonio tuvo muchos problemas desde el principio. Diego no dejó de tener relaciones con otras mujeres (incluso con la

hermana de Frida). Frida también tuvo varias, una de ellas con el famoso León Trotski, pero sufría mucho por la infidelidad de Diego. Frida pintó su dolor, su soledad y su atormentado amor por Diego en sus autorretratos[9]. En 1939 se divorciaron… ¡y en 1940 se volvieron a casar!

Frida nunca tuvo buena salud, debido en parte a su accidente. Frida tenía dolores constantes y nunca pudo tener hijos, aunque tuvo tres embarazos[10]. Pasó todo el año de 1950 en el hospital donde tuvo seis operaciones de la columna vertebral. Frida decía que tuvo dos accidentes en su vida: uno de ellos el choque con el tranvía y el otro accidente fue Diego.

Frida murió[11] en 1954. "Éste es el día más trágico de mi vida", dijo Diego el día de la muerte de Frida. Diego murió tres años después.

Para saber más de estos dos pintores, puedes buscar información en Internet o comprar algún libro, hay muchos en el mercado. Yo tengo uno de Hayden Herrera y me gusta mucho.

[1]*couple* [2]*childhood* [3]*trolley* [4]*pipe* [5]*struggle* [6]*fell in love with* [7]*behavior* [8]*got married* [9]*self-portraits* [10]*pregnancies* [11]*died*

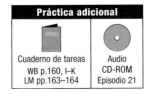

Práctica adicional

Cuaderno de tareas
WB p.160, I–K
LM pp.163–164

Audio
CD-ROM
Episodio 21

Actividades comunicativas

A. Crucigrama.

Instrucciones para **Estudiante 1**

Tu compañero/a y tú tienen el mismo crucigrama, pero tú tienes las respuestas que él/ella no tiene, y viceversa. Necesitas explicarle las palabras por medio de definiciones, sinónimos, antónimos o frases incompletas.

Modelo	*Cuatro vertical:*	Los usamos para ver o leer.
	Seis horizontal	Te pones un zapato en el...

Enfermedades y partes del cuerpo

															1 F			
							2 A	D	3 O	L	4 O	R	I	D	O		5 M	
		6 P	I	E				Í		J		E					A	
		I						D		O		B					R	
		7 E	S	T	Ó	8 M	A	9 G	O		S		R				E	
		R				A		A					E				A	
		N				10 N	A	R	I	Z							D	
11 B	R	A	Z	O			O		G				12 C	U	E	L	L	O
O							13 C	A	B	14 E	Z	A						
15 C	U	E	R	16 P	O			N		S		17 T	O	S				
A				A				T		P		A						
				S				A		A		R						
				T				L		L		R						
				I				D		D		O						
				L				A		A								
				L														
			18 A	N	T	I	B	I	Ó	T	I	C	O	S				
				S														

Instructor's Resource

• IRM: Additional Activities

Additional Activity. Play a concentration game. See the **Instructor's Resource Manual** for materials for this activity.

A. Crucigrama.

Instrucciones para Estudiante 2

Tu compañero/a y tú tienen el mismo crucigrama, pero tú tienes las respuestas que él/ella no tiene, y viceversa. Necesitas explicarle las palabras por medio de definiciones, sinónimos, antónimos o frases incompletas.

Modelo	*Cuatro vertical:*	Los usamos para ver o leer.
	Seis horizontal	Te pones un zapato en el...

Enfermedades y partes del cuerpo

											¹F				
				²A	D	³O	L	⁴O	R	I	D	O		⁵M
	⁶P	I	E			Í		J		E	B			A
	I					D		O		B				R
	⁷E	S	T	Ó	⁸M	A	⁹G	O	S	R			E
	R			A		A			E				A
	N		¹⁰N	A	R	I	Z						D
¹¹B	R	A	Z	O		O		G		¹²C	U	E	L	L	O
O				¹³C	A	B	¹⁴E	Z	A					
¹⁵C	U	E	R	¹⁶P	O	N		S	¹⁷T	O	S			
A			A		T		P	A					
		S		A		A	R					
		T			L	R						
		I			D	O						
		L			A							
		L											
	¹⁸A	N	T	I	B	I	Ó	T	I	C	O	S
		S										

B. ¿Tienes buenos hábitos de salud? Answers will vary.

Instrucciones para Estudiante 1

Parte 1. Entrevista a tu compañero/a para determinar si sus hábitos son saludables o no. Después de sumar sus puntos, evalúa sus respuestas y dale las recomendaciones indicadas.

	Siempre	Con frecuencia	Pocas veces	Casi nunca
1. ¿Comes suficientes frutas y verduras?	☐	☐	☐	☐
2. ¿Haces ejercicio?	☐	☐	☐	☐
3. ¿Duermes ocho horas al día?	☐	☐	☐	☐
4. ¿Te diviertes con tu familia?	☐	☐	☐	☐
5. ¿Reaccionas con optimismo en situaciones difíciles?	☐	☐	☐	☐

Parte 2. Ahora suma los puntos usando esta escala.

Siempre: 4 puntos
Con frecuencia: 3 puntos

Pocas veces: 2 puntos
Casi nunca: 1 punto

20–17	16–13	12–5
Parece que tienes buenos hábitos de salud. Continúa así. Tus buenos hábitos te ayudan también a controlar el estrés.	Eres como la mayoría de las personas. Algunos de tus hábitos de salud son buenos, pero necesitas cambiar otros.	¡Cuidado! Si no cambias tus hábitos, tu salud va a estar en peligro (*danger*). Necesitas comer mejor, dormir más, hacer ejercicio y divertirte con tus amigos.

B. ¿Tienes buenos hábitos de salud? Answers will vary.

Instrucciones para **Estudiante 2**

Parte 1. Entrevista a tu compañero/a para determinar si sus hábitos son saludables o no. Después de sumar sus puntos, evalúa sus respuestas y dale las recomendaciones indicadas.

	Siempre	Con frecuencia	Pocas veces	Casi nunca
1. ¿Llevas una dieta balanceada?	☐	☐	☐	☐
2. ¿Practicas deportes?	☐	☐	☐	☐
3. ¿Tienes una actitud positiva?	☐	☐	☐	☐
4. ¿Sales a divertirte con tus amigos?	☐	☐	☐	☐
5. ¿Te acuestas y te levantas a una hora específica?	☐	☐	☐	☐

Parte 2. Ahora suma los puntos usando esta escala.

Siempre: 4 puntos
Con frecuencia: 3 puntos

Pocas veces: 2 puntos
Casi nunca: 1 punto

20–17	**16–13**	**12–5**
Parece que tienes buenos hábitos de salud. Continúa así. Tus buenos hábitos te ayudan también a controlar el estrés.	Eres como la mayoría de las personas. Algunos de tus hábitos de salud son buenos, pero necesitas cambiar otros.	¡Cuidado! Si no cambias tus hábitos, tu salud va a estar en peligro (*danger*). Necesitas comer mejor, dormir más, hacer ejercicio y divertirte con tus amigos.

C. No me siento bien. Answers will vary.

Instrucciones para **Estudiante 1**

Imagina que no te sientes bien. Te duele la cabeza y estás mareado. También, te lastimaste la pierna corriendo, y piensas que tienes catarro. Vas a la farmacia a pedir una medicina. Explica tus síntomas al farmacéutico.

C. You may ask volunteers to act out their skit in front of the class.

Learning Strategy: Using conversation fillers

Use conversation fillers. It helps to learn a few words or phrases to let your listener know that you are searching for words to express your thoughts. Your listener may help you communicate your idea. In English, it is common to say *well, let's see*, and *you know*. In Spanish, you may say **este** *(um, er)*, **Déjame ver** *(let me see)* **¿Cómo se dice... ?** *(How do you say . . . ?)*, or **Espera** *(wait)*.

La bióloga norteamericana Margie Stitson tomó esta foto en la península de Baja California, México. Ella, como muchos mexicanos, conoce el valor nutritivo del nopal. El nopal se come como cualquier verdura: en ensaladas, platos fríos o calientes. Hoy en día se sirve en los mejores restaurantes de México. El nopal es rico en calcio y ayuda a bajar los niveles de azúcar en la sangre.

C. No me siento bien. Answers will vary.

Instrucciones para **Estudiante 2**

Eres un farmacéutico. Alguien viene a pedirte una medicina porque se siente mal.
Pregúntale cuál es el problema, desde cuándo se siente mal y sugiere una medicina.

Learning Strategy: Using conversation fillers

Use conversation fillers. It helps to learn a few words or phrases to let your listener know that you are searching for words to express your thoughts. Your listener may help you communicate your idea. In English, it is common to say *well, let's see*, and *you know*. In Spanish, you may say **este** *(um, er)*, **Déjame ver** *(let me see)* **¿Cómo se dice… ?** *(How do you say . . . ?)*, or **Espera** *(wait)*.

La bióloga norteamericana Margie Stitson tomó esta foto en la península de Baja California, México. Ella, como muchos mexicanos, conoce el valor nutritivo del nopal. El nopal se come como cualquier verdura: en ensaladas, platos fríos o calientes. Hoy en día se sirve en los mejores restaurantes de México. El nopal es rico en calcio y ayuda a bajar los niveles de azúcar en la sangre.

La correspondencia

 El correo: Y a ti, ¿qué te atrae? Acabas de recibir este artículo. Léelo y contesta las preguntas. Answers will vary.

El correo. *Jigsaw activity.* First, divide the class in four groups and assign one section of the reading to each group. Each group reads and answers the questions of their section; they become "experts on their part." Then, rearrange the class in groups of four. Each new group has an expert on each section: **los ojos, la nariz, las manos,** and **las piernas.** They all share the content of their section and explain to the other three what it was about. For homework, they answer the questions for the other three sections of the reading.

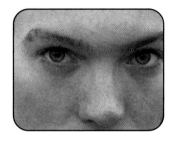

Si te atraen los ojos:

Eres una persona que quiere saber qué hay en el interior de la persona. Sabes ver más allá de lo superficial. Te encanta el arte y admiras la belleza que hay a tu alrededor. No necesitas las palabras para comunicarte. Eres muy perceptivo y comprendes bien a otras personas. La belleza interior es tan importante para ti como la belleza exterior.

En el amor: No te gusta perder el tiempo en relaciones superficiales y sin sustancia. Eres una persona madura y te gusta dialogar abiertamente. Te vas a enamorar profundamente cuando encuentres a una persona honesta, inteligente, cariñosa y madura aunque no tenga una belleza extraordinaria.

1. ¿Qué características tiene una persona que se fija en los ojos?

   Quiere saber qué hay en el interior de la persona. Sabe ver más allá de lo superficial. Le encanta el arte y admira la belleza que hay a su alrededor.

2. ¿Qué es importante para este tipo de persona?

   La belleza interior es tan importante como la belleza exterior.

Si te atrae la nariz:

Te interesa mantener un equilibrio en todos los aspectos de tu vida. Te chocan las personas deshonestas y complicadas. Sabes lo que quieres y cómo lo puedes alcanzar. Eres un excelente amigo, leal y bueno.

En el amor: Te entregas totalmente en el amor, pero esperas reciprocidad. Prefieres no discutir, pero si es necesario, lo haces abiertamente. Eres directo y odias la hipocresía. Eres un amante fiel y no estás dispuesto a perdonar que te traicionen.

3. ¿Qué le interesa a una persona que se fija en la nariz?

   Le interesa mantener un equilibrio en todos los aspectos de su vida.

4. ¿Qué les choca a este tipo de persona?

   Le chocan las personas deshonestas y complicadas.

Si te atraen las manos:

Eres muy inteligente para solucionar situaciones difíciles. Eres sensible[1] y creativo. Te gusta el arte pero también el orden. No tienes miedo de alcanzar lo que tú deseas.

En el amor: La comunicación es muy importante para ti. No toleras las mentiras. Eres un poco dominante en tus relaciones amorosas; necesitas una pareja que no lo sea para evitar fricciones.

[1]*sensitive*

5. ¿Qué características tiene una persona que se fija en las manos?

    Es muy inteligente para solucionar

    situaciones difíciles. Es sensible

    y creativo.

6. ¿Qué le molesta a este tipo de persona?

    Le molestan las mentiras.

Si te atraen las piernas:

No quieres compromisos ni obligaciones. Te fascina conocer y vivir experiencias nuevas. Eres independiente y siempre buscas nuevas emociones.

En el amor: Corres cuando tu pareja quiere establecer seriedad en la relación. Tú prefieres tu libertad. A veces tus relaciones son superficiales y cambias de pareja con frecuencia. El día que te enamores en serio, vas a disfrutar la mejor aventura de tu vida.

7. ¿Qué características tiene una persona que se fija en las piernas?

    No quiere compromisos ni

    obligaciones. Es independiente.

8. ¿Cómo son sus relaciones a veces?

    A veces sus relaciones

    son superficiales.

En papel: Los remedio naturales. Investiga entre tus familiares cuáles son los tres remedios caseros *(home remedies)* más comunes que ellos han usado *(have used)* o conocen. Prepárate para compartir tu reporte con el grupo. Elige el remedio más original para compartirlo con la clase. Lee los remedios en tu **Cuaderno de tareas**, página 162, para usarlos como modelo. Answers will vary.

Video
CD-ROM

Audio
CD-ROM

¡A ver de nuevo! Mira la **Escena** para hacer un resumen de lo que pasó. Después compara tu resumen con el de un(a) compañero/a para añadir *(add)* la información que te faltó. Answers will vary.

Sofía

Mamá

Adriana

Invitación a **México**

Instructor's Resources
• VHS Video
• Worktext CD
• Website
• IRM: Videoscript

Del álbum de
Sofía

Las Barrancas *(hills)* del Cobre, en la Sierra Tarahumara de Chihuahua (al norte del país), son una de las bellezas naturales de México. El grupo de barrancas es cuatro veces más grande que el Gran Cañón del Colorado. Los indígenas tarahumaras (quienes han resistido la influencia del mundo occidental) han habitado esta región desde hace miles de años. Ellos son nómadas de temporada, siguiendo las temperaturas cálidas *(warm)*.

Práctica adicional		
Cuaderno de tareas WB pp.161–162, L LM p.164, A–B	Audio CD-ROM Episodio 21	Website vistahigher learning.com

Vocabulario del Episodio 21

Remedios

Instructor's Resources
• Testing program
• Website

el antibiótico	*antibiotic*
la aspirina	*aspirin*
el descanso	*rest*
el jarabe para la tos	*cough syrup*
el líquido	*liquid*
la pastilla	*pill*

Para hablar de la salud

acabar de + [*infinitive*]	*to have just* (done something)
cuidarse	*to take care of oneself*
enfermarse	*to get sick*
doler (o ⟶ ue)	*to ache, hurt*
Me duele la espalda.	*My back hurts.*
Me duelen las piernas.	*My legs hurt.*
estar adolorido/a	*to be sore*
mareado/a	*to be dizzy*
lastimarse	*to hurt oneself*
romperse un brazo	*to break an arm*
sentirse bien/mal/fatal (o ⟶ ie)	*to feel well/ill/horrible*
igual	*the same*
mejor/peor	*better/worse*
tener buena salud	*to have (enjoy) good health*
(el) catarro	*a cold*
(el) dolor de...	*a(n)... ache*
(la) fiebre	*a fever*
(la) gripe	*the flu*
(la) tos	*a cough*
una infección	*an infection*
¿Cuánto tiempo hace que...?	*How long has it been since...?*
Hace tres días que (yo)...	*I have been... for three days*

Partes del cuerpo

la boca	*mouth*	la mano	*hand*
el brazo	*arm*	la nariz	*nose*
la cabeza	*head*	el ojo	*eye*
la cara	*face*	el oído	*(inner) ear*
el cuello	*neck*	el pelo	*hair*
el cuerpo	*body*	el pie	*foot*
el estómago	*stomach*	la pierna	*leg*
la garganta	*throat*		

Vocabulario personal

En esta sección escribe otras partes del cuerpo o síntomas relevantes que te sirvan para poder hablar mejor de tu salud, de tu condición física y de los remedios naturales que usa tu familia.

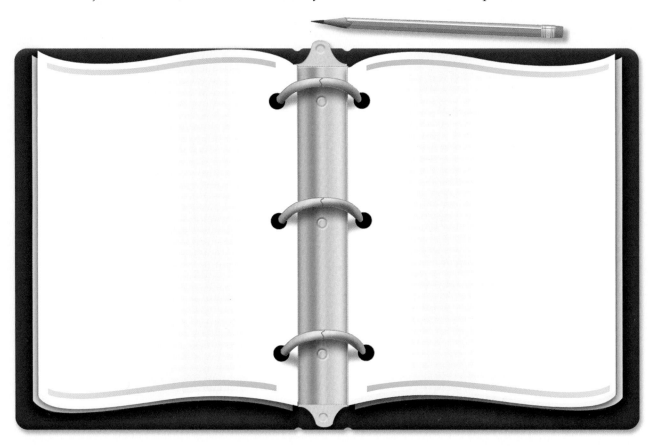

¡A escribir!

Episodio

21

Escenas de la vida: ¡Me siento mal!

Video
CD-ROM

A. ¡A ver cuánto entendiste! See how much of the **Escena** you understood by matching the Spanish phrases with their English equivalents.

___c___ 1. Acabo de lastimarme la mano.

___b___ 2. Mira cómo tiene los ojos.

___e___ 3. Hace tres días que me siento mal.

___a___ 4. Creo que lleva tres días llorando.

___d___ 5. Debe cuidarse ese catarro.

a. I think she's been crying for three days.

b. Did you see her eyes?

c. I just hurt my hand.

d. You have to take care of that cold.

e. I haven't felt well for the last three days.

Video
CD-ROM

B. Algunos remedios. Use the words in the boxes to complete the conversation.

vengo	hace	prepararles	llorando
aspirina	estómago	tos	ojos

Adriana Voy a (1) _____prepararles_____ un cafecito puertorriqueño.
Ya (2) _____vengo_____.

Sofía ¡Pobre Adriana, mira cómo tiene los (3) _____ojos_____! Creo que lleva tres días (4) _____llorando_____.

Adriana Además de todos los problemas. Ahora estoy enferma. Tengo (5) _____tos_____ y fiebre, y me duele el (6) _____estómago_____.

catarro	pastillas	lastimarme	pulmonía	farmacia
nos	acabo	cuidarse	nariz	sanas

Mamá Siempre (7) _____nos_____ enfermamos cuando más necesitamos estar (8) _____sanas_____.

Adriana Sí, y para colmo, acabo de (9) _____lastimarme_____ la mano con la puerta.

Sofía ¿Necesita algo de la (10) _____farmacia_____?

Adriana No, gracias. (11) _____Acabo_____ de tomar un té de manzanilla para el estómago y miel con limón para la tos.

Mamá Ah sí, el té de limón con miel es muy bueno para el (12) _____catarro_____.
Necesita (13) _____cuidarse_____ ese catarro; si no, puede convertirse en una (14) _____pulmonía_____.

157

Video
CD-ROM

C. Preguntas sobre la Escena. Use what you know about the **Escena** to answer the following questions.

1. ¿Quiénes están en la casa de Adriana? ¿Por qué están ahí?
   Sofía y su mamá están en su casa porque van a ayudar a Adriana con sus problemas matrimoniales.

2. ¿Qué le pasa a Adriana? Tiene tos y le duele el estómago. _____

3. ¿Que le pasa en la mano a Adriana? Se lastimó la mano con la puerta. _____

4. ¿Qué le ofrece Sofía a Adriana? Ofrece comprarle algo en la farmacia. _____

5. ¿Qué le da la mamá de Sofía a Adriana? Le da la tarjeta de la doctora Castaños. _____

6. ¿Dónde está Santiago? Salió de viaje. _____

7. ¿Con quién más habló Santiago? Habló con on los niños. _____

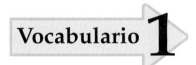

Vocabulario 1

Talking about your health
- **Symptoms and parts of the body**
- **Acabar de** + [*infinitive*]

D. Las partes del cuerpo. Write the names of the body parts on the corresponding line.

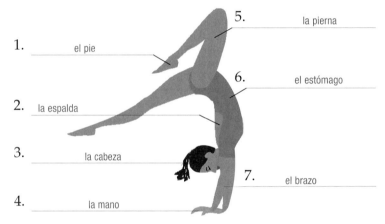

1. el pie

2. la espalda

3. la cabeza

4. la mano

5. la pierna

6. el estómago

7. el brazo

E. Adriana se queda en casa. Write why Adriana is going to stay home for a week.

1. Tiene tos. _____

2. Le duele el estómago. _____

3. Le duele la espalda. _____

4. Le duele la mano. / Se lastimó la mano. _____

5. Le duele la cabeza. _____

F. ¿Qué tomas? Recommend a remedy or medicine for each illness. Answers will vary.

1. ¿Qué tomas para el dolor de cabeza? _____

2. ¿Qué tomas para la tos? _____

3. ¿Qué haces si tienes una infección? _____

4. ¿Qué necesitas hacer cuando tienes catarro? _____

5. ¿Qué haces cuando estás mareado? _____

G. ¡Qué mala suerte! Wayne had an accident at home. Complete the description to find out what happened to him. Use the preterit when appropriate.

Hace una semana Wayne (1) _____se enfermó_____ *(got sick)*. Todo empezó después de su accidente. Se cayó *(fell)* por las escaleras, se pegó en (2) _____la cabeza_____ *(the head)* y (3) _____se lastimó_____ *(hurt)* la rodilla. Ahora (4) _____le duele la cabeza_____ *(have a headache)* y (5) _____está adolorido_____ *(to be sore)* de la pierna. También, ahora tiene (6) _____gripe_____ *(flu)*. Tiene (7) _____fiebre_____ *(fever)* y (8) _____tos_____ *(cough)*. Pobre Wayne, (9) _____está enfermo_____ *(is ill)*.

H. Ya lo hice. Explain what the characters just did based on the images. Use **acabar de** with the verbs indicated in your answers.

> **Modelo**
> Sofía, toda la ropa está limpia. (lavar)
> **Sí, acabo de lavarla.**

1. Sofía, ¡qué guapa estás! (pintarse) _____
_____ Sí, me acabo de pintar.

2. Sofía, ¿ya llegó tu primo? (llegar) _____
_____ Sí, acaba de llegar.

3. Wayne, ¿por qué estás tan contento? (sacar) _____
_____ Acabo de sacar A en mi examen.

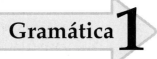
Gramática 1 Saying how long something has been going on
• **Hace** + [*time*] + **que** + [*activity*]

I. ¿Cuándo lo hicieron? Say how long it has been since the characters did the following things.

> **Modelo** Manolo/no afeitarse (*to shave*) (un mes)
> **Hace un mes que Manolo no se afeita.**

1. Manolo y Jorge/no discutir de política (tres semanas)
   Hace tres semanas que Manolo y Jorge no discuten de política.

2. Adriana y Santiago/no hacer ejercicio (un semestre)
   Hace un semestre que Adriana y Santiago no hacen ejercicio.

3. Sofía/no enfermarse de la garganta (dos años)
   Hace dos años que Sofía no se enferma de la garganta.

4. Ana Mari/no hablar con Sofía (dos días)
   Hace dos días que Ana Mari no habla con Sofía.

J. ¿Cuánto tiempo hace? How long have you been doing the following activities? Answers will vary.

> **Modelo** vivir en donde vives ahora
> **Hace 5 años que vivo en esta casa.**

1. estudiar español _____

2. conocer a tu profesor(a) de español _____

3. ir al dentista _____

4. tener licencia de manejar (*driver's license*) _____

K. ¿Qué has hecho? How long has it been since you have not done the following things? If you have done them recently, indicate when. Answers will vary.

> **Modelo** ir al doctor
> **Hace un mes que no voy al doctor.**
> or **Acabo de ir al doctor ayer.**

1. no jugar boliche _____

2. no ver a tus amigos de la escuela secundaria _____

3. no salir de vacaciones_____

4. no tener catarro_____

Para terminar

L. Una carta de su hermana. Read the letter and the article that Adriana's sister Cristina sent her, then answer the questions.

Reading Strategy: Using background knowledge to improve your understanding

When reading a text, it is important to use your knowledge of the topic to guess at the meaning of words you do not understand.

1. First look at the title of the article **Remedios naturales**. What do you know about natural remedies? In your notebook, jot down what you expect the article to contain.

2. The article is divided into an introduction and four sub-sections: **Cansancio, Gripe, Dolor de cabeza,** and **Dolor de estómago.** List any natural remedies you know may be used for these ailments.

3. Read the following excerpt from the introduction:

   En Latinoamérica y España hay una abundante tradición popular de remedios y tratamientos naturales, plantas, hierbas, tés, infusiones, baños, ejercicios…

   Underline the words you are able to understand.

4. This reading (like nearly every Spanish text) contains words with which you are unfamiliar. When you encounter them, use the language you have learned to guess at meaning. For example:

   Dolor de cabeza: Envuélvase la cabeza con un trapo húmedo (de agua bien fría) dejando los ojos, la nariz y la boca descubiertas.

   What do you suppose **envuélvase, trapo,** and **descubiertas** mean, given that this section is titled **Dolor de cabeza,** that the **trapo** must be **húmedo (de agua bien fría),** and that **los ojos, la nariz,** and **la boca** must remain **descubiertas?**

---

1. What ailments the article gives home remedies for?

   Cansancio, gripe, dolor de cabeza y dolor de estómago.

2. What do they recommend for fatigue?

   Aplicar un chorro a presión de agua caliente sobre la espalda.

3. What can you drink to help with the flu? How would it help you?

   Té de anís o jugo de limón endulzado con azúcar o miel.

4. What procedure is recommended for a headache?

   Envolver la cabeza con un trapo húmedo.

5. What is **manzanilla**? What properties does mint tea have?

   Chamomile. El té de menta es antiespasmódico, tónico, digestivo, estimulante y afrodisíaco.

Mi querida hermana:

Me siento un poco inútil al estar tan lejos mientras tú estás tan enferma. Espero que sea por pocos días. Por otro lado, me siento muy orgullosa[1] de que tus hijos y esposo te ayuden tanto y hagan todo por ti. Ahora sí te van a apreciar más.

Te incluyo este artículo de unos remedio caseros. Me dices que te sientes cansada y que te duele la cabeza con frecuencia. ¡Pues no es para menos con todos los problemas que tienes!

Bueno hermanita, espero que te sientas mejor pronto.

Tu hermana,
Cristina

[1]*proud*

Remedios naturales

Hoy en día, parece haber una pastilla para cualquier mal. Sin embargo, en los últimos años en Estados Unidos ha habido[1] una proliferación de libros y revistas dedicadas a la medicina natural y los remedios caseros. Más y más norteamericanos están "descubriendo" ahora los beneficios de los llamados remedios caseros que vienen practicándose en diversas partes del mundo desde tiempos inmemorables.

En Latinoamérica y España hay una abundante tradición popular de remedios y tratamientos utilizando plantas, hierbas, tés, infusiones, baños, ejercicios y alimentos para curar o corregir cualquier aflicción. A continuación le daremos algunos de los remedios más efectivos para los males más comunes.

Cansancio: Aplicar un chorro a presión de agua caliente sobre la espalda. Empiece de los pies hacia la cadera y de las manos hacia los hombros para terminar por la espalda. También puede darse un baño caliente durante 20 minutos. Puede añadir al agua aceites aromáticos, hojas de hierbabuena o sales. Propiedades: activa la circulación y relaja la exitación muscular y nerviosa.

Recuerde que para que cualquier tratamiento tenga efectos positivos, debe combinarlos con una dieta balanceada, tener descanso adecuado, tomar aire y hacer ejercicio regularmente. Antes de utilizar cualquier remedio casero consulte a su médico o farmaceuta.

Gripe: El té de anís o el jugo de limón endulzado con azúcar o miel es muy efectivo contra la gripe. También es efectivo por la noche ya en la cama. Prepare una taza de leche hirviendo, bata la yema[2] de un huevo y póngale azúcar al gusto, añada un poquito de brandy o coñac. Este remedio le va a hacer sudar, debe estar bien cubierto en la cama para que no se enfríe.

Dolor de cabeza: Envuélvase la cabeza con un trapo húmedo (de agua bien fría) dejando los ojos, la nariz y la boca descubiertas. Ponga otro trapo seco encima del húmedo y cúbrase la cabeza y el cuerpo con una manta.[3] Deje la envoltura de 20 a 30 minutos. Puede acostarse, pero no se duerma durante el tratamiento. No debe sentir frío en ningún momento y debe tomar líquidos calientes (jugo de limón con azúcar o miel). Esta envoltura también puede hacerse con agua caliente para la migraña.

Dolor de estómago: Los tés de manzanilla o menta son muy efectivos contra el dolor de estómago.

La manzanilla: Hacer el té con flores de manzanilla. Tomar una taza tres veces al día. Propiedades: sedante, digestivo estomacal, antiinflamatorio.

La menta: Hacer el té con las hojitas de la planta. Propiedades: antiespasmódico, tónico, digestivo, estimulante, afrodisíaco.

[1]*there has been* [2]*yolk* [3]*blanket*   *Datos obtenidos de "Programa integral de salud: medicina natural" (Iatros, Ediciones Ltda.)*

Episodio

¡A escuchar!

Comprensión

A. ¿Qué le duele? You will hear eight situations. Match each situation with the logical description of its resulting condition by writing the number of the situation in the blank. You will hear each situation twice.

<u>2</u> a. Le duelen los pies.

<u>4</u> b. Debe tomar antibióticos.

<u>8</u> c. Le duele la espalda.

<u>1</u> d. Le duele el estómago.

<u>5</u> e. Debe tomar un jarabe para la tos.

<u>3</u> f. Tiene buena salud.

<u>7</u> g. Tiene fiebre.

<u>6</u> h. Le duele la cabeza.

B. El cuerpo y la salud. You will hear five questions. Listen and, for each question, select the one answer that is *not* true from the options provided. You will hear each question twice.

1. a. Como bien.
   c. Toso (*I cough*) mucho.
   b. Hago ejercicio.
   d. Duermo bastante.

2. a. Tomo jarabe para la tos.
   c. Tomo pastillas para la fiebre.
   b. Me divierto mucho.
   d. Bebo muchos líquidos.

3. a. Hace mucho tiempo. No voy porque tengo miedo.
   c. Hace un mes. Fui cuando me enfermé.
   b. Hace mal tiempo.
   d. Hace un año que no voy.

4. a. El antibiótico.
   c. La fiebre.
   b. La tos.
   d. El dolor de cabeza.

5. a. La garganta.
   c. La pastilla.
   b. La espalda.
   d. La pierna.

Audio
CD-ROM

C. ¿Cuánto tiempo hace? You will hear seven questions about how long two friends, Leti and Ana, have or have not been doing certain things. Using the written cues, answer each question aloud. Repeat the correct answer after the speaker.

Modelo	You hear:	**¿Cuánto tiempo hace que Leti estudia filosofía?**
	You see.	**Seis meses**
	You say:	**Hace seis meses que Leti estudia filosofía.**

1. dos meses   5. ocho meses

2. un año   6. dos semanas

3. dos años   7. veinte horas

4. una semana

Más escenas de la vida

Wayne phones Ramón. Sofía and Ana Mari are there studying. Listen to the conversation, and then complete activities **A** and **B**. You will hear the conversation twice.

Audio
CD-ROM

A. Emparejar. Match these phrases based on what you heard in the conversation.

_c_ 1. No me siento bien.   a. Ayer no estaba enfermo.

_e_ 2. Estoy todo adolorido…   b. y algo para darle un masaje.

_a_ 3. Ayer hablé con él y no me dijo nada.   c. Me duele mucho la garganta.

_b_ 4. Tenemos que llevar hielo…   d. Yo siempre tengo porque

_d_ 5. ¿Tienen Bengay o algo similar?...   en el fútbol nunca se sabe.

                                                 e. y me lastimé la pierna.

Audio
CD-ROM

B. Responde. Write the answers to the following questions.

1. ¿Qué síntomas tiene Wayne?
   Le duele mucho la garganta, tiene fiebre y está adolorido.

2. ¿Qué quiere llevarle Sofía para aliviar estos síntomas?
   Quiere llevarle sopa de pollo.

3. ¿Para qué sirve el Nyquil, según Ana Mari?
   Sirve para todo, desde catarros hasta dolores de cuerpo.

4. ¿Qué le pasó a Wayne en la pierna?
   Durante el partido de fútbol, alguien le dio una patada.

5. ¿Qué le va a ayudar con la pierna, según Sofía?
   Hielo y algo para darle un masaje le van ayudar.

Episodio 22

Escenas de la vida: Recuerdos de la niñez

Video
CD-ROM

Audio
CD-ROM

Instructor's Resources
- Overheads
- VHS Video
- Worktext CD
- Website
- **IRM:** Videoscript, Comprehensible input

A. ¡Mira cuánto puedes entender! De acuerdo con la **Escena**, indica quién hacía estas actividades de niño: Lalo (**L**), Sofía (**S**), Ana Mari (**AM**), Ramón (**R**), Emilio (**E**) o Manolo (y su hermana) (**M**).

Nunca ganaba los juegos de cartas. __AM__

Jugaban mucho a las escondidillas/al escondite. __S, L__

Lloraba porque no encontraba a su hermana. __L__

Se peleaba constantemente con sus hermanos. __E__

No veía la tele porque era aburrida. __M__

Hacían travesuras. __M__

A. Advise students that the term Sofía uses for *hide-and-seek*, **jugar a las escondidillas**, is most commonly used in Mexico; as Sofía is a Mexican, this term is the most natural one for her to use. Tell them that **jugar al escondite** is another term for *hide-and-seek* which is very widely used. Refer them to the **También se dice** on page 171 for more lexical variations.

De niños se llevaban muy bien. __R, AM__

Los castigaron y les quitaron las bicicletas. __M__

Era una niña buena y obediente. __AM__

Video Synopsis. The characters are at Emilio's house playing cards. Ana Mari has just won again. Ramón comments on how much things have changed over the years; he says Ana Mari never used to win, and that she used to be much sweeter. Ana Mari retorts that Ramón didn't use to be so bossy. The other characters join in the discussion of how things used to be when they were children.

Learning Strategy: Increasing your listening comprehension

The Spanish you are able to understand when listening will, with practice, become the language you use in speech. To improve your comprehension of spoken Spanish, you will need to find opportunities to hear the language outside class. Use the following strategies to improve your ability to understand spoken Spanish.

Begin by using what you know to determine the topic of the conversation. Since you will not understand everything you hear, focus on what you do understand in order to figure out the overall message. Use your knowledge of the world and of other languages you may know to guess at the meaning of unfamiliar words and phrases.

For example, when listening to the **Escenas de la vida**, you might ask yourself these questions: (1) Do I need to listen for specific information? (e.g., Ana Mari's characteristics as a child). If I do, I will need to focus on adjectives that refer to her. (2) Do I need to understand specific details? (e.g., what happened to Manolo at the beach)? If I do, I will need to listen for Manolo's name or voice and activities related to the words **playa** and **bicicleta**.

Always pay close attention when listening to spoken messages, since these are usually rapid, may contain informal language, and may be communicated by speakers who start, stop, and backtrack. When possible, use the speaker's facial expressions, gestures, body language, and other visual cues to help you understand. Listen for key words, grammatical markers (present/past, male/female, singular/plural), the order of words, the sequence of sentences, and the organization of the message.

Video
CD-ROM

B. ¿Te diste cuenta? Indica si los comentarios son **ciertos** o **falsos** con respecto a lo que pasa en la **Escena**.

Audio
CD-ROM

	Cierto	Falso
1. Ana Mari se portaba muy mal.	☐	☑
2. Ana Mari y Ramón se peleaban mucho de niños.	☐	☑
3. Emilio tenía problemas con sus hermanos.	☑	☐
4. Lalo y Sofía jugaban mucho.	☑	☐
5. A Manolo y su hermana les gustaba andar en bicicleta.	☑	☐
6. A Ramón no lo dejaban ver la tele cuando desobedecía.	☑	☐
7. No ver la tele era un castigo *(punishment)* para Manolo.	☐	☑

Video
CD-ROM

C. La niñez. Mira la **Escena** en el video o escucha el CD para completar los comentarios.

Audio
CD-ROM

C. You may wish to ask the following questions to deepen students' understanding of the content of the Escena: ¿Quién siempre gana al póquer? ¿Ganaba ella cuando era niña? ¿Cómo era Ana Mari de niña? ¿Por qué es diferente ahora? ¿Cómo se llevaba Emilio con sus hermanos? ¿Y ahora? ¿Por qué lloraba Lalo cuando jugaba con Sofía?

1. ¿Por qué dice Ramón que Ana Mari era muy buena y ahora es rebelde? _____
   Antes hacía todo lo que él quería y ahora no.

2. ¿Por qué le gustaba a Sofía jugar a las escondidillas con Lalo? _____
   Nunca la encontraba y se ponía a llorar.

3. ¿Cómo cambió la relación de Emilio con sus hermanos? _____
   Antes se peleaban constantemente y ahora se llevan muy bien.

4. ¿Qué aventura cuenta Manolo? Un día su hermana y él se fueron en bicicleta a una playa, de regreso se perdieron. Una señora los llevó a su casa y llamó a sus padres; sus papás les quitaron las bicicletas.

5. ¿Cómo castigaban a Ramón y a Ana Mari? _____
   No los dejaban mirar la tele.

6. ¿Eso era un castigo también para Manolo? _____
   No, la televisión era muy aburrida en Cuba.

Cultura a lo vivo

Las actividades diarias de los niños hispanohablantes de clase media son similares a las de los niños norteamericanos: van a la escuela por la mañana, juegan con los vecinos o con algunos compañeritos de la escuela, hacen tarea y se acuestan temprano. Un aspecto notable de la niñez hispana es que los niños crecen (*grow up*) rodeados de personas: familia, vecinos, amigos. Generalmente todos los miembros de la familia comen juntos (si la distancia lo permite), y casi siempre hay alguien en casa.

El fenómeno del *babysitting* es más común que antes; sin embargo, los miembros de la familia, los vecinos o los amigos cuidan a los niños cuando es necesario, y no se espera ningún pago.

Cultura a lo vivo.
You may ask students to read several sentences and then check for comprehension by asking questions like: ¿Qué actividades hacen todos los niños generalmente? ¿Qué actividad hacen los hispanos con toda la familia?

Práctica adicional

Cuaderno de tareas	Video CD–ROM
WB p.185, A–C	Episodio 22

Para comunicarnos mejor

 **Gramática 1**

Talking about your childhood
• The imperfect

In the conversation, you heard the following comments:

Cuando **éramos** niños, Ana Mari nunca **ganaba**.
When we were children, Ana Mari never won/used to win.
Ana Mari **era** una niña muy buena.
Ana Mari was a very good girl.
Lalo y yo **jugábamos** todo el tiempo.
Lalo and I played/used to play all the time.
Mi hermana y yo **hacíamos** muchas travesuras.
My sister and I used to get into trouble a lot.
Siempre **hacía** lo que tú **querías**.
I would always do what you wanted.

The words **éramos, ganaba, era, jugábamos, hacíamos, hacía,** and **querías** are another form of the past tense, called **el imperfecto** *(the imperfect)*. Use the imperfect to tell what you *used to do on a regular basis* (**Lalo y yo jugábamos todo el tiempo**) and to describe how people and things *were in general* (**Ana Mari era una niña muy buena**) in the past. Examine the verb endings.

El imperfecto: verbos regulares

Cuando era niño/a...	-ar verbs jugar	-er verbs hacer	-ir verbs salir
yo	jug**aba**	hac**ía**	sal**ía**
tú	jug**abas**	hac**ías**	sal**ías**
usted/él/ella	jug**aba**	hac**ía**	sal**ía**
nosotros/as	jug**ábamos**	hac**íamos**	sal**íamos**
vosotros/as	jug**abais**	hac**íais**	sal**íais**
ustedes/ellos/as	jug**aban**	hac**ían**	sal**ían**

1. Notice that in the **-ar** verbs, only the **nosotros** form has a written accent (**-ábamos**).
2. Notice that in the **-er/-ir** verbs, the **-i-** has a written accent in all forms.
3. The imperfect of **hay** is **había: Antes no había computadoras con Internet.**
4. There are only three irregular verbs in the imperfect.

El imperfecto: verbos irregulares

	ir	ser	ver
yo	**iba**	**era**	**veía**
tú	**ibas**	**eras**	**veías**
usted/él/ella	**iba**	**era**	**veía**
nosotros/as	**íbamos**	**éramos**	**veíamos**
vosotros/as	**ibais**	**erais**	**veíais**
ustedes/ellos/as	**iban**	**eran**	**veían**

5. Use these time expressions with the imperfect to talk about what your childhood was like.

Expresiones de tiempo

antes	*before*	**de niño**	*as a child*
cada año	*every year*	**en aquel entonces**	*at that time*
con frecuencia	*frequently*	**en esos tiempos**	*back then*
cuando era niño/a	*when I was a child*	**siempre**	*always*
cuando tenía... años	*when I was... years old*	**todos los días**	*every day*

6. Another important use of the imperfect is to give background information (telling the time, telling how old you were) and to set the "stage" (describing how you were feeling, describing the weather) in which main actions, expressed in the preterit, occurred in the past.

El día del accidente **hacía mucho calor.**
Eran las seis cuando nos llamaron del hospital.

Me sentía muy mal; por eso, llamé al doctor.
Cuando tenía quince años, fui a Europa por primera vez.

PRÁCTICA

A. ¿Con qué frecuencia?

¡Fíjate!
Review the expressions in **Episodio 8** (page 182).

Parte 1. Indica con qué frecuencia tú o los miembros de tu familia hacían las siguientes cosas cuando tú tenías trece años.   Answers will vary.

1. Hacía mi cama. _____

2. Mi mamá me llevaba a la escuela. _____

3. Mi hermana y yo jugábamos en el patio. _____

4. Mis tíos comían con nosotros. _____

5. Discutía con mi mamá. _____

6. Me enfermaba y me llevaban al doctor. _____

7. Limpiaba y recogía mi cuarto. _____

8. Salía con mis padres al cine o a comer. _____

9. Mis abuelos me daban regalos. _____

10. Mis compañeros de la escuela venían a mi casa. _____

Parte 2. Convierte las oraciones en preguntas para entrevistar a tu compañero/a.

> **Modelo**   Visitaba a mis abuelos.
> —¿Con qué frecuencia visitabas a tus abuelos?
> —Casi nunca los visitaba porque vivían en Indiana. ¿Y tú?
> —Yo los visitaba todos los domingos.

¡Fíjate!
Remember that **nunca** and **casi nunca** usually go before the verb. Use **lo, la, los,** and **las** when possible.

B. ¡Qué diferencia! Usa una de las opciones entre paréntesis para hacer comentarios ciertos sobre ti. Después comparte tus respuestas con tu compañero/a, incluyendo una explicación.   Answers will vary.

> **Modelo**   Cuando **tener** 15 años, **comer** (mejor que / peor que / tan bien como) ahora.
> **Cuando tenía quince años, comía peor que ahora. No me gustaban las verduras. Ahora como bastantes verduras y bebo mucha agua.**

1. Cuando **ir** a la secundaria, **sacar** (tan buenas notas como / peores notas que / mejores notas que) ahora.

2. Cuando **tener** 12 años, **ser** (menos rebelde que / más rebelde que / tan rebelde como) ahora.

3. Cuando **ser** niño/a, **ser** más (travieso / tranquilo / obediente) que ahora.

4. Antes **dormir** (más horas que / menos horas que / tantas horas como) ahora.

5. El semestre pasado, **estudiar** (más que / menos que / tanto como) este semestre.

6. El año pasado **tomar** (más clases que / menos clases que / tantas clases como) ahora.

¡Fíjate!
Remember to use the present for the things you do now.

C. Submarino. Primero dibuja un submarino en cinco de los espacios en tu cuadrícula (*grid*). Después, con un(a) compañero/a, túrnense para hacerse preguntas que puedan ser contestadas con un **sí** o un **no**. Pregunten sobre su adolescencia, combinando (*matching*) una imagen de una acción con una de las personas mencionadas en la columna de la izquierda. Answers will vary.

> **Modelo** —¿Tus padres leían el periódico por las mañanas?
> —Sí, lo leían por las mañanas. (*If there is a submarine in that box.*)
> o
> —No, no lo leían por las mañanas. (*If there is not a submarine in that box.*)

¡Fíjate!
Remember to use a different time expression for each question. See page 168.

Dependiendo de la respuesta de tu compañero/a, escribe **sí** o **no** en el espacio correspondiente. Si tú contestas que **sí** a la pregunta de tu compañero/a, pon una **X** en tu submarino. ¡Lo ha localizado! (*It's been located!*) El primer jugador que localice los cinco submarinos de su compañero/a gana.

Tus padres				
Tu hermano y tú				
Tu mejor amigo/a				
Tú				

Instructor's Resource
• IRM: Additional Activities

Additional Activity. See the Instructor's Resource Manual to get materials for an activity to practice the imperfect.

Práctica adicional

Cuaderno de tareas
WB pp.186–189, D–G

Vocabulario 1 — Talking about children's activities

Para hablar de la niñez			
armar rompecabezas	*to do puzzles*	**Las escuelas antes de la universidad**	
castigar	*to punish*	el colegio	*school*
colorear	*to color*	el colegio católico	*Catholic school*
compartir los juguetes	*to share toys*	la escuela pública	*public school*
decir mentiras	*to lie (tell lies)*	la escuela particular	*private school*
dibujar	*to draw*	la primaria	*elementary school*
hacer berrinches	*to throw tantrums*	la escuela secundaria	*high school;*
travesuras	*to get into the trouble*		*middle school (in Mexico)*
		la preparatoria (prepa)	*high school*
jugar a las damas chinas	*to play checkers*		
a las escondidillas/al escondite	*hide-and-seek*		
a las muñecas	*with dolls*		
Nintendo	*Nintendo*		
a la pelota	*ball*		
a los quemados	*dodge ball*		
a los soldaditos	*soldiers*		
llevarse bien/mal	*to get along well/badly*		
obedecer /desobedecer	*to obey/disobey*		
pelearse	*to fight*		
portarse bien/mal	*to behave/misbehave*		
regañar	*to scold, to reprimand*		
romper la piñata	*to break a piñata*		
saltar la cuerda	*to jump rope*		
ser consentido/a	*to be spoiled*		
llorón/llorona	*a crybaby*		
rebelde	*rebellious*		
travieso	*mischievous*		
subirse a los árboles	*to climb trees*		
a los columpios	*to go on the swings*		
ver los dibujos animados	*to watch cartoons*		

jugar a las muñecas   saltar la cuerda

armar rompecabezas   colorear/dibujar

Instructor's Resources
- Overheads
- IRM: Additional Activities

Additional Activity. To practice the vocabulary in this section, play **Memoria** (Concentration) with the class. Divide the class in groups of five and give each group one deck. See the **Instructor's Resource Manual** for the materials to make the decks of memory cards.

También se dice...

dibujos animados ⟶ caricaturas, muñequitos

escuela ⟶ colegio

escuela pública ⟶ escuela de gobierno

jugar al escondite ⟶ jugar a esconderse

kindergarten ⟶ jardín de infantes, jardín infantil, kinder

preparatoria ⟶ bachillerato, prepa, liceo, colegio

saltar la cuerda ⟶ brincar la reata

PRÁCTICA

D. ¿Y tú, cómo eras de niño/a?

Parte 1. Indica si los comentarios son **ciertos** o **falsos** para ti. Answers will vary.

	Cierto	Falso
1. Mi familia y yo íbamos a casa de mis abuelos los domingos.	☐	☐
2. Yo era muy travieso/a.	☐	☐
3. Mis padres me castigaban con frecuencia.	☐	☐
4. Me portaba bien en la escuela.	☐	☐
5. Mis hermanos y yo nos llevábamos mal.	☐	☐
6. Siempre obedecía a mis padres.	☐	☐
7. A veces desobedecía a mis maestros.	☐	☐

Parte 2. Cambia los comentarios de la **Parte 1** a preguntas para entrevistar a tu compañero/a.

Modelo	—¿Tu familia y tú iban a casa de tus abuelos los domingos? —No, los domingos comíamos en un restaurante. ¿Y tú?

E. Lotería.

Parte 1. Encuentra a un(a) compañero/a que hacía las siguientes cosas cuando era niño/a. Escribe el nombre en el cuadro indicado. El/la estudiante con más nombres en líneas rectas gana el juego.
Answers will vary.

Modelo	—¿Veías los dibujos animados? —Sí, generalmente los veía los sábados. ¿Y tú? —No, a mí no me gustaban.

E. Allow five to seven minutes for students to circulate and interview as many classmates as possible. Ask volunteers to share their findings. You may take part in the activity to give students the opportunity to practice the **usted** form.

Se peleaba mucho con sus hermanos.	Siempre se portaba bien en la escuela.	Le fascinaba saltar la cuerda con sus amigas.	Se enfermaba muy poco de niño/a.
Jugaba mucho a las muñecas/a los soldaditos.	Le chocaba compartir su cuarto.	Casi nunca lo/la castigaban sus padres.	Le encantaba hacer travesuras en su casa.
Dibujaba muy bien a los once años.	Vivía con sus abuelos.	Era muy rebelde.	Jugaba Nintendo los fines de semana.
Rompía una piñata el día de su cumpleaños.	Desobedecía mucho a sus padres.	Tenía novio/a a los trece años.	Veía muchos dibujos animados en la tele.

Parte 2. Comparte la información de la lotería con la clase.

> **Modelo** —Liz era muy mala de adolescente.
> —¿Por qué, qué hacías, Liz?
> —Era muy rebelde y nunca obedecía a mis padres.

F. ¿Qué te gustaba hacer de niño/a? Mira la lista de actividades de la página 171 para compartir con tu compañero/a algunas de las actividades que a ti te gustaba, te chocaba, te encantaba, te interesaba o te molestaba hacer cuando eras niño/a. Answers will vary.

> **Modelo** Cuando era niña, me chocaba compartir mis juguetes con mi hermana menor porque siempre los rompía o los perdía.

G. La niñez de Ramón y de Ana Mari. Ramón era muy travieso cuando era niño. Ana Mari era una niña muy buena. Escucha los comentarios acerca de su niñez para determinar si se refieren a Ramón (**R**) o Ana Mari (**AM**).

Audio
CD-ROM

Instructor's Resources
• Worktext CD
• IRM: Tapescript

Banco de palabras
dar nalgadas
to spank

AM 1.
AM 2.
R 3.
R 4.

R 5.
AM 6.
R 7.
AM 8.

Script. *Ramón era muy travieso cuando era niño. Ana Mari era una niña muy buena. Escucha los comentarios acerca de su niñez para determinar si se refieren a Ramón o Ana Mari.*
1. Nunca se peleaba con otros niños. 2. Se llevaba bien con sus compañeros de clase. 3. Se portaba mal en la escuela. 4. A veces hacía berrinches, por eso le daban nalgadas. 5. La maestra lo castigaba a menudo. 6. Era muy buena en clase. 7. Desobedecía a sus abuelitos. 8. No hacía travesuras en la escuela.

Invitación a **Estados Unidos**

Del álbum de
Ramón

Cada vez hay más mexicoamericanos prominentes en Estados Unidos en muchas áreas: hay fabulosos actores, directores, pintores, escritores, productores y políticos, los cuales no son muy conocidos a nivel nacional. Luis Valdez es actor, guionista y productor, fundador de la Compañía El Teatro Campesino, que presenta obras de temas chicanos. Sandra Cisneros es autora de *The house on Mango Street* y *Caramelo* y Patsi Valdes es pintora y diseñadora de arte para películas como *Mi Familia* y *Luminarias*. Carmen Lomas Garza, pintora e ilustradora de libros, y Robert Rodríguez, director de *Desperado* y *From Dusk till Dawn*, son otros dos hispanos creativos en Estados Unidos. Loretta y Linda Sanchez, quienes aparecen en esta foto, son las primeras hermanas mexicoamericanas elegidas al Congreso. Bill Richardson, otro hispano, es gobernador de Nuevo México.

Práctica adicional

Website
vistahigher
learning.com

H. La vida ya no es igual. Compara cómo era la vida hace cuarenta o cincuenta años (cuando tus abuelos eran niños) y cómo es ahora. Piensa en la familia, las casas, el papel de la mujer y del hombre, las tradiciones, las actividades de los niños, la ropa y los coches. Escribe ocho comparaciones. Después compártelas con la clase. Answers will vary.

> **Modelo**   Antes los niños no usaban las computadoras para divertirse; jugaban al escondite o armaban rompecabezas. En cambio, ahora los niños juegan con Nintendo y con juguetes electrónicos.

Banco de palabras:
Más actividades

el castigo *punishment*	**dar nalgadas** *to spank*
la pintura de agua *watercolors*	**jugar a las canicas** *to play with marbles*
el programa cómico *sitcom*	**jugar a la taba** *to play jacks*
la telenovela *soap opera*	**pegarle a alguien** *to hit someone*

I. Tus actividades de antes y de hoy. Contesta las preguntas sobre tu niñez y tu adolescencia. Después conversa con tu compañero/a, y compara tu vida de antes con la de ahora. Answers will vary.

I. This activity may be assigned for homework. The next day, students discuss answers and draw conclusions. You may want to recycle comparisons (más/menos...que, etc.) and compare different students in the class to review.

> **Modelo**   De niña no me gustaban los plátanos y nunca los comía. Ahora me encantan. Casi siempre desayuno cereal con plátano.

1. ¿Cuáles eran tus actividades favoritas cuando eras niño/a? ¿Con quién jugabas? ¿Y ahora?
2. ¿Qué hacías después de clases cuando estabas en la primaria? ¿Y ahora?
3. ¿Qué hacías los fines de semana cuando tenías doce años? ¿Y ahora?
4. ¿Cómo pasabas las vacaciones cuando estabas en la secundaria? ¿Y ahora?
5. ¿Qué programas veías de niño/a? ¿De qué se trataban? *(What were they about?)*
6. ¿Qué obligaciones tenías cuando tenías quince años? ¿Qué tenías que hacer en casa?
7. ¿Cómo te llevabas con los miembros de tu familia? ¿En qué actividades participabas con ellos?
8. ¿Te gustaban más los juegos de mesa *(board games)* o jugar afuera en el jardín?
9. ¿Qué cosas no te dejaban hacer cuando eras niño/a? ¿Te dejaban quedarte a dormir en casa de tus amigos/as? ¿Te dejaban invitar a tus amigos/as a dormir? ¿Y ahora?
10. ¿Cómo eras de niño/a? ¿Eras llorón/llorona, obediente, travieso/a?
11. ¿Qué deportes sabías hacer? ¿Qué deportes aprendiste a jugar recientemente?

¡Fíjate!

Spanish uses the imperfect with **saber** to describe what you knew how to do.

—¿Sabías nadar?
—No sabía nadar de niño, aprendí a los dieciséis años.

J. ¿Qué tenían? Empareja las descripciones de lo que pasaba con las acciones que tomaron Sofía y sus amigos. Usa **por eso** para unir las ideas.

J. Do not focus on the comparative uses of the preterit versus the imperfect, but do go over the ¡Fíjate! note.

> **Modelo**
>
> **A Adriana le dolía la mano; por eso, se puso Bengay.**

¡Fíjate!

Notice that the imperfect is used to explain what *was happening* (background information).

_b_ 1. Me dolía mucho la cabeza	a. no fue a trabajar.
_a_ 2. Wayne se sentía mal	b. tomé 2 aspirinas.
_d_ 3. Sofía tenía una infección de oído	c. estábamos adoloridos.
_c_ 4. Jugamos ráquetbol tres días seguidos **por eso**	d. tuvo que tomar antibióticos.
_f_ 5. Hacía mucho frío	e. no jugó fútbol con Ramón.
_e_ 6. Emilio se lastimó el pie ayer	f. me puse dos suéteres.
_g_ 7. Lalo se rompió la pierna	g. no lo dejaron ir de campamento.

K. Excusas, excusas. Los profesores siempre escuchan las excusas que ustedes, los estudiantes, les dan. Ahora, es tu oportunidad de escribir las excusas más originales. Answers will vary.

> **Modelo**
>
> No pude venir a clase ayer porque **tenía una migraña terrible.**

no tener gasolina	dolerme la cabeza	estar lloviendo
esquiar	hacer mucho frío	coche no funcionar
sentirse muy mal	cocinar	salir de casa

1. No hice la tarea porque _____

2. No vine a la escuela porque _____

3. No terminé la composición porque _____

4. Llegué tarde porque _____

5. No tomé el examen porque _____

6. La semana pasada me lastimé el pie cuando _____

7. Empezó a llover cuando _____

Práctica adicional

Cuaderno de tareas
WB pp.189–191, H–J
LM pp.193–194, A–C

Actividades comunicativas

A. ¿Cómo pasaba Sofía las vacaciones?

Instrucciones para Estudiante 1

Parte 1. Tú tienes la mitad de las ilustraciones, y tu compañero/a tiene la otra mitad. Juntos tienen que escribir qué hacía Sofía durante las vacaciones de verano cuando era niña. Describe tus ilustraciones y haz preguntas para saber qué otras actividades hacía. Answers will vary.

A. You may want to give groups of students a transparency where they write their narration. Show the transparencies on the overhead projector, in order to review, comment on, and correct their stories as a class.

| Modelo | Sofía se levantaba a las... |

Parte 2. Ahora escriban un párrafo con la información. Usen expresiones como **a veces, casi siempre, los domingos, en las tardes,** etc. Prepárense para leer su descripción al resto de la clase.

A. ¿Cómo pasaba Sofía las vacaciones?

Instrucciones para Estudiante 2

Parte 1. Tú tienes la mitad de las ilustraciones, y tu compañero/a tiene la otra mitad. Juntos tienen que escribir qué hacía Sofía durante las vacaciones de verano cuando era niña. Describe tus ilustraciones y haz preguntas para saber qué otras actividades hacía.   Answers will vary.

Modelo	Sofía nadaba con su primo...

 **Parte 2.** Ahora escriban un párrafo con la información. Usen expresiones como **a veces, casi siempre, los domingos, en las tardes,** etc. Prepárense para leer su descripción al resto de la clase.

B. La fotonovela.

En grupos de cuatro personas, escojan cinco actividades para escribir una descripción de lo que hacía Ramón entre semana cuando era niño. Después tu grupo va a leerle la descripción a la clase, y tus compañeros deben adivinar las letras de las actividades que usaron. Usen frases de transición como **primero, luego, después, por la mañana, por la tarde.**

Empiecen su descripción así: **Cuando era niño, Ramón...** Answers will vary.

B. You may do this activity in small groups, or as a whole class. Allow enough time for students to write their story. When students (in groups) have finished their story, have one member of each group read it, while the other groups write the letters corresponding to the events. You may want to create one model story and have the whole class guess the sequence you used, to give them an idea of what you want in their stories. Remember to add details that have nothing to do with the drawings.

C. ¿Puedes adivinar?

Instrucciones para **Estudiante 1**

C. You may model the process before students read the **Modelos**.

En el recuadro de abajo escribe la descripción de dos personas famosas ya fallecidas *(deceased)*. Describe su aspecto físico, su personalidad y sus actividades profesionales. Luego lee el modelo en voz alta y deja que tu compañero/a adivine quién es. Después lee tus descripciones para que tu compañero/a pueda adivinar quiénes son. Túrnense. Answers will vary.

Modelo Esta mujer era actriz. Era norteamericana. Era muy bonita: alta, delgada, rubia y tenía los ojos azules. Siempre llevaba ropa muy elegante. Era muy famosa en Estados Unidos y también en Europa porque se casó con un príncipe. Murió en un acciente de coche.
(es Grace Kelly)

¡Fíjate!

Remember to use the imperfect to describe what people used to be like and what they used to do. Use the preterit to refer to events that occurred once **(se casó)**. Be sure to match the descriptive adjectives with the people you are describing.

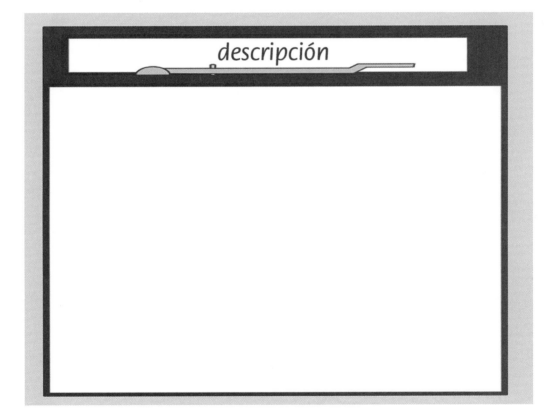

descripción

C. ¿Puedes adivinar?

Instrucciones para **Estudiante 2**

En el recuadro de abajo escribe la descripción de dos personas famosas ya fallecidas (*deceased*). Describe su aspecto físico, su personalidad y sus actividades profesionales. Luego lee el modelo en voz alta y deja que tu compañero/a adivine quién es. Después lee tus descripciones para que tu compañero/a pueda adivinar quiénes son. Turnense.   Answers will vary.

Modelo   Este hombre norteamericano era guapo, alto, agradable y joven. Trabajaba como director de una revista. Era abogado. Su madre era guapa, elegante y muy rica. Murió en un accidente de avión.
(*es JFK Jr.*)

¡Fíjate!

Remember to use the imperfect to describe what people used to be like and what they used to do. Use the preterit to refer to events that occurred once **(se casó)**. Be sure to match the descriptive adjectives with the people you are describing.

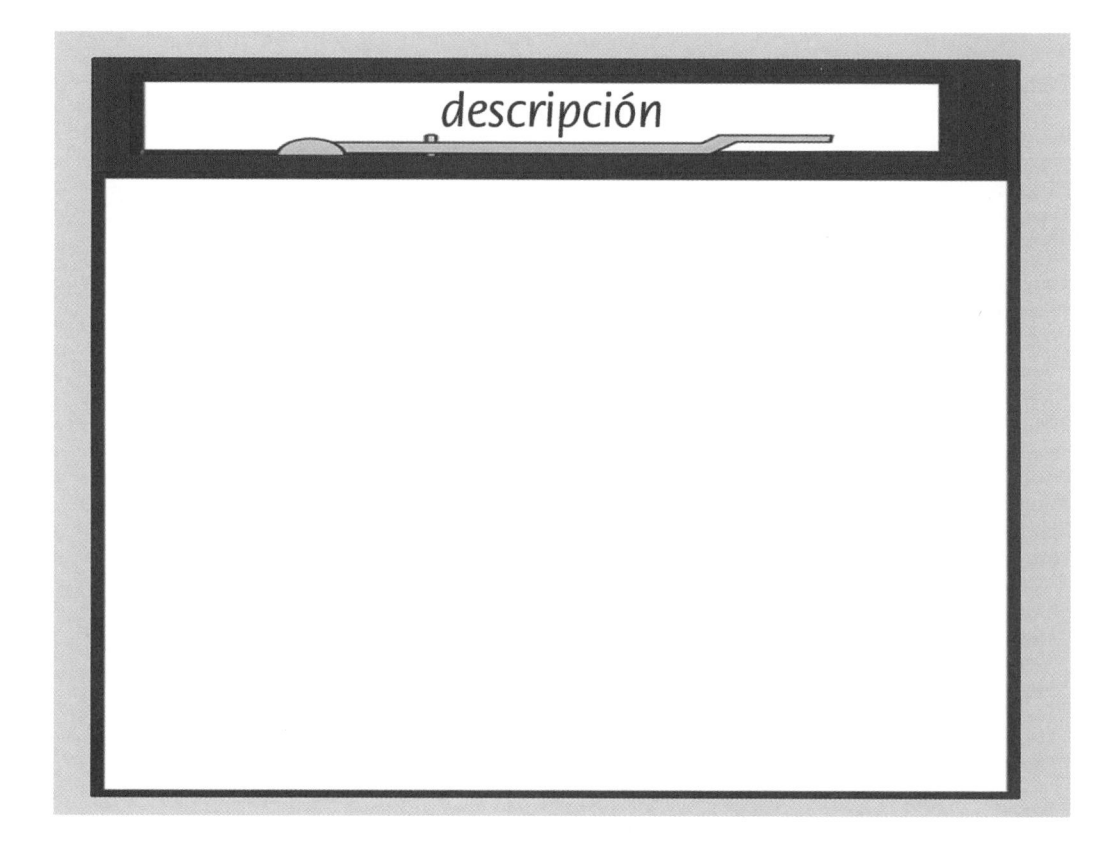

descripción

La correspondencia

 El correo: La niñez de Ramón. Primero lee las preguntas, luego lee la composición que escribió Ramón acerca de su niñez. Después contesta las preguntas.

1. ¿Qué fiestas o fechas importantes celebraba la familia de Ramón y Ana Mari?
   Celebraba el Día de Acción de Gracias, el Cuatro de julio, el Día de los Reyes Magos y el Día de los Muertos.

2. El Día de los Reyes Magos, ¿qué tenía que hacer la persona que sacara el pedazo de rosca que tenía el muñequito? Tenía que hacer una fiesta el dos de febrero.

3. ¿Qué hacían los niños con los zapatos? ¿Qué encontraban al lado de los zapatos a la mañana siguiente? Los limpiaban y los ponían afuera de su cuarto. Encontraban regalos.

4. ¿A qué jugaban Ramón y Ana Mari? Jugaban a las escondidillas/al escondite, a las canicas o a policías y

5. ¿Cómo eran diferentes los papás de Ramón y Ana Mari con sus hermanos menores?
   Eran más estrictos con Ramón y Ana Mari que ahora con sus hermanos menores.

Ramón Robledo
Español 350
21 de noviembre

Mi niñez

En mi familia había una combinación de costumbres mexicanas y estadounidenses que con frecuencia confundía a mis amigos, y a veces hasta a mí mismo. Por ejemplo, en mi casa celebrábamos con igual emoción el Día de Acción de Gracias o el 4 de julio que el Día de los Reyes Magos o el Día de los Muertos. Claro que de niño, mi día favorito era el Día de los Reyes Magos. Recuerdo que el 6 de enero cenábamos rosca de Reyes.[1] La rosca tenía un muñequito[2] adentro (se supone que es el niño Jesús), y quien sacara el pedazo que tenía el muñeco tenía que hacer una fiesta el 2 de febrero. Antes de irnos a la cama, teníamos que limpiar los zapatos y ponerlos afuera de nuestro cuarto. A la mañana siguiente, siempre teníamos regalos al lado de los zapatos. Ahora ya no sacamos los zapatos ni recibimos regalos, pero seguimos partiendo la rosca todos los años.

Por supuesto que, con los años, algunas cosas han cambiado en mi casa. Mis papás eran mucho más estrictos con mi hermana y conmigo que ahora con mis hermanos menores. Nosotros en la escuela hablábamos inglés y en casa hablábamos español. Mi papá decía que no era ninguna vergüenza[3] hablar español, que la vergüenza era no hablarlo bien. Se enojaba mucho cuando Ana Mari o yo mezclábamos[4] los dos idiomas o le contestábamos en inglés. Ana Mari y yo jugábamos al escondite, a las canicas o a policías y ladrones con nuestros amigos y primos; teníamos relativamente pocos juguetes. Hoy en día, mis hermanos menores les hablan en inglés a mis papás, y tienen el clóset lleno de juguetes.

---

[1]*holiday bread eaten on January 6* [2]*little doll* [3]*shame* [4]*mixed*

En papel: Recuerdos de mi niñez. Usa la descripción de Ramón como modelo para escribir una sobre tu niñez. Incluye las tradiciones que tenías y las cosas que hacías en esos días especiales. Puedes hablar de cualquier otro recuerdo que tengas de tu niñez.

Para la clase, haz un *collage* de fotos y recuerdos de cuando eras niño/a para hablar con tus compañeros sobre tu niñez. Answers will vary.

En papel. This activity may be assigned for homework. Students should be given the opportunity to edit a classmate's writing before turning in the assignment. Assign a grade based on task completion, focusing on the vocabulary and structures of Episodio 22. This activity also provides a good topic for oral presentations. Students can make poster board representations of their compositions, with photos, old drawings, etc, to share their childhood stories with the class.

Video
CD-ROM

¡A ver de nuevo!

Audio
CD-ROM

Parte 1. Mira otra vez la **Escena** o escucha la conversación para escribir un resumen del episodio.

Instructor's Resources
• VHS Video
• Worktext CD
• IRM: Videoscript

Parte 2. Ahora trabaja con un(a) compañero/a para comparar la información y añadir lo que te haya faltado.

Práctica adicional		
Cuaderno de tareas WB pp.191–192, K–L LM p.194, A–B	Audio CD-ROM Episodio 22	Website vistahigher learning.com

Vocabulario del Episodio 22

Instructor's Resources
• Testing Program
• Website

Expresiones de tiempo

antes	*before*
cada año	*every year*
con frecuencia	*frequently*
cuando era niño/a	*when I was a child*
cuando tenía… años	*when I was… years old*
de niño/a	*as a child*
en aquel entonces	*at that time*
en esos tiempos	*back then*
siempre	*always*
todos los días	*every day*

Para hablar de la niñez

armar rompecabezas	*to do puzzles*
castigar	*to punish*
colorear	*to color*
compartir los juguetes	*to share toys*
dibujar	*to draw*
hacer berrinches	*to throw tantrums*
hacer travesuras	*to get into trouble*
llevarse bien/mal	*to get along well/badly*
jugar a las damas chinas	*to play checkers*
a las escondidillas/al escondite	*hide-and-seek*
a las muñecas	*with dolls*
Nintendo	*Nintendo*
a la pelota	*ball*
a los quemados	*dodge ball*
a los soldaditos	*soldiers*
obedecer /desobedecer	*to obey/disobey*
pelearse	*to fight*
portarse bien/mal	*to behave/misbehave*
regañar	*to scold, to reprimand*
romper la piñata	*to break a piñata*
saltar la cuerda	*to jump rope*
ser llorón/llorona	*to be a crybaby*
consentido/a	*spoiled*
rebelde	*rebellious*
travieso/a	*mischievous*
subirse a los árboles	*to climb trees*
a los columpios	*to go on the swings*
ver los dibujos animados	*to watch cartoons*

Lugares

el colegio	*school*
el colegio católico	*Catholic school*
la escuela pública	*public school*
la escuela particular	*private school*
la primaria	*elementary school*
la escuela secundaria	*high school; middle school (in Mexico)*
la prcparatoria (prcpa)	*high school*

Vocabulario personal

Escribe todo el vocabulario que necesitas saber para hablar de tu niñez.

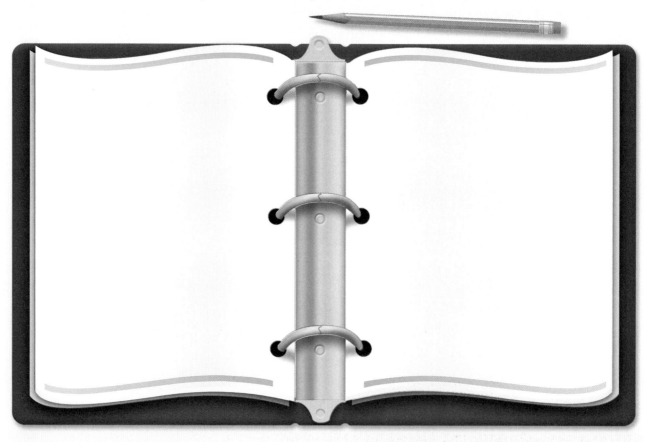

¡A escribir!

Episodio **22**

Escenas de la vida: Recuerdos de la niñez

Video CD-ROM

A. ¡A ver cuánto entendiste! See how much of the **Escena** you understood by matching the Spanish phrases with their English equivalents.

- _e_ 1. Nos peleábamos constantemente.
- _c_ 2. La televisión era muy aburrida.
- _d_ 3. Me encantaba jugar a las escondidillas.
- _a_ 4. Se ponía a llorar.
- _b_ 5. No nos dejaban mirar la tele.

a. He would start crying.
b. They wouldn't let us watch TV.
c. TV was very boring.
d. I loved to play hide-and-seek.
e. We used to fight a lot.

Video CD-ROM

B. ¿Quién lo dijo? Write the initial of the person who made each statement.

1. Ana Mari (AM) o Ramón (R)
- _R_ 1. Cuando era niña nunca ganaba.
- _AM_ 2. Antes siempre hacía lo que tú querías.
- _AM_ 3. Antes no eras tan mandón como ahora.
- _AM_ 4. ¡Póker de ases! ¡Ya gané!
- _R_ 5. Ahora es más rebelde que yo.

2. Emilio (E), Sofía (S) o Manolo (M)
- _E_ 6. Nosotros peleábamos mucho.
- _S_ 7. Jugaba a las escondidillas.
- _M_ 8. Una vez nos fuimos en bicicleta.
- _M_ 9. Nos quitaron las bicicletas.
- _E_ 10. Ahora nos llevamos muy bien.

Video CD-ROM

C. ¿Entendiste todo? Answer the following questions.

1. Según Ramón, ¿cómo era Ana Mari cuando era niña? Era una niña muy buena y obediente.
2. ¿Cómo es ahora? Es más rebelde que él/Ramón.
3. ¿Por qué no peleaban mucho de niños? Ana Mari siempre hacía lo que Ramón quería.
4. ¿Cómo se divertía Sofía? Jugaba con Lalo todo el tiempo.
5. ¿Cómo se llevaba Emilio con sus hermanos? Se peleaban constantemente.
6. ¿Cómo se llevan ahora? Ahora se llevan muy bien.

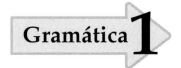

Gramática 1

Talking about your childhood
• The imperfect

D. Un poco de historia. Complete the descriptions to find out what the characters' childhoods were like.

1. Las actividades de Ramón y Ana Mari. Use the following words.

castigo	travieso	mentiras
las tiras cómicas (*comics*)	a las muñecas	una piñata
travesuras	la cuerda	a los árboles
al escondite	rompecabezas	los dibujos animados

Ellos no hacían muchas (1) _____travesuras_____. A veces, armaban

(2) _____rompecabezas_____ o jugaban (3) _____al escondite_____. Casi nunca jugaban

(4) _____a las muñecas_____ porque Ramón no quería; decía que los niños no jugaban con

muñecas. En su cumpleaños siempre rompían (5) _____una piñata_____ con sus

amiguitos. También se subían (6) _____a los árboles_____ y saltaban

(7) _____la cuerda_____. Cuando estaban cansados, ellos veían

(8) _____los dibujos animados_____ o leían (9) _____las tiras cómicas_____.

2. Adriana y su hermana Cristina. Use the imperfect to complete the description.

Adriana y su hermana Cristina (1) _____fueron_____ (ir) a una escuela primaria

particular en Puerto Rico. Las clases (2) _____empezaban_____ (empezar) a las ocho de

la mañana y (3) _____terminaban_____ (terminar) a las cinco de la tarde. Pobrecitas,

siempre (4) _____llegaban_____ (llegar) cansadas a casa y con los uniformes sucios.

Cuando llegaban a casa (5) _____se bañaban_____ (bañarse) inmediatamente, después

(6) _____veían_____ (ver) los dibujos animados o sus programas favoritos. Luego,

(7) _____estudiaban_____ (estudiar) un ratito (*a little while*) y (8) _____hacían la tarea_____

(hacer) la tarea. Generalmente (9) _____cenaban_____ (cenar) con toda la familia.

Finalmente (10) _____se acostaban_____ (acostarse) a las ocho de la noche. ¡Qué aburrido!

1. ¿Cuántas horas iban a la escuela Adriana y Cristina?

   Iban a la escuela por nueve horas. _____

2. ¿Qué hacían después de la escuela?

   Se bañaban, veían la tele, estudiaban, hacían la tarea, cenaban y se acostaban. _____

3. Los fines de semana de Sofía. Use the imperfect to complete the description.

Los fines de semana, Sofía (1) _____ se levantaba _____ (levantarse)
tarde, (2) _____ desayunaba _____ (desayunar) chilaquiles o huevos
rancheros con frijoles. Después les (3) _____ llamaba _____
(llamar) a sus amigos por teléfono para ver qué planes
(4) _____ tenían _____ (tener).
Generalmente, Sofía (5) _____ jugaba _____ (jugar) mucho con sus vecinos o
(6) _____ iba _____ (ir) al parque con los amigos de la escuela. También le
(7) _____ gustaba _____ (gustar) andar en bicicleta o saltar la cuerda. Por las tardes,
Sofía y Lalo (8) _____ tomaban _____ (tomar) clases de karate. Los domingos
(9) _____ pasaban _____ (pasar) el día con la familia; generalmente,
(10) _____ iban _____ (ir) a visitar a los abuelos y todos
(11) _____ comían _____ (comer) en un restaurante.

1. ¿Qué desayunaba? Desayunaba chilaquiles o huevos rancheros con frijoles.

2. ¿Con quién iba al parque? Iba con los amigos de la escuela.

3. ¿Qué hacía los domingos? Pasaba el día con la familia.

E. La sociedad de hoy y de antes. Using the cues, write how society was before, and how it is now. Use the imperfect and the present tense respectively.

Modelo	haber más confianza entre vecinos/no conocerse
	Antes había más confianza entre los vecinos; ahora no se conocen.

1. mujer no trabajar/ser independiente

   Antes la mujer no trabajaba; ahora es independiente.

2. no haber muchos crímenes/haber violencia por todas partes

   Antes no había muchos crímenes; ahora hay violencia por todas partes.

3. los abuelos vivir con familia/vivir en residencias para ancianos

   Antes los abuelos vivían con la familia; ahora viven en residencias para ancianos.

4. los coches ser grandes/la mayoría ser pequeños

   Antes los coches eran grandes; ahora la mayoría son pequeños.

5. las familias cocinar/comprar comida congelada

   Antes las familias cocinaban; ahora compran comida congelada.

6. las casas ser baratas (cheap)/ser carísimas (very expensive)

   Antes las casas eran baratas; ahora son carísimas.

7. nadie tener computadoras/...

   Antes nadie tenía computadoras; (second part of sentence will vary.)

F. ¿A dónde iban ? Write under each image what these people used to do when they were on vacation. Use the imperfect of **ir** and **(casi) siempre, a menudo, a veces, los fines de semana,** and **con frecuencia.** Answers will vary.

Modelo
Lalo siempre iba a dar un paseo con su perro.

1. Ramón _____

_____

2. La mamá de Ramón _____

_____

3. Adriana _____

_____

4. Yo _____

_____

5. Ana Mari y sus amigos _____

_____

6. Santiago y sus hijos _____

_____

7. Emilio _____

_____

8. Mi hermano y yo _____

_____

G. ¿Qué hacías antes? Compare your life during high school to your life now. Follow the model. Answers will vary.

> **Modelo** Ahora me levanto a las **8** de la mañana.
> En la escuela secundaria **me levantaba a las seis y media de la mañana.**

1. Tomo _____ clases en la universidad.

   En la escuela secundaria _____

2. Trabajo _____ horas a la semana.

   En la escuela secundaria _____

3. Mi mejor amigo/a es _____.

   En la escuela secundaria _____

4. Ahora ya no me castigan mis papás.

   En la escuela secundaria _____

5. Vivo con _____.

   En la escuela secundaria _____

6. Me pongo _____ para ir a la universidad.

   En la escuela secundaria _____

7. (No) Me acuesto temprano entre semana.

   En la escuela secundaria _____

8. Ahora (no) me cuido para no enfermarme.

   En la escuela secundaria _____

Vocabulario 1 — Talking about children's activities

H. ¿Cómo te divertías de niño? Write a true statement for each picture. Indicate when or at what age you or your friends would do the following activities. Write all the details. Answers will vary.

> **Modelo** llevarse mal
> **Cuando estaba en la primaria me llevaba muy mal con mis hermanos. Siempre nos peleábamos y mi hermano mayor me pegaba.**
>

1. ver los dibujos animados   **2. dibujar**   **3. compartir los juguetes**   **4. llevarse bien**   **5. desobedecer**

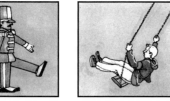

| 6. jugar a los soldaditos | 7. subirse a los columpios | 8. saltar la cuerda | 9. armar rompecabezas | 10. jugar a las muñecas |

1. _____

2. _____

3. _____

4. _____

5. _____

6. _____

7. _____

8. _____

9. _____

10. _____

I. Eso no me gustaba. Indicate who in your family liked or was bothered by the following activities. Use the words **gustaba(n)**, **encantaba(n)**, **chocaba(n)**, and **molestaba(n)** in your answers. Answers will vary.

Modelo	romper las piñatas
	A mi hermano Luis le encantaba romper las piñatas, pero le chocaba tener que esperar su turno.

decir mentiras	obedecer a mi mamá	recoger la ropa
compartir los juguetes	ir a la escuela	subirse a los árboles
hacer berrinches	jugar al escondite	jugar quemados

1. _____

2. _____

3. _____

4. _____

5. _____

6. _____

7. _____

8. _____

9. _____

J. La época de los catarros. Explain why the characters didn't do the following activities. Use the preterit for the activities they did not do, and the imperfect to describe how they were feeling.

> | Modelo | Jorge no ir a trabajar/dolor de cabeza |
> |---|---|
> | | **Jorge no fue a trabajar porque le dolía la cabeza.** |

1. Wayne no ir a clases/sentirse mal

   Wayne no fue a clases porque se sentía mal.

2. Adriana no hacer la tarea/tener fiebre

   Adriana no hizo la tarea porque tenía fiebre.

3. Sofía y Ana Mari no correr/estar adoloridas de las piernas

   Sofía y Ana Mari no fueron a correr porque estaban adoloridas de las piernas.

4. Manolo no leer el libro/tener infección en un ojo

   Manolo no leyó el libro porque tenía una infección en un ojo.

5. Ramón no trabajar el viernes/estar enfermo

   Ramón no trabajó el viernes porque estaba enfermo.

6. Lalo no comer/doler el estómago

   Lalo no comió porque le dolía el estómago.

Para terminar

K. Lectura. Read the following story about Leticia, a little girl with a big heart. Then answer the questions. Answers will vary.

1. ¿De qué habla la historia? ¿Cómo es la niña/su familia?

   _____

   _____

2. ¿Qué hace la familia? ¿Dónde viven?

   _____

   _____

3. ¿Te gustó la historia? ¿Por qué?

   _____

   _____

4. ¿Qué parte te gustó más?

   _____

5. ¿Qué parte te gustó menos?

   _____

6. ¿Cómo crees que va a ser la vida de Leticia?

   _____

   _____

   _____

Leticia era una niña extrovertida y dulce. Era la mayor de cuatro hermanitos. Y como era común entre su gente, ella cuidaba a sus hermanitos, les daba de comer, jugaba con ellos, los acostaba, los vestía y a menudo, los regañaba. Pero sobre todo, Leticia quería mucho a sus hermanos, era muy responsable de sus obligaciones y sentía que era una parte importante de su familia. Sus papás eran trabajadores del campo[1]; recogían fresas, tomates, sandías, chiles y otras cosas. Por eso, Leticia y su familia nunca estaban en un lugar más de dos o tres meses.

A Leticia no le molestaba tener que ir de un lugar a otro, le encantaba llegar a un lugar nuevo. Después de ayudar a su mamá a desempacar[2] y arreglar su nueva casita, salía tan pronto como podía a explorar todo el rancho. Claro, tenía que llevar a sus hermanos, pero no le importaba. Caminaban por todos los senderos[3], hablaban con los nuevos vecinos, recogían alguna fruta para comer. Especialmente, le gustaban los lugares que tenían algún río o lago.

Le fascinaba quitarse los zapatos y meter los pies al agua. A veces, uno o varios de sus hermanos terminaban mojados[4] de pies a cabeza, y ya sabía lo que su mamá iba a decirles: que tenían que tener cuidado pues no sabían nadar, que no podían irse tan lejos, que todavía no desempacaban la ropa, que no tenían otros zapatos que ponerse, que se iban a enfermar....

En los ranchos, Leticia siempre conocía a algunas niñas de su edad y, como hacía amistades rápidamente, siempre tenía alguien con quien jugar. Cuando estaba libre de sus obligaciones en la casa, como todas las niñas de su edad, Leticia y sus amiguitas jugaban al escondite, se subían a los árboles, jugaban a la pelota, corrían por todos lados, hablaban, se contaban secretos, se metían en problemas, y, por supuesto, soñaban[5]. Leticia soñaba que algún día iba a descubrir un tesoro enterrado[6], y entonces iba a comprarles a todos sus hermanos dos pares de zapatos a cada uno para poder mojarse sin preocupaciones.

[1]*farm workers* [2]*unpack* [3]*paths* [4]*wet* [5]*dreamed* [6]*buried*

L. Preguntas personales. Describe your own activities and life when you were ten years old. Use the questions to guide your writing. Answer them in a paragraph form on a separate piece of paper to turn in to your teacher.

¿Cómo eras de niño/a (personalidad)? ¿Dónde vivías? ¿Cómo era tu casa? ¿Cómo se llamaba y cómo era la escuela primaria donde estudiabas (grande/pequeña, particular/pública, nueva/vieja)? ¿Quién te llevaba a la escuela? ¿En qué actividades extracurriculares participabas? ¿Qué hacías por las tardes cuando llegabas de la escuela? ¿Cuáles eran tus obligaciones en la casa? ¿Ayudabas a tu mamá? ¿Quién te ayudaba con la tarea de la escuela? ¿Quién era y cómo era tu mejor amigo/a? ¿Qué cosas hacían juntos? ¿Tienes hermanos/as? ¿A qué jugabas con ellos/as? ¿Cuáles eran tus juegos favoritos? ¿Cuál era tu lugar favorito? ¿Cómo era? ¿Qué hacías ahí?

Episodio

¡A escuchar!

Comprensión

Audio
CD-ROM

A. Antes era así. You will hear eight statements in the present tense, telling how things are now. Restate them using the imperfect tense of the verb you hear, **antes**, and the written cue in order to tell how things used to be. Repeat the correct answer after the speaker.

Modelo	You hear:	**Mi abuela vive en Los Ángeles.**
	You see:	**Costa Rica**
	You say:	**Antes, vivía en Costa Rica.**

1. mucho   3. un hospital   5. al parque   7. el té

2. básquetbol   4. álgebra   6. José   8. seis horas

Audio
CD-ROM

B. Cuéntame cómo eran las cosas. Ana Mari asks her mother what life was like when her mother and father were dating. Listen and, for each statement, select the one option that is not true from the cues provided. You will hear the conversation twice.

> **Banco de palabras**
>
> estar enamorado/a   la guerra
> *to be in love*   *war*

1. Cuando los padres de Ana Mari eran jóvenes, los dos...
    a. asistían a la universidad.   ⓑ trabajaban en una empresa.
    c. estaban muy enamorados.

2. El padre de Ana Mari...
    ⓐ quería ser militar.   b. era guapo y popular.
    c. escribía canciones de protesta.

3. En ese entonces, los jóvenes cantaban canciones de protesta contra...
    a. la discriminación.   b. la guerra.
    ⓒ el presidente de México.

4. Para divertirse, ellos...
    a. iban al cine.   b. se reunían con amigos.
    ⓒ hablaban por Internet.

5. Se llevaban muy bien porque...
    a. estaban muy enamorados.   ⓑ los dos querían casarse inmediatamente.
    c. tenían las mismas ideas y filosofías.

Audio CD-ROM

C. La niñez de Manolo. You will hear Manolo's aunt talk about Manolo's childhood. Listen and fill in the missing information. You will hear the narration twice.

La niñez de Manolo

Manolo

A los dos años:

1. A veces era lloron .
2. A cada rato hacía berrinches .
3. Le gustaba jugar a la pelota con su papá .

A los seis años:

4. Se portaba muy bien .
5. Iba al colegio .
6. Le encantaba colorear y dibujar .

A los diez años:

7. Era muy activo y cómico .
8. Jugaba a la pelota .
9. Se subía a los árboles .

Más escenas de la vida

Adriana and her daughter Viviana are talking about the differences between their childhoods. Listen to their conversation, and then complete activities **A** and **B.** You will hear the conversation twice.

Audio CD-ROM

A. ¿Cierto o falso? Indicate whether the following statements are **cierto** or **falso**.

	Cierto	Falso
1. Todas las amigas de Viviana tienen su propia computadora.	✓	
2. Santiago casi nunca usa la computadora en casa.		✓
3. Viviana está aburrida porque no tiene un teléfono celular.		✓
4. Cuando Adriana era niña no había computadoras.	✓	
5. En la calle de Adriana había ocho amigos de la misma edad.	✓	
6. Las películas cuando Adriana era niña eran en blanco y negro.		✓

Audio CD-ROM

B. Responde. Write the answers to the following questions.

1. ¿Qué necesita Viviana? ¿Para qué la quiere?

   Necesita una computadora para leer los mensajes de sus amigas.

2. ¿Había computadoras cuando Adriana era niña?

   No, no había computadoras cuando Adriana era niña.

3. ¿Cómo se divertía Adriana cuando era niña?

   Hablaba por teléfono con sus amigas y jugaba a la pelota en la calle.

4. ¿Adónde las llevaba la abuela?

   A veces las llevaba a comer un helado o iban al cine.

5. ¿De qué película se acuerda Adriana?

   Se acuerda de *Love Story.*

Objetivos comunicativos
In this episode, you will practice:
✔ describing what you are/were doing

Episodio 23

Escenas de la vida: ¿Qué están haciendo?

A. ¡Mira cuánto puedes entender! Mira o escucha la **Escena** para escribir quién está haciendo lo que indica cada ilustración. Escribe sus nombres en las líneas de abajo.

Video
CD-ROM

Audio
CD-ROM

Instructor's Resources
• Overheads
• VHS Video
• Worktext CD
• Website
• **IRM:** Videoscript, Comprehensible input

Manolo

Está haciendo **la cena.**

Ramón

Está preparando **la ensalada.**

Ana Mari

Está poniendo **la mesa.**

Wayne

Dijo que estaba trabajando en la computadora.

Sofía y Wayne

Están hablando **por teléfono.**

Emilio

No está haciendo **nada.**

B. ¿Te diste cuenta? Mira o escucha la **Escena** otra vez para selecionar la respuesta correcta.

Video Synopsis. The characters are still at Emilio's house. Emilio asks his guests to be quiet since someone called the police on a loud neighbor. Wayne calls and asks to speak to Sofía. He says he missed her calls because he was using the Internet; in reality, he is at the mall.

1. El vecino de Emilio…

   (a.) tenía la música muy alta.   b. estaba jugando cartas.   c. estaba hablando con Emilio.

2. En España…

   a. las personas llaman a la policía.   (b.) no es común llamar a la policía.   c. nadie escucha la música alta.

B. Additional items

4. Wayne…	a. estaba trabajando en la computadora.	(b.) dijo mentiras.	c. estaba en su casa.
5. Sofía…	a. invitó a Wayne al cine.	b. dijo mentiras.	(c.) llamó a Wayne, pero no estaba.
6. Ramón…	a. está hablando con Wayne.	(b.) sabe dónde está Wayne.	c. fue con Wayne al centro comercial.

3. Los chicos…

   (a.) estaban jugando cartas.   b. llamaron a la policía.   c. tenían la música muy alta.

Video
CD-ROM

Audio
CD-ROM

C. En casa de Emilio. Mira o escucha la **Escena** para contestar las siguientes preguntas.

1. ¿Qué van a hacer todos en casa de Emilio? Van a cenar.

2. ¿Qué hizo el vecino de Emilio? Llamó a la policía porque alguien tenía la música muy alta.

3. ¿Por qué Wayne no contestó el teléfono cuando Sofía lo llamó? _____
   Estaba en el centro comercial.

4. ¿Cómo sabemos que Wayne dijo mentiras? Ramón les dijo que estaba en el centro comercial.

5. ¿Qué hacía Wayne en el centro comercial? Answers will vary.

Cultura a lo vivo

Una interesante tradición en la mayoría de los países hispanos es la celebración anual de la Feria del Libro en sus principales ciudades. En estas ferias, las casas editoriales, los autores y las librerías presentan al público libros, tanto recientes como clásicos, diccionarios, enciclopedias, libros de consulta, manuales, etc. Se llaman ferias porque son en la calle o, más comúnmente, en algún parque de la ciudad y duran varios días. Hay comida, música, conferencias, sesiones de "conozca a los autores" y docenas de puestos[1] de libros. Ahí se encuentran los libros a mejores precios que en las librerías.

[1]*stands*

Práctica adicional

| Cuaderno de tareas WB p.211, A–C | Video CD-ROM Episodio 23 |

Para comunicarnos mejor

Gramática 1

Describing what you are/were doing
• The present and past progressive

Analizar y descubrir

In the conversation, you heard the following:

¿Qué **están haciendo**?
Ramón **está preparando** la ensalada.
Ana Mari **está poniendo** la mesa.
Sofía **está sirviendo** la limonada.

What are you (all) doing?
Ramón is making the salad.
Ana Mari is setting the table.
Sofía is pouring the lemonade.

¡Fíjate!
Remember, you have used **estar** to express location (**La mochila está en mi cuarto**) and to say how you are (**Estoy cansada**).

1. Study the examples above and answer the questions.
   a. For **-ar** verbs, such as **preparar**, what Spanish ending corresponds to the English *-ing*?
      -ando
   b. For **-er** (and **-ir**) verbs, such as **poner**, what Spanish ending corresponds to the English *-ing*? -iendo
   c. What verb is used with **preparando** and **poniendo**? estar

Gramática 1. Help students to internalize the material by asking personalized questions: ¿Qué estabas haciendo antes de la clase? ¿Quién está comiendo ahora? Have students practice describing actions from transparencies from earlier lessons.

In English, the progressive construction *(to be + [-ing])* is used to talk about on-going actions in the present *(We are watching TV)* and in the past *(We were watching TV)*, or to refer to future activities *(I am graduating next March)*. In Spanish, the progressive is also used to talk about on-going activities in the present and past, but it is never used to express a future activity. For a future activity, Spanish uses **ir a** + [*infinitive*].

- on-going actions
  Están llamando a la policía ahora.   *They are calling the police now.*
  Los vecinos **estaban jugando** cartas.   *The neighbors were playing cards.*
- future activities
  Esta noche **vamos a poner** la música   *We are turning the music*
  muy alta.   *up really loud tonight.*

> **¡Fíjate!**
> The *-ing* verb forms in English and the **-ando/-iendo** forms in Spanish are called gerunds.

2. In the progressive with **estar, estar** is the only verb that changes to match the subject.

   En este momento **estoy** viendo   *Right now, I am watching a movie.*
   una película.

   Te **estábamos** esperando al lado   *We were waiting for you on the left/right side of the café.*
   izquierdo/derecho del café.

3. The **-ir** stem-changing verbs—**decir (e ➤ i), divertirse (e ➤ i), dormir (o ➤ u), pedir (e ➤ i), sentirse (e ➤ i), servir (e ➤ i)**— have an irregular **-ndo** form.

   ¿Me estás **diciendo** la verdad?   *Are you telling me the truth?*
   ¿Te estás **divirtiendo**?   *Are you having fun?*
   Adriana estaba **durmiendo**.   *Adriana was sleeping.*

4. Object and reflexive pronouns may be placed before **estar** or attached to the **-ando, -iendo** forms. These forms take an accent when they are attached to a pronoun.

   ¿**Te** estás **afeitando**? ⎫
   ¿Estás **afeitándote**? ⎬   *Are you shaving?*

5. For infinitives with two vowels next to each other, such as **leer** and **oír**, there is a spelling change when the ending **-iendo** is added to avoid having three vowels together. The **-i-** changes to a **-y-**.

   leer ➤ leyendo   Adriana está **leyendo** el periódico.

PRÁCTICA

A. ¿Dónde están? Indica dónde están los amigos, según las actividades que están haciendo.

Answers will vary.

> **Modelo**   Manolo está tocando la guitarra.
> **Probablemente está en su casa o en una fiesta.**

1. Sofía y Adriana están estudiando. <u>Probablemente están en la biblioteca.</u>
2. Ana Mari se está pintando. <u>Probablemente está en su cuarto.</u>
3. Emilio y Ramón están jugando fútbol. <u>Probablemente están en la cancha de fútbol.</u>
4. Adriana está durmiendo. <u>Probablemente está en su cuarto.</u>
5. Todos estamos viendo una película. <u>Probablemente estamos en el cine.</u>
6. Manolo está afeitándose. <u>Probablemente está en el baño.</u>
7. Estoy leyendo el periódico. <u>Probablemente estoy en la sala.</u>
8. Sofía está poniendo la mesa. <u>Probablemente está en el comedor.</u>

B. ¿Qué están haciendo? Indica qué están haciendo las personas en los lugares indicados.

Answers will vary.

> **Modelo** En este momento mamá está en el garaje.
> **Seguramente está lavando el coche.**

1. En este momento estoy en la cocina. <u>Seguramente estoy cocinando.</u>

2. En este momento mi papá está en su oficina. <u>Seguramente está trabajando.</u>

3. En este momento mis primos están en una fiesta. <u>Seguramente están bailando.</u>

4. En este momento estoy en mi cuarto. <u>Seguramente estoy durmiendo.</u>

5. En este momento estoy en el centro comercial. <u>Seguramente estoy comprando algo.</u>

6. En este momento estás en la biblioteca. <u>Seguramente estás estudiando.</u>

C. ¿Qué estaban haciendo? Sofía llamó a todos sus amigos anoche. Indica qué estaba haciendo cada uno cuando Sofía llamó.

Instructor's Resource
• IRM: Additional Activities

Additional Activity. See the Instructor's Resource Manual for materials for activities to practice the present and past progressive.

> **Modelo**
>
> **Adriana estaba barriendo su cuarto.**
>
>

1. Wayne

Wayne estaba usando su computadora.

2. Manolo

Manolo se estaba vistiendo.

3. Sus vecinos

Sus vecinos se estaban peleando.

4. Ramón y una amiga

Ramón y una amiga estaban bañando al perro.

5. Sus primos

Sus primos estaban armando un rompecabezas.

6. Emilio

Emilio estaba lavando los platos/ lavándose las manos.

Audio
CD-ROM

D. Todos están ocupados. Luis, el hermano de Ramón, contesta el teléfono. Escucha la conversación para escribir qué estaba haciendo cada uno.

Instructor's
Resources
• Worktext CD
• IRM: Tapescript

Script. For the script to this activity, see the Instructor's Resource Manual.

	¿Qué estaban haciendo?
Papá	Estaba ayudando a los vecinos.
Mamá	Estaba cortando el pasto en el jardín.
Ramón	Estaba escribiendo en su computadora.
Ana Mari	Se estaba pintando y arreglando para salir.
Alex	Estaba jugando a los soldaditos con su primo.

1. ¿Qué quería el vendedor? <u>Quería hablar con alguien mayor.</u>

2. ¿Por qué no pudo hablar con nadie? <u>Todos estaban ocupados.</u>

3. ¿Por qué no quiere hablar con Alex? <u>Es muy pequeño.</u>

4. ¿Llaman muchos vendedores a tu casa? <u>Answers will vary.</u>

5. ¿Con quién quieren hablar? <u>Answers will vary.</u>

E. Las explicaciones. Describe las ilustraciones de acuerdo al modelo..

Answers will vary.

   cuando

¡Fíjate!

To say what the characters were doing (on-going), use the past progressive. To indicate what happened, use the preterit.

Modelo	Sofía se estaba bañando cuando Manolo la llamó por teléfono.

   cuando

1. <u>Adriana estaba durmiendo cuando sus amigos llegaron a visitarla.</u>

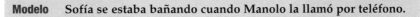

cuando

2. Estaba nublado cuando Sofía se despertó/acostó.

cuando

3. Estaba lloviendo cuando Manolo llegó a/salió de su casa.

cuando

4. Estaba esquiando cuando se lastimó la pierna.

por eso

5. Le dolía la cabeza; por eso, tomó dos pastillas.

Práctica adicional	
Cuaderno de tareas WB pp.212–215, D–H LM pp.217–218, A–C	Audio CD-ROM Episodio 23

1

Actividades comunicativas

A. Diferencias.

Instrucciones para **Estudiante 1**

Aquí tienes un dibujo de lo que está haciendo la familia de Ramón. Para encontrar las diferencias entre tu dibujo y el de tu compañero/a, describe quién es la persona, dónde está y qué está haciendo. Apunta siete diferencias. Answers will vary.

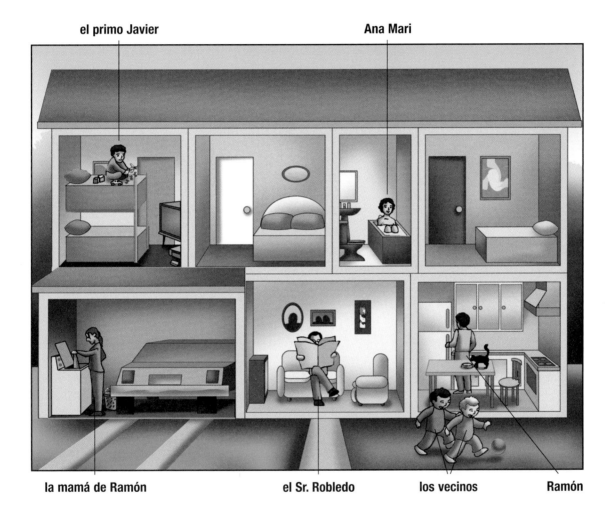

el primo Javier   Ana Mari

la mamá de Ramón   el Sr. Robledo   los vecinos   Ramón

A. Diferencias.

Instrucciones para Estudiante 2

Aquí tienes un dibujo de lo que está haciendo la familia de Ramón. Para encontrar las diferencias entre tu dibujo y el de tu compañero/a, describe quién es la persona, dónde está y qué está haciendo. Apunta siete diferencias. Answers will vary.

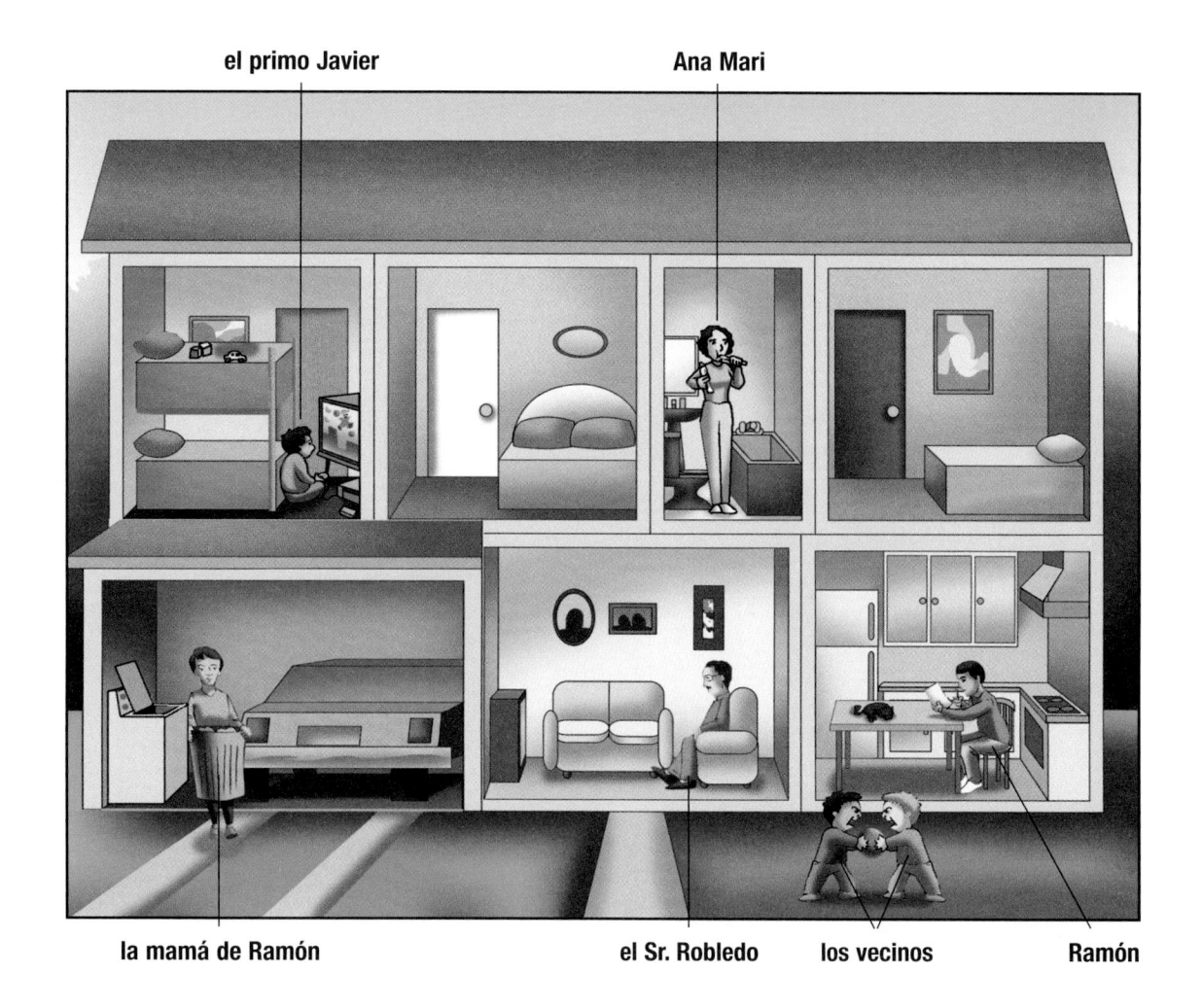

el primo Javier   Ana Mari

la mamá de Ramón   el Sr. Robledo   los vecinos   Ramón

B. Actividades en común.

Parte 1. Primero escribe lo que estabas haciendo ayer a las horas indicadas. Después entrevista a tus compañeros para encontrar a alguien que tenga la misma respuesta que tú. Answers will vary.

> **Modelo** —¿Qué estabas haciendo ayer a las diez de la noche?
> —Estaba estudiando para la clase de cálculo. Estudié hasta las doce de la noche. ¿Y tú?
> —Yo me estaba bañando.

	Compañero/a	Yo
¿Qué estabas haciendo ayer...		
1. a las seis de la mañana?	_____	_____
2. a las diez de la mañana?	_____	_____
3. a la una de la tarde?	_____	_____
4. a las cuatro de la tarde?	_____	_____
5. a las siete de la noche?	_____	_____
6. a las nueve de la noche?	_____	_____
7. a las doce de la noche?	_____	_____
8. a las tres de la mañana?	_____	_____

Parte 2. Comparte tus respuestas con la clase.

> **Modelo** —Ayer a las diez de la noche, Susie y yo estábamos durmiendo.

C. ¡Un día fatal!

Instrucciones para Estudiante 1

Parte 1. Tú tienes la mitad de las ilustraciones y tu compañero/a tiene la otra mitad. Describan lo que está pasando en cada una para después contar lo que le pasó a Manolo el sábado pasado, durante el partido de fútbol. Tú empiezas. Answers will vary.

Modelo	En la primera ilustración, Manolo se está levantando.

¡Fíjate!

Use the present progressive to describe to your partner what Manolo is doing in each picture.

Parte 2. Ahora escribe la historia completa de lo que le pasó a Manolo el sábado pasado.

Modelo	El sábado pasado Manolo se levantó temprano...

C. Parte 2 may be assigned for homework. The next day, students should compare their stories.

¡Fíjate!

Remember to use the preterit and the past progressive as necessary to describe what happened to Manolo.

C. ¡Un día fatal!

Instrucciones para Estudiante 2

Parte 1. Tú tienes la mitad de las ilustraciones y tu compañero/a tiene la otra mitad. Describan lo que está pasando en cada una para después contar lo que le pasó a Manolo el sábado pasado, durante el partido de fútbol. Tu compañero/a va a empezar. Answers will vary.

> **Modelo**   En la primera ilustración, Manolo se está levantando.

Parte 2. Ahora escribe la historia completa de lo que le pasó a Manolo el sábado pasado.

> **Modelo**   El sábado pasado Manolo se levantó temprano...

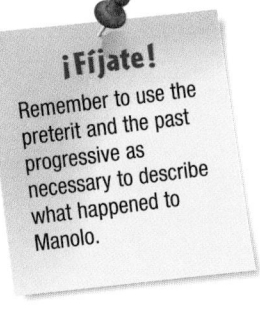

La correspondencia

 El correo: Los vecinos de Emilio. Primero lee las preguntas, luego lee una sección de la carta que Emilio le escribe a su esposa acerca de su apartamento, de sus vecinos y de sus experiencias en Estados Unidos. Después contesta las preguntas.

1. ¿Cómo es el piso (apartamento) de Emilio? Es muy bonito y está bien situado.

2. ¿Por qué Emilio no podía dormir? Oía todo lo que hacían sus vecinos.

3. ¿Por qué fue la policía al edificio donde vive Emilio? Su vecina tenía la música muy alta.

4. ¿Qué opinión tiene Emilio de su vecino de la izquierda (*on his left*)? Piensa que es majo, pero no le interesa conversar.

5. ¿Cómo es la zona donde vive Emilio? Las calles están muy limpias, los edificios tienen flores y jardines y dos aparcamientos para cada piso.

El piso[1] que encontré es muy bonito y está bien situado. Es algo pequeño, pero no necesito más. Está muy bien equipado; la cocina tiene de todo, incluso tiene horno de microondas.

Me mudé[2] la semana pasada, y las primeras noches no pude dormir. Las paredes[3] son de madera y cartón, así que oyes todo lo que hacen los vecinos. La pareja del piso de arriba se pelea constantemente; él siempre está tomando cerveza, y ella siempre está chillando.[4]

La otra noche estaba estudiando tranquilamente cuando llegó la policía, porque la chica de la derecha tenía la música muy alta. Me sorprendió muchísimo saber que la policía viene a decirte que bajes[5] el volumen, pero me molestó más saber que otro vecino llamó a la policía, en vez de[6] primero pedirle a la chica que bajara el volumen del estéreo.

El chico del lado izquierdo es majo.[7] Me saluda muy amablemente todos los días, pero yo creo que no le interesa conversar porque sólo me dice Hi! y sale corriendo. Ayer vinieron Sofía y sus amigos a jugar cartas y a cenar. Yo pensé invitar al chico a cenar con nosotros, para conocerlo, pero no me dio oportunidad ni de abrir la boca. En fin, aquí las cosas se hacen de otra manera.

Por otro lado,[8] las calles están muy limpias, los edificios tienen flores y jardines y hay dos aparcamientos[9] para cada piso. Puedes solicitar por teléfono la conexión de todos los servicios: el de luz, teléfono, agua y gas. ¡Es una maravilla! No tienes que pasar horas en las oficinas solicitando los servicios. También puedes enviar los pagos de las cuentas por correo, y mayormente llegan a tiempo. Supongo que es como en todas partes: hay cosas buenas y cosas malas.

[1] *apartment (in Spain)*   [2] *I moved*   [3] *walls*   [4] *yelling*   [5] *to lower*   [6] *instead of*   [7] *nice (in Spain)*   [8] *On the other hand*   [9] *parking spaces (in Spain)*

En papel: Mis vecinos. Emilio quiere saber cómo son tus vecinos. Usa su carta como modelo para escribirle a Emilio. Incluye las cosas que ellos hacen, cómo es tu relación con ellos y algún problema/alguna buena experiencia que hayas tenido (*you may have had*) con ellos. Si no conoces a tus vecinos ahora, escribe algo de tus vecinos cuando eras niño/a o cuando ibas a la escuela secundaria.

¡Fíjate!

You may use the following outline:

1. Indicate where you live, with whom and how long you have lived there;
2. Describe what you know about the people that live next to or near you;
3. Say whether you get along well or not and why;
4. Describe an incident, if any, with this neighbor;
5. Repeat 2, 3, and 4 with another neighbor;
6. Conclude by saying whether you are happy or not living where you live and why.

Learning Strategy: Creating an outline

Creating an outline will enable you to identify the main ideas and supporting details. When preparing an outline, you will need to identify a limited number of ideas that respond to your purpose. Then you will need to provide details that expand each idea. Be sure to write your outline in Spanish! Writing an outline in English will lead to frustration, since you will find it difficult to express sophisticated English thoughts in simple Spanish sentences. Remember that when you have finished writing, you will need to check that the forms you have chosen are appropriate—for example, that you have used the imperfect to talk about what things used to be like, and the preterit to talk about main actions in the past.

Invitación a **El Salvador**

Del álbum de
Manolo

El Salvador es el país más pequeño de Centroamérica. El Parque Nacional Montecristo, es una impenetrable selva tropical con orquídeas, helechos, pumas, tucanes y el protegido mono araña (*spider monkey*). El Salvador también cuenta con imponentes volcanes, cristalinos lagos, bellas playas y algunas ruinas mayas, como la de Tazumal. Los salvadoreños son alegres, talentosos y optimistas. El Salvador va en camino de convertirse en una nación más próspera, ya que afortunadamente la violencia de años anteriores ha disminuido considerablemente.

Práctica adicional

Website
vistahigher
learning.com

¡A ver de nuevo! Mira o escucha la **Escena** para hacer un resumen de lo que pasó. Usa la siguiente información para organizar tu resumen.

Audio
CD-ROM

- dónde estaban
- qué estaban haciendo
- quién llamó por teléfono

- dónde estaba Wayne
- qué dijo Ramón acerca de Wayne

Práctica adicional		
Cuaderno de tareas WB p.216, I LM p.218, A–B	Audio CD-ROM Episodio 23	Website vistahigher learning.com

Vocabulario del Episodio 23

Instructor's Resources
- Testing program
- Website

Verbos regulares

estoy trabajando	*I am working*
estamos comiendo	*We are eating*
están escribiendo	*They are writing*
leer ⟶ **leyendo**	
traer ⟶ **trayendo**	

-ir stem-changing verbs

estoy diciendo	*I am saying*
te estás divirtiendo	*you are having fun*
está durmiendo	*she is sleeping*
estamos pidiendo	*we are ordering*
os estáis sintiendo	*you are feeling*
están sirviendo	*they are serving*

Vocabulario nuevo

afeitarse/rasurarse	*to shave*
del/al lado derecho	*from/on the right side*
del/al lado izquierdo	*from/on the left side*
llamar a la policía	*to call the police*
tener/poner la música muy alta	*to play loud music*
los vecinos	*the neighbors*

Review the following vocabulary:

Primera parte

Episodio 5, page 112
Episodio 8, page 182
Episodio 10, page 238
Episodio 14, page 349

Segunda parte

Episodio 18, page 64
Episodio 22, page 171

Vocabulario personal

Escribe todo el vocabulario que necesitas saber para hablar de tus propias actividades.

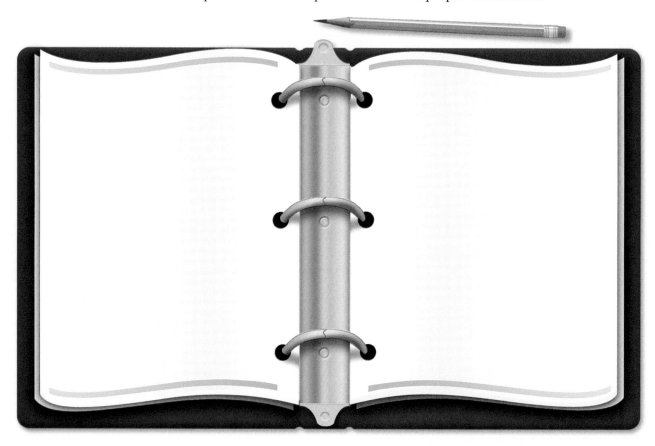

210

¡A escribir!

Episodio **23**

Escenas de la vida: ¿Qué están haciendo?

Video
CD-ROM

A. ¡A ver cuánto entendiste! See how much of the **Escena** you understood by matching the Spanish phrases with their English equivalents.

_f_ 1. Bueno, eso dijeron.	a. It surprised me a lot.
_d_ 2. No habléis tan alto.	b. Instead of talking to the neighbor,
_a_ 3. A mí me sorprendió mucho.	they call the police.
_b_ 4. En vez de hablar con el vecino,	c. That doesn't happen in Spain.
llaman a la policía.	d. Don't talk so loud.
_c_ 5. Eso no pasa en España.	e. She was playing the music very loud.
_e_ 6. Tenía la música muy alta.	f. Well, that's what they said.

Video
CD-ROM

B. Wayne no está en casa. Match the question with its answer.

_f_ 1. ¿Tú no vas a cenar con nosotros?	a. Está bien.
_d_ 2. ¿Qué están haciendo?	b. Aquí en mi casa.
_b_ 3. ¿Dónde estabas?	c. Uups, ya metí la pata.
_e_ 4. ¿Todavía vamos a ir al cine?	d. Nos estamos preparando para cenar.
_a_ 5. ¿Puedes poner otro plato?	e. Cuando llegues lo decidimos.
_c_ 6. ¡¿Qué centro comercial?!	f. Pues, no sé.

Video
CD-ROM

C. ¿Qué estaban haciendo? Describe what everybody was doing and what happened when Wayne called.

Manolo estaba haciendo la cena. Ramón estaba preparando la ensalada. Ana Mari estaba poniendo la mesa. Sofía estaba sirviendo la

limonada. Emilio no estaba haciendo nada. Rest of the answer will vary. _____

_____

_____

_____

_____

_____

_____

_____

Gramática 1

Describing what you are/were doing
• The present and past progressive

D. ¿Qué están haciendo? Indicate what the characters are/were doing. Use the present or past progressive.

1. Las niñas <u>están/estaban subiéndose a</u>

   <u>los columpios.</u>

2. El niño <u>está/estaba dibujando.</u>

   _____

3. Mis primas <u>están/estaban jugando a las</u>

   <u>muñecas.</u>

4. Sofía <u>se está/estaba pintando.</u>

   _____

5. Ana Mari y Emilio <u>están/estaban cocinando.</u>

   _____

6. Yo <u>estoy/estaba jugando al escondite.</u>

   _____

7. Sofía <u>está/estaba haciendo su cama.</u>

   _____

8. Mi familia y yo <u>estamos/estábamos armando un</u>

   <u>rompecabezas.</u>

E. Todos están ocupados. Luis, Ramón's brother, answered the phone at home. It is a salesperson who wants to speak to an adult in the household. Complete their conversation using the present progressive of the verbs in parenthesis.

Luis	¿Bueno?
vendedor	Buenas tardes, niño. ¿Puedo hablar con tu mamá?
Luis	Mi mamá está ocupada, (1)_____ está cocinando la cena _____ (is cooking dinner).
vendedor	¿Está tu papá?
Luis	No, (2) _____ está trabajando _____ (is working).
vendedor	¿Puedo hablar con tu hermano mayor?
Luis	Pues mi hermano (3) _____ se está bañando _____ (is showering).
vendedor	¿Tienes más hermanos?
Luis	Sí, mi hermana Ana Mari, pero ahora (4)_____ está haciendo la tarea _____ (is doing her homework).
vendedor	¿Quién más está en tu casa?
Luis	Mi hermano Alex.
vendedor	¿Puedo hablar con él?
Luis	Pues... si quiere, pero ahora (5) _____ está armando _____ (is putting together) un rompecabezas.
vendedor	¡¿Qué?! Pues ¿cuántos años tiene?
Luis	Doce.
vendedor	Olvídalo (forget it). Adiós.

F. Nadie me pudo ayudar. Your 10-year-old neighbor has asked you to help him write a note for his Spanish teacher.

> I did not do my homework because nobody could help me last night. My mother was setting the table, my father was watching the news, my brother Jim was talking on the phone with his girlfriend, and my grandma was sleeping. Oh… and my dog does not speak Spanish.

No hice mi tarea porque nadie me pudo ayudar anoche. Mi mamá estaba poniendo la mesa, mi papá estaba mirando las noticias, mi

hermano Jim estaba hablando por teléfono con su novia, y mi abuela estaba durmiendo. Oh... y mi perro no habla español.

_____

_____

_____

_____

_____

_____

G. Un terremoto. Last night there was an earthquake. Write what the friends were doing and where they were when the earthquake hit. Use the past progressive.

Modelo

La chica estaba en casa. Estaba estudiando.

1.
2.
3.
4.
5.
6.
7.
8.

1. El papá de Ramón

El papá de Ramón estaba en el comedor. Estaba leyendo el periódico. _____.

2. Adriana

Adriana estaba en el comedor. Estaba cenando. _____.

3. Los primos de Ana Mari

Los primos de Ana Mari estaban jugando cartas. _____.

4. Ana Mari y Emilio

Ana Mari y Emilio estaban cocinando. _____.

5. Santiago

Santiago estaba planchando la ropa. _____.

6. Yo

Yo me estaba acostando a dormir. _____.

7. Sofía

Sofía se estaba pintando. _____.

8. Manolo

Manolo se estaba afeitando. _____.

H. Todos se estaban portando mal. Describe what the students were doing when the teacher walked in. Use the past progressive.

1. Un niño estaba escribiendo una carta. _____

2. Una niña se estaba pintando. _____

3. Un niño estaba escuchando música. _____

4. Una niña estaba saltando la cuerda. _____

5. Una niña estaba comiendo una hamburguesa. _____

6. Un niño estaba jugando a la pelota. _____

7. Dos niños estaban leyendo una revista. _____

8. Un niño estaba dibujando. _____

Para terminar

I. Una miniprueba. Complete the review of **Episodios 20, 21,** and **22.**

Parte 1. Imagine you talked to Sofía and her friends about your life. Find out the following information.
Ask Sofía:

¡Fíjate!
Remember to use the imperfect to talk about how things used to be.

      1. where she lived when she was little.
      2. if she got along with her brother.
      3. what chores she had to do.
      4. if she had a boyfriend when she was 16 years old.
      5. what was the name of her high school.

1. ¿Dónde vivías cuando eras niña? _____
2. ¿Te llevabas bien con tu hermano? _____
3. ¿Qué quehaceres tenías que hacer? _____
4. ¿Tenías novio cuando tenías dieciséis años? _____
5. ¿Cómo se llamaba tu escuela secundaria? _____

Parte 2. How would Adriana ask her children the following questions?
      6. Viviana, did you set the table?
      7. Carlos, where did you put the vacuum?
      8. Santiaguito, did you bring your backpack from school?
      9. Did you all have fun at your cousin's party today?

¡Fíjate!
Remember to use the preterit to talk about specific events and actions.

6. Viviana, ¿pusiste la mesa? _____
7. Carlos, ¿dónde pusiste la aspiradora? _____
8. Santiaguito, ¿trajiste tu mochila de la escuela? _____
9. ¿Todos ustedes se divirtieron en la fiesta de su primo/a hoy? _____

Parte 3. Imagine you are in Costa Rica on vacation. You visited the forest and came back not feeling well. Tell the nurse the following information.
      10. You are not feeling well.
      11. You do not take care of yourself.
      12. You have had a cold for a week.
      13. Your throat hurts a lot.
      14. You think you need antibiotics.

¡Fíjate!
Remember to use the present to talk about how you feel.

10. No me siento bien. _____
11. No me cuido. _____
12. Hace una semana que tengo catarro. _____
13. Me duele mucho la garganta. _____
14. Creo que necesito antibióticos. _____

¡A escuchar!

Episodio
23

Comprensión

A. ¿Dónde están? You will hear a series of situations in which people are doing various activities. Listen and indicate where the people are.

1. a. Está en casa.
b. Está en la cafetería.
c. Está en la oficina.

2. a. Están en la playa.
b. Están en el colegio.
c. Están en la biblioteca.

3. a. Están en el gimnasio.
b. Están en una fiesta.
c. Están en la clase.

4. a. Está en la tienda.
b. Está en la escuela.
c. Está en el hospital.

5. a. Estamos en el banco.
b. Estamos en un restaurante.
c. Estamos en el centro comercial.

B. Situaciones. You are going to hear seven brief descriptions. For each one, use one element from each column to describe what the people are or were doing. Repeat the correct answer after the speaker.

comprar ropa
discutir sus problemas
escribir en el pizarrón
hacer ejercicio
está(n)   **jugar a las cartas**
estaba(n)   **limpiar la casa**
pedir el menú
servirle un refresco a un cliente
tocar la guitarra

| **Modelo** | You hear: | **Esta tarde, Sofía y Ana Mari están en el centro comercial.** |
| | You say: | **Están comprando ropa.** |

| **Modelo** | You hear: | **Manolo estaba en la fiesta de posada en Guadalajara.** |
| | You say: | **Estaba tocando la guitarra.** |

C. El terremoto de Santa Carlita. You are going to hear a radio broadcast. The reporter is reporting live from the town of Santa Carlita, where a terrible disaster has occurred. Listen and fill in the missing information, using the present or past progressive. You will hear the radio broadcast twice.

Banco de palabras				
duramente *rigorously*	**heridos** *wounded*	**refugiados** *refugees*	**salvar** *to save*	**terremoto** *earthquake*
fuerte *strong*	**locutora** *announcer*	**ruido** *noise*	**se cayó** *fell*	**vivos** *alive*
gobierno *government*	**movimiento** *movement*	**sacudió** *shook*	**sobrevivientes** *survivors*	

1. Cuando se cayó la casa de la familia León, los niños, atrapados, __estaban__ __llamando__ a sus padres.

2. Sus padres __estaban__ __trabajando__ locamente para sacarlos.

3. Ahora, la familia __está__ __viviendo__ en el centro para refugiados.

4. En este momento, las ambulancias __están__ __llevando__ a los heridos al hospital.

5. Los médicos __están__ __trabajando__ duramente.

6. El gobierno les __está__ __dando__ agua para beber a los sobrevivientes.

7. La gente del pueblo __está__ __haciendo__ comida para ellos.

Más escenas de la vida

Ana Mari is at the mall, just getting off work. She calls Emilio's house; Sofía answers. Listen to their conversation, and then complete activities **A** and **B**. You will hear the conversation twice.

A. En orden. Put the sentences in the correct order, according to the conversation.

__6__ a. Se están besando.

__4__ b. ¿Qué está haciendo?

__3__ c. Lo estoy viendo.

__1__ d. Te estamos esperando.

__7__ e. Está entrando a una joyería.

__2__ f. Estaba terminando unos reportes.

__5__ g. Está hablando con una rubia.

__8__ h. A ver qué está comprando.

B. Responde. Write the answers to the following questions.

1. ¿Dónde está Ana Mari ahora?
Ana Mari está en el centro comercial. .

2. ¿Por qué está todavía ahí?
Está terminando unos reportes. .

3. ¿A quién vio? ¿Con quién está él?
Vio a Wayne. Está solo. .

4. ¿Por qué Ana Mari no quiere seguirlo?
Dice que no es Sherlock Holmes. .

Episodio 24

Escenas de la vida: El accidente

Video
CD-ROM

Audio
CD-ROM

**Instructor's
Resources**
- Overheads
- VHS Video
- Worktext CD
- Website
- IRM: Videoscript,
Comprehensible
input

A. ¡Mira cuánto puedes entender! Mira el video o escucha la conversación para indicar lo que le hicieron a Adriana y lo que pasó en el hospital.

El doctor les dijo todo lo que le hicieron a Adriana.

Le dimos unas pastillas para el dolor.

Nosotros le llevamos flores.

El doctor le puso una inyección.

La enfermera les habló por teléfono a sus hijos.

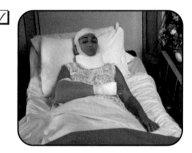

Nos explicaron cómo está Adriana.

Video
CD-ROM

Audio
CD-ROM

B. ¿Te diste cuenta? Pon los siguientes eventos en orden cronológico, del uno al seis.

_____2_____ a. Santiago llamó a los chicos.

_____1_____ b. Adriana tuvo un accidente.

_____5_____ c. El doctor les dijo a los chicos que Adriana tiene una fractura en el brazo.

_____6_____ d. Adriana tiene que quedarse en el hospital toda la noche.

_____4_____ e. Los chicos van al hospital.

_____3_____ f. Santiago le explicó a Sofía que Adriana tuvo un accidente.

B and C. You may ask students to read the sentences in exercises B and C before they watch or listen to the Escena a second time.

Video Synopsis. When Wayne arrives, Sofía asks him what he bought at the mall. Before Wayne can explain himself, Emilio, who is on the phone, tells the other characters that Adriana had an accident and was taken to the hospital. At the hospital, the doctor tells them how Adriana is and what they have done for her.

Video
CD-ROM

Audio
CD-ROM

C. ¿Quién lo hizo? Identifica las actividades que se relacionan con Wayne (**W**), Adriana (**A**), Sofía (**S**) o el doctor (**D**).

_____A_____ 1. Tiene mucho dolor.

_____S_____ 2. Le pidió al doctor más información.

_____A_____ 3. Se fracturó el brazo.

_____D_____ 4. Le puso una inyección a Adriana.

_____A_____ 5. No regresa a casa esta noche.

_____W_____ 6. Le pide perdón a Sofía.

> **Cultura a lo vivo**
> En la cultura hispana, es común que cuando alguna persona requiere hospitalización, los amigos y la familia del enfermo pasen días enteros en el hospital. También es común que los miembros de la familia se turnen para pasar las noches en el hospital durante la convalescencia del enfermo. El cuidar a los enfermos, incluyendo a los ancianos, es responsabilidad de toda la familia.

Práctica adicional	
 Cuaderno de tareas WB pp.235–236, A–C	Video CD-ROM Episodio 24

Para comunicarnos mejor

Gramática

Saying what you do/did for others
• Indirect object pronouns

In **Episodio 11**, you used the indirect object pronouns **me** and **te** to express what people do for you using the verbs **ayudar, dar, mandar, pedir prestado**, and **prestar**.

> Mi mejor amiga **me ayuda** con mi tarea.
> **Me dan** vacaciones en el verano.

Later, in **Episodio 19**, you learned to use indirect object pronouns with verbs that express interests and preferences.

> **A** Ana Mari **le encanta** salir a divertirse.
> **A** Ramón y a Wayne **les gusta** jugar al fútbol los domingos.
> **¡Me molestan** los animales dentro de la casa!

In this lesson, you are going to use the same pronouns to talk about things that you and others do for someone else.

> **¡Fíjate!**
> Be sure to review the verbs in **Primera parte**, page 263 and **Segunda parte**, page 97.

In the conversation, you heard these following statements.

Sofía, no quería **decirte** mentiras, pero…	_Sofía, I didn't want to lie to you, but…_
Le dimos unas pastillas para el dolor.	_We gave her some pills for the pain._
El doctor **nos explicó** que…	_The doctor explained to us that…_

Gramática 1. Review the conjugations of these verbs and ask students personalized questions like: ¿Te dan regalos el día de tu cumpleaños? ¿Y tú, qué les das a tus familiares? ¿Les prestas dinero cuando lo necesitan? ¿Les ofreces ayuda cuando la necesitan? ¿A quiénes les pides consejos cuando tienes problemas?

1. Use the indirect object pronouns **me, te, le, nos, os,** and **les** to talk about doing something *to* or *for* someone else, with the following verbs.

Para hablar de las cosas que haces por otros		
dar	*(to give)*	El doctor **les da** medicinas a los pacientes.
decir	*(to say)*	Siempre **les dice** la verdad sobre su condición.
enseñar a	*(to teach/to show)*	Mi papá **nos enseñó** a manejar.
entregar	*(to turn in)*	No pueden **entregarme** la tarea tarde.
explicar	*(to explain)*	Ahora la enfermera **me está explicando** el problema.
llevar	*(to take)*	Mi esposo **me llevó** flores al hospital.
mandar	*(to send)*	¿A ti **te mandan** flores también?
ofrecer*	*(to offer)*	Siempre **le ofrezco** ayuda cuando está enferma.
pedir (e ➝ i)	*(to ask for)*	Los pacientes **le piden** consejos al enfermero.
prometer	*(to promise)*	**Nos prometiste** llegar antes de las seis.
traer	*(to bring)*	¿**Os traigo** algo de la cafetería?

*ofrecer ➝ **ofrezco, ofreces, ofrece, ofrecemos, ofrecéis, ofrecen**

2. The pronoun **os** refers to **vosotros. Os voy a explicar (a vosotros) cómo fue el accidente.**

3. Notice that in the first example, **El doctor les da medicinas a los pacientes**, the subject (**el doctor**) agrees with the verb (**da**), and the indirect object pronoun (**les**) corresponds to the indirect object (**a los pacientes**).

El doctor **les** da medicinas **a los pacientes**.

4. In the second example, **Siempre les dice la verdad sobre su condición**, there is no need to repeat **a los pacientes**, but the pronoun **les** cannot be omitted.

5. Remember that, like other object pronouns, the indirect object pronouns are placed before a conjugated verb or attached to the second verb; add an accent to the second verb to maintain the original stress.

Nos está diciendo mentiras. } *He is lying to us.*
Está diciéndo**nos** mentiras.

PRÁCTICA

A. En la clase de español. Primero escribe con qué frecuencia pasan estas cosas en tu clase de español. Usa **siempre, con frecuencia, a veces** o **(casi) nunca**. Después compara tus respuestas con las de tu compañero/a para ver si son iguales. Answers will vary.

¿Con qué frecuencia?

1. El/La profesor(a) nos explica la gramática. _____
2. Le pido ayuda a mi profesor(a) con la tarea. _____
3. Mis compañeros me enseñan su tarea. _____
4. Mis compañeros me hablan en español. _____
5. Mis compañeros me piden ayuda. _____
6. Yo les pido ayuda a mis compañeros. _____
7. El/La profesor(a) te da tarea. _____
8. Le pides permiso para entregarla tarde. _____

B. ¿Eras un(a) buen(a) niño/a?

Parte 1. Indica si hacías o no las siguientes cosas cuando estabas en la primaria. Answers will vary.

	Cierto	Falso
1. A veces me peleaba con mis hermanos.	☐	☐
2. Siempre les prestaba mis juguetes a mis amigos.	☐	☐
3. Casi nunca le ayudaba a mi mamá a limpiar la casa.	☐	☐
4. Les prometía portarme bien a mis maestros.	☐	☐
5. Siempre les decía la verdad a mis papás.	☐	☐
6. Mi mamá me enseñaba muchas cosas.	☐	☐

Parte 2. Cambia las oraciones de la **Parte 1** a preguntas y entrevista a un(a) compañero/a.

> **Modelo**
> —¿A veces te peleabas con tus hermanos?
> —Sí, me peleaba con mi hermano menor. ¿Y tú?
> —Yo era la menor y mi hermano me molestaba
> mucho, pero no nos peleábamos.

¡Fíjate!
Be sure to use the imperfect to describe what you used to do.

C. Las reflexiones de Adriana.

Ahora que Adriana tiene que estar en cama, tiene tiempo para reflexionar sobre las cosas que su familia y amigos hicieron por ella mientras estaba en el hospital. Completa las oraciones con el pronombre apropiado.

> **Modelo**   Santiago **les** preparó la comida a los niños.

1. Mis amigos son muy buenos; ___me___ ayudaron mucho cuando tuve el accidente.
2. Sofía ___le___ explicó a Viviana cómo fue el accidente.
3. Wayne ___les___ ofreció a mis hijos cocinar.
4. Manolo ___me___ llevó flores al hospital.
5. Ana Mari ___nos___ trajo unos videos a mí y a mis hijos.
6. Y tus amigos, ¿___te___ ayudan también?

¡Fíjate!
Be sure to use the indirect object pronoun **(les)** that corresponds to the indirect object **(a los niños)**.

D. ¿A quién necesitas más?

Habla con un(a) compañero/a para descubrir a quién necesitas más en tu vida. Hagan preguntas según el modelo y decidan quién(es) es/son la(s) persona(s) más importante(s) en sus vidas. Answers will vary.

> **Modelo**   pedir dinero prestado
> —¿A quién le pides dinero prestado?
> —A mi mamá generalmente. ¿Y tú?
> —No le pido dinero prestado a nadie.

1. entregar la tarea
2. ofrecer tu ayuda
3. mandar correo electrónico
4. escribir cartas de amor

5. decir que lo/a
   quieres mucho
6. prestar tu coche

7. dar un regalo el día de
   San Valentín
8. contar tus problemas

E. ¿Cómo les correspondes? Imagina que estas personas hacen las siguientes cosas por ti. ¿Cómo les correspondes tú? ¿Qué haces tú para demostrarles *(show)* tu agradecimiento *(appreciation)*? Después comparte las respuestas con tu compañero/a. Answers will vary.

Modelo	Mi mamá me hace mi comida favorita. **Pues yo no le hago su comida favorita porque no sé cocinar, pero la llevo a cenar el Día de las Madres y el día de su cumpleaños.**

1. Mi papá me presta dinero cuando no tengo.

_____

_____

2. Mis amigos me llaman y me invitan a salir.

_____

_____

3. Mis abuelos me mandan regalos de cumpleaños.

_____

_____

4. Mi profesor(a) me explica la gramática otra vez en su oficina.

_____

_____

5. Mi novio/a/esposo/a frecuentemente me dice que me quiere y me necesita.

_____

_____

6. Mi mejor amigo/a me ofrece su ayuda, pero también me pide consejos.

_____

_____

> **¡Fíjate!**
>
> Notice how both the direct **(la)** and indirect **(le)** object pronouns were used. Review the verbs on **Primera parte**, page 263. The verbs **dejar, invitar, llamar, llevar, ayudar, querer**, etc. use direct object pronouns, but the verbs **contar, dar, mandar, pagar, pedir prestado, prestar**, etc. usually use indirect object pronouns.

Instructor's Resource
• IRM: Additional Activities

Additional Activity. See the IRM for an additional activity to practice indirect object pronouns.

F. Los regalos para la clase. Escribe a quién le vas a regalar las siguientes cosas. Piensa bien porque no hay regalos para todos en la clase. Después comparte con la clase tus decisiones. Answers will vary.

Modelo	el último CD de Shakira —**Le voy a regalar el último CD de Shakira a Marvin. Marvin, ¿tú qué me vas a regalar?** —**Te voy a regalar un suéter porque nunca traes uno.**

1. el último CD de Shakira _____

2. un suéter _____

3. un perfume _____

4. una mochila nueva _____

5. una maleta _____

6. una pluma elegante _____

7. unos lentes de sol _____

8. una corbata _____

9. un perro _____

10. un reloj _____

11. un certificado de 20 dólares _____

12. un calendario _____

G. Las personas importantes en mi vida. Escribe sobre las cosas que haces por las personas importantes en tu vida para demostrarles (*show them*) cuánto los quieres. Puedes incluir las cosas que les dices o explicas, las cosas que les das/prestas/ofreces/prometes, las situaciones en que los ayudas y/o los lugares adonde los llevas o invitas.   Answers will vary.

Modelo	Mi hija es importante para mí; por eso, me gusta estar con ella y ayudarla en lo que puedo. Todas las mañanas le preparo el desayuno. Después de la escuela, si no entiende su tarea le explico los problemas pacientemente. Los fines de semana, le compro ropa y la llevo al cine. Y por supuesto, siempre le digo que la quiero mucho.

H. Los compañeros de cuarto.

Parte 1. Vas a escuchar un programa de radio. Antes de escuchar, lee las siguientes quejas (*complaints*) que presentan algunas personas sobre sus compañeros de cuarto. Indica con un número el orden de gravedad (*seriousness*): (5) la peor, (1) no es tan grave.   Answers will vary.

_____ 1. Mi compañero de cuarto siempre me decía mentiras.

_____ 2. Mi compañero de cuarto me pagaba tarde e incompleto su parte de los gastos (*expenses*).

_____ 3. Mi compañero de cuarto les prestaba mis cosas a sus amigos.

_____ 4. Mi compañera de cuarto nunca lavaba los platos ni me ayudaba con los quehaceres de la casa.

_____ 5. Los amigos de mi compañera de cuarto siempre estaban en casa escuchando música y hablando por teléfono.

Parte 2. Ahora escucha el programa de radio dedicado a las experiencias con compañeros de cuarto. Después de escuchar los comentarios acerca de Sergio, Jorge y Sabrina, escribe las cosas positivas y las negativas de estos compañeros de cuarto.

Compañero/a de cuarto	Cosas positivas	Cosas negativas
Sergio	Tenía memoria fotográfica y sacaba notas excelentes.	Miraba la tele todas las noches con sus amigos, dejaban toda la basura tirada y hacían ruido hasta las dos de la mañana.
Jorge	Trabajaba constantemente, era responsable, le mandaba dinero a su familia.	Nunca hacía nada en casa, su familia tenía problemas económicos y no pagaba sus gastos.
Sabrina	Nada.	Se acostaba en la sala, le molestaba si alguien llamaba por teléfono o alguien llegaba de visita, se quejaba del ruido y entre semana pasaba la aspiradora a medianoche.

Práctica adicional

Cuaderno de tareas
WB pp.236–240, D–K
LM pp.241–242, A–C

Actividades comunicativas

A. Sopa de palabras.

Instrucciones para **Estudiante 1**

Primero escribe oraciones lógicas usando todas las palabras. La primera y la última palabra ya están en su lugar. Después léele tus oraciones a tu compañero/a para verificar las respuestas. Si tiene errores, ayúdalo/la a encontrarlos, pero no le des la respuesta correcta inmediatamente.

> **Modelo**
>
> **Sofía** a llevaron le y flores Wayne **Adriana**.
> **Sofía y Wayne le llevaron flores a Adriana.**

En el hospital

1. **El** una le inyección puso médico a **Adriana.**

   El médico le puso una inyección a Adriana.

2. **La** muy dijo su enfermera que mamá nos estaba no **enferma.**

   La enfermera nos dijo que su mamá no estaba muy enferma.

3. **A** dolía pastillas me la mí me dieron mucho unas porque **cabeza.**

   A mí me dieron unas pastillas porque me dolía mucho la cabeza.

4. **¿Y** visita cuando ti, quién el en estás te a **hospital?**

   ¿Y a ti, quién te visita cuando estás en el hospital?

5. **Cuando** enfermos, compraba mamá les niños su estaban los **juguetes.**

   Cuando los niños estaban enfermos, su mamá les compraba juguetes.

Las respuestas de tu compañero/a:
1. Mi amiga Mary me habla de su novio en la clase de español.
2. El consejero les da buenos consejos a los estudiantes.
3. La profesora nos dice que necesitamos estudiar todos los días.
4. ¿Y tu profesor, te explica bien la gramática?
5. Mis compañeros le hacen muchas preguntas a la profesora.

A. Sopa de palabras.

Instrucciones para Estudiante 2

Primero escribe oraciones lógicas usando todas las palabras. La primera y la última palabra ya están en su lugar. Después léele tus oraciones a tu compañero/a para verificar las respuestas. Si tiene errores, ayúdalo/la a encontrarlos, pero no le des la respuesta correcta inmediatamente.

> **Modelo**
>
> El les López explica la profesor **tarea.**
> **El profesor López les explica la tarea.**

En la universidad

1. **Mi** me clase su Mary habla amiga de en la novio de **español.**

   Mi amiga Mary me habla de su novio en la clase de español.

2. **El** consejos les los buenos a consejero da **estudiantes.**

   El consejero les da buenos consejos a los estudiantes.

3. **La** necesitamos nos que dice todos profesora los estudiar **días.**

   La profesora nos dice que necesitamos estudiar todos los días.

4. **¿Y** te bien tu la profesor, explica **gramática?**

   ¿Y tu profesor, te explica bien la gramática?

5. **Mis** preguntas le a la hacen compañeros muchas **profesora.**

   Mis compañeros le hacen muchas preguntas a la profesora.

Las respuestas de tu compañero/a:
1. El médico le puso una inyección a Adriana.
2. La enfermera nos dijo que su mamá no estaba muy enferma.
3. A mí me dieron unas pastillas porque me dolía mucho la cabeza.
4. ¿Y a ti, quién te visita cuando estás en el hospital?
5. Cuando los niños estaban enfermos, su mamá les compraba juguetes.

B. En la oficina.

Instrucciones para **Estudiante 1**

Tu compañero/a y tú trabajan en una oficina. Su jefe dividió *(divided)* entre los dos la lista de tareas *(tasks)* para esta semana. Pregunta a tu compañero/a si hizo sus tareas o cuándo las va a hacer. Marca *(mark)* las tareas que hizo. Tú empiezas.

Modelo	—¿Le diste el cheque a la secretaria?

B. Go over the instructions as a class before students begin the activity.

Para preguntar:

☐ 1. dar el cheque ⟶ la secretaria

☑ 2. escibir la carta ⟶ los contadores

☑ 3. mandar el fax ⟶ el Sr. López

☐ 4. llevar los contratos ⟶ los abogados

☑ 5. hablar por teléfono ⟶ la Sra. Centelles

Cuando te pregunte, dile a tu compañero/a las tareas que hiciste y las que vas a hacer durante la semana.

Modelo	Sí, les pedí el programa a los distribuidores el jueves.

¡Fíjate!

Remember to use the preterit when you mention the tasks you have completed and the future construction (**voy a...**) when you mention the tasks you will do later.

Por hacer:

6. pedir el programa⟶ los distribuidores   jueves

7. explicar el problema ⟶ los gerentes   lunes

8. comprar el papel para la copiadora ⟶ a ti   hacer mañana

9. prestar la computadora ⟶ Alfredo   miércoles

10. mandar el proyecto ⟶ los Sres. Fuentes   hacer el viernes

B. En la oficina.

Instrucciones para Estudiante 2

Tu compañero/a y tú trabajan en una oficina. Su jefe dividió *(divided)* entre los dos la lista de tareas *(tasks)* para esta semana. Tu compañero/a te va a preguntar si hiciste tus tareas o cuándo las vas a hacer. Tu compañero/a empieza.

¡Fíjate!

Remember to use the preterit when you mention the tasks you have completed and the future construction **(voy a...)** when you mention the tasks you will do later.

| Modelo | —¿Le diste el cheque a la secretaria? |
| | —Todavía no, hoy le voy a dar el cheque a la secretaria. |

Por hacer:

1. dar el cheque ⟶ la secretaria   hacer hoy

2. escribir la carta ⟶ los contadores   lunes

3. mandar el fax ⟶ el Sr. López   martes

4. llevar los contratos ⟶ los abogados   hacer hoy

5. hablar por teléfono ⟶ la Sra. Centelles miércoles

Ahora pregunta a tu compañero/a si hizo las siguientes tareas o cuándo las va a hacer. Marca las tareas que hizo.

| Modelo | —¿Les pediste el programa a los distribuidores? |

Para preguntar:

☑ 6. pedir el programa ⟶ los distribuidores

☑ 7. explicar el problema ⟶ los gerentes

☐ 8. comprar el papel para la fotocopiadora ⟶ a ti

☑ 9. prestar la computadora ⟶ Alfredo

☐ 10. mandar el proyecto ⟶ los Sres. Fuentes

C. La encuesta dice... Esta actividad es similar al programa Family Feud. En grupos de cuatro personas, escriban las cinco respuestas que ustedes crean que son las más comunes. Tu profesor(a) tiene las respuestas correctas.   Answers will vary.

C. Have students complete this activity in groups of four. Ask each group to write their answers on the board. Read the following answers aloud so students can correct theirs. Repeat the process three times. You may want to make a transparency with the answers, and uncover the answers one by one after different groups read their responses aloud.

1. Las cosas que un buen hijo debe hacer por sus padres.

Modelo

Un buen hijo **no les promete hacer cosas que no piensa hacer.**

¡Fíjate!

Remember to use the direct object pronouns (**lo, los, la, las**) and the indirect object pronouns (**le, les**) appropriately.

Un buen hijo...

a. no les dice mentiras.

b. los obedece.

c. se porta bien.

d. no les da problemas.

e. les ofrece su ayuda.

2. Las cosas que hace un buen doctor por sus pacientes.

Modelo

Un buen doctor **les dice la verdad sobre su condición.**

Un buen doctor...

a. les explica los problemas.

b. les da muchas opciones.

c. les da consejos.

d. los llama inmediatamente.

e. los visita todos los días cuando están en el hospital.

3. Las cosas que hace un chico para conquistar el corazón de una chica.

Modelo   Un chico **le lleva flores a su casa.**

Un chico...

a. le habla por teléfono.

b. le presenta a sus papás.

c. le compra cosas.

d. la escucha.

e. le pide consejos o su opinión.

La correspondencia

El correo: La vida de Rigoberta Menchú. Lee el artículo que escribió Ana Mari para el periódico del Club Latino sobre la vida de una activista indígena guatemalteca.

Rigoberta Menchú es una activista indígena guatemalteca. Ella lucha *(fights)* por los derechos humanos *(human rights)* de los indígenas de su país. En 1982 recibió el Premio Nobel de la Paz.

Reading Strategy: Moving into, through, and beyond a reading selection

Effective readers pass through three phases when making sense of a text—getting *into* it, moving *through* it, and moving *beyond* it.

Good readers get *into* a text by familiarizing themselves with its content. You have learned to preview a selection by looking at the pictures, reading the captions, skimming titles and subtitles, scanning for important information, and linking what you know about the topic with what you are trying to learn.

When moving *through* a selection, effective readers carry on an "internal dialogue" with the text—asking and answering questions that uncover the main ideas and the supporting details. They determine their purpose for reading and use context and cognates to understand the parts of the text they need to accomplish their purpose.

When moving *beyond* a selection, effective readers apply the lessons learned in the text. In the **En papel** activities of the textbook, you have used reading selections as models to move beyond the reading selection.

Getting **into** *the text*	Read the title of the selection. Examine the photograph above and read the caption, focusing on the key words: **activista, indígena, guatemalteca, Premio Nobel de la Paz**. Scan the text for cognates related to these words. Skim the six paragraphs looking for the key ideas in each. Identify the key ideas *(in English)* below:

Párrafo 1 _____

Párrafo 2 _____

Párrafo 3 _____

Párrafo 4 _____

Párrafo 5 _____

Párrafo 6 _____

Moving **through** *the text*	1. What do you think the reading is going to be about? 2. What do you know about the topic? 3. What do you expect to learn by reading the selection? When reading, answer the questions that appear next to the text in the student annotations. These questions model the "interior dialogue"—the questions and answers that effective readers use to understand the relationships among the ideas.

La vida de Rigoberta Menchú
Por Ana Mari Robledo

Moving **through**
the text.

¿Cómo era la
niñez de Ana
Mari?

¿Cómo es la
niñez para
millones
de personas?

¿De qué habla
Rigoberta en su
libro?

¿Quiénes son
los blancos en
Guatemala?

¿Qué crees que
le va a pasar a
Rigoberta en las
plantaciones?

¿Por qué crees
que no les
permitían a los
indígenas saber
adónde iban a
trabajar?

¿Cómo eran las
condiciones de
vida en las
plantaciones?

¿Por qué crees
que sólo les
daban de comer
a los que
recogían la
cosecha?

Cuando pienso en mi niñez, sólo tengo buenos recuerdos. Era una época en la que mis hermanos y yo no teníamos ni preocupaciones ni obligaciones. Todo era juegos y diversiones. Sin embargo, hay millones de personas para quienes los recuerdos de su niñez están llenos de momentos tristes, tiempos difíciles, semanas de desesperación, meses de hambre, años de trabajo y una vida de miseria e injusticia.

Ése es el caso de Rigoberta Menchú Tum, de su familia y de su gente. En su libro, *Me llamo Rigoberta Menchú, y así me nació la conciencia*, Rigoberta cuenta la historia de su vida. Habla de su niñez, de las costumbres de su pueblo quiché, de la muerte de varios de sus hermanos, de su padre y de su madre. Habla también del trabajo en las plantaciones de café, caña[1] y algodón,[2] de su contacto con los blancos y de la vida en la aldea[3] de su comunidad en las montañas de Guatemala.

Rigoberta nos cuenta con una simplicidad conmovedora[4] de cuando iban a las plantaciones. Llegaban los camiones[5] de las plantaciones a recogerlos, metían a 30 ó 40 hombres, mujeres y niños en los camiones y cubrían[6] el camión con una lona,[7] así que nunca sabían por dónde iban ni dónde estaban. En las plantaciones, dormían 400 personas en una casa sin paredes.[8] La familia de Rigoberta trabajaba en la plantación. Rigoberta ayudaba a su mamá a recoger café, caña o algodón, a cuidar a sus hermanitos menores, a preparar la comida, a buscar leña[9] y a cualquier otra actividad necesaria.

En las plantaciones les daban de comer tortillas y frijoles, pero sólo a los que recogían la cosecha;[10] los niños pequeños comían de las porciones de sus papás. Muchos niñitos morían de desnutrición o intoxicados[11] por la fumigación que hacían por avión mientras la gente recogía la cosecha. Un hermanito de Rigoberta murió a los dos años de edad por falta de comida y otro murió de intoxicación. Rigoberta cuenta que cuando murió su hermanito en la plantación, les cobraron medicinas que no le habían dado al niño, les cobraron por enterrarlo[12] y los despidieron[13] sin pagarles el mes que habían trabajado.

Sin embargo, según cuenta Rigoberta, no todo era tristeza. Ella recuerda con alegría los meses que pasaban en su aldea, cultivando su milpa[14] y conviviendo con las personas de su comunidad. Las chicas de la edad de Rigoberta se divertían conversando, se sentaban a tejer,[15] iban por agua, lavaban la ropa, se subían a los árboles y cuidaban a sus animales (cada chica de la comunidad recibía, al cumplir los 10 años, algunos animales que ella tenía que cuidar, alimentar y pasear).

En 1980, después de los asesinatos de casi todos los miembros de su familia por las autoridades guatemaltecas, Rigoberta huyó[16] a México. Ahí aprendió a hablar español a los 20 años de edad y se dedicó a exponer internacionalmente el genocidio cometido contra los indígenas de su país. Gracias a su activismo y pacifismo, Rigoberta logró la atención de varias asociaciones internacionales hacia la defensa de los derechos de los indígenas. Por sus esfuerzos,[17] Rigoberta recibió el Premio Nobel de la Paz a los 33 años, siendo la primera mujer indígena que lo recibe y la más joven.

¿Por qué fumigaban
mientras la gente
recogía la cosecha?

¿Qué les pasó a
Rigoberta y a su
familia cuando murió
uno de los
hermanitos?

¿Qué recuerdos
alegres tiene
Rigoberta?

¿Dónde y por qué
aprendió Rigoberta a
hablar español a los
20 años de edad?

[1]*sugar cane*   [2]*cotton*   [3]*village*   [4]*moving*   [5] *trucks*   [6]*covered*   [7]*canvas*   [8]*walls*   [9]*firewood*   [10]*crops*
[11] *poisoned*   [12]**les...** *They were charged to bury him*   [13] *fired*   [14]*cornfield*   [15]*to knit*   [16]*fled*   [17] *efforts*

En papel: Un(a) líder en la comunidad o en tu vida personal.

Moving **beyond** *the text*

Tienes que escribir un breve artículo informativo en español sobre la vida y los logros (*achievements*) de una persona que es o fue líder de la comunidad o una inspiración para ti en tu vida personal. Puedes elegir (*choose*) a alguien que conoces personalmente o a una persona conocida local, nacional o internacionalmente. Incluye tu opinión en el artículo. Usa las siguientes preguntas para organizar tus ideas. Trata de contestarlas todas. Prepárate para leer tu artículo frente a la clase.

1. Infancia

  a. **Vida familiar**

    ¿Dónde nació? ¿Era grande o pequeña la familia? ¿Eran pobres o ricos?
    ¿En qué trabajaban? ¿Qué tipo de problemas tenía la familia?

  b. **Condiciones sociales importantes**

    ¿Dónde vivían? ¿En el campo o la cuidad? ¿Había problemas
    sociales, raciales, económicos o políticos?

2. Adultez

  a. **Logros**

    ¿Qué hizo? ¿Con quiénes? ¿Cómo reaccionó la sociedad
    (o la familia)?
    ¿Qué logró (*accomplished*)? ¿Por qué fue importante eso?

  b. **Actividades actuales/Muerte**

    ¿Cuándo murió (*did this person die*)?/¿Qué hace ahora?
    ¿Qué importancia tiene su activismo para su comunidad/su país/el mundo (*world*)?
    ¿Cómo afectó tu vida?

> **¡Fíjate!**
> Be sure to write your outline in Spanish! Remember that when you have finished writing, you will need to check that the verb forms you have chosen are appropriate.

Invitación a **Guatemala**

Del álbum de
Ana Marí

Se conoce a Guatemala como el país de la "eterna primavera" por su clima templado todo el año. Su gente es el reflejo de sus antepasados mayas. Esta avanzada cultura, además de utilizar el cero en sus cálculos matemáticos, eran extraordinarios astrónomos, contaban con un calendario más exacto que el que se usaba en Europa en la misma época y fueron los creadores de una de las obras más extraordinarias de la literatura mesoamericana: el *Popol Vuh*.

Práctica adicional

Website
vistahigher
learning.com

Video
CD-ROM

Audio
CD-ROM

¡A ver de nuevo!

Parte 1. Mira el video otra vez o escucha la conversación de **Escenas de la vida** para hacer un resumen de lo que pasó. Usa las siguientes preguntas para organizar tu resumen.

Instructor's Resources
• VHS Video
• Worktext CD
• IRM: Videoscript

- ¿Dónde estaban los chicos?
- ¿Qué le pasó a Adriana y cómo está?
- ¿Qué le hicieron en el hospital?

Parte 2. Ahora trabaja con un(a) compañero/a para comparar la información y añadir lo que te haya faltado.

Práctica adicional		
Cuaderno de tareas WB p.240, L LM p.242, A–B	Audio CD-ROM Episodio 24	Website vistahigher learning.com

Vocabulario del Episodio 24

Instructor's Resources
• Testing program
• Website

Verbos que usan el pronombre indirecto

dar	*to give*	**mandar**	*to send*
decir	*to say*	**ofrecer**	*to offer*
decir mentiras	*to lie*	**pedir (e → i)**	*to ask for*
enseñar a	*to teach; to show*	**prometer**	*to promise*
entregar	*to turn something in*	**traer**	*to bring*
explicar	*to explain*		
llevar	*to take*		

Vocabulario para repasar

Primera parte, Episodio 11, página 263.
Segunda parte, Episodio 19, página 97.

Vocabulario personal

Escribe todo el vocabulario que necesitas saber para hablar de las cosas que haces por tus seres queridos *(loved ones).*

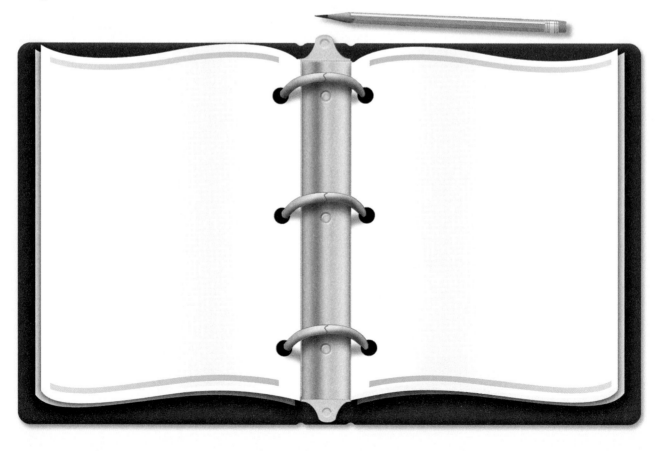

¡A escribir!

Episodio 24

Escenas de la vida: El accidente

Video
CD-ROM

A. ¡A ver cuánto entendiste! See how much of the **Escena** you understood by matching the Spanish phrases with their English equivalents.

1. Ramón metió la pata.

__b__ 1. Perdón, fue sin querer.

__d__ 2. No quería decirte mentiras.

__a__ 3. Le dijiste, ¿verdad?

__c__ 4. ¿Qué compraste en el centro comercial?

a. You told her, right?

b. Sorry, I didn't mean to.

c. What did you buy at the shopping center?

d. I didn't want to lie to you.

2. ¿Cómo está Adriana?

__g__ 5. ¿Nos podría dar más información?

__h__ 6. Llevaron a Adriana al hospital.

__e__ 7. Quieren tenerla ahí toda la noche.

__f__ 8. Le dimos una pastilla para el dolor.

e. They want her to spend the night there.

f. We gave her a pain killer.

g. Could you give us more information?

h. They took Adriana to the hospital.

Video
CD-ROM

B. En el hospital. Use the words in the box to complete the conversation with the doctor at the hospital.

descanse	fractura	le dimos	piden	descansando
observación	nos	entregarme	accidente	mano

Emilio   ¡Adriana tuvo un (1) _____accidente_____!

Sofía   Doctor, (2) ¿_____nos_____ puede dar más información?

Doctor   La señora ahora está (3) _____descansando_____.

Sofía   ¿Cómo está?

Doctor   Tiene una (4) _____fractura_____ en el brazo, una herida profunda en la (5) _____mano_____ y está conmocionada; por eso, queremos tenerla en (6) _____observación_____ hasta mañana. (7) _____Le dimos_____ una inyección para que (8) _____descanse_____.

Video
CD-ROM

C. Un resumen. Use the following questions to write a summary of what happened in this episode.

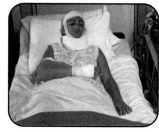

1. ¿Qué le pasó a Adriana?
2. ¿Adónde la llevaron?
3. ¿Con quién hablan los chicos?
4. ¿Qué se lastimó Adriana?

Adriana tuvo un accidente, la llevaron al hospital. Los chicos hablan con el doctor. Adriana tiene una fractura en el brazo, una herida

profunda en la mano y está conmocionada.

_____

_____

_____

_____

_____

_____

_____

Gramática 1

Saying what you do/did for others
• Indirect object pronouns

D. ¿Qué hace tu profesor(a)? Say what things your professor does or doesn't do for you and your classmates. Make up two more for each column. Answers will vary.

Modelo	hablar en español	pedir dinero
	Sí, nos habla en español.	**No nos pide dinero.**

dar actividades divertidas
pedir hablar en español
explicar la cultura
cantar canciones en español

regalar dulces
pedir la tarea
traer comida caribeña
leer poemas

_____   _____

_____   _____

_____   _____

_____   _____

E. ¿Para quién es? Write the appropriate indirect object pronoun, then re-write the statement changing the pronoun to its other possible position.

> **Modelo**
>
> ¿**Te** puedo hacer una pregunta? (a ti)
> ¿**Puedo hacerte una pregunta?**

1. __Te__ voy a dar un regalo muy bonito. (a ti)
   Voy a darte un regalo muy bonito. _____.

2. Mañana __le__ voy a comprar el vestido para el baile a Viviana.
   Mañana voy a comprarle el vestido para el baile a Viviana. _____.

3. Doctor, ¿qué __nos__ puede decir de Adriana? (a nosotros)
   Doctor, ¿qué puede decirnos de Adriana? _____.

4. __Les__ estoy escribiendo a mis tíos en España.
   Estoy escribiéndoles a mis tíos en España. _____.

5. __Me__ va a traer un gatito. (a mí)
   Va a traerme un gatito. _____.

F. Un día de descanso. Write what the characters do on their day off. Use the indirect object pronouns.

> **Modelo**
>
> hablar por teléfono/a mis padres
> Yo **les hablo por teléfono a mis padres.**

1. escribir poemas/a su esposa
   Emilio le escribe poemas a su esposa. _____

2. mandar tarjetas de cumpleaños/a sus amigos
   Sofía les manda tarjetas de cumpleaños a sus amigos. _____

3. ofrecer café/a mi mamá y a mí
   Adriana nos ofrece café a mi mamá y a mí. _____

4. poner agua/a las plantas
   Yo le pongo agua a las plantas. _____

5. comprar ropa/a ti
   Tu mamá te compra ropa. _____

6. explicar cómo armar un cochecito/a sus nietos
   El abuelo les explica cómo armar un cochecito a sus nietos. _____

G. Los vecinos de Adriana. Adriana's neighbors just had a baby and they need a lot of help from Adriana. Complete the paragraph using indirect object pronouns.

Bill y Marina acaban de tener un bebé. Como casi todos los padres primerizos *(first-timers)*, dedican todo su tiempo y energía al bebé. Tienen la casa llena de juguetes, pues (1) _____le compran_____ (comprar) todo lo que ven en las tiendas. Marina llama a Adriana casi todos los días para (2) _____pedirle consejos_____ (pedir consejos), pues sabe que Adriana tiene bastante experiencia en cuestión de bebés. Adriana (3) _____le explica_____ (explicar) a Marina qué tiene que (4) _____darle_____ (dar) al bebé cuando tiene cólico, cómo (5) _____sacarle_____ (sacar) el aire, cuándo bañarlo, etc. Adriana (6) _____les regaló_____ (regalar-*preterit*) a Bill y Marina una colección de libritos, y todas las noches, Bill (7) _____le lee_____ (leer) al bebé historias, mientras Marina (8) _____le prepara_____ (preparar) la leche. Varias veces durante la noche, Bill y Marina se levantan cuando el bebé empieza a llorar, y mientras Bill (9) _____le cambia_____ (cambiar) el pañal *(diaper)*, Marina (10) _____le da_____ (dar) la leche. Pobres, duermen muy poco y están cansados, pero felices.

H. ¿Cómo te portabas?

Parte 1. Answer the following questions about how you behaved towards your parents when you were sixteen years old. Be honest! Answers will vary.

1. ¿Les decías mentiras a tus padres con frecuencia? _____
2. ¿Les ofrecías ayuda con los quehaceres? _____
3. ¿Les dabas regalos el día de su cumpleaños? _____
4. ¿Les prometías portarte bien? ¿Cumplías (*Did you keep*) tus promesas? _____

_____
5. ¿Te peleabas con ellos? ¿Por qué? _____
6. ¿Les ponías atención a sus consejos? _____
7. ¿Cuándo les pedías dinero? _____

Parte 2. ¿Y ahora? Answer the same questions, with respect to your behavior now. How is your behavior today different from when you were sixteen?

_____
_____
_____
_____
_____
_____

I. En la familia. Complete the sentences using indirect object pronouns and the verbs indicated.

> **Modelo**   Mis hermanos **les piden** (pedir) consejos a mis padres.

1. Mi hermana _____le pide_____ (pedir) ayuda a mi mamá cuando tiene problemas.
2. Mi papá _____les presta_____ (prestar) dinero a mis hermanos mayores.
3. Mis abuelos _____nos dan_____ (dar) regalos (a nosotros).
4. Yo _____les mando_____ (mandar) tarjetas a mis abuelos.
5. Nuestros primos nunca _____nos escriben_____ (escribir) cartas (a nosotros).
6. Santiaguito _____le promete_____ (prometer) a mi mamá no decir más mentiras.
7. Mis amigos siempre _____me invitan_____ (invitar) a fiestas (a mí).
8. Mis compañeros _____me explican_____ (explicar) la tarea cuando no la entiendo.

J. ¿Y cómo se portaban tus padres?

Parte 1. Reflect back on how your parents treated you when you were fifteen. Answer honestly. Answers will vary.

1. ¿Tus padres te llevaban a lugares interesantes? ¿A cuáles?

   _____

   _____

2. ¿Te compraban muchos juguetes cuando eras niño/a? ¿Cuáles eran tus juguetes favoritos?

   _____

   _____

3. ¿Te castigaban con frecuencia? ¿Por qué sí o por qué no?

   _____

   _____

4. ¿Te daban dinero cada semana? ¿Cuánto?

   _____

   _____

5. ¿Te dejaban acostarte tarde o dormir en casa de tus amigos/as?

   _____

   _____

Parte 2. ¿Y ahora? Write the things they still do for you now and those they no longer do.

   _____

   _____

   _____

   _____

K. Lo bueno y lo malo. Indicate what happened in each drawing.

Modelo

Le dio un beso.

1. Le trajo/llevó flores. _____

2. Le llamó por teléfono. _____

3. Le ofreció/dio/sirvió comida. _____

4. Les quitaron las bicicletas. _____

5. Le dio de comer al gato. _____

6. Le dio un regalo. _____

Para terminar

L. En español, por favor. First translate the questions. Then answer them in Spanish.

1. Who lends you money? _____

   ¿Quién te presta dinero? _____

2. To whom do you lend money? _____

   ¿A quién le prestas dinero? _____

3. Who sent you an e-mail last week? _____

   ¿Quién te escribió un correo electrónico la semana pasada? _____

4. To whom did you send an e-mail? _____

   ¿A quién le escribiste un correo electrónico? _____

5. Who used to read you stories **(cuentos)**? _____

   ¿Quién te leía cuentos? _____

6. Do you read stories to someone now? _____

   ¿Le lees cuentos a alguien ahora? _____

¡A escuchar!

Episodio 24

Comprensión

Audio
CD-ROM

A. En el hospital. Señora Barriga has brought her son Tito, who is very ill, to the hospital. As you listen to the doctor's conversation with Tito's mother, complete the printed form. You will hear the conversation twice.

Nombre del paciente: Tito Barriga

Problemas médicos:
1. Tiene una infección de estómago. .
2. Está mareado. .
3. Tiene fiebre de ciento dos grados. .

Medicamentos:
1. Inyección para el dolor y la fiebre. .
2. Antibiótico. .

Instrucciones del doctor: Necesita quedarse en el hospital hasta mañana. .

Audio
CD-ROM

B. ¿Le dije o me dijo?

Parte 1. Who did what to whom? You will hear Sofía describe five actions she and Wayne did to or for each other. If Sofía received the action from Wayne, write the number of the action next to her picture. If Wayne received the action from Sofía, write the number of the action next to his picture. You will hear the statements twice.

 Sofía ___2, 4, 5___

 Wayne ___1, 3___

Parte 2. You will now hear Ramón talking about five things that he and his sister Ana Mari did to or for one another. If Ramón received the action from Ana Mari, write the number of the action next to his picture. If Ana Mari received the action from Ramón, write the number of the action next to her picture. You will hear the statements twice.

 Ramón ___2, 3, 4___

 Ana Mari ___1, 5___

Audio
CD-ROM

C. Permíteme explicarte. Lalo's parents are angry, and he has some explaining to do. Listen to Lalo as he explains himself to his mother and select the best answer to each question. You will hear the conversation twice.

1. ¿Qué les pidió Lalo a sus padres?
   - a. dinero
   - b. un boleto para el cine
   - (c.) permiso para salir

2. ¿Les dijo Lalo una mentira a sus padres?
   - a. sí
   - (b.) no

Lalo

3. ¿Qué les prometió Lalo a sus padres?
   - (a.) que iba a volver temprano
   - b. que no iba a una fiesta
   - c. que iba a salir con su hermana

4. ¿Por qué no volvió antes de la medianoche?
   - a. Se durmió en la fiesta.
   - b. Se enfermó.
   - (c.) El carro no tenía gasolina.

Mamá

5. ¿Por qué no pudo llamar Lalo a sus padres?
   - a. porque no había teléfono en la fiesta
   - (b.) porque era muy tarde y no quería despertarlos
   - c. porque no sabía su número de teléfono

6. En fin, ¿qué le hicieron sus padres a Lalo?
   - a. Lo castigaron.
   - (b.) Nada.
   - c. Le dijeron "buenas noches".

Más escenas de la vida

On their way to visit Adriana in the hospital, Ana Mari, Manolo, and Sofía run into Adriana's husband, Santiago. Listen to their conversation, and then complete activities **A** and **B**. You will hear the conversation twice.

Audio
CD-ROM

A. Todos te ayudamos. Write what each character is going to do for Adriana, according to the conversation.

1. Sofía: Le va a explicar todo lo que aprendieron en la clase de cálculo y le va a prestar su cuaderno.

2. Ana Mari: Le va a ayudar con la clase de contabilidad.

3. Manolo: Le puede llevar medicinas a su casa.

Audio
CD-ROM

B. Responde. Write the answers to the following questions.

1. ¿Por qué está preocupada Adriana? Está preocupada por sus clases.

2. ¿Qué clase tomó Ana Mari el semestre pasado? Tomó contabilidad.

3. ¿Qué piensa Santiago de los amigos de Adriana? Piensa que ellos sí son buenos amigos.

4. ¿Qué piensa Sofía de Santiago? Piensa que es muy agradable.

5. ¿Y que dice de los hombres? Dice que por qué son tan machistas si pueden ser tan buenos.

6. ¿Qué le dice Ana Mari a Sofía? Le dice que Santiago la va a oír.

Episodio 25

Escenas de la vida: El choque

Video
CD-ROM

A. ¡Mira cuánto puedes entender! Mira el video o escucha la conversación para saber cómo fue el accidente de Adriana. Selecciona las ilustraciones correctas.

Audio
CD-ROM

Instructor's Resources
- Overheads
- VHS Video
- Worktext CD
- Website
- **IRM:** Videoscript, Comprehensible input

Cuando llegué al hospital no me dolía nada.

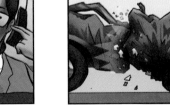

Estábamos esperándola para cenar cuando nos llamaron del hospital.

Salí de casa corriendo porque ya eran las cuatro y cuarto.

Cuando llegué al semáforo, me di cuenta de que no tenía gasolina.

A. Introduce the expression **darse cuenta** and its definition *to realize*. Show students that, with their knowledge of reflexive verbs and the verb **dar**, they should feel comfortable using this expression.

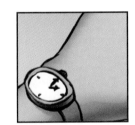

Cuando llegué al semáforo una bicicleta me pegó en la puerta.

Estaba llamándolos por teléfono, cuando sentí un golpe por atrás.

Video Synopsis. Sofía and Wayne visit Adriana in the hospital. She describes how she is feeling and how the accident occurred. Adriana confesses that she feels she is to blame for the accident, since she was talking on the phone. Wayne tells her not to admit anything.

Video
CD-ROM

B. ¿Te diste cuenta? Escucha la conversación otra vez para indicar el orden cronológico, del uno al seis, de lo que le pasó a Adriana.

Audio
CD-ROM

___3___ a. Estaba llamando por teléfono a los chicos cuando otro coche le pegó por atrás.

___6___ b. Llegó la ambulancia y llevó a Adriana al hospital.

___4___ c. El impacto la empujó a la intersección.

___1___ d. Adriana salió de casa de prisa (*in a hurry*) porque ya era tarde.

___2___ e. Se dio cuenta de que el coche no tenía gasolina.

___5___ f. El coche que venía cruzando la intersección también chocó con ella.

Video
CD-ROM

C. ¿Qué pasó? Escucha la conversación de **Escenas de la vida** para contestar las preguntas.

Audio
CD-ROM

1. ¿Cuántos coches le pegaron a Adriana? ¿Cómo? _____

   Dos coches le pegaron. Uno le pegó por atrás y el golpe la empujó a la intersección. Un coche que iba pasando también le pegó.

   _____

2. ¿Por qué cree Wayne que el coche iba a exceso de velocidad (*speeding*)? _____

   El golpe fue muy fuerte.

3. ¿Quién piensa Adriana que tiene la culpa? ¿Por qué? ¿Quién piensas tú que tiene la

   culpa? ¿Por qué? _____

   Piensa que ella tiene la culpa por no poner atención al hablar por teléfono.

4. ¿Qué tiempo hacía y qué ropa llevaban los conductores? _____

   Hacía mucho calor y una de las conductoras llevaba una blusa azul.

5. ¿Qué consejos le da Wayne a Adriana? _____

   Wayne le dice que no acepte nada.

C. You may wish to ask the following questions to deepen students' understanding of the content of the **Escena**: ¿Cómo fue el accidente de Adriana? ¿Qué recuerda Adriana del accidente? ¿Quién está investigando si los otros coches tienen seguro? ¿Por qué dice Adriana que fue su culpa? ¿Qué consejos le da Wayne? En tu opinión, ¿quién tuvo la culpa?

Cultura a lo vivo. You may ask students to read several sentences and then check for comprehension by asking questions like: ¿Cómo es el tráfico? ¿Cuándo fueron construidas estas ciudades? ¿Por qué hay tantos problemas de tráfico? ¿Cómo se portan los motoristas en las calles? ¿Cómo tratan de mejorar la circulación en las ciudades superpobladas? ¿Cómo son los servicios de transporte público?

Cultura a lo vivo

El tráfico en las grandes ciudades hispanas es caótico y pesado.[1] Esto se debe, en parte, a que la mayoría de las grandes ciudades en Latinoamérica fueron construidas en los siglos XVI y XVII, y en siglos anteriores en España; por eso, las calles del centro y de los viejos distritos comerciales son estrechas[2] y parecen ir en todas direcciones. Cualquier persona que visite estas ciudades notará que los conductores parecen ignorar las indicaciones de tránsito (y a menudo a la policía), manejan a toda velocidad, se estacionan en doble fila,[3] tocan el claxon,[4] se insultan, circulan en sentido contrario[5] y pasan a otros coches por donde no deben.

La mayoría de estas ciudades ha hecho tremendos esfuerzos por mejorar la circulación dentro de las ciudades al ensanchar[6] calles y construir avenidas y autopistas modernas. Además tienen excelentes servicios de transporte público: metros,[7] una extensa red de autobuses urbanos, tranvías,[8] taxis y colectivos. Algunas ciudades con severos problemas de tráfico y contaminación, como la Ciudad de México, han establecido control de circulación de vehículos, al prohibir la circulación de coches en determinados días de acuerdo al número de la placa.[9]

[1]*heavy* [2]*narrow* [3]*double-park* [4]*horn* [5]*the wrong way* [6]*by widening* [7]*subways* [8]*trolleys* [9]*license plate*

Learning Strategy: Improving your speaking and writing abilities

Although listening and reading are essential to communication, most students consider speaking to be the most important skill they need to master in another language. In contrast, many instructors tend to emphasize writing, since it makes students focus on details of the language, often minimized when they speak. As with listening and reading, your ability to speak and write will increase as you find opportunities to use Spanish outside class. Use the following strategies to improve your speaking performance:

- When speaking Spanish with classmates or others, find ways to express yourself creatively, using the vocabulary and structures you have learned.
- Speak in paragraph format, using words and phrases like **primero, después, luego, porque, por eso,** and **por fin** to link and simplify your descriptions and explanations.
- Practice speaking Spanish in a variety of situations.
- Whenever possible, incorporate into your speech the things you hear or read. When you communicate with native speakers, pay close attention to what they say and how they respond to you.

Práctica adicional	
Cuaderno de tareas WB pp.261–262, A–C	Video CD-ROM Episodio 25

Para comunicarnos mejor

Gramática 1

Describing experiences and events in the past
- **Using the preterit, the imperfect, and the past progressive**

You have used the preterit to refer to actions and events that occurred within a particular period of time using words and expressions such as **ayer, esta mañana, la semana pasada, el mes pasado, una vez,** and **durante cinco años.**

Ayer, Adriana **tuvo** un accidente.	*Yesterday, Adriana had an accident.*
Esta mañana, Sofía **se dio cuenta** de que Wayne le **dijo** una mentira.	*This morning, Sofía realized that Wayne lied to her.*
El coche que le **pegó** a Adriana ayer **tuvo** la culpa.	*The car that hit Adriana yesterday was at fault.*

¡Fíjate!

To review the preterit, see pages 37 and 118 of this book. To review the imperfect, see page 167. To review the past progressive, see pages 196 and 197.

You have learned to use the imperfect to describe what people and things were like and to tell what you used to do, together with words and expressions such as **siempre, con frecuencia, todos los días, cada año,** and **de niño/a.**

De niña, Sofía **era** muy traviesa.	*As a child, Sofía was very mischievous.*
Su cuarto siempre **estaba** desordenado.	*Her room was always a mess.*
Jugaba con su hermano.	*She used to play with her brother.*

Three elements can narrate and describe an experience or an event in the past:
- what happened (main events)
- conditions surrounding the event
- actions that were on-going as the event occurred

In Spanish, each of the above elements requires the use of a different past tense conjugation: the preterit, the imperfect, or the past progressive.

1. When you describe *what happened,* you present the main actions and events.

Tuve un accidente; un carro me pegó por atrás; me llevaron al hospital; me rompí un brazo.	*I had an accident; a car hit me from from behind; they took me to the hospital; I broke my arm.*

> (**The preterit is used to tell what happened.**)

2. When you talk about the conditions surrounding the events, you describe the background information, such as the time of day, weather, feelings, moods, and conditions.

Era tarde; tenía prisa; mi carro no tenía gasolina; había mucho tráfico; estaba algo molesta.	*It was late; I was in a hurry; my car didn't have gas; there was a lot of traffic; I was a bit upset.*

> (**The imperfect sets the scene by describing people, moods, places, and the situation in which the events occurred.**)

3. When you talk about actions that were in progress at the time of the event, you describe what was going on and what people were doing.

Te estábamos llamando por teléfono...	*We were calling you on the phone...*
te estábamos esperando para cenar...	*we were waiting for you for dinner...*

> (**The past progressive is used for on-going actions.**)

Study these statements from the **Escenas de la vida** in which Adriana and Sofía talk about the accident. Notice how they use the preterit, the imperfect, and the past progressive as they talk about the events, the details, and what was going on before, during and after Adriana's car accident.

a. **Salí de casa corriendo** porque **ya eran las seis y cuarto.**
   (main event)   (background information-time)
   I left home in a rush because it was already a quarter past six.

b. **Estaba llamándolos por teléfono...**cuando de repente, **un golpe me empujó por atrás.**
   (on-going action)   (main event)
   I was calling you on the phone...when all of a sudden an impact pushed me from behind.

c. Cuando **llegué al hospital, no me dolía nada.**
         (main event)   (background information-physical condition)
   When I got to the hospital, nothing was hurting me.

d. Cuando **choqué hacía mucho calor; una de las conductoras llevaba una blusa azul.**
             (background information-weather)   (background information)
   When I crashed it was very hot; one of the drivers was wearing a blue shirt.

PRÁCTICA

A. ¿Acción principal o información adicional? Underline the phrases containing
verbs that refer to main actions. Circle the phrases that refer to background information.

A. After students circle
and underline you may
want to put some of the
statements in Spanish.

> **Modelo**
>
> Yesterday <u>I didn't go to work</u> because (I wasn't feeling well)
> That's why <u>I called the doctor</u> and <u>went to see him</u>.

1. Last year <u>I won</u> the lottery. I (was watching) the news when they <u>announced</u> the numbers.
2. When (I was ten) years old, <u>I learned</u> how to swim. One day <u>I went to</u> visit my aunt. She (had a) pool. Her daughter (was playing in) the backyard with the dog, and <u>she fell into</u> the pool. <u>I saved her</u>. My (parents were very proud) of me.
3. (It was five) o'clock and (I was coming) home from work. (I was driving down) L Street. I (was drinking) hot chocolate because (it was very) cold. All of a sudden, a cat <u>ran across</u> the street. <u>I swerved to</u> avoid it, but <u>I couldn't</u>. That's why <u>I hit the</u> traffic light.

B. ¿Cierto o falso? Indica si los comentarios son **ciertos** o **falsos** para ti. Si son falsos,
escribe una oración cierta.   Answers will vary.

> **Modelo**
>
> Hacía frío esta mañana cuando me levanté.
> **Falso. Estaba nublado pero no hacía frío cuando
> me levanté.**

	Cierto	Falso
1. Eran las ocho de la mañana cuando llegué a la universidad.	☐	☐
2. Tenía diez años cuando aprendí a nadar.	☐	☐
3. Estaba lloviendo cuando me acosté anoche.	☐	☐
4. Mi maestra de primero de primaria era muy bonita.	☐	☐
5. La casa donde yo vivía a los catorce años tenía cuatro cuartos y tres baños.	☐	☐
6. El mes pasado fui al doctor porque me dolía mucho la garganta.	☐	☐
7. Estaba jugando tenis cuando me torcí el tobillo *(sprained my ankle)*.	☐	☐

C. Mi viaje a Perú.

Parte 1. En **Episodio 17** (página 49), leíste un breve artículo sobre el viaje de Ana Maria a Perú. Ella describe los eventos que ocurrieron (adónde fue, qué hizo y qué le pasó). Esta vez, Ana Mari añadió más información, en azul. ¿Qué tipo de información añadió? ¿Qué tiempo usó?

C. You may wish to guide students in analyzing the use of past tenses to enhance Ana Mari's article. Read both versions of the article with students, trying to have students analyze what kind of information was added, and why the imperfect/progressive were used. Have them answer questions which focus on either a sequence of events or details and background information surrounding those events.

El año pasado fui a Perú con mi familia. **Era la primera vez que viajábamos todos juntos y estábamos felices y emocionados.** Fue un viaje interesante y muy educativo. Nos gustó mucho el país, la gente, la comida y especialmente la ciudad de Lima, con sus edificios coloniales y amplias avenidas. Lima, la capital de Perú, fue una de las ciudades más bellas durante la época colonial. Llegamos a Lima el 23 de julio. **Eran las seis de la mañana y estábamos muy cansados; habíamos volado toda la noche.** Nos quedamos ahí tres días. Visitamos todos los museos y lugares turísticos. Compré artesanías y joyería de plata. Allá las cosas cuestan la mitad de precio que en Estados Unidos.

Lo mejor de todo nuestro viaje fue la excursión arqueológica que hicimos a varias zonas incas de Perú y Bolivia. El cuarto día, nos levantamos a las cinco de la mañana para tomar el tren a Cuzco. **Hacía mucho frío, llevábamos suéteres, chaquetas y pantalones largos.** Tomamos un taxi a la estación de tren; **el taxista estaba un poco molesto porque éramos muchos y todos queríamos ir en el mismo taxi. Perdimos tanto tiempo discutiendo con el taxista que** cuando llegamos a la estación el tren ya había salido. Así que tuvimos que esperar tres horas para tomar el siguiente tren. **Nos dolía la cabeza y teníamos mucha hambre, pero por suerte vendían comida en la estación. Una señora estaba vendiendo dulce de leche y todos le compramos y nos lo comimos de inmediato. Era muy parecido a la cajeta mexicana.**

Visitamos Cuzco (capital del imperio inca); vimos la ciudad-fortaleza de Machu Picchu, la fortaleza de Sacsahuamán (lo que quedó de ella); el Templo del Sol y la famosa Puerta del Sol. Seis días después regresamos a Lima para tomar el avión de regreso a casa. ¡Fueron las mejores vacaciones de mi vida! **Yo quería quedarme una semana más, pero ya no tenía más dinero. Cuando tomé el avión de regreso a casa me sentía triste de dejar ese país tan bonito. Sin embargo, mis hermanitos ya tenían ganas de regresar a casa.** Aprendí, compré y me divertí muchísimo con toda mi familia. Hay cosas muy interesantes acerca de la cultura y el imperio inca. Puedes leer más acerca de ellos en la Red.

Parte 2. Responde a las preguntas.

1. ¿Adónde fue Ana Mari?

   Fue a Perú.

2. ¿Por qué estaban emocionados?

   Era la primera vez que viajaban juntos.

3. ¿Cuándo llegaron?

   Llegaron el 23 de julio.

4. ¿Qué hora era cuando llegaron?

   Eran las seis de la mañana.

5. ¿Cuánto tiempo se quedaron en Lima?

   Se quedaron en Lima tres días.

6. ¿Qué fue lo mejor de su viaje?

   Lo mejor fue la excursión arqueológica.

7. ¿Por qué llevaban ropa de invierno para ir a Cuzco?

   Hacía mucho frío.

8. ¿Por qué estaba molesto el taxista?

   Eran muchos y querían ir en el mismo taxi.

9. ¿Qué pasó en la estación de tren?

   Tuvieron que esperar tres horas.

10. ¿Cómo se sentían en la estación?

    Les dolía la cabeza y tenían hambre.

11. ¿Qué vieron en la excursión?

    Vieron Cuzco, Machu Picchu, Sacsahuamán, el Templo del Sol y la Puerta del Sol.

12. ¿Por qué se sentía un poco triste ?

    Se sentía triste de dejar un país tan bonito.

D. Algunos incidentes. Usa las ilustraciones y las frases para describir la historia de lo que pasó. Usa tu imaginación y agrega los detalles necesarios.

Instructor's
Resources
• Overheads
• IRM: Additional
  Activities

Additional Activities.
See the Instructor's
Resource Manual
for materials for an
activity to practice the
preterit, the imperfect,
and the past progressive.

Modelo

Recuerdo que hacer mucho calor ese día/estar en el semáforo hablando por teléfono/sentir un golpe: un coche pegarme por atrás/alguien llamar a la ambulancia/ dolerme mucho todo el cuerpo/no poderme mover.

Recuerdo que hacía mucho calor. Yo iba en mi coche y estaba en el semáforo hablando por teléfono cuando sentí un golpe: un coche me pegó por atrás. Alguien llamó a una ambulancia porque me dolía todo el cuerpo y no me podía mover.

1. ¡Ay, perdón!

ser un sábado por la tarde/andar en bicicleta cerca de la playa/ver a un chico/ser muy guapo/llevar un traje de baño muy pequeño/perder el control/chocar con el carrito de los helados.

Era un sábado por la tarde. Una chica andaba en bicicleta cerca de la playa cuando vio a un chico. Era muy guapo y llevaba un traje de baño muy pequeño. Perdió el control y chocó con el carrito de los helados.

2. Un día de Halloween

ser Halloween/ser de noche/estar oscuro/los niños salir a pedir dulces/caminar a una casa/ver a un monstruo/tener cabeza de calabaza *(pumpkin)*/llevar una capa negra/los niños sentir mucho miedo/empezar a correr como locos/nadie ver que el monstruo ser un perro/que también querer comer dulces.

Era Halloween, era de noche y estaba oscuro. Los niños salieron a pedir dulces; caminaban a una casa cuando vieron un monstruo

que tenía cabeza de calabaza y llevaba una capa negra. Los niños sintieron mucho miedo y empezaron a correr como locos; nadie vio

que el monstruo era un perro que también quería comer dulces.

_____

_____

_____

3. De campamento

Mi familia y yo estar de campamento en Yellowstone/ser las cinco de la tarde/hacer fresco/mi esposa y yo hacer la cena/estar mirando a nuestro hijo/ hacer gimnasia y bailar unos minutos antes de cenar/de repente empezar a llorar y gritar/nosotros no entender qué pasar/por fin oír un gruñido *(growl)*/y al darnos la vuelta *(turn around)*/ darnos cuenta de que un oso llevarse toda nuestra comida/quedarnos sin cenar esa noche.

Mi familia y yo estábamos de campamento en Yellowstone. Eran las cinco de la tarde y hacía fresco. Mi esposa y yo hacíamos la

cena. Estábamos mirando a nuestro hijo hacer gimnasia y bailar unos minutos antes de cenar, cuando de repente empezó a llorar y

gritar. No entendíamos qué pasaba; por fin oímos un gruñido y al darnos vuelta nos dimos cuenta de que un oso se llevaba toda

nuestra comida. Nos quedamos sin cenar esa noche.

_____

_____

_____

E. Más detalles. Usa la composición de la página 122 (práctica G, parte 2) para añadirle *(to add)* más detalles y más información *(background information)*. Por ejemplo, describe cómo te sentías, qué tiempo hacía y cómo eran los lugares / casas / fiestas a las que fuiste. Escribe la información que vas a añadir. Después habla con un(a) compañero/a para compararla. Answers will vary.

F. Tus vacaciones. Usa la composición de tus últimas vacaciones de la página 124 para añadirle *(to add)* más detalles y más información *(background information)*. Por ejemplo, describe cómo te sentías, qué tiempo hacía y cómo eran los lugares que conociste. Answers will vary.

Invitación a **Estados Unidos**

Del álbum de
Ana Marí

En Estados Unidos, cada vez son más las escritoras de origen hispano que van abriendo un mercado y ganando un público tanto hispano como anglosajón. Cristina García, autora cubanoamericana de *Las hermanas Agüero* y editora de *Cubanísimo*; Julia Álvarez, de origen dominicano (nacida en Nueva York), autora de *How the García girsl lost their accents* y *En el nombre de Salomé*; y Esmeralda Santiago, escritora puertorriqueña, quien aparece en la foto, autora de *Cuando era puertorriqueña* y *Almost a woman*. Estas escritoras son ganadoras *(winners)* de diferentes premios literarios y están enriqueciendo la literatura estadounidense, con ese toque latino femenino que habla de la familia, de la identidad, de las tradiciones y, en la mayoría de casos, de las condiciones sociales y políticas de sus países de origen.

Práctica adicional

Website
vistahigher
learning.com

G. El cine latinoamericano.

Parte 1. Lee la siguiente reseña *(review)* para contestar las preguntas y analizar el uso del pretérito y el imperfecto.

1. ¿Cuál es la diferencia entre el cine comercial y el cine de arte en español? _____
   El cine de arte se hace para informar, para hablar por aquéllos que no pueden hacerlo, para hacernos pensar y cuestionarnos.

2. ¿Por qué Tita no podía casarse ni tener hijos? Tenía que cuidar a su mamá.

3. ¿Con quién se casó Pedro, el novio de Tita? Se casó con Rosaura, la hermana mayor de Tita.

4. ¿Cómo expresaba Tita sus sentimientos? Tita expresaba sus sentimientos a través de la comida.

G. You may ask students to read several sentences and then check for comprehension by asking questions like: ¿Cuáles películas latinoamericanas se mencionan en el artículo? ¿Qué quiere decir *La historia oficial, Yo, la peor de todas, Rojo amanecer y Amores perros?* ¿Qué época representa *Como agua para chocolate?* ¿Qué hacían las chicas para pasar el tiempo? ¿Con quién se casa Rosaura? ¿Qué es lo interesante de la comida de Tita?

El cine latinoamericano de hoy

El cine de arte en español, a diferencia del cine comercial, no se hace sólo para divertir o entretener al público; se hace para informar, para hablar por aquéllos que no pueden hacerlo, para hacernos pensar y cuestionarnos sobre los temas que presentan. Algunas de estas películas son *La historia oficial, Yo, la peor de todas, Rojo amanecer* y *Amores perros.*

Un ejemplo de este tipo de cine es *Como agua para chocolate* que resalta[1] el papel de la sociedad, las costumbres familiares y la intolerancia de una época.

Como agua para chocolate
Esta película cuenta la historia de una familia del norte del país en la época de la Revolución mexicana (1910–1920). La vida de tres hermanas y su mamá en la hacienda transcurre[2] como todas las de la región. Las chicas cocinaban, cosían, bordaban y tejían.[3] Mamá Elena supervisaba las labores con mano y voluntad de hierro.[4]

Tita (la hermana menor) y Pedro, un muchacho del pueblo, se enamoraron y querían casarse, pero según la tradición de la familia, Tita, por ser la menor, no podía casarse ni tener hijos nunca porque tenía que cuidar a su mamá hasta que ella muriera.

Mamá Elena le dice a Pedro que no se puede casar con Tita, pero que su hija mayor está disponible[5]. Entonces la hermana mayor, Rosaura, se casó con el novio de Tita y se quedaron a vivir en la casa de Mamá Elena. Así comienza una vida de frustración, tristeza y rebeldía para Tita.

El control inflexible que Mamá Elena tenía sobre Tita (y sobre toda la familia) hacía que ella expresara sus sentimientos a través de la comida. Lo interesante es que las personas que comían la comida que Tita preparaba sentían lo mismo que ella sentía al prepararla.

---

[1]*highlights* [2]*passes* [3]*sewed, embroidered, and knitted* [4]*with an iron fist and will* [5]*available*

Parte 2. Subraya el pretérito y encierra en un círculo el imperfecto. Discute con un compañero/a por qué usaron cada tiempo.

Práctica adicional	
Cuaderno de tareas WB pp.262–265, D–H LM pp.267–268, A–C	Audio CD-ROM Episodio 25

¡Fíjate!

Watch movies in Spanish! You will improve your vocabulary and your listening comprehension skills enormously. Try visiting the foreign film section of your local videostore or library, and ask your instructor for suggestions.

Actividades comunicativas

A. Submarino. Dibuja cinco submarinos en tu tablero. El objetivo es encontrar los submarinos de tu compañero/a. Para hacerlo, necesitas hacerle preguntas usando una ilustración de cada columna. Answers will vary. **A.** Point out to students that this **Submarino** does not have a specific subject for the different combinations; they may use **tú** or **ustedes** (if you have a group of three).

> **Modelo** —¿Te dolía la cabeza cuando te levantaste?
> —Sí, me dolía la cabeza. *(If there is a submarine in that box.)*
> o
> —No, no me dolía. *(If there is not a submarine in that box.)*

Escribe **sí** o **no** en tu tablero, según las respuestas de tu compañero/a para determinar dónde están sus submarinos. El/la primer(a) estudiante que encuentre todos los submarinos de su compañero/a gana.

¡Fíjate!

Remember to use the imperfect or past progressive with description of moods, weather or on-going actions. Use the preterit for the main events.

B. Una cita inolvidable.

Instrucciones para Estudiante 1

Parte 1. Primero, examina todos los dibujos antes de contarle a tu compañero/a lo que te pasó en una cita. Inventa los detalles necesarios. El vocabulario a continuación puede ser útil. Answers will vary.

¡Fíjate!

Remember to use the imperfect to refer to on-going actions and to give background information and the conditions surrounding the event, such as the time, the weather, clothing.

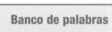

Banco de palabras

llegar tarde al teatro
to arrive late at the theater

descomponerse
to break down

no tener reservaciones
not to have a reservation

hacer cola
to stand in line

doler los pies
to have sore feet

Parte 2. Ahora, escucha lo que le pasó a tu compañero/a en su cita. Contesta las siguientes preguntas. Pídele más detalles o información si es necesario.

1. ¿Adónde fueron? <u>Fueron a una corrida de toros.</u>

2. ¿Qué les pasó? <u>Él se enfermó.</u>

3. ¿Qué tiempo hacía? <u>Answers will vary.</u>

4. ¿Qué ropa llevaban? <u>Ella llevaba una camiseta negra con un corazón rojo en el pecho y jeans, él</u>
   <u>llevaba camisa morada y jeans.</u>

5. ¿Se divirtieron? ¿Por qué? <u>Ella sí, pero él no, porque se enfermó y no pudo comer nada.</u>

B. Una cita inolvidable.

Instrucciones para Estudiante 2

Parte 1. Primero, escucha lo que le pasó a tu compañero/a en su cita y contesta las siguientes preguntas. Pídele más detalles o información si es necesario.

1. ¿Adónde fueron? Fueron al teatro y a cenar.

2. ¿Qué les pasó? Se descompuso el coche y llegaron tarde al teatro.

3. ¿Qué tiempo hacía? Hacía frío/fresco.

4. ¿Qué ropa llevaban? Ella llevaba un vestido negro y zapatos negros de tacón, él llevaba un traje gris, camisa blanca y corbata gris.

5. ¿Se divirtieron? ¿Por qué? Answers will vary.

Parte 2. Ahora, examina todos los dibujos antes de contarle a tu compañero/a lo que te pasó a ti en tu cita. Inventa los detalles necesarios. El vocabulario a continuación puede ser útil.

¡Fíjate!

Remember to use the imperfect to refer to on-going actions and to give background information and the conditions surrounding the event, such as the time, the weather, clothing.

Banco de palabras

el torero
bullfighter

la corrida de toros
the bullfight

C. Los extraterrestres. Tienen que escribir un cuento *(short story)* para niños. La historia es sobre dos extraterrestres que no les gustaba su planeta y vinieron a la Tierra *(earth)*. Tienen que describir cómo era su planeta, cómo eran ellos, por qué se fueron de su planeta y qué les pasó cuando vinieron a la Tierra. Ilustren su historia y den todos los detalles *(details)* que puedan. Pueden trabajar en grupos de tres. Prepárense para leer su cuento frente a la clase.

Empiecen su cuento con: **Había una vez...** Answers will vary.

C. Students may work with a partner. Have them read their story to the class.

Banco de palabras	
aterrizar *to land*	**caerse** *to fall*
despegar *to take off*	**los extraterrestres** *aliens*
la nave espacial *space ship*	**el planeta** *planet*

La correspondencia

El correo: Un trágico evento. Lee el artículo sobre Costas, un profesor de Ingeniería de la Universidad Estatal de San Diego, quien cambió *(changed)* la vida de muchas personas. Después, responde a las preguntas.

Les voy a contar la historia del amor de mi vida. No es una historia de amor feliz; es una historia de amor dulce, pero inconcluso, una tragedia que dejó mis sueños frustrados y mis emociones paralizadas.

Costas, mi gran amor, nació en Atenas, Grecia en 1960. Era un niño lindo, super activo y curioso. Tenía un hermano mayor al que adoraba, juntos hacían travesuras y jugaban, estudiaban y se divertían. Podemos decir que tuvo una niñez normal y tranquila hasta que cumplió 12 años. Ese año su papá dejó[1] a la familia en Atenas para irse a Estados Unidos a buscar una mejor vida.

Su madre, muy triste y desolada por el viaje de su esposo, quedó sola y deprimida. A partir de ese momento la situación económica y emocional en casa de Costas cambió[2] drásticamente: se terminaron los cumpleaños, los regalos y las invitaciones de los amigos. Su mamá no quería que nadie le preguntara cosas ni darles explicaciones a los vecinos, así que prefirió aislarse[3] y vivir sola. Aunque

Costas le escribía a su papá con frecuencia y él les prometía que muy pronto todos iban a estar juntos otra vez, la tristeza de su mamá hizo que empezara a resentir la ausencia de su papá.

Cada año que pasaba, mi angelito se volvía más serio, más introvertido y más estudioso. En su interior se sentía culpable de tener deseos de divertirse o salir con amigos y hacer las cosas normales que hacen los adolescentes. Sentía que era injusto que él se divirtiera mientras que su mamá sufría. Se decía a sí mismo[4] que él tenía que estudiar mucho, hacer una carrera y triunfar económicamente porque él nunca abandonaría a su familia ni en las peores de las circunstancias.

Cuando terminó la carrera de Ingeniería civil en Grecia, fue aceptado para hacer un doctorado en la Universidad Estatal de Columbia, en Nueva York. Por fin, diez años después vivirían otra vez todos juntos. Los años del doctorado fueron difíciles. Tuvo que estudiar y dedicarse a la escuela. Casi nunca salía a divertirse porque no quería distraerse. Siempre se decía que cuando ya fuera profesor empezaría a disfrutar la vida.[5]

El sueño de Costas se hizo realidad cuando en el verano del 1986, a sus escasos veintiséis años, recibió su doctorado y le ofrecieron trabajo en la Universidad Estatal de San Diego. Fue ahí donde lo conocí. Yo era estudiante de maestría y daba dos clases de español en la universidad. Costas se hizo un excelente profesor. Sus estudiantes lo querían porque siempre los ayudaba. Estaba en su oficina trabajando ocho y diez horas al día, con la puerta siempre abierta para sus alumnos. Siempre sonreía[6] y trataba de buscar las cosas buenas de las personas. En unos años, el profesor de la sonrisa angelical fue nombrado el mejor profesor del año.

Mi amor por Costas fue a primera vista. Un día lo vi escribiendo muy serio en su oficina y me dije a mí misma: este profesor va a ser para mí. Desde el principio me explicó que para él lo más importante era su carrera y establecerse económicamente. No quería casarse[7] ni tener una relación muy seria hasta no lograr sus metas.[8] Y así fue, salimos juntos más de seis años: viajamos y conocimos lugares nuevos. Me fascinaba que Costas disfrutaba todo: desde dar un paseo por el parque, comer algo diferente, visitar un museo, hasta ver una película en la casa o hacer juntos la cena. Tenía un corazón y una sonrisa de niño.

Nos casamos siete años después del día que lo vi en su oficina por primera vez. Pasamos una luna de miel de película; aunque Costas nació en Europa, nunca había salido de Grecia. Por eso visitamos Italia, España, Inglaterra y dos islas griegas que Costas no conocía. Tres años después compramos la casa donde nuestros hijos crecerían y vivirían una vida feliz con una mamá y un papá siempre presentes.

Cuando nació nuestra hija Sofía, casi se vuelve loco de felicidad. Era un papá excepcional. Le fascinaba ayudarme a cambiar pañales,[9] a darle de comer, o a ponerla a dormir. Los dos trabajábamos, así que nos turnábamos para atender y cuidar a nuestra linda hijita. A veces me sorprendía tanto que este doctor en ingeniería aeroespacial, profesor, investigador, autor de muchos artículos y ganador de becas[10] de mucho dinero para investigar, disfrutara tanto jugar, darle de comer y estar con su bebita. Todo iba tan bien...

El 15 de agosto de 1996, Costas le dio el desayuno a Sofía temprano, le puso un

alegre vestido de girasoles amarillos, me dio un beso y me dijo muy orgulloso: "Sofula[11] y yo nos vamos a misa". Se veían tan felices juntos, que saqué la cámara y les tomé una fotografía. Una fotografía que unas horas después me haría llorar, sufrir, gritar y recordar. Una fotografía que dejó plasmada en mi memoria la última vez que vi a mi querido amor con vida.[12]

Cinco horas después de este inolvidable momento, mientras nuestra pequeñita dormía, Costas fue asesinado en un frío laboratorio de la universidad. Un alumno mató a los tres profesores que le iban a aprobar su tesis. A los tres profesores que lo habían ayudado a terminar la maestría y que lo habían apoyado y guiado.[13]

De alguna manera siento que Costas sabía que tal vez no estaría mucho tiempo con nosotros. Es la única manera de entender por qué él siempre daba todo lo bueno, por qué disfrutaba cada momento como si fuera el último y por qué nos amaba tanto a Sofía y a mí: como si se le acabara el tiempo...[14]

---

[1]*left behind*   [2]*changed*   [3]*isolate*   [4]*told himself*   [5]*enjoy life*   [6]*smile*   [7]*to get married*   [8]*reach his goals*   [9]*change diapers*
[10]*grant winner*   [11]*Greek diminutive for "Sofía"*   [12]*alive*   [13]*supported and guided*   [14]*as if he were running out of time*

1. ¿Cómo fue la niñez de Costas?

Tuvo una niñez normal y tranquila hasta que cumplió doce años.

2. ¿Por qué fue a Nueva York?

Fue para hacer un doctorado y vivir junto con sus papás.

3. ¿Qué quería hacer Costas antes de casarse?

Quería establecerse económicamente y lograr sus metas.

4. ¿Qué tipo de papá era?

Era un papá excepcional.

5. ¿Qué importancia tiene la fotografía de Costas con su hija?

Fue la última vez que su esposa lo vio con vida.

6. ¿Por qué es importante vivir cada día como si fuera (as if it were) el último?

Answers will vary.

En papel: Un evento importante en tu vida. Escribe la narración de un evento importante en tu vida: una boda (wedding), una graduación, un accidente, un cumpleaños, etc.

Video
CD-ROM

¡A ver de nuevo!

Parte 1. Escucha la conversación de **Escenas de la vida** para hacer un resumen de lo que pasó.

Audio
CD-ROM

 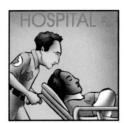

**Instructor's
Resources**
• VHS Video
• Worktext CD
• IRM: Videoscript

Parte 2. Ahora trabaja con un(a) compañero/a para comparar la información y añadir lo que te haya faltado.

Práctica adicional		
Cuaderno de tareas WB p. 266, I LM p. 268, A–B	Audio CD-ROM Episodio 25	Website vistahigher learning.com

Vocabulario del Episodio 25

Vocabulario nuevo

culpa	*fault*
darse cuenta	*to realize*
de repente	*suddenly, all of the sudden*
empujar	*to push*
el golpe	*bump, blow, dent*
pegarle por atrás	*to hit someone from behind*

Instructor's Resources

• Testing program
• Website

Vocabulario personal

Escribe todo el vocabulario que necesitas saber para describir una cita o una experiencia que hayas tenido.

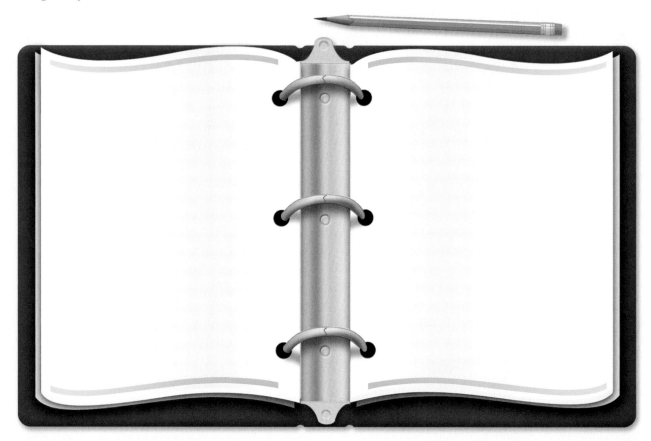

260

¡A escribir!

Episodio

25

Escenas de la vida: El choque

Video
CD-ROM

A. ¡A ver cuánto entendiste! See how much of the **Escena** you understood by matching the Spanish phrases with their English equivalents.

___e___ 1. Cuando llegué al hospital, no me dolía nada.

___a___ 2. Salí corriendo de casa.

___d___ 3. Hacía mucho calor.

___f___ 4. Estaba llamándolos cuando sentí un tremendo golpe por atrás.

___b___ 5. Ya eran las seis y cuarto e iba a llegar tarde.

___c___ 6. El carro que iba cruzando la calle me pegó.

a. I hurried out of the house.

b. It was already six-fifteen and I was going to be late.

c. The car that was crossing the street hit me.

d. It was very hot.

e. When I got to the hospital, nothing hurt.

f. I was calling you when I felt a strong impact from behind.

Video
CD-ROM

B. En el hospital. Match the questions and statements in column **A** with the appropriate responses from column **B**.

A

___e___ 1. ¡Creo que fue mi culpa por no poner atención!

___c___ 2. ¿Ya hicieron el reporte de la policía?

___d___ 3. El impacto me empujó a la intersección.

___b___ 4. ¿Sabe si los otros coches tenían seguro?

___a___ 5. ¿Se siente mejor?

B

a. La verdad es que ahora me duele todo.

b. No sé, creo que Santiago está investigando eso.

c. Creo que (la policía) va a venir más tarde.

d. ¡Qué horror!

e. Usted no acepte nada.

Video
CD-ROM

C. Un resumen. Use the questions as a guide to explain a friend what happened in this episode. Answers may vary.

1. ¿Adónde iba Adriana? ¿Por qué tenía prisa?
2. ¿Dónde estaba?
3. ¿A quién le iba a llamar?
4. ¿Cuántos coches chocaron con Adriana?
5. ¿Los dos coches le pegaron por atrás? ¿Por qué le pegó el otro coche?
6. En tu opinión, ¿quién tuvo la culpa?
7. ¿Cómo se sentía Adriana cuando llegó al hospital?
8. ¿Quiénes están con ella?
9. ¿Qué le pasó en el brazo?
10. ¿Qué más se lastimó?

Adriana iba a juntarse con los chicos. Tenía prisa porque iba a llegar tarde. Estaba en su coche llamando a los chicos por teléfono. Dos

coches chocaron con Adriana. Un coche le pegó por atrás y la empujó a la intersección y un coche que iba pasando también le pegó.

Cuando llegó al hospital no le dolía nada, pero tampoco se podía mover. Wayne y Sofía están con ella. Tiene una fractura en el brazo,

una herida profunda en la mano y también se pegó en la cabeza.

_____

_____

_____

_____

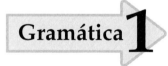
Gramática 1

Describing experiences and events in the past
• **Using the preterit, the imperfect, and the past progressive**

D. Las consecuencias. Match these phrases to explain these events happened.

> **Modelo**
>
> **Mi jefe me regañó porque no entregué el reporte completo.**

____f____ 1. Le llevé unas flores porque...   a. le pegó a su hermanita.

____a____ 2. Su mamá lo castigó porque...   b. porque era su cumpleaños.

____b____ 3. Su abuelito le compró regalos...   c. porque tenían muchos problemas.

____e____ 4. La profesora le dio una F...   d. no se sentía muy bien.

____d____ 5. Se quedó en su casa porque...   e. porque no tomó el examen.

____c____ 6. Fueron a ver a un consejero...   f. era nuestra primera cita.

Use the preterit to...	Use the imperfect to...
a. denote single events or a sequence of events in the past	**e.** express habitual actions
Ayer **choqué**.	De niña siempre **jugaba** con Lalo.
Manolo y Sofía **estudiaron** todo el día.	**Nos levantábamos** muy temprano.
Esta mañana **fui** a la gasolinera. Le **llené** el tanque al coche y le **revisé** el aceite antes de ir a la universidad.	**f.** describe on-going actions
	En ese momento **estaba** leyendo el periódico.
b. recount events that took place during a specific amount of time or a specific number of times	El policía **iba** cruzando la calle.
	g. set the stage and the background information in which events occur
Viví cinco años en Los Ángeles.	**Hacía** mucho frío la noche del accidente.
Este mes Sofía y Adriana **fueron** al cine tres veces.	**Había** tres coches enfrente de mí.
c. express the beginning or end of an action	**h.** tell time and age
Ramón **decidió** hacer una maestría.	Cuando **tenía** nueve años aprendí a nadar.
Llegué a la casa a las cinco.	**Eran** las seis de la mañana...
d. describe mental or emotional reactions	**i.** describe mental and emotional states
Después de la noticia, **le dolió** la cabeza todo el día.	**Estábamos** muy tristes.
Me molestó lo que dijiste.	**Me dolía** mucho la pierna; por eso, fui al doctor.

E. Un repaso de los usos del pretérito y el imperfecto. Study the table above in order to answer the questions.

In the following passage, Adriana told Sofía and Wayne how her accident occurred. Use the table to explain her choice of the verb tenses. Write the letter and the reason for its use.

Adriana   (1) **Salí** corriendo de casa porque ya (2) **eran** las seis y cuarto. Cuando (3) **llegué** al semáforo, me di cuenta de que el carro no (4) **tenía** gasolina. (5) **Estaba llamándolos** por teléfono para decirles que iba a llegar tarde cuando (6) **sentí** un tremendo golpe por atrás.

1. **a. single event** _____
2. h. telling time _____
3. a. single event _____
4. g. background information _____
5. g. background information _____
6. a. single event _____

F. Pequeñas historias. Use the illustrations and the cues given to tell the story depicted in the drawings. Use your imagination and add necessary details; use connector words. Answers will vary.

I. El festival de la escuela

el año pasado bailar en el festival de la escuela/ser 12 niños en el baile/estar nerviosos/papás estar ahí/haber más de 150 personas en auditorio/ nuestro baile ser a las 12/ empezar tarde/bailar a la 1/todo salir bien/a todos gustar mucho.

_____

_____

_____

_____

_____

_____

II. Nuestro viaje al Caribe

el verano pasado mi mamá y yo ir al Caribe/estar allá 8 días/tomar el barco de Disney/el barco ser enorme/tener 2 piscinas/haber 8 pisos y muchos elevadores/ tambien haber 5 restaurantes/ver a muchos personajes de Disney/tomarles fotos/ un día ir a St. Thomas/hacer calor y sol/el agua del mar estar caliente/la playa ser muy bonita/nadar todo el día/comer mariscos frescos ahí/a las 8 tener que regresar al barco/ encantarnos esas playas.

_____

_____

_____

_____

_____

_____

G. Los teléfonos móviles. Sofía nos cuenta lo que le pasó la semana pasada de camino a su casa. Selecciona los verbos para completar la descripción y después contesta las preguntas.

chocó	eran	manejaba	quise	llegó	funcionaron	llamé
iba	pensé	pasó	estaba	llevaba	comimos	vi

La semana pasada me (1) ____pasó____ algo que confirma mi teoría de que los teléfonos celulares son una buena inversión (*investment*). (2) ____Eran____ las ocho de la noche y (3) ____estaba____ lloviendo. Yo (4) ____iba____ a mi casa por la autopista 805 cuando (5) ____vi____ a un señor que (6) ____manejaba____ a exceso de velocidad. Él (7) ____llevaba____ a una señora y a tres niños en el coche. Yo (8) ____pensé____: "Este hombre está loco… o es un irresponsable." Dos minutos después vi que había un coche con una llanta ponchada (*flat tire*) en medio de la autopista. El coche que iba a exceso de velocidad trató de parar, pero los frenos no le (9) ____funcionaron____ y (10) ____chocó____ con el otro coche. Yo inmediatamente (11) ____llamé____ a la policía, y en tres minutos (12) ____llegó____ una ambulancia. Mi teléfono les salvó la vida.

a. ¿Cuántas personas había en el coche que iba a exceso de velocidad?
Había cinco personas. _____.

b. ¿Por qué había un coche parado en medio de la autopista?
Tenía una llanta ponchada. _____.

c. ¿Qué hizo Sofía cuando vio el choque?
Llamó a la policía. _____.

H. Un viaje a Perú. Escribe la forma apropiada de los verbos entre paréntesis para saber más sobre el viaje de Ana Mari y Ramón a Perú.

El verano pasado, Ramón, Ana Mari y sus papás (1) ____fueron____ (ir) a Perú. Primero (2) ____visitaron____ (visitar) Lima, la capital. Después (3) ____fueron____ (ir) a Cuzco. Cuando (4) ____llegaron____ (llegar) al hotel, el capitán de meseros les (5) ____dio____ (dar) un té de coca. Estuvieron tres días en Cuzco. Todas las mañanas (6) ____tenían____ (tener) que levantarse muy temprano para visitar las ruinas y los monumentos incas.

(7) ____Hacía____ (hacer) un frío espantoso. (8) ____Era____ (ser) el mes de julio. Un día (9) ____tomaron____ (tomar) un tren para ir a Machu Picchu. El tren (10) ____era____ (ser) pequeño y muy viejo. El guía (11) ____estaba____ (estar) explicándoles la historia de Atahualpa y Huáscar cuando la mamá de Ramón y Ana Mari (12) ____se puso____ (ponerse) mal. Debido a la gran altitud y el frío, ella no podía respirar. Todos (13) ____tuvieron____ (tener) que regresar al hotel y llamar al médico. El médico le (14) ____mandó____ (mandar) descansar el resto del día.

Para terminar

I. Ahora cuéntanos tú. Use all the narratives from **Episodio 21** as a model to tell us about your experiences. You may talk about your graduation day or your first day at college, a date, or anything you want. Answers will vary.

Your picture goes here!

_____

_____

_____

_____

_____

_____

_____

_____

_____

_____

_____

_____

_____

_____

_____

_____

_____

_____

_____

Episodio

¡A escuchar!

25

Comprensión

Audio
CD-ROM

A. ¿Cómo ocurrió? A woman is telling her friend about an accident she just had in her new car. Listen and indicate if the statements are **cierto** or **falso**. If a statement is false, correct it to make it true. You will hear the conversation twice.

	Cierto	Falso
1. La señora iba a exceso de velocidad.	☑	☐
2. Su hijo tenía una cita con el dentista. Su hijo tenía una cita con el doctor.	☐	☑
3. La cita era a las once. La cita era a las diez y media.	☐	☑
4. Su hijo estaba en casa. Su hijo estaba en la escuela.	☐	☑
5. El semáforo estaba en verde. El semáforo estaba en rojo.	☐	☑
6. Otro carro le pegó en la intersección.	☑	☐
7. Su hijo se lastimó. Nadie se lastimó.	☐	☑
8. La otra persona tuvo la culpa. La señora tuvo la culpa.	☐	☑

Audio
CD-ROM

B. ¡No puedo creerlo! A police officer stops a driver for a traffic violation and is shocked to hear her explanation of the situation. Listen and complete the statements. Then repeat the correct answer after the speaker. You will hear the conversation twice.

1. El policía detiene *(stops)* a la señora porque <u>se pasó un alto</u>
   y porque <u>iba a exceso de velocidad</u>.
2. La señora no podía ver porque <u>no llevaba sus lentes</u>.
3. La señora no podía oír porque <u>escuchaba la radio</u>.
4. No tiene su licencia de manejar porque <u>tiene que practicar más</u>

C. El robo. Listen to a bank teller as she recounts a robbery that just took place. You will hear the narration twice. The first time you hear it, listen for the background information in the imperfect and past progressive tenses. Write the information for numbers 1 through 6 as you hear it. The second time you hear it, listen for the main events, told in the preterit tense. Write the information in numbers 7 through 12.

Eran las (1)____tres____ de la tarde. Había (2)____ocho____ personas en el banco. El gerente estaba (3)____hablando____ por teléfono. Las cajeras estaban (4)____atendiendo____ a los clientes. El ladrón llevaba una máscara y un (5)____impermeable____ negro. Yo estaba (6)____temblando____ de miedo.

La puerta del banco se (7)____abrió____ violentamente. Un hombre (8)____entró____. El ladrón (9)____dijo____, "¡No se mueva nadie!" Me (10)____pidió____ todo el dinero que había en la caja. Yo le (11)____di____ todo el dinero. Me (12)____dijo____ "Gracias, señorita" amablemente.

Banco de palabras	
atender to help	**ladrón** thief
caja cash drawer	**máscara** mask
cajera cashier	**miedo** fear
gerente manager	**temblar** to tremble

Más escenas de la vida

Sofía is reminiscing about a trip she took. Listen, and then complete activities **A** and **B**. You will hear the narration twice.

A. ¿Cierto o falso? Indicate whether the following statements are **cierto** or **falso**.

	Cierto	Falso
1. En Panamá, Sofía se divirtió mucho con sus amigas mexicanas.	☐	☑
2. Su mamá la dejaba acostarse tarde todas las noches.	☑	☐
3. También se levantaba a la hora que ella quería.	☑	☐
4. El último día estaba feliz de regresar a casa.	☐	☑
5. Las chicas intercambiaron correos electrónicos.	☑	☐

B. Responde. Write the answers to the following questions.

1. ¿Por qué estaba Sofía contenta de ir a Panamá?
Estaba contenta porque en Panamá iba a hacer calor e iban a ir a la playa.

2. ¿Por qué estaba Sofía tan emocionada?
Estaba emocionada porque su mamá le dio 20 dólares para comprar cosas para sus amigas.

3. ¿Qué les compró a sus amigas?
Les compró dos bolsas y dos camisetas.

4. ¿Qué fue lo que más le gusto del viaje?
Lo que más le gustó fue la Isla Grande.

5. ¿Que les prometió a sus nuevas amigas panameñas?
Les prometió escribirles y hablarles.

Escenas de la vida: De regreso a casa

A. ¡Mira cuánto puedes entender! Mira el video o escucha la conversación para poner en orden cronológico (del uno al nueve) las indicaciones que le dio el doctor a Adriana.

Video
CD-ROM

Audio
CD-ROM

Instructor's Resources
• Overheads
• VHS Video
• Worktext CD
• Website
• IRM: Videoscript, Comprehensible input

Beba mucha agua. ___8___

No se bañe todavía. ___4___

Termine de tomar las pastillas. ___2___

No coma productos lácteos. ___7___

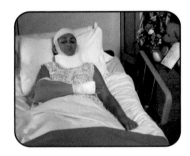

Quédese en cama una semana. ___1___

No lea más de dos horas. ___3___

Llámeme si me necesita. ___9___

Duerma con dos almohadas. ___6___

Venga para revisarle la herida. ___5___

Video Synopsis. Adriana is going to be released from the hospital. She plans to read several novels; however, among the instructions that the doctor gives her is not to read for too long. Santiago offers to read aloud to her.

B. ¿Te diste cuenta? Mira el video o escucha la **Escena** otra vez para indicar si los comentarios son **ciertos** o **falsos**.

	Cierto	Falso
1. Adriana puede irse a casa mañana por la tarde.	☐	☑
2. Tiene que quedarse en cama dos días más.	☐	☑
3. Necesita cuidarse para recuperarse pronto.	☑	☐
4. No debe hacer esfuerzo con la vista.	☑	☐
5. Adriana quiere leer las últimas novelas de Vargas Llosa.	☐	☑
6. Tiene que quitarse el aparato del cuello para dormir.	☐	☑
7. Santiago va a leerle sus libros en voz alta.	☑	☐
8. A Adriana no le duele el cuello.	☐	☑

C. La recuperación de Adriana. Empareja las columnas para terminar las oraciones lógicamente, de acuerdo con lo que pasa en la **Escena**.

<u> c </u> 1. Adriana tiene que cuidarse   a. leerle las novelas en voz alta.

<u> a </u> 2. Santiago va a   b. tenga el cuello inmovilizado.

<u> f </u> 3. Termine de tomar las pastillas   c. para que se recupere pronto.

<u> b </u> 4. Es muy importante que   d. interfieren con las pastillas que le dimos.

<u> e </u> 5. El doctor quiere   e. examinar la herida de Adriana

<u> d </u> 6. No coma productos   la próxima semana.

      lácteos porque   f. aunque se sienta mejor.

Cultura a lo vivo

Gabriel García Márquez (1928–) e Isabel Allende (1942–) son dos conocidos escritores latinoamericanos de la literatura contemporánea.

García Márquez ganó el Premio Nobel de Literatura en 1982 principalmente por su novela *Cien años de soledad*. Este escritor colombiano es el mejor exponente del realismo mágico, donde la realidad y la magia se confunden en una sola entidad latina. Márquez ha escrito novelas, guiones cinematográficos[1] y cuentos. Entre sus obras tenemos las novelas *El amor en los tiempos del cólera* y *Del amor y otros demonios*, las películas *Cartas del parque, Milagro en Roma* y *Edipo Alcalde*, y una extensa colección de cuentos.

Isabel Allende, de nacionalidad chilena, es una de las escritoras latinoamericanas más leídas en los últimos tiempos. Sus libros se han traducido a más de quince idiomas y se venden en todo el mundo. *La casa de los espíritus* es una de sus mejores obras; en 1994 se convirtió en la película *The House of the Spirits* protagonizada por Meryl Streep. Otro de sus libros, titulado *Paula*, habla de la muerte de su hija de una manera que nos toca lo más profundo del corazón. Algunos otros ejemplos de sus obras son *Los cuentos de Eva Luna, El plan infinito, De amor y de sombra* y *Afrodita*.

[1]*screenplays*

Cultura a lo vivo. You may ask students to read several sentences and then check for comprehension by asking questions like: ¿Qué premio ganó García Márquez? ¿De dónde es? ¿Qué cosas escribe? ¿Quién es Isabel Allende? ¿Por qué es importante Isabel Allende? ¿Cuál fue una de sus novelas que se hizo película? ¿Qué actriz la protagonizó?

Práctica adicional

Cuaderno de tareas
WB pp.289–290, A–C

Video
CD-ROM
Episodio 26

270

Para comunicarnos mejor

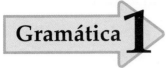 **Gramática 1** Giving instructions
• **Formal commands**

Additional Activity. Un rally: Consult the Instructor's Resource Manual for materials for this activity. Photocopy and cut each card. The cards contain the same set of instructions, but in different order. Form groups of five; if you have more than thirty students, make two copies of some of the cards. Give one card to a student in each group, asking students not to look at the card until every group has one and you give the go ahead. When the first student has completed their command, they may pass the card to the next student. All tasks must be completed before they place the card on your desk. You may want to give a prize to the winning group.

In the conversation, the doctor gave Adriana specific instructions:

Descanse lo más posible.
Termine de tomar las pastillas.
No **lea** más de dos horas.
No **haga** esfuerzo con la vista.
Duerma con dos o tres almohadas.
Venga a que le revisemos la herida de la mano.

Rest as much as possible.
Finish taking the pills.
Don't read more than two hours.
Don't strain your eyes.
Sleep with two or three pillows.
Come back so we can check the wound on your hand.

Descanse, termine, lea, haga, duerma, and **venga** are command forms of the verbs **descansar, terminar, leer, hacer, dormir,** and **venir.** These forms, which correspond to the **usted** form of the verb, are used to give orders and instructions. To form the **usted** (and the **ustedes**) commands, remove the **-o** from the **yo** form of the present tense and add **-e(n)** for **-ar** verbs and **-a(n)** for **-er** and **-ir** verbs.

Para dar instrucciones

	Infinitive	Present Tense Yo		Commands Usted	Ustedes
-ar	descansar	descanso	→ e(n)	**descanse**	**descansen**
	pensar	pienso		**piense**	**piensen**
-er	comer	como	→ a(n)	**coma**	**coman**
	hacer	hago		**haga**	**hagan**
-ir	dormir	duermo	→ a(n)	**duerma**	**duerman**
	venir	vengo		**venga**	**vengan**

1. Notice that even when the **yo** form has a stem change **(pienso)** or is irregular **(hago)** in the present, as long as it ends in **-o**, the command form follows the same rule above.

2. As in the preterit, verbs ending in **-car (tocar)**, **-gar (pagar)**, and **-zar (almorzar)** have a spelling change.

tocar (c → qu)	toco	**toque**	**toquen**
pagar (g → gu)	pago	**pague**	**paguen**
almorzar (z → c)	almuerzo	**almuerce**	**almuercen**

Additionally, verbs that end in **-ger (recoger)** maintain the same spelling change as in the present tense first-person form.

| recoger (g → j) | recojo | **recoja** | **recojan** |

3. Verbs that do not end in **-o** in the **yo** form have irregular command forms.

Infinitive	Present Tense	Commands	
	Yo	Usted	Ustedes
dar	doy	**dé**	**den**
estar	estoy	**esté**	**estén**
ir	voy	**vaya**	**vayan**
saber	sé	**sepa**	**sepan**
ser	soy	**sea**	**sean**

4. Object and reflexive pronouns are attached to an affirmative command, but precede a negative command.

Affirmative		Negative
Cómpren**los** en la farmacia.	⟶	No **los** compren en el hospital.
Díga**me** la verdad.	⟶	No **me** diga mentiras.
De**le** los antibióticos.	⟶	No **le** dé las pastillas.
Báñe**se** por la mañana.	⟶	No **se** bañe por la noche.

5. Notice that when a pronoun is attached to an affirmative command of two syllables, an accent is necessary to preserve the original stress.

compren	⟶	**cómprenlos**
diga	⟶	**dígame**
bañe	⟶	**báñese**

6. Notice that the accent mark on **dé** is omitted **(dele)** when a pronoun is attached.

PRÁCTICA

A. Consejos para Adriana y Santiago. Lee algunos de los problemas que Adriana y Santiago tienen y emparéjalos con los consejos que les dan sus amigos.

Adriana

Santiago

Los problemas	Los consejos
_b_ 1. No habla mucho con Santiago.	a. No discutan tanto.
_a_ 2. Discuten todos los días.	b. Hable con su esposo todos los días.
_e_ 3. No quiere salir con sus amigos.	c. Ayúdela con los quehaceres de la casa.
_c_ 4. No la ayuda con la casa.	d. Diviértanse juntos con más frecuencia.
_d_ 5. No se divierten juntos.	e. Salga con sus amigos para que los conozca.

B. En casa de Ana Mari. Ana Mari les dice muchas cosas a sus hermanos menores.
¿Qué les dice?

> **Modelo** no decirme mentiras /la verdad
> **No me digan mentiras; díganme la verdad.**

¡Fíjate!
Remember to attach
all pronouns to
affirmative commands.

1. no acostarse en el suelo/en la cama No se acuesten en el suelo, acuéstense en la cama.

2. portarse bien, por favor Pórtense bien, por favor.

3. no ver las caricaturas/las noticias No vean los dibujos animados, vean las noticias.

4. no darle dulces al perro/su comida No le den dulces al perro, denle su comida.

5. no ser groseros/amables No sean groseros, sean amables.

6. lavarse las manos Lávense las manos.

7. no hacer travesuras/la tarea No hagan travesuras, hagan la tarea.

8. leer sus libros de texto Lean sus libros de texto.

C. La señora de la limpieza. Después de observar el dibujo, haz una lista con diez
instrucciones para la señora que limpia tu casa cada semana. Answers will vary.

1. _____ 6. _____

2. _____ 7. _____

3. _____ 8. _____

4. _____ 9. _____

5. _____ 10. _____

D. Las reglas de la clase. Imagina que eres maestra/o de esta clase de niños. Tu compañera/o y tú deben escribir las reglas de la clase para evitar *(avoid)* problemas en el futuro. Escriban las ocho reglas más importantes. Después compártanlas con la clase. <small>Answers will vary.</small>

¡Fíjate!
You may want to review the vocabulary in **Episodio 22**, page 171.

Modelo	¡Pórtense bien!

E. El experto en el amor. Imagina que eres un(a) experto/a en el amor. Lee las siguientes situaciones para darles consejos a estas personas que te escriben. Con un(a) compañero/a, hagan una lista con seis consejos. Después compártanlas con la clase. <small>Answers will vary.</small>

1. No encuentro novia. Trabajo todo el día y no tengo tiempo para salir y buscar una novia. Y si salgo y veo a una chica que me gusta, nunca sé qué hacer o cómo conquistarla. ¿Qué me recomienda?

2. Soy muy tímida y no tengo éxito *(success)* con los muchachos. Yo creo que no soy atractiva. ¿Qué hago para conquistar a un hombre?

F. La nueva mamá. Tú eres el/la sicólogo/a infantil. Dale consejos a una nueva mamá.

1. Talk to your baby a lot. <u>Hable mucho con su bebé.</u>
2. Read to him every night. <u>Léale todas las noches.</u>
3. Play with him. <u>Juegue con él.</u>
4. Feed him healthy food; prepare fresh fruits and vegetables for him. <u>Dele comida sana; prepárele frutas frescas y vegetales.</u>
5. Put him to bed early every night. <u>Acuéstelo temprano todas las noches.</u>
6. Love him and kiss him often (**seguido**). <u>Quiéralo y bésalo seguido.</u>

¡Fíjate!
Be careful how you translate *him*:
direct object = **lo**;
indirect object = **le**;
prepositional pronoun = **él**.

Práctica adicional

Cuaderno de tareas
WB pp.290–292, D–G

Vocabulario 1

Talking about city driving
• Road-related vocabulary

En un accidente...	
la autopista	*freeway/expressway*
la carretera	*highway*
chocar con	*to hit (a car)*
el choque	*car accident (crash)*
el/la conductor(a)	*driver*
descomponerse	*to break down*
la esquina	*corner*
frenar	*to brake*
(no) fue mi/tu culpa	*It was (not) my/your fault*
la intersección	*intersection*
la licencia de manejar	*driver's license*
ir/manejar a exceso de velocidad	*to speed*
la multa	*fine; ticket*
pasarse el alto/el semáforo en rojo	*to run a red light*
pegarle a algo/alguien	*to hit something/someone*
poncharse una llanta	*to get a flat tire*
ponerse el cinturón de seguridad	*to wear a seat belt*
quedarse sin gasolina	*to run out of gas*
tener seguro	*to have insurance*

Instructor's Resource
• Overheads
• IRM: Additional Activities

Additional Activity.
You may play a board game to practice road-related vocabulary. See the Instructor's Resource Manual for materials for this activity.

También se dice...

cuadra ⟶ manzana

doblar ⟶ virar

estacionarse ⟶ aparcar

intersección ⟶ bocacalle, cruce

licencia de manejar ⟶ carnet de conducir

llanta ⟶ goma, neumático

manejar ⟶ conducir

poncharse ⟶ pincharse

Vocabulario 1.
Personalize this vocabulary by asking yes/no, either/or, and short-response questions. For example: ¿Tomas una autopista para venir a la escuela? ¿Qué autopista tomas? ¿Hace cuánto que tienes licencia de manejar? ¿Tienes un buen seguro? ¿Cuántas multas tienes? ¿Por qué? You may use the maps on pages 277 and 282 to have students follow your own directions to start from one place and arrive at another.

Para llegar a mi casa tienes que...	
cruzar la calle	*to cross the street*
dar vuelta/doblar a la derecha en la avenida...	*to turn right at... Avenue*
izquierda en la calle...	*left on... Street*
estacionarse enfrente de	*to park in front of*
pararse	*to stop*
pasar (dos) semáforos	*to pass (two) traffic lights*
la primera/segunda entrada	*the first/second entrance*
salirse en...	*to get off at...*
seguir* derecho (tres) cuadras	*to go straight ahead for (three) blocks*
tomar la autopista al norte	*to take the freeway north*
al sur, al este, al oeste	*south, east, west*

*seguir (e ⟶ i) also means *to continue* and is conjugated as follows:
Sigo, sigues, sigue, seguimos, siguen. Command form: **siga, sigan.**

PRÁCTICA

G. Los automovilistas. Empareja la columna **A** con la columna **B** para formar oraciones lógicas.

A	B
_c_ 1. Me dieron una multa	a. cuando el coche de atrás nos pegó.
_a_ 2. Nos íbamos a seguir derecho	b. el conductor dijo: "No fue mi culpa."
_b_ 3. Después del accidente,	c. porque yo manejaba a exceso de velocidad.
_e_ 4. Los dos coches chocaron	d. su coche se descompuso.
_f_ 5. Tuve un accidente	e. porque uno de ellos se pasó un semáforo en rojo.
_d_ 6. Tomó el autobús porque	f. porque se me ponchó una llanta.

H. Cuando manejamos. Escribe la(s) palabra(s) necesaria(s) para completar cada oración.

multa	licencia	se me ponchó	semáforo
doblar	autopistas	pegó	estacionarte

1. En muchas intersecciones hay un _____ semáforo _____ en el centro.
2. Si manejamos a exceso de velocidad, podemos recibir una _____ multa _____.
3. Si no queremos seguir derecho, entonces debemos _____ doblar _____ .
4. Ayer vi un choque. Un coche se pasó el alto y le _____ pegó _____ a un coche verde.
5. Tuve que llamar a AAA porque _____ se me ponchó _____ una llanta.
6. No puedes _____ estacionarte _____ en las zonas prohibidas.

I. Mi coche. Contesta las preguntas y después entrevista a tu compañero/a para saber quién tiene más cuidado al manejar. Answers will vary.

1. ¿Tienes coche? ¿De qué marca? ¿Cómo es? ¿Hace cuánto tiempo que lo tienes?

_____

2. ¿Cuantos años tenías cuando sacaste tu licencia de manejar? _____

3. ¿Te dieron una multa? ¿Hace cuánto tiempo? _____

_____

4. ¿Manejas a exceso de velocidad? ¿Con qué frecuencia? _____

5. ¿Cuándo fue la última vez que te pasaste un semáforo en rojo? _____

6. ¿Con qué frecuencia llevas tu coche al mecánico? _____

> **¡Fíjate!**
> Review how to express how long ago something happened (**hace** + [*time*] + **que** + [*activity*]) in **Episodio 21**, page 143.

J. Después de un accidente. Escribe en orden de importancia las intrucciones de lo que debemos hacer si tenemos un accidente de coche. Después compara tus respuestas con un(a) compañero/a. Answers will vary.

> **Modelo**   ¡No se vayan del lugar del accidente!

1. _____   4. _____
2. _____   5. _____
3. _____   6. _____

Audio
CD-ROM

K. Cómo llegar a casa de Ramón. Tu amigo/a y tú quieren ir a casa de Ramón. Escucha las instrucciones para marcar en tu plano (*map*) cuál es la ruta para llegar a su casa, y cuál es la casa de Ramón.

Instructor's Resources
• Worktext CD
• IRM: Tapescript

Script *Tu amigo/a y tú quieren ir a casa de Ramón. Escucha las instrucciones para marcar en tu plano cuál es la ruta para llegar a su casa, y cuál es la casa de Ramón.*
Miren, es muy fácil llegar a mi casa. De donde ustedes están, tomen a la derecha en la avenida Insurgentes. Sigan derecho seis calles y den vuelta a la izquierda. Pasen dos semáforos y den vuelta a la derecha en la calle Cerro del Agua. Sigan derecho dos cuadras y den vuelta a la izquierda. Mi casa es la segunda casa después de pasar la calle Copilco. La dirección es Cerro del Tigre número trece.

Copilco

Cerro del Agua

Avenida Taxqueña

Ave. Insurgentes

Estás aquí.

L. ¡A hablar! Explícale a un(a) compañero/a cómo llegar a tu casa desde la universidad. Dale todos los detalles que puedas.   Answers will vary.

277

M. El instructor de manejo. Imagina que eres instructor(a) de manejo. Estás en clase y tienes que darles instrucciones a tus estudiantes. Usa las frases como guía e inventa dos más.

> **Modelo** **Compren seguro de coche inmediatamente después de comprar el coche.**
> **No se estacionen enfrente de ningún garaje.**

1. cruzar a media calle
2. cruzar en la esquina
3. sacar la licencia de manejar

4. pasarse el semáforo en rojo
5. parar completamente en las esquinas
6. manejar a exceso de velocidad

1. No crucen a media calle.
2. Crucen en la esquina.
3. Saquen su licencia de manejar.
4. No se pasen el semáforo en rojo.

5. Paren completamente en las esquinas.
6. No manejen a exceso de velocidad.
7. Answers will vary.
8. Answers will vary.

N. La multa. En grupos de tres, hablen de la última multa que recibieron. Estén preparados para compartir sus experiencias con el resto de la clase. Si no han recibido nunguna multa, hablen de otra persona que ustedes conocen.
Answers will vary.

¡Fíjate!

Use the imperfect to set the stage: where you were going, what time, etc. Use the preterit to tell what happened.

Invitación a **Panamá**

Del álbum de
Manolo

Panamá es una mezcla de lo moderno y lo tradicional. Los Kuna son una comunidad indígena que ha mantenido su idioma, arte y modo de vida. Son una sociedad matriarcal, con un alto sentido artístico. Las mujeres crean las famosas molas para sus blusas. Los molas son representaciones artísticas que expresan lo que piensan y sienten de todo, desde comentarios políticos hasta eventos simples. Las hacen con pedazos de tela e hilos de colores para formar figuras geométricas y modernas.

Práctica adicional		
Cuaderno de tareas WB pp.293–294, H–I LM pp.295–296, A–C	Audio CD-ROM Episodio 26	Website vistahigher learning.com

Actividades comunicativas

A. Para manejar por la ciudad.

Instrucciones para **Estudiante 1**

Tu compañero/a y tú tienen el mismo crucigrama, pero tú tienes las respuestas que él/ella no tiene, y viceversa. Necesitas explicarle las palabras usando definiciones, sinónimos, antónimos o frases incompletas.

| **Modelo** | *13 horizontal:* | **Necesitas tener este permiso para manejar.** |
| | *1 vertical:* | **Si no quieres dar vuelta a la izquierda, puedes dar vuelta a la...** |

A. Para manejar por la ciudad.

Instrucciones para **Estudiante 2**

Tu compañero/a y tú tienen el mismo crucigrama, pero tú tienes las respuestas que él/ella no tiene, y viceversa. Necesitas explicarle las palabras usando definiciones, sinónimos, antónimos o frases incompletas.

Modelo	*13 horizontal:*	**Necesitas tener este permiso para manejar.**
	1 vertical:	**Si no quieres dar vuelta a la izquierda, puedes dar vuelta a la...**

Crucigrama:
- 2 horizontal: IZQUIERDA
- 1 vertical: DERECHA
- 3 vertical: SEGUIR
- 4 vertical: INTERSECCIÓN
- 5 vertical: GASOLINA
- 6 vertical: CHOQUE
- 7 vertical: SEMÁFOROS
- 8 horizontal: CARRETERA
- 8 vertical: CINTURÓN
- 9 vertical: LLANTA
- 10 horizontal: MULTA
- 10 vertical: MEU
- 11 horizontal: ESQUINA
- 11 vertical: ECCICIÓN
- 12 horizontal: FRENAR
- 13 horizontal: LICENCIA

B. De visita en Salamanca.

Instrucciones para **Estudiante 1**

Estás en Salamanca, España y quieres visitar algunos lugares en la ciudad. Llamas al Centro de Información Turística para preguntar *(ask)* cómo llegar a estos lugares:

Casa de las Conchas   Torre del Clavero
Convento de las Dueñas   La universidad
Catedrales

Infórmale a la persona que ahora estás en la **Plaza Mayor**. Cuando sepas dónde están los lugares que buscas, escribe los nombres en el plano. Answers will vary.

> **Banco de palabras**
>
> **al lado de**
> *next to*
>
> **en frente de**
> *in front of*

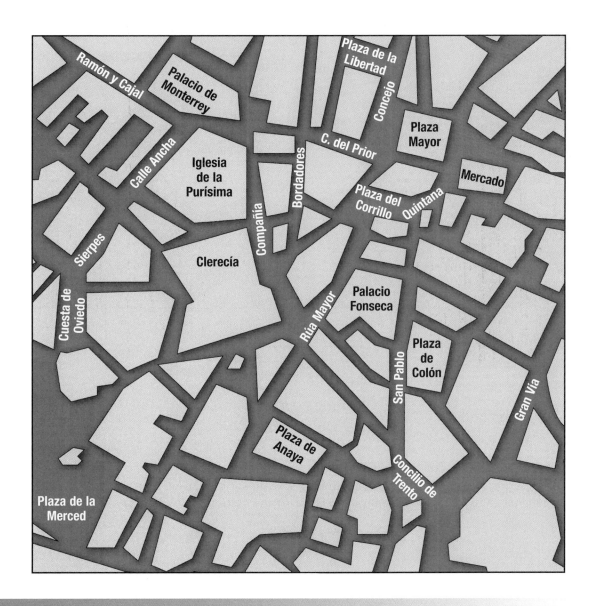

B. De visita en Salamanca.

Instrucciones para **Estudiante 2**

Trabajas en el Centro de Información Turística de Salamanca, España. Un(a) turista te pide instrucciones para llegar a varios lugares. Pregúntale dónde está ahora. Después, usa el plano para localizar los lugares que quiere visitar y explícale cómo llegar a cada lugar.

Answers will vary.

> **Banco de palabras**
>
> **al lado de**
> *next to*
>
> **en frente de**
> *in front of*

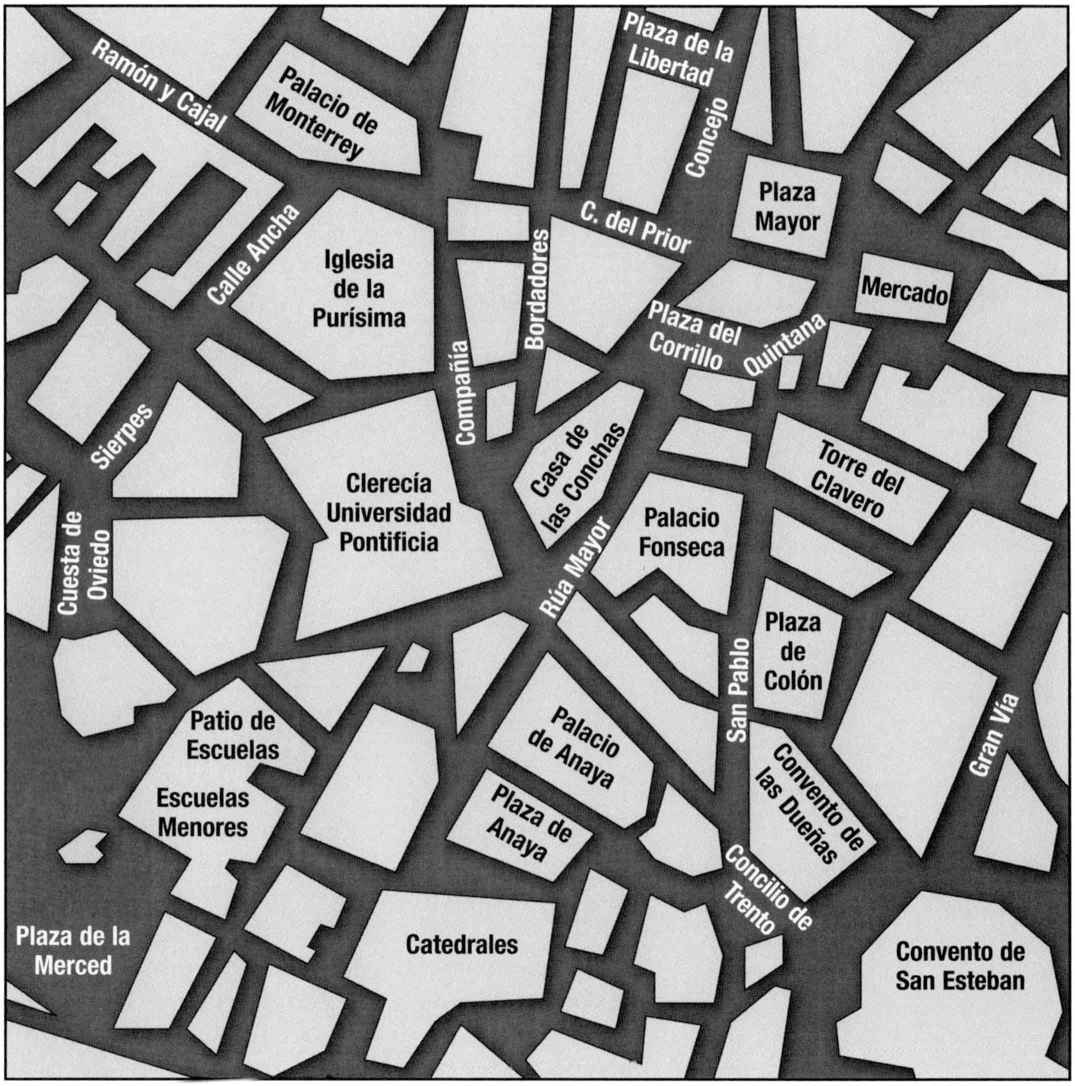

C. ¡Un día fatal!

Instrucciones para Estudiante 1

Parte 1. Primero examina las siguientes ilustraciones. Después úsalas para decirle a tu compañero/a lo que te pasó ayer. Inventa los detalles para describir las seis ilustraciones. Usa **entonces, después** y **por eso.**   Answers will vary.

Banco de palabras

estar a media calle	**se cayó**
to be jaywalking	he fell
evitar	**llenar el tanque**
to avoid	to fill up the tank

¡Fíjate!

Remember to use the imperfect to give background information and use the preterit to tell what happened.

ir a exceso de velocidad

recibir una multa

quedarse sin gasolina

llenar el tanque

estacionarse

recibir otra multa

Parte 2. Ahora investiga qué le pasó ayer a tu compañero/a. Para organizar tus ideas usa **¿Qué te pasó? ¿Cuándo ocurrió? ¿Adónde ibas? ¿Por dónde ibas? ¿Qué tiempo hacía? ¿Quiénes iban en el coche contigo?**

C. ¡Un día fatal!

Instrucciones para **Estudiante 2**

Parte 1. Investiga qué le pasó ayer a tu compañero/a. Para organizar tus ideas usa **¿Qué te pasó? ¿Cuándo ocurrió? ¿Adónde ibas? ¿Por dónde ibas? ¿Qué tiempo hacía? ¿Quiénes iban en el coche contigo?** Answers will vary.

Parte 2. Ahora imagina que el siguiente accidente te pasó a ti. Dile a tu compañero/a cómo pasó. Inventa los detalles para describir las seis ilustraciones. Usa **entonces, después** y **por eso**.

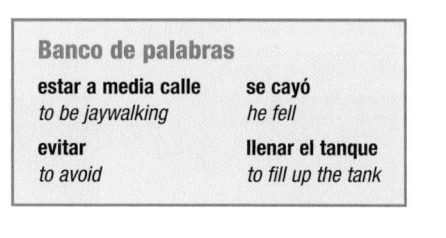

Banco de palabras

estar a media calle	**se cayó**
to be jaywalking	he fell
evitar	**llenar el tanque**
to avoid	to fill up the tank

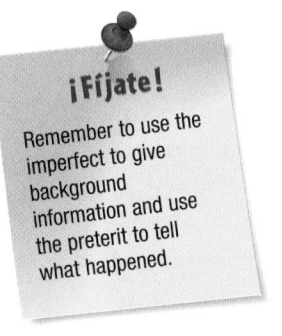

¡Fíjate!

Remember to use the imperfect to give background information and use the preterit to tell what happened.

divertise

ver un perro

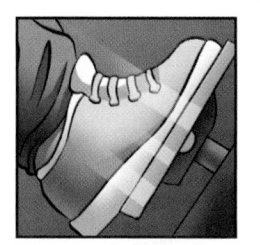

frenar para evitar al perro

pegarle a un hombre
en bicicletla

caerse (*to fall down*)

recibir una multa

La correspondencia

El correo: Una experiencia horrible. Lee las preguntas, después lee el texto y luego contesta las preguntas.

1. ¿Dónde ocurrió el accidente? <u>En la carretera 76.</u>
2. ¿Cómo ocurrió el accidente? <u>Ramón trató de evitar un choque con otro coche, se salió de la carretera, el coche dio varias vueltas y cayó dentro de un río.</u>
3. ¿Cuántas personas iban en el coche? <u>Tres personas iban en el coche.</u>
4. ¿Por qué tuvieron que esperar a que el coche quedara *(was)* totalmente sumergido?
   <u>De otra manera, la presión del agua contra las puertas haría imposible poder abrirlas.</u>
5. ¿Cómo llegaron al hospital? ¿Qué les hicieron en el hospital?
   <u>Llegaron en ambulancia. En el hospital les curaron las heridas y los revisaron.</u>

Vehículo número: 8   Chofer: Ramón Robledo   Limusinas Prestigio

El día 15 de mayo recogí a los señores Baruki en su hotel a las 8:15. Los llevé a la calle Broadway donde los esperé hasta las 13:00. A las 13:15 tomé la autopista 15 hacia el norte y después la carretera 76 hacia el este para ir a Palm Springs. La carretera 76 es un camino de montaña de sólo dos carriles.[1] Eran aproximadamente las 14:40 cuando, al entrar a una curva, me encontré de frente con un coche que intentaba pasar a un camión de carga[2] que venía en dirección opuesta a la mía. Lo único que pude hacer para evitar un choque de frente[3] fue salirme de la carretera hacia la derecha.

El coche dio varias vueltas hasta que cayó dentro del río al fondo del precipicio. El agua empezó a cubrir el coche y nos empezamos a hundir[4] rápidamente. Mis pasajeros y yo estábamos conscientes aunque un poco golpeados. Cuando vieron que el coche se llenaba de agua, quisieron abrir las puertas. Tuve que gritarles para calmarlos y explicarles que teníamos que esperar. Les dije que el coche tiene que llenarse de agua completamente para poder salir; de otra manera, la presión del agua contra las puertas haría imposible poder abrirlas.

A pesar del[5] entrenamiento que recibí en la compañía para estos casos de emergencia, donde nos dijeron una y otra vez que la única forma de salir con vida de un accidente así es esperar, fueron los momentos más horrorosos de mi vida.

También tenía miedo por los señores Baruki. Estaban aterrorizados; pero algo en su interior les hizo hacer lo que yo les decía. Afortunadamente, una vez que el coche quedó totalmente sumergido, pudimos abrir las puertas y salir hacia la superficie del río. Cuando llegamos a la orilla, ya había varias personas ahí. Alguien había llamado a una ambulancia que llegó momentos después. Nos llevaron al hospital, y después de curarnos las heridas y revisarnos, nos dejaron salir.

Seguramente ésta ha sido una experiencia que ni los señores Baruki ni yo vamos a olvidar jamás.

---

[1]*lanes* [2]*freight truck* [3]*head-on collision* [4]*sink* [5]*Despite the*

En papel: Un accidente. Escribe una pequeña narración de un accidente que te haya pasado a ti *(has happened to you)* o a alguien que tú conoces. Incluye todos los detalles: ¿Dónde estabas? ¿Con quién estabas? ¿Cuándo fue? ¿Cómo fue? ¿Qué pasó antes, durante y después del accidente?

¡A ver de nuevo! Contesta las preguntas para resumir la **Escena**.

1. ¿Cuándo va a salir Adriana del hospital?
2. ¿Qué tiene que hacer cuando esté en casa?
3. ¿Cómo la va a ayudar su esposo Santiago?
4. ¿Qué le duele a Adriana todavía? ¿Qué tiene que hacer para mejorar?
5. ¿Qué dieta tiene que seguir en casa Adriana?

Instructor's Resources
- VHS Video
- Worktext CD
- IRM: Videoscript

Práctica adicional		
Cuaderno de tareas WB p.294, J LM p.296, A–B	Audio CD-ROM Episodio 26	Website vistahigher learning.com

Vocabulario del Episodio 26

Road-related vocabulary

la autopista	*freeway/expressway*
la carretera	*highway*
cruzar la calle	*to cross the street*
chocar con	*to hit (a car)*
el choque	*car accident (crash)*
el/la conductor(a)	*driver*
dar vuelta/doblar a la derecha en la avenida...	*to turn right at... Avenue*
izquierda en la calle...	*left on... Street*
descomponerse	*to break down*
la esquina	*corner*
estacionarse enfrente de	*to park in front of*
frenar	*to brake*
(no) fue mi/tu culpa	*it was (not) my/your fault*
la intersección	*intersection*
la licencia de manejar	*driver's license*
ir/manejar a exceso de velocidad	*to speed*
la multa	*fine; ticket*
pararse	*to stop*
pasar (dos) semáforos	*to pass (two) traffic lights*
pasarse el alto/el semáforo en rojo	*to run a red light*
pegarle a algo/alguien	*to hit something/someone*
ponerse el cinturón de seguridad	*to wear the seat belt*
poncharse una llanta	*to get a flat tire*
la primera/segunda entrada	*the first/second entrance*
quedarse sin gasolina	*to run out of gas*
salirse en...	*to get off at...*
seguir derecho (tres) cuadras	*to go straight ahead for (three) blocks*
tener seguro	*to have insurance*
tomar la autopista al norte	*to take the freeway north*
al sur, al este, al oeste	*south, east, west*

Vocabulario personal

Escribe todo el vocabulario que necesitas saber para dar direcciones de cómo llegar a tu casa.

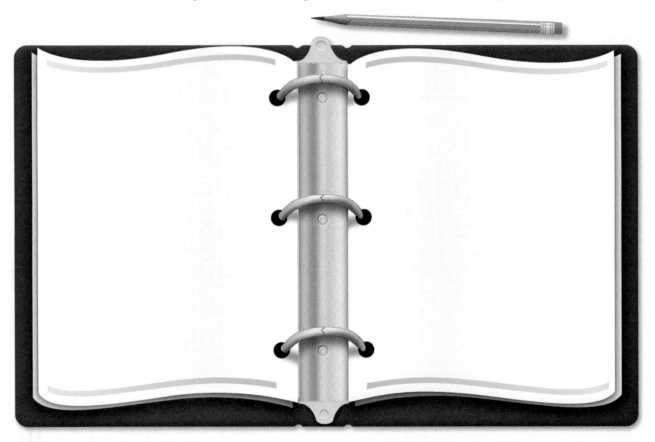

¡A escribir!

Episodio
26

Escenas de la vida: De regreso a casa

Video
CD-ROM

A. ¡A ver cuánto entendiste! See how much of the **Escena** you understood by matching the Spanish phrases with their English equivalents.

1. Las recomendaciones del doctor.

<u>e</u> 1. Puede irse a casa esta misma tarde.

<u>a</u> 2. No haga esfuerzo con la vista.

<u>d</u> 3. Tengo buenas noticias.

<u>f</u> 4. Los productos lácteos interfieren con las pastillas.

<u>b</u> 5. No se bañe todavía.

<u>c</u> 6. En tres días venga para que le revisemos la herida.

a. Don't strain your eyes.

b. Don't bathe yet.

c. Let's check on your wound in three days.

d. I have good news.

e. You can go home this afternoon.

f. Dairy products interfere with the pills.

2. Las preguntas de los Barrón.

<u>b</u> 1. ¿Puedo comer de todo?

<u>d</u> 2. ¿Se lo puede quitar para dormir?

<u>e</u> 3. ¿Qué debemos hacer?

<u>f</u> 4. Por lo menos voy a poder leer unas novelas.

<u>a</u> 5. Todavía me duele bastante el cuello.

<u>c</u> 6. ¿Tú harías eso por mí?

a. My neck still hurts a lot.

b. Can I eat everything?

c. Would you do that for me?

d. Can she take it off to sleep?

e. What should we do?

f. At least I'm going to be able to read a few novels.

Video
CD-ROM

B. De regreso a casa. Complete the sentence with an element from column **A** and column **B**.

A	B
<u>c</u> 1. Quédese en cama	a. lo más posible.
<u>d</u> 2. Dese	b. con la vista.
<u>e</u> 3. Termine de tomar	c. una semana más.
<u>f</u> 4. No lea	d. un baño de esponja.
<u>a</u> 5. Descanse	e. las pastillas que le dimos.
<u>b</u> 6. No haga esfuerzo	f. más de dos horas al días.

Video
CD-ROM

C. ¿Entendiste todo? Answer the following questions.

1. ¿Qué le pregunta Adriana al doctor?

Pregunta si se puede bañar y que si puede comer de todo. _____ .

2. ¿Qué no quiere el doctor que haga Adriana? *(write at least three things)*

Quiere que no haga esfuerzos con la vista, que no lea más de dos horas al día, que no se bañe todavía, que no se quite el aparato,

que no coma productos lácteos. _____ .

3. ¿Qué otras recomendaciones le da? *(write at least three things)*

Quiere que se cuide, que termine de tomar las pastillas, que se dé un baño de esponja, que regrese para que le revisen la herida de

la mano, que duerma con dos o tres almohadas, que beba mucha agua o jugo de frutas, que lo llame si lo necesita. _____ .

4. ¿Qué le duele a Adriana?

Le duele el cuello. _____ .

5. ¿Por qué Adriana quiere quitarse el aparato del cuello?

Es muy incómodo. _____ .

6. ¿Qué le dice el doctor?

Dice que no se lo quite ni para dormir, porque es muy importante que tenga el cuello inmovilizado. _____

_____ .

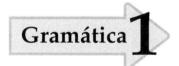

Gramática 1 Giving instructions
• Formal commands

D. La ayuda para Adriana. Adriana is at home in bed after the accident. Write the instructions that she gives the woman Santiago hired to help her.

> **Modelo**
>
> Comprar comida para la semana
> **Compre comida para la semana.**

1. Sacar la basura al garaje — Saque la basura al garaje.

2. Barrer el patio y el balcón — Barra el patio y el balcón.

3. Limpiar la cocina y el baño — Limpie la cocina y el baño.

4. Lavar los platos — Lave los platos.

5. No pasar la aspiradora en la sala — No pase la aspiradora en la sala.

6. No poner la mesa del comedor — No ponga la mesa del comedor.

7. Recoger la ropa de los cuartos — Recoja la ropa de los cuartos.

8. y llevarla al garaje — Y llévela al garaje.

E. Cuide su salud. Imagine you are the doctor; tell your patient what to do and not to do, in order to be healthy. Answers will vary.

1.

_____

_____

2.

_____

_____

3.

_____

_____

4.

_____

_____

5.

_____

_____

6.

_____

_____

F. ¡Ay, es que estamos muy aburridos! You are babysitting for your neighbor's children, and they are bored. Tell them all the activities they should do.

Modelo

¡Jueguen a las damas chinas!

1.

Vean los dibujos animados.

_____

2.

Limpien su cuarto.

_____

3.

Dibujen/Pinten/Coloreen.

_____

4.

Vayan a patinar en línea.

_____

5.

Jueguen fútbol americano.

_____

6.

Bañen al perro.

_____

G. Siete pasos para ayudar a sus hijos a decir NO a las drogas. Read each section in the following brochure to choose the appropriate title for each section.

Sea un buen ejemplo

Ayude a sus hijos a desarrollar la autoestima *(develop self-esteem)*

Escuche realmente a sus hijos

Enséñeles valores morales

Hable con sus hijos sobre el alcohol y las drogas

Establezca reglas específicas en casa

Ponga a sus hijos en clases recreativas

1. Establezca reglas específicas en casa. _____

Es importante tener normas precisas en casa con respecto a las drogas y el alcohol. Las reglas en la familia ayudan a sus hijos a decir que no a la presión de grupo.

2. Sea un buen ejemplo. _____

Los padres son el modelo más importante que tienen los hijos. Deles un ejemplo saludable.

3. Hable con sus hijos sobre el alcohol y las drogas. _____

Sea abierto y eduque a sus hijos sobre las consecuencias del consumo de drogas y alcohol. Comprobará que tienen ideas falsas y mitos erróneos.

4. Ponga a sus hijos en clases recreativas. _____

Estimule a sus hijos a participar en actividades sanas: clases de música, gimnasia, deportes. Participe con ellos cuando sea posible.

5. Escuche realmente a sus hijos. _____

Aprenda a escuchar. Los niños hablan más sobre temas difíciles cuando saben que sus padres los comprenden.

6. Ayude a sus hijos a desarrollar la autoestima. _____

Sus hijos se sentirán bien consigo mismos cuando usted alabe sus logros *(praise their achievements)*, pero también sus esfuerzos. Critique sus acciones negativas con amor y sin enojarse. Los hijos cariñosos, respetuosos y seguros de sí mismos tienden a ignorar la presión de sus compañeros y decir NO fácilmente.

7. Enséñeles valores morales. _____

Los hijos con principios morales bien firmes y establecidos toman decisiones basadas en lo que es correcto y no en lo que dicen los amigos.

Talking about city driving
• Road-related vocabulary

H. El tráfico. Give the following commands in Spanish.

> **Modelo**
>
> Cruce la calle en las esquinas.
>

1. Pare. _____

2. Póngase el cinturón de seguridad. _____

3. No dé vuelta/doble a la izquierda. _____

4. Siga derecho/No doble. _____

5. Vaya/Maneje a sesenta millas por hora./No maneje a exceso de velocidad. _____

I. Situaciones de manejo. Fill in the necessary words.

1. Para manejar necesitamos tener una _____ licencia _____.

2. En las _____ autopistas _____ podemos manejar a 65 millas por hora.

3. La persona que maneja el coche es el _____ conductor _____.

4. En una intersección grande siempre hay un _____ semáforo _____.

5. Cuando el semáforo está en rojo tenemos que _____ parar _____.

6. Me dieron una _____ multa _____ por estacionarme en una zona roja.

7. Ayer vi un _____ accidente/choque _____; un coche rojo le pegó a uno azul.

8. Tuvieron un accidente muy fuerte porque los dos coches iban a
_____ exceso de velocidad _____.

9. Tuvimos que caminar una milla para encontrar una gasolinera porque ayer
_____ nos quedamos sin gasolina _____.

10. El coche que me pegó _____ se pasó _____ el semáforo rojo; no frenó.

Para terminar

J. Una miniprueba.

1. Tell Sofía and Ana Mari:

         a. you were late because you had a flat tire

         b. they have to have insurance

         c. not to take the freeway

2. Tell Adriana:

         d. you ran out of gas on Sunday

         e. not to lend her car to her younger kids

         f. you got a ticket for speeding

a. Llegué tarde porque se me ponchó una llanta.

b. Ustedes tienen que tener seguro.

c. No tomen la autopista.

d. Me quedé sin gasolina el domingo.

e. No le preste su coche a sus hijos menores.

f. Me dieron una multa por ir a exceso de velocidad.

Episodio

¡A escuchar!

26

Comprensión

A. Autos y conductores. You are going to hear six questions. Select the letter of the statement that most logically answers each one. You will hear each question twice.

1. a. Necesita cruzar la calle.   b. Hay que seguir derecho.   c. Debe pararse.
2. a. Se pasó el alto.   b. Se quedó sin gasolina.   c. Tomó la autopista.
3. a. Cruce la calle.   b. Tome la autopista.   c. Pase dos semáforos.
4. a. Dé vuelta en la Avenida Juárez.   b. Choque con un autobús.   c. Pásese el alto.
5. a. Me estacioné en la esquina.   b. Me paré en la intersección.   c. Se me ponchó una llanta.
6. a. Tengo licencia de manejar.   b. No fue mi culpa.   c. Le pegué al coche azul.

B. Una lección de manejo automovilístico. A driving instructor is taking Señorita Delgado for a driving lesson. You will hear him make commands as he instructs her in what to do. For each verb listed, write the command form as you hear the instructor say it. You will hear the narration twice.

| Modelo | You see: | ponerse |
| | You hear/write: | **póngase** |

1. seguir _siga_
2. dar _dé_
3. ir _vaya_
4. mirar _mire_
5. pararse _párese_
6. frenar _frene_
7. cruzar _cruce_
8. estacionarse _estaciónese_
9. venir _venga_

C. Cartas a la consejera. You will hear four letters to **"Querida consejera,"** an advice column in a Spanish-language newspaper. Give written advice to each of the writers by logically combining an element from each column when you hear the appropriate cue. You will hear each letter twice.

Usted es tímido. Invítela...	de su casa inmediatamente.
Usted es madura y prudente. Dígale...	un trabajo.
Usted es una víctima. Salga...	al cine o a una fiesta.
Usted es muy joven e inmaduro. Busque...	que no quiere casarse ahora.

---

1. Querido Triste en San Diego,

   Usted es muy joven e inmaduro. Busque un trabajo.

   Sea independiente y trabaje para lo que quiere.

2. Querida Deprimida y con miedo en Miami,

   Usted es una víctima. Salga de su casa inmediatamente.

   Hable con un consejero profesional. Su esposo puede ser peligroso.

3. Querido Solo y enamorado en Chicago,

   Usted es tímido. Invítela al cine o a una fiesta.

   Llámela por teléfono. Es más fácil hablar por teléfono que en persona.

4. Querida Confundida en Nueva York,

   Usted es madura y prudente. Dígale que no quiere casarse ahora.

   Explíquele la situación y dígale que lo quiere mucho. Pídale que sea paciente.

Más escenas de la vida

Carlos is giving Santiaguito a driving lesson. Listen to their conversation, and then complete activities **A** and **B**. You will hear the conversation twice.

A. Demasiadas instrucciones. Mark the instructions that Carlos gives to Santiaguito.

☑ 1. No maneje a exceso de velocidad.   ☑ 6. Póngase el cinturón.

☐ 2. No ponga el radio en el coche.   ☑ 7. No quiero que se distraiga.

☑ 3. Tenga mucho cuidado.   ☐ 8. Pase dos altos.

☑ 4. Salga con cuidado del garaje.   ☑ 9. No hable por teléfono en el coche.

☐ 5. No cierre la puerta.   ☑ 10. Vaya y vuelva inmediatamente.

B. Responde. Write the answers to the following questions.

1. ¿Qué hacen Carlos y Santiaguito? _Carlos le da una clase de manejo a Santiaguito._

2. ¿En qué calle dan vuelta a la derecha? _Dan vuelta a la derecha en Tierra Blanca._

3. ¿Por qué no quiere Carlos pasar por la calle donde vive Lucy?

   No quiere que Santiaguito se distraiga.

4. ¿Con quién tiene que ir Santiaguito en el coche antes de tener su licencia?

   Tiene que ir con su papá, con su mamá o con Carlos.

Escenas de la vida: El anillo de compromiso

Video
CD-ROM

A. ¡Mira cuánto puedes entender!

Parte 1. Indica qué comentarios son ciertos, de acuerdo a la **Escena**.

Audio
CD-ROM

Instructor's Resources

- Overheads
- VHS Video
- Worktext CD
- Website
- IRM: Videoscript, Comprehensible input

☑

Wayne quiere que Sofía se case con él.

☑

Es importante que conozca bien a la familia de Sofía.

☑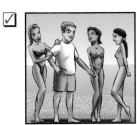

Ramón le aconseja que salga con otras chicas.

☑

Ramón le recomienda que devuelva el anillo de compromiso.

☐

Ramón le recomienda que compre un anillo de compromiso.

☐

El papá de Sofía espera que Wayne y Sofía sean muy felices.

Video Synopsis.
Wayne tells Ramón that he bought an engagement ring for Sofía. Ramón recommends that Wayne have fun, travel, and go out with other girls before he thinks about marriage; he points out that Wayne doesn't even know Sofía's family. When Ramón finds out that Wayne hasn't talked with Sofía, he insists that Wayne take the ring back.

Parte 2. Mira el video o escucha la **Escena** para seleccionar la respuesta falsa.

1. Wayne…
   a. está enamorado de Sofía.   (b.) está casado con Sofía.   c. le compró un anillo a Sofía.

2. Ramón le recomienda a Wayne que…
   a. viaje.   b. hable con Sofía de sus planes.   (c.) se case con otra chica.

3. El papá de Sofía va a querer que…
   a. Wayne tenga un buen trabajo.   b. Sofía termine sus estudios.   (c.) Sofía se case con Ramón.

4. Ramón le aconseja a Wayne que…
   (a.) compre un buen coche.   b. no le diga a Sofía nada del anillo.   c. devuelva el anillo.

5. Ramón es...
   (a.) idealista.   b. realista.   c. buen amigo.

6. Para Ramón es importante que Wayne…
   a. hable con Sofía.   (b.) sea rico antes de casarse.   c. no piense en casarse ahora.

B. ¿Te diste cuenta? Mira la **Escena** otra vez para completar las oraciones.

1. Wayne no conoce bien a _____la familia de Sofía_____ .
2. Wayne sólo puede ofrecerle a Sofía _____amor_____ y _____respeto_____ .
3. Wayne piensa que Ramón es _____materialista_____ .
4. El papá de Ramón puede darle _____consejos_____ a Wayne.
5. Wayne no sabe si Sofía _____quiere_____ casarse.

C. You may wish to ask the following questions to deepen students' understanding of the content of the Escena: ¿Por qué dice Wayne que Ramón fue indiscreto? ¿Qué fue a comprar Wayne al centro comercial? ¿Por qué dice Ramón que Wayne está loco? ¿Por qué dice Ramón que es importante que Wayne conozca bien a la familia de Sofía? ¿Qué le puede ofrecer Wayne a Sofía? ¿Cuándo va a tener Wayne una situación económica estable? ¿Por qué dice Wayne que Ramón es materialista?

C. El anillo de compromiso. Contesta las preguntas.

1. ¿Por qué Ramón no quiere que Wayne se case ahora?
Todavía es muy joven.

2. ¿Por qué piensa Ramón que hablar con su papá es una buena idea?
Su papá le puede dar una buena idea de lo que es el matrimonio.

3. ¿Por qué Wayne quiere casarse ahora si todavía es muy joven?
Está enamorado.

4. En tu opinión, ¿quién tiene razón *(who's right)*? ¿Por qué?
Answers will vary.

Cultura a lo vivo.
Have students read the selection silently. You may ask: Normalmente, ¿dónde se hace la cena de compromiso? ¿Quiénes están presentes en la cena de compromiso? ¿Por qué es un asunto serio la formalización de la relación?

Cultura a lo vivo
En el mundo hispanohablante, cuando una pareja[1] formaliza su relación, ésta se convierte en un asunto[2] familiar serio. En el período entre la formalización de la relación (con el compromiso) y la boda,[3] las familias de los novios incorporan a la pareja a las actividades y eventos familiares. Este período también sirve para que las dos familias se conozcan, pues posteriormente pasan a ser parte del círculo familiar. En la cena de compromiso, normalmente el chico va a casa de la chica con su familia y se fija la fecha de la boda.

[1]*couple* [2]*matter* [3]*wedding*

Práctica adicional

| Cuaderno de tareas WB pp.311–312, A–B | Video CD-ROM Episodio 27 |

Para comunicarnos mejor

Gramática 1 → **Making suggestions and recommendations • The subjunctive with verbs of volition**

The verb forms that you have learned and used (present, preterit, and imperfect) are called *indicative* forms; indicative forms refer to relatively concrete and specific events or conditions. In this episode, you will learn a new set of verb forms, called the *subjunctive*. Subjunctive forms usually refer to an event or condition that may or may not occur. In the conversation, Ramón made several recommendations to Wayne.

Es necesario que Sofía **termine** sus estudios.	*It's necessary that Sofía finishes her studies.*
Quiero que **hables** con mi papá.	*I want you to talk to my dad.*
Te recomiendo que **devuelvas** ese anillo de compromiso.	*I recommend that you return that engagement ring.*
Te aconsejo que **vayas** a la joyería.	*I advise you to go to the jewelry store.*

Notice that all the sentences have the same structure: each contains two clauses with two subjects joined by **que** *(that)*. In the main clause, Ramón tries to influence Wayne by recommending a course of action (**te recomiendo**), by offering advice (**te aconsejo**), by expressing a wish (**quiero**), and by voicing an opinion (**Es necesario/importante**). In each case, the verb in the main clause is in the indicative. In the dependent clause, which expresses what Ramón is trying to get Wayne to consider, the verb is in the subjunctive.

1. When the main clause expresses a suggestion, a recommendation, or a desire to influence someone, the verb in the dependent clause is always in the subjunctive.

[*Subject 1*] + [*verb of influence or desire*] + **que** + [*subject 2*] + [*verb in subjunctive*]

   (Yo)   **quiero**   **que** **(tú)**   **hables con mi papá.**

2. You already know two subjunctive forms—the **usted** and the **ustedes** forms—because they are the same as the **usted** and **ustedes** command forms, which you learned in **Episodio 26**. To review these forms, which are also the **él/ella** and **ellos/ellas** subjunctive forms, see pages 271 and 272.

3. To form the present subjunctive, take the **yo** form of the present indicative, drop the **-o** ending, and add the subjunctive endings, highlighted in blue in the following chart. Notice that the **yo** forms—**hablo, tengo**, and **salgo**—are the basis for the subjunctive conjugation, and that any spelling changes that appear in the **yo** forms are preserved throughout the entire conjugation.

El presente de subjuntivo			
	-ar	**-er**	**-ir**
yo	**hable**	**tenga**	**salga**
tú	**hables**	**tengas**	**salgas**
Ud./él/ella	**hable**	**tenga**	**salga**
nosotros/as	**hablemos**	**tengamos**	**salgamos**
vosotros/as	**habléis**	**tengáis**	**salgáis**
Uds./ellos/ellas	**hablen**	**tengan**	**salgan**

4. The same verbs that are irregular in the **usted** and **ustedes** commands are also irregular in the present subjunctive.

Los verbos irregulares en el subjuntivo					
	dar	**estar**	**ir**	**saber**	**ser**
yo	**dé**	**esté**	**vaya**	**sepa**	**sea**
tú	**des**	**estés**	**vayas**	**sepas**	**seas**
Ud./él/ella	**dé**	**esté**	**vayan**	**sepa**	**sea**
nosotros/as	**demos**	**estemos**	**vayamos**	**sepamos**	**seamos**
vosotros/as	**deis**	**estéis**	**vayáis**	**sepáis**	**seáis**
Uds./ellos/ellas	**den**	**estén**	**vayan**	**sepan**	**sean**

5. To maintain the **-c, -g,** and **-z** sounds, verbs ending in **-car, -gar,** and **-zar** have a spelling change in the subjunctive, as with the preterit and formal command forms.

tocar (c ⟶ qu) ⟶ **toque, toques, toque**...
jugar (g ⟶ gu) ⟶ **juegue, juegues, juegue**...
almorzar (z ⟶ c) ⟶ **almuerce, almuerces, almuerce**...

Verbs that end in **-ger** also have a spelling change.

recoger (g ⟶ j) **recoja, recojas, recoja**...

6. The subjunctive may be used to give indirect commands. Study the examples below, and notice that in indirect commands, the object and reflexive pronouns always precede the verb.

Direct commands	Indirect commands
Niños, **acuéstense** temprano.	Quiero que **se acuesten** temprano.
No **le pidan** dinero a su abuela.	Espero que no **le pidan** dinero a su abuela.

7. Here is a list of verbs and expressions that are generally followed by the subjunctive.

Para dar sugerencias y recomendaciones		
aconsejar	*to advise*	Te aconsejo que...
recomendar (e ⟶ ie)	*to recommend, suggest*	Él me recomienda que...
esperar	*to hope; to expect*	Esperamos que...
querer (e ⟶ ie)	*to want*	Quieren que...
Es necesario/importante que...	*It is necessary/important that...*	
Ojalá que...	*Hopefully*	**Ojalá que me invite.**

8. The subjunctive of **hay** is **haya**.

PRÁCTICA

A. Las recomendaciones de tus profesores. Completa las oraciones con las recomendaciones más comunes que te dan tus profesores. Escoge entre los verbos de la lista. Puedes usarlos más de una vez. Answers will vary.

estudiar	llegar	entregar	hacer	saber	estar

Mis profesores...

1. quieren que yo _____.

2. esperan que nosotros _____.

3. nos aconsejan que _____.

4. nos recomiendan que _____.

También nos dicen:

5. "Es importante que ustedes _____."

6. "Es necesario que todos _____."

Instructor's Resource
• IRM: Additional Activities

Additional Activity. You may play a Submarino game to practice the subjunctive with verbs of volition. See the Instructor's Resource Manual for materials to this activity.

B. Los problemas de Manolo. Como te explica en el siguiente correo electrónico, Manolo y su compañero continúan con problemas. Basándote en el mensaje de Manolo, escribe cuatro sugerencias que Manolo le hace a Jorge.

Modelo	Jorge, quiero que... Además es necesario que...

> ...En cuanto a Jorge, seguimos con problemas. Es muy desordenado, lava la ropa con poca frecuencia y nunca limpia su cuarto. Le gustan mucho las fiestas, así que invita a sus amigos, que bailan y cantan toda la noche. No puedo estudiar con ese ruido. Además tiene varias novias. Yo no sé si debo decirle que eso no es correcto o quedarme callado.
>
> Saludos,
> Manolo

1. _____

_____

2. _____

_____

3. _____

_____

4. _____

_____

Audio
CD-ROM

C. Querida Lolita.

Parte 1. Imagina que tu amigo te deja un mensaje en tu contestadora. Primero lee las preguntas que tienes que contestar. Luego escucha el mensaje y después contesta las preguntas. Para terminar, escribe las recomendaciones que tú le haces.

1. ¿Por qué va con él en el coche? <u>Él no tiene coche.</u>

2. ¿Cómo maneja? ¿Por qué? <u>Maneja muy mal porque va a exceso de velocidad, no se pone el cinturón de</u>

<u>seguridad y no obedece las señales de tráfico.</u>

3. ¿Qué hizo su amigo el otro día? <u>Se pasó el alto y casi le pega a una señora que iba cruzando la calle.</u>

4. ¿Por qué está molesto con él? <u>Le pegó al coche de un vecino y no le dejó una notita.</u>

Parte 2. En tu cuaderno escribe cuatro consejos para darle a este estudiante. Usa las expresiones de la página 300. Answers will vary.

D. El campamento de verano. Algunos compañeros y tú van a trabajar este verano en un campamento de verano para niños. Como líderes de grupo tienen que organizar, dirigir y controlar a los niños. Para estar preparados, escriban por lo menos seis recomendaciones que van a usar con los niños. Usen las expresiones de la página 300, el vocabulario de la página 171 y las imágenes como guía.   Answers will vary.

D. You may distribute transparencies and dry-erase pens and have students write their instructions for the leaders. A member of each group may present them to the class, or, you may collect the transparencies and go over them with the whole class.

¡Fíjate!
Review the vocabulary on page 171.

Modelo	**Les aconsejo que jueguen al escondite con los niños.**
	Es importante que los niños se lleven bien.

E. Problemas personales. En el periódico, cada semana hay cartas de personas con problemas. Primero lee la carta de esta semana. Después escribe una respuesta en tu cuaderno y dale a la persona, como mínimo, cuatro consejos. Usa las expresiones de la página 300. Empieza con **Siento mucho que tenga problemas con …** y termina con **Espero que mis consejos le sean útiles. Le deseo mucha suerte.**   Answers will vary.

E. Have students work in groups or with a partner to create specific recommendations. Have them read some of them aloud when they are done.

Doctora Corazón:

Espero que se encuentre bien. Necesito sus consejos. Siempre he sido muy buen estudiante, hasta que conocí a mi novia. Ahora voy muy mal en todas mis clases, y hasta mis profesores me preguntaron qué me pasaba. No es que ya no me interese la escuela. Lo que pasa es que mi novia es muy posesiva y no me deja ni un minuto libre para estudiar. Cuando le digo que no la puedo ver porque tengo que estudiar, se pone a llorar (cry), me dice que ya no la quiero y que la engaño con mis compañeras de clase. Yo la quiero mucho y no quiero terminar mi relación. ¿Qué me recomienda que haga?

Estudiante con problemas

Práctica adicional

| Cuaderno de tareas WB pp.312–314, C–G LM pp.317–318, A-C | Audio CD-ROM Episodio 27 |

Actividades comunicativas

A. La encuesta dice... Esta actividad es similar al programa *Family Feud.* En grupos de cuatro personas, escriban las cinco respuestas que ustedes crean que son las más comunes. Tu profesor(a) tiene las respuestas correctas.

1. Las cosas más comunes que las esposas les exigen a sus esposos.

> **Modelo**   Quiero que **me llames si vas a regresar tarde a casa.**

Quiero que...

a. *me ayudes en la casa con los quehaceres.*

b. *recojas tus cosas y tu ropa.*

c. *me compres un regalo en nuestro aniversario.*

d. *salgamos más los fines de semana.*

e. *no veas tanto la televisión y los deportes.*

2. Las recomendaciones que un padre le hace a su hijo/a de dieciocho años que acaba de comprar su primer coche.

> **Modelo**   Es importante que **cuides el coche.**

Es importante que...

a. *no manejes a exceso de velocidad.*

b. *nunca te pases un alto.*

c. *no hables por teléfono en el coche.*

d. *nunca tomes alcohol y manejes.*

e. *siempre uses el cinturón de seguridad.*

3. Las órdenes más comunes que un papá le da a su hija de dieciséis años.

> **Modelo**   No quiero que **te pongas minifaldas.**

(No) Quiero que...

a. *tengas novio.*

b. *te pintes.*

c. *saques A en todas tus clases.*

d. *invites a chicos a casa cuando no estamos.*

e. *llegues temprano a casa.*

A. You may make a transparency with the answers. Once all groups have written their responses, have each group tell you one of their responses. Then uncover the first one in your transparency. If your students have any matches, give that/those group(s) a point. Continue until you have done all three.

B. El asistente.

Instrucciones para **Estudiante 1**

Acabas de contratar a un(a) asistente. Dile las cosas que esperas que él/ella haga en la oficina y las que no quieres que haga. Usa las ilustraciones como guía. Incluye todos los detalles que puedas. Usa **quiero que…, le recomiendo que…, es importante que…** y **prefiero que no….** Answers will vary.

Modelo	**Es importante que no se vaya a casa hasta que termine todo su trabajo.**

Banco de palabras

abrir	**la junta**
to open	*meeting*
archivar	**mandar un fax**
to file	*to send a fax*
el buzón	**sacar copias**
mailbox	*to make copies*

a

b

c

d

e

f

B. El asistente.

Instrucciones para **Estudiante 2**

Te acaban de contratar como asistente. Tu nuevo/a jefe/a te va a decir las cosas que quiere que tú hagas en la oficina y las que no quiere que hagas. Escríbelas para que no las olvides. Pregúntale si quiere/no quiere que hagas otras cosas, por ejemplo: contestar sus correos electrónicos, sacar fotocopias, etc. Answers will vary.

Modelo	¿A qué hora quiere que salga a almorzar?

Banco de palabras

abrir	**la junta**
to open	meeting
archivar	**mandar un fax**
to file	to send a fax
el buzón	**sacar copias**
mailbox	to make copies

Cosas que hacer

_____

_____

_____

_____

_____

_____

_____

_____

_____

C. Consejos para principiantes. Tú y tu compañero/a son estudiantes consejeros (*peer advisors*) en su escuela. Tienen que dar recomendaciones a estudiantes de primer año que tienen malas notas en su clase de español. Denles ocho consejos sobre cómo tomar notas, aprender vocabulario, entender las lecturas, practicar conversación y preparar exámenes. Answers will vary.

> | Modelo | Es muy importante que estudien todos los días. |

1. _____

2. _____

3. _____

4. _____

5. _____

6. _____

7. _____

8. _____

La correspondencia

El correo: La seguridad es primero. Lee las preguntas sobre la lectura para después contestarlas.

Reading Strategy: Using a variety of reading strategies

Throughout this course, you have been applying a variety of strategies to help you understand the texts you read. You have been asked to determine your purpose for reading and to use background knowledge, visuals, and a text's organization to aid comprehension, to practice skimming and scanning, and to use cognates and context to uncover meaning.

You are going to read an article. First review the strategies you have learned; use them consciously as you read.

1. Determine your purpose for reading this article.
2. Skim the article. What is it about?
3. Consider the topic. What do you know about it?
4. Skim the article again. How is it organized?
5. Scan the text for cognates.
6. As you read, identify the words you do not understand. Use context to try to determine their meaning.
7. Read the text again. What percentage of it do you understand?
8. Think about the steps you will take to get *into* the text, *through* the text, and *beyond* the text. What are these steps?

Antes de leer. The following reading contains words you will not recognize. Read the paragraphs below to see if you can determine the meanings of the underlined words.

En California hay muchos <u>terremotos</u>. En 1906 un terremoto destruyó casi toda la ciudad de San Francisco, y en 1996 el terremoto de Northridge destruyó la universidad estatal. Las consecuencias de los terremotos generalmente son <u>graves</u>: se rompen las <u>tuberías</u> de gas y los cables eléctricos que muchas veces causan <u>incendios</u>.

En estas situaciones, no hay suficientes bomberos para responder a todos los incendios. Los paramédicos también tienen dificultad en responder a las necesidades médicas de la comunidad, pues muchas personas heridas necesitan primeros auxilios; por eso, es esencial que usted esté preparado <u>de antemano</u>, o sea con anticipación, para cualquier desastre.

Otros desastres naturales incuyen los huracanes y las tormentas. En estos casos el problema principal es el exceso de lluvia que causa graves <u>inundaciones</u>. El fenómeno de El Niño en 1998 causó serios problemas en casi todo el país.

Now write the definitions of the following words:

1. *terremotos* significa ___earthquakes___ .
2. *graves* significa ___serious___ .
3. *tuberías* significa ___pipes___ .
4. *incendios* significa ___fires___ .
5. *de antemano* significa ___beforehand___ .
6. *inundaciones* significa ___floods___ .

1. ¿Cómo responde la gente ante el aumento de la violencia en las ciudades?

La gente está cada vez más interesada en formar y pertenecer a asociaciones de vecinos.

2. ¿Qué beneficios resultan de la formación de grupos de vecinos?

La reducción de actividades ilegales. Permiten conocer a los vecinos. Sirven de ayuda mutua en casos de emergencia.

3. ¿Cómo puedes tomar la iniciativa para formar un grupo de vecinos?

Es necesario hacer una reunión de vecinos y juntos elaborar un plan de acción en caso de emergencia.

4. ¿Qué habilidades pueden ser útiles en caso de un desastre natural?

Entrenamiento médico o de primeros auxilios, comunicaciones, plomería, mecánica y electricidad.

Cómo organizar a sus vecinos

Es una triste realidad que la violencia y el crimen van en aumento año tras año en nuestras ciudades. En respuesta a esta realidad, la gente está cada vez más interesada en formar y pertenecer a asociaciones de vecinos para su protección y seguridad.

Los grupos de vecinos, de hecho, son un factor importante en la reducción de actividades ilegales en la comunidad y tienen innumerables ventajas: le permiten conocer a sus vecinos y así poder identificar a personas que no vivan en el área, sirven de ayuda mutua en casos de emergencias y desastres naturales, proveen una oportunidad para discutir problemas comunes y, por último, les permiten a los participantes sentirse parte de la comunidad.

Las asociaciones de vecinos son de especial importancia en casos de desastres naturales, como huracanes, terremotos, inundaciones, erupciones y tornados. No espere a que lo inviten a pertenecer a un grupo. ¡Tome la iniciativa!

Es necesario que haga una reunión de vecinos y que juntos elaboren un plan de acción en caso de emergencia. También es importante que obtenga datos de las familias participantes, tales como:

- nombre y dirección
- el teléfono de la casa, de los trabajos y de las escuelas de los niños
- los datos de algún familiar o amigo que viva fuera del área para contactar después de algún desastre o emergencia
- las habilidades o conocimientos de los vecinos: por ejemplo, entrenamiento médico o de primeros auxilios, comunicaciones (radios de onda larga y corta), plomería, mecánica y electricidad.

Es esencial que cada vecino tenga tareas específicas. Es importante que el trabajo asignado no sea excesivo.

No espere a que ocurra un desastre para organizar a sus vecinos. Para más información, comuníquese con la Cruz Roja, la estación de bomberos o las oficinas de servicios de emergencia. ¡No lo deje para después!

En papel: La seguridad es primero. Trabajas para el Club de Intercambio Internacional de tu universidad. Estás encargado/a de asegurar que los estudiantes extranjeros tengan una estancia segura en Estados Unidos. Prepara un folleto con recomendaciones y advertencias sobre la seguridad tanto en casa como en la escuela. Menciona los servicios disponibles en tu universidad (patrulla *(patrol)* estudiantil, escoltas *(escorts)*, centro médico, etc.).

Writing Strategy: Using the dictionary effectively

When using the dictionary as a tool to write, you need to make sure that the words you select convey the meaning you want to communicate. The checklist below will enable you to avoid errors that could make your writing less comprehensible. Read each strategy and then use a Spanish-English dictionary to complete the task.

- Recall that dictionaries list adjectives in the masculine singular form **(alto)** and verbs in the infinitive form **(hablar)**.

  What is the Spanish equivalent of *Close your windows at night*? Remember that *close* is a command form and that *windows* is plural.

- When using a Spanish-English dictionary, read all the definitions and examples provided. Once you have selected a Spanish equivalent for an English word, look up that word's English equivalent to verify that the word is the right choice.

  What is the Spanish equivalent of *Lock your door*? Be sure that you select the right equivalent of *lock*.

- Finally, be careful of compound words *(greenhouse, driveway, turn on)*. If you attempt to find a Spanish equivalent for each part of a compound, you will produce an incomprehensible phrase. A *greenhouse*, for example, is not **una casa verde**; it is **un invernadero**.

  What is the Spanish equivalent of *Turn on a light when you are not home*?

Invitación a **Uruguay**

Del álbum de
Sofía

Más de la mitad *(half)* de la población del Uruguay vive en Montevideo, la capital. Eso no significa que no haya otras bellas ciudades, como Punta del Este, uno de los lugares favoritos del jet set latinoamericano. La población, mayormente de origen español e italiano, siente la misma afición al fútbol que sus rivales y vecinos argentinos. Las ciudades se paralizan durante los campeonatos internacionales de fútbol.

Práctica adicional

Website
vistahigher
learning.com

Video
CD-ROM

Audio
CD-ROM

¡A ver de nuevo!

Parte 1. Mira el video o escucha la **Escena** otra vez para hacer un resumen de lo que pasó.

Parte 2. Ahora trabaja con un(a) compañero/a para añadir la información que te haya faltado.

Práctica adicional		
Cuaderno de tareas WB pp.314–316, H–J LM p.318, A–C	Audio CD-ROM Episodio 27	Website vistahigher learning.com

Para dar sugerencias y recomendaciones con el subjuntivo

aconsejar	*to advise*	**Te aconsejo que...**
recomendar (e ⟶ ie)	*to recommend, suggest*	**Él me recomienda que...**
esperar	*to hope, to expect*	**Esperamos que...**
querer (e ⟶ ie)	*to want*	**Quieren que...**
Es necesario/importante que...	*It is necessary/important that...*	
Ojalá que...	*Hopefully...*	

Vocabulario nuevo

casarse	*to get married*
devolver (o ⟶ ue)	*to return*
anillo de compromiso	*engagement ring*
joyería	*jewelry store*

Instructor's Resources

• Testing program
• Website

Vocabulario personal

Escribe todo el vocabulario que necesitas saber para hablar de las cosas que quieres que tu familia y amigos hagan.

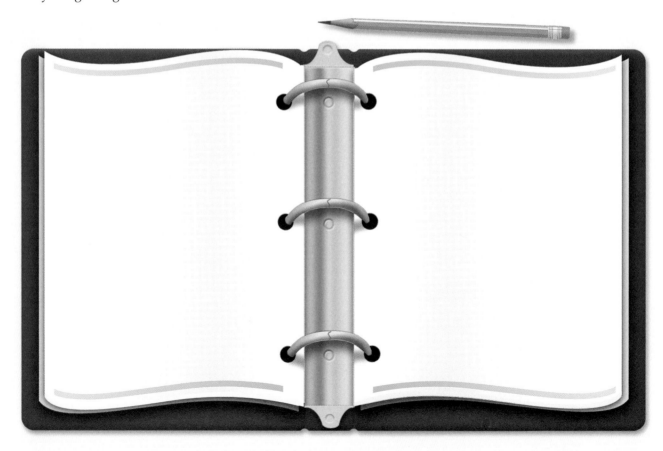

¡A escribir!

Episodio

27

Escenas de la vida: El anillo de compromiso

Video
CD-ROM

A. ¡A ver cuánto entendiste! See how much of the **Escena** you understood by matching the Spanish phrases with their English equivalents.

Ramón

Wayne

1. La conversación de Ramón y Wayne.

___f___ 1. Fui a comprar un anillo de compromiso.

___e___ 2. Después de recibirme voy a tener un buen trabajo.

___d___ 3. Te recomiendo que primero te diviertas y que viajes.

___b___ 4. Te aconsejo que vayas a la joyería y devuelvas ese anillo.

___a___ 5. Ni siquiera conoce a tus padres.

___c___ 6. Me quiero casar con Sofía, no con su familia.

a. She doesn't even know your parents.

b. I advise you to go to the jewelry store and return that ring.

c. I want to marry Sofía, not her family.

d. I recommend that first you have fun and travel.

e. After I graduate I'm going to have a good job.

f. I went to buy an engagement ring.

2. Los consejos de Ramón.

___a___ 1. Es importante que salgas con otras chicas.

___e___ 2. Es necesario que termine sus estudios.

___d___ 3. Es importante que hables con ella sin decirle que compraste el anillo.

___b___ 4. Quiero que hables con mi papá.

___c___ 5. Es necesario que tengas una situación económica estable.

a. It's important that you go out with other women.

b. I want you to talk to my father.

c. It's necessary that you have a stable economic situation.

d. It's important that you talk to her, without telling her that you bought the ring.

e. It's necessary that she finish her studies.

Video
CD-ROM

B. Te recomiendo que.... Use the words below to complete the advice Ramón gave to Wayne.

termine	hables	necesario	casarse	salgas
vayas	esperar	recomiendo	tengas	veas

Ramón

Es (1) _____ necesario _____ que (2) _____ tengas _____ una situación económica estable, y que esperes a que Sofía (3) _____ termine _____ sus estudios. Yo te (4) _____ recomiendo _____ que primero te diviertas, que viajes por todo el mundo y que (5) _____ salgas _____ con otras chicas.

Quiero que (6) _____ hables _____ con mi papá para que te des una idea de lo que significa el matrimonio. Pensándolo bien, te aconsejo que (7) _____ vayas _____ a la joyería y devuelvas ese anillo.

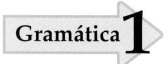

Gramática 1

Making suggestions and recommendations
• The subjunctive with verbs of volition

C. ¿Qué quieres hacer? Imagine that Sofía is staying with you for a weekend. Ask her if she wants to do the following activities together.

Modelo	ir al cine/rentar un video **¿Quieres que vayamos al cine o prefieres que rentemos un video?**

1. comer en casa/salir a un restaurante

   ¿Quieres que comamos en casa o prefieres que salgamos a un restaurante? .

2. visitar a los amigos/ir al museo

   ¿Quieres que visitemos a los amigos o prefieres que vayamos al museo? .

3. ver una película/acostarse temprano

   ¿Quieres que veamos una película o prefieres que nos acostemos temprano? .

4. ir a una discoteca/quedarse en casa

   ¿Quieres que vayamos a una discoteca o prefieres que nos quedemos en casa? .

5. jugar tenis/estudiar en el café

   ¿Quieres que juguemos tenis o prefieres que estudiemos en el café? .

6. devolver la ropa ahora/ir a la casa de Ana Mari

   ¿Quieres que devolvamos la ropa ahora o prefieres que vayamos a la casa de Ana Marí? .

D. ¿Quién lo pide? Professors and students always want each other to do/not to do certain things. For each item below, decide if it is the professors who want the activity in question, or if it is the students.

> **Modelo**   hacer la tarea
> **Los profesores quieren que los estudiantes hagan la tarea.**

1. no darles mucha tarea
   Los estudiantes no quieren que los profesores les den mucha tarea.

2. llegar a tiempo
   Los profesores quieren que los estudiantes lleguen a tiempo.

3. tener paciencia
   Los estudiantes quieren que los profesores tengan paciencia.

4. hablar español
   Los profesores quieren que los estudiantes hablen español.

5. leer el libro de texto
   Los profesores quieren que los estudiantes lean el libro de texto.

6. hacer exámenes fáciles
   Los estudiantes quieren que los profesores hagan exámenes fáciles.

E. ¿Qué te aconsejan tus padres? Parents always give advice to their children. Describe what your parents want, recommend, hope, and suggest you do or not do. Answers will vary.

Mis padres…
quieren que yo _____
me aconsejan que _____
me recomiendan que _____
esperan que mis hermanos/as y yo _____
me sugieren que _____

F. El consejo familiar. You are a family therapist. Use the information from the article **Siete pasos para ayudar a sus hijos a decir NO a las drogas,** in **Episodio 26,** page 292 of your **Cuaderno de tareas,** to tell your patients what to do to help their kids stay off drugs. Use expressions such as **es importante que…, es necesario que…, les sugiero que…, les aconsejo que…,** and **les recomiendo que….**

Es importante que sean un buen ejemplo para sus hijos. Es necesario que ayuden a sus hijos a desarrollar la autoestima. Les sugiero que escuchen realmente a sus hijos. Les recomiendo que les enseñen valores morales. Es importante que hablen con sus hijos sobre el alcohol y las drogas. Es necesario que establezcan reglas específicas en casa. Les sugiero que pongan a sus hijos en clases recreativas.

G. Las recomendaciones de mamá. Ana Mari's friend is moving out, and her mother is worried. How would she say the following in Spanish?

1. It is important that you find a good roommate.

Es importante que encuentres una buena compañera de cuarto.

2. It's necessary that you wash the dishes and clean the apartment regularly.

Es necesario que laves los platos y limpies el apartamento constantemente.

3. I suggest you don't invite friends to spend the night (**quedarse a dormir**).

Te sugiero que no invites amigas a quedarse a dormir.

4. I advise you to pay all your bills (**cuentas**) on time.

Te aconsejo que pagues todas tus cuentas a tiempo.

5. I hope you know I love you very much!

¡Espero que sepas que te quiero mucho!

Para terminar

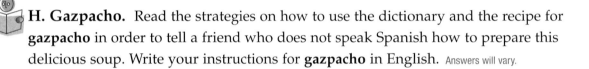

H. Gazpacho. Read the strategies on how to use the dictionary and the recipe for **gazpacho** in order to tell a friend who does not speak Spanish how to prepare this delicious soup. Write your instructions for **gazpacho** in English. Answers will vary.

Reading Strategy: Finding words in the dictionary

When you cannot find a word in the dictionary as it appears in the text, it is likely that the word has somehow been altered. You should first decide what kind of word it is (verb, noun, adjective, etc.) and what form it has (preterit, progressive, plural, feminine, etc.). Then you need to "reduce" the word to its basic form (infinitive, singular, masculine). In this process, always pay attention to spelling changes. For example:

g → gu   **Pague** does not appear in the dictionary, but **pagar**, the basic form (infinitive), does.
c → qu   **Saque** does not appear in the dictionary, but **sacar**, the basic form (infinitive), does.
z → c   **Lápices** does not appear in the dictionary, but **lápiz**, the basic form (singular), does.

To find out the meaning of a verb form you encounter, you must first determine what the infinitive is (**pagar, sacar**), since that is the form that appears in the dictionary. You are going to come across words you may not know in the recipe you will read. In the recipe, the verb form **ralle** appears. It is a command. Based on what you know about forming **usted** commands, what is the infinitive of **ralle**? Now look up the infinitive in the dictionary. What does this verb mean? _____ to grate _____

Do the same for the verb form **muela**[1]. What is the infinitive? If you looked for "**mueler**," you would not find it. The ending is correct, but the stem is not. You know that some Spanish verbs have stems that change from **o** to **ue**, such as **dormir** (**duerma**). Change "**mueler**" to **moler** and look it up. What does it mean? _____ to grind _____

Now write the basic form and meaning of each of the following words. Do the same for any other words you may not know in Adriana's note or in the recipe.

palabra	forma básica	significado
pele	pelar	to peel
cuele	colar	to strain
agregue	agregar	to add
pedacitos	pedazo	piece

---

[1]You will find **muela** in the dictionary. However, it is a noun meaning molar or (back) tooth. Given the context of the reading, this is obviously not the word you are looking for.

Instructions for **gazpacho:**

_____

_____

_____

_____

_____

Gazpacho andaluz

Ingredientes

1 pepino   1 diente de ajo

4 pimientos   1 cebolla pequeña

8 tomates maduros   el jugo de un limón

1 rebanada de pan blanco   sal y aceite de oliva (4 oz.)

Preparación

1. Ralle el pan.

2. Pele el pepino, los pimientos, los tomates, la cebolla y el ajo.

3. Muela todo en la licuadora y cuele la mezcla con un colador mediano.

4. Agregue el aceite de oliva, el jugo de limón y sal al gusto.

5. Agregue agua fría hasta que tenga consistencia de sopa.

6. Refrigere y sirva fría. Sírvala con pedacitos de pan frito, pimiento, tomate y cebolla.

I. Tu receta. Use Adriana's recipe above as a model to write your favorite recipe in Spanish. Answers will vary.

Mi receta

Ingredientes

___ _____   ___ _____

___ _____   ___ _____

___ _____   ___ _____

___ _____   ___ _____

Preparación

_____

_____

_____

_____

_____

_____

J. Doctora Corazón. Every week, the newspaper prints advice columns. Read one of the letters from this week's paper and answer the questions.

1. ¿Qué problemas tiene esta señora?

_____ Su hijo es muy introvertido. _____

_____

_____

2. ¿Por qué tiene estos problemas?

_____ Su papá era un irresponsable. _____

_____

_____

> Doctora Corazón:
>
> Tengo unos problemas terribles con mi hijo. Se ha vuelto[1] muy introvertido desde que su papá nos abandonó. El otro día lo arrestó la policía porque se robó unos discos compactos de una tienda. ¡Qué vergüenza[2]! Estoy segura de que él me culpa por la pérdida de su papá. Pero no puedo explicarle, ya que sólo tiene catorce años, que su papá era un irresponsable, y yo ya no podía tolerar esa situación. ¿Qué puedo hacer para ayudar a mi hijo?
>
> Madre entristecida

[1]he has become [2]shame

3. Read the letter again and formulate four pieces of advice to give this distressed mother. Answers will vary.

> Querida madre entristecida:
>
> Siento mucho que tenga problemas con _____
>
> _____
>
> _____
>
> _____
>
> _____
>
> _____
>
> _____
>
> Espero que mis consejos le sean útiles. Le deseo mucha suerte.

¡A escuchar!

Episodio

27

Comprensión

Audio CD-ROM

A. Los consejos. You will hear ten situations with requests for advice. Give good advice by choosing the logical response from the printed options.

1. Le aconsejo que...
   a. estudie más.
   (b.) tome una aspirina.
   c. saque su licencia de manejar.

2. Les recomiendo que...
   a. se casen en junio.
   b. jueguen a la pelota.
   (c.) pidan las enchiladas.

3. Es importante que...
   a. vayan al doctor.
   (b.) duerman bien esta noche.
   c. hagan travesuras.

4. Es necesario que...
   (a.) compre seguro.
   b. beba mucha agua.
   c. explique la lección.

5. Le aconsejo que...
   a. busque otro trabajo.
   b. termine el proyecto.
   (c.) le compre un anillo de compromiso.

6. Espero que...
   (a.) se porten bien.
   b. hagan berrinches.
   c. sean llorones.

7. Es necesario que su hijo...
   a. corte el pasto.
   (b.) ponga la mesa.
   c. planche la ropa.

8. Le recomiendo que...
   a. prepare la comida.
   (b.) barra el suelo.
   c. vaya de compras.

9. Les aconsejo que...
   a. miren la televisión.
   b. se sienten en el sofá.
   (c.) lleven ropa para el frío.

10. Te recomiendo que...
   (a.) camines a la gasolinera.
   b. tomes la autopista.
   c. vayas al cine.

Audio CD-ROM

B. ¡Ya no aguanto más! Ana Mari is confiding in Sofía about the stress she feels because of the many demands in her life. Match up the sentences to show who is pressuring her to do what. You will hear the conversation twice.

¿Qué quieren estas personas que haga Ana Mari?

  _b_ 1. Su profesor quiere que...
  _a_ 2. Su jefe no permite que...
  _c_ 3. Su madre quiere que...
  _d_ 4. Su padre quiere que...

a. tome unos días libres.
b. termine su proyecto.
c. ayude a sus hermanos.
d. vaya al aeropuerto por su abuela.

> **Banco de palabras**
>
> **¡No aguanto más!**
> *I can't take any more!*
>
> **proyecto**
> *project*

Nombre _____ Fecha _____

Audio CD-ROM

C. ¿Qué quieren estas personas? You will hear five situations in which one person is attempting to influence another. Select the printed option that best describes what each person wants the other to do. You will hear each situation twice.

1. El chico quiere que su mamá...
   a. lo lleve al parque.   (b.) le sirva la cena.   c. le dé dinero.
2. La madre quiere que su hijo...
   a. compre más ropa.   (b.) limpie su cuarto.   c. saque la basura.
3. La señora quiere que su esposo...
   (a.) salga con ella a divertirse.   b. repare la tele.   c. se duerma temprano.
4. El profesor quiere que Roberto...
   a. lea una novela.   b. escriba una composición.   (c.) haga un informe (report) oral.
5. La estudiante quiere que la profesora...
   a. hable más fuerte.   b. no le dé tanta tarea.   (c.) le explique la lección.

Más escenas de la vida

Sofía and Ana Mari are talking about Wayne. Listen to their conversation, and then complete activities **A**, **B**, and **C**. You will hear the conversation twice.

Ana Mari

Sofía

Wayne

Audio CD-ROM

A. ¿Quién lo dijo? Indicate who made the following statements in the conversation: Ana Mari **(AM)** or Sofía **(S)**.

___S___ 1. Ojalá que me entienda.

___AM___ 2. Siempre hemos soñado en recorrer el mundo.

___S___ 3. ¿Y cómo me aconsejas que haga eso?

___AM___ 4. Tengo que decirte algo.

___AM___ 5. Estoy segura que sí te va a entender.

Audio CD-ROM

B. Los consejos de Ana Mari. Complete each sentence with the advice that Ana Mari gave Sofía in the conversation.

1. Es importante que _se lo digas de una manera que no lo lastimes._
2. Te recomiendo que _le hables de tus planes antes de que él te diga nada del anillo._
3. Es necesario que _le cuentes que quieres viajar y ser independiente antes de comprometerte._

C. Responde. Write the answers to the following questions.

1. ¿Qué quieren hacer Sofía y Ana Mari antes de formar una familia?
   Quieren recorrer el mundo y ser autosuficientes.

2. ¿Qué hicieron sus mamás que ellas no quieren hacer?
   Pasaron de la casa de su papá a la casa de su marido.

Objetivos comunicativos

In this episode, you will practice:

✓ talking about what you have done

✓ expressing things that you have not done yet, but want to do

Episodio 28

Escenas de la vida: Decisiones importantes

Video CD-ROM

A. ¡Mira cuánto puedes entender! Primero mira el video o escucha el CD para saber quién dijo o a quién se refiere lo siguiente. Después indica el orden cronológico, del uno al nueve, en el que escuchaste los comentarios.

Audio CD-ROM

Instructor's Resources
- Overheads
- VHS Video
- Worktext CD
- Website
- IRM: Videoscript, Comprehensible input

1

He pensado mucho en **nuestra relación.**

_____Wayne_____

4

Yo no he terminado **mi** carrera.

_____Sofía_____

2

Ya empecé **a buscar** trabajo.

_____Wayne_____

5

No hemos vivido **lo suficiente** para tomar esa decisión.

_____Sofía_____

7

Tú tampoco **has hecho** las cosas que quieres hacer.

_____Sofía_____

9

Pero... sí quieres casarte conmigo, ¿verdad?

_____Wayne_____

6

Quiere ser independiente antes de casarse.

_____Sofía_____

3

Posiblemente va a mudarse a otra ciudad.

_____Wayne_____

8

Va a recibirse el año próximo.

_____Sofía_____

Video Synopsis. Wayne tells Sofía that he is looking for a job and may have to move away; he asks Sofía whether she would go with him. Sofía tells Wayne that she wants to continue their relationship. However, before thinking of marriage, she wants to finish her degree. She tells Wayne that she wants to be independent several years before getting married.

319

Cultura a lo vivo. You may ask students to read several sentences and then check for comprehension by asking questions like ¿En qué consiste el avance económico y social? ¿Por qué son las grandes ciudades los centros económicos y culturales de muchos países? ¿Por qué crees que es común encontrar varias generaciones de una familia en la misma zona *(neighborhood)?*

Cultura a lo vivo

Una de las principales motivaciones para que las personas salgan de sus lugares de origen es el avance económico y social. En los países latinoamericanos y España, las grandes ciudades son los centros económicos y culturales del país. Ahí están las mayores fuentes de trabajo, los centros políticos y financieros, las mejores universidades y una rica vida cultural. Por esto, es común que muchos jóvenes que viven en ciudades pequeñas y pueblos vayan a estudiar o trabajar a las grandes ciudades. Por el contrario, es menos frecuente que los jóvenes de las ciudades vayan a vivir a otro lugar. Es común encontrar varias generaciones de una familia en la misma ciudad y hasta en la misma zona de la ciudad.

Video
CD-ROM

B. ¿Te diste cuenta? Mira el video otra vez para indicar si los comentarios son **ciertos** o **falsos**.

Audio
CD-ROM

	Cierto	Falso
1. Wayne encontró trabajo en otra ciudad.	☐	☑
2. Sofía cree que no conoce a Wayne lo suficiente para casarse.	☑	☐
3. Sofía quiere trabajar y ser independiente antes de casarse.	☑	☐
4. Wayne y Sofía no van a continuar su relación.	☐	☑
5. Sofía no quiere casarse con Wayne.	☐	☑
6. Hace diez meses que Wayne y Sofía salen juntos.	☑	☐
7. Sofía no quiere que Wayne se vaya a otra ciudad.	☑	☐
8. Sofía piensa que no está preparada para el matrimonio.	☑	☐

Video
CD-ROM

C. ¿Qué quieren hacer? Mira la **Escena** para contestar las preguntas.

Audio
CD-ROM

1. ¿Por qué quiere Wayne casarse con Sofía? <u>Tal vez se vaya a otra ciudad y no se quiere ir sin ella.</u>

2. ¿Qué quiere hacer Sofía? <u>Quiere trabajar y ser independiente unos años antes de pensar en casarse.</u>

3. ¿Qué planes tiene Wayne? ¿Y Sofía? <u>Wayne quiere casarse con Sofía. Sofía quiere esperar más tiempo.</u>

4. ¿Qué deciden hacer? <u>Deciden esperar.</u>

Práctica adicional

| Cuaderno de tareas WB pp.339–340, A–B | Video CD-ROM Episodio 28 |

C. You may wish to ask the following questions to deepen students' understanding of the content of the Escena: ¿Por qué quiere Wayne hablar con Sofía seriamente? ¿Cuánto tiempo hace que salen juntos? ¿Por qué crees que tal vez Wayne tenga que irse de la ciudad? ¿Qué le sugiere Wayne a Sofía? ¿Por qué no quiere Sofía casarse ahora? ¿Cómo quiere Sofía prepararse para el matrimonio? ¿Qué le dice Sofía a Wayne al final?

Para comunicarnos mejor

Talking about what you have done
- **The present perfect tense with regular and irregular past participles**

When Wayne and Sofía talked about the things they have and have not done, they used the present perfect tense.

Yo no **he terminado** mi carrera.	*I haven't finished my degree.*
Tú tampoco **has hecho** las cosas que quieres hacer.	*You haven't done the things you want to do either.*
Creo que no **hemos vivido** lo suficiente para tomar una decisión.	*I don't think we have lived enough to make a decision.*

1. The present perfect tense in Spanish is used more or less as it is in English.

2. The present perfect is formed with the present tense of **haber** (*to have done something*) plus the invariable past participle form of a verb.

3. The past participle of most verbs is formed by replacing the **-ar** ending with **-ado** (**terminar** ⟶ **terminado**) and the **-er/-ir** endings with **-ido** (**comer** ⟶ **comido**, **vivir** ⟶ **vivido**).

El presente perfecto y los participios pasados regulares

	Haber	Past Participle
Yo	he	estudiado mucho este semestre.
¿Tú	has	comido sushi alguna vez?
Usted	ha	viajado a Honduras, ¿verdad?
Él/Ella	no ha	leído[1] el periódico todavía.
Nosotras	no hemos	ido al gimnasio esta semana.
Ustedes	no han	tenido un accidente hasta ahora.
¿Vosotros	habéis	comprado un coche nuevo?
Ellas/Ellos	han	salido varias veces.

[1]The past participles of **-er** and **-ir** verbs whose stems end in a vowel require a written accent mark: **leer** ⟶ **leído**, **oír** ⟶ **oído**, **traer** ⟶ **traído**.

Notice that the past participle of **ir** is **ido**.

4. The following expressions are commonly used with the present perfect.

Expresiones adverbiales

alguna vez	*ever*	**todavía**	*still*
hasta ahora	*until now, so far*	**últimamente**	*lately*
hasta el momento	*until this moment*	**ya**	*already; yet*

5. A few common verbs have irregular past participles.

Los participios pasados irregulares		
abrir	*to open*	¿Todavía no **han abierto** las tiendas?
decir	*to say, to tell*	Hasta ahora no me **has dicho** mentiras.
escribir	*to write*	Ana Mari no les **ha escrito** a sus abuelos últimamente.
hacer	*to do, to make*	Lalo no **ha hecho** las camas todavía.
morir	*to die*	Este año **han muerto** varias personas famosas.
ponerse	*to wear*	Ustedes se **han puesto** disfraces.
resolver	*to solve*	Adriana y Santiago no **han resuelto** todos sus problemas.
romper	*to break*	No hemos **roto** la piñata todavía.
ver	*to see, to watch*	¿Ya **han visto** la última película de Antonio Banderas?
volver	*to return, to go back*	Hasta ahora, Emilio no **ha vuelto** a hablar con su vecino.

6. Notice that direct and indirect object pronouns, as well as reflexive pronouns, are placed before **haber**.

La hemos visto tres veces.	*We have seen it three times.*
No **les** has escrito a tus abuelos.	*You haven't written to your grandparents.*
No **nos** hemos bañado todavía.	*We haven't taken a shower yet.*

7. The subjunctive of **haber** is as follows: **yo haya, tú hayas, Ud./él/ella haya, nosotros hayamos, vosotros hayáis, Uds./ellos/as hayan.**

PRÁCTICA

A. Personas famosas. Empareja las personas de la columna **B** con lo que han hecho en la columna **A**.

A	B
_e_ 1. Ha escrito muchas novelas; es mujer.	a. Thomas Edison y Alexander Graham Bell
_g_ 2. Ha recibido el Premio Nobel de Literatura.	b. Neil Armstrong y John Glenn
_f_ 3. Han vendido más de un millón de discos.	c. Grace Kelly y la princesa Diana
_b_ 4. Han ido a la luna.	d. Nelson Mandela
_d_ 5. Ha sido presidente y ha recibido el Premio Nobel de la Paz.	e. Isabel Allende
_c_ 6. Han muerto en accidentes de coche.	f. Julio Iglesias y Gloria Estefan
_a_ 7. Han hecho invenciones importantes para la humanidad.	g. Gabriel García Márquez

Instructor's Resource

• IRM: Additional Activities

Additional Activity. You may play a Submarino game. See the **Instructor's Resource Manual** for materials for this activity.

B. ¿Lo has hecho alguna vez? Trabaja con un(a) compañero/a para saber si ha hecho las siguientes actividades alguna vez. Después comparte las respuestas con la clase.   Answers will vary.

> **Modelo**   —¿Has comido sushi alguna vez?
> —No, nunca he comido sushi. No me gusta el pescado crudo (raw). ¿Y tú?
> —Yo sí. Como sushi dos o tres veces al mes. Me encanta.

C. ¿Lo has hecho últimamente? Trabaja con un(a) compañero/a para saber si ha hecho las siguientes actividades últimamente. Después comparte las respuestas con la clase.   Answers will vary.

¡Fíjate!

Remember to use **hace** + [time] + **que** + [activity] to express how long ago you did something.

> **Modelo**   —¿Le has dado un beso a alguien últimamente?
> —No, hace tres meses que no tengo novio. ¿Y tú?
> —Yo sí. Le di un beso a mi mamá anoche.

D. De generación a generación.

Parte 1. Completa la entrevista que le hacen a una estudiante hispana acerca de los cambios en el papel de la mujer entre su generación y la generación de su mamá. Usa las formas apropiadas del presente perfecto.

Entrevistadora ¿Qué cambios ha notado usted en el papel de las mujeres latinas?

Estudiante Bueno, las mujeres de mi generación (1) ___han podido___ (poder) ir a la universidad para prepararse mejor. Mi hermana, por ejemplo, estudió para contadora y (2) ___ha tenido___ (tener) muy buenos trabajos. Yo, aunque todavía no (3) ___he terminado___ (terminar) mi carrera, (4) ___he recibido___ (recibir) varias ofertas de trabajo. Nosotras (5) ___hemos viajado___ (viajar) y tenemos más libertad que nuestras madres y abuelas. Mi mamá, por ejemplo, no fue a la universidad. Se casó muy joven y nunca (6) ___ha trabajado___ (trabajar) fuera de casa.

> **¡Fíjate!**
> Remember to use the verb **haber** to complete the conversation.

Parte 2. ¿Qué cambios has notado en el papel de las mujeres en tu familia? Contesta la pregunta y comparte tu respuesta con un(a) compañero/a. Answers will vary.

> **Modelo** En mi familia han cambiado mucho las cosas. Por ejemplo, mi abuela nunca trabajó y tuvo seis hijos. Mi mamá sí trabaja y sólo tuvo dos hijos. Mi hermana también trabaja, pero no quiere tener hijos.

E. ¡No lo he hecho!
Jorge, el compañero de cuarto de Manolo, le prometió hacer muchas cosas hoy. Desafortunadamente, no cumplió con su promesa y tiene una excusa para todo. Contesta las preguntas de Manolo.

> **Modelo** ¿Lavaste los platos? (no hay jabón)
> **No, no los he lavado porque no hay jabón.**

> **¡Fíjate!**
> Remember that object pronouns can only be placed before the verb in the present perfect.
> No **los** he lavado.

1. ¿Recogiste al gato del veterinario? (no funciona el coche)

   No, no lo he recogido porque no funciona el coche.

2. Entonces, ¿llevaste el coche al taller? (no sé la dirección)

   No, no lo he llevado porque no sé la dirección.

3. Por lo menos, ¿fuiste al supermercado? (no tengo dinero)

   No, no he ido al supermercado porque no tengo dinero.

4. ¿Hiciste la comida? (no hay nada en el refrigerador)

   No, no la he hecho porque no hay nada en el refrigerador.

5. Por lo menos, ¿limpiaste las ventanas? (no he tenido tiempo)

   No, no las he limpiado porque no he tenido tiempo.

6. De casualidad, ¿viste las noticias sobre Cuba? (la tele no funciona)

   No, no las he visto porque la tele no funciona.

7. ¿Hiciste la cita con el doctor? (no encuentro su número de teléfono)

   No, no la he hecho porque no encuentro su número de teléfono.

8. Pues, ¿qué has hecho todo el día? (…)

   Answers will vary.

> **Práctica adicional**
> Cuaderno de tareas
> WB pp.340–342, C–F

Vocabulario **1**

Expressing things you have not done yet, but want to do
• Vocabulary for future plans

In the **Escena**, Wayne and Sofía discussed their plans for the future. Study the following vocabulary so you too may talk about what you want to accomplish in the future.

Para hablar del futuro	
aceptar un puesto	*to accept a position*
ahorrar dinero	*to save money*
cambiar	*to change*
celebrar	*to celebrate*
el currículum	*curriculum vitae; résumé*
divorciarse	*to get divorced*
el doctorado	*PhD*
enamorarse (de)	*to fall in love (with)*
entrar a un programa de capacitación	*to enter a training program*
la entrevista	*interview*
la graduación	*graduation*
graduarse	*to graduate*
hacer una maestría	*to pursue a Master's degree*
llenar una solicitud	*fill out an application*
mudarse	*to move (change residences)*
quedar embarazada/embarazarse	*to get pregnant*
la empresa	*company*
recibirse	*to graduate*
seguir estudiando	*to continue studying*
separarse	*to separate*
solicitar empleo	*to request, to apply for a job*
terminar	*to finish, to end*
todavía no	*not yet*
trabajar para el gobierno	*to work for the government*

¡Fíjate!

Graduarse takes an accent in some forms of its present tense conjugation: **yo me gradúo, tú te gradúas, él se gradúa, nosotros nos graduamos, ellos se gradúan.**

Vocabulario 1.
You may wish to ask questions to help students to internalize the vocabulary of the section: ¿Cuándo vas a graduarte? ¿Qué planes tienes para el futuro? ¿Vas a aceptar un puesto en una empresa? ¿Vas a entrar en un programa de capacitación? ¿Vas a seguir estudiando?, etc.

Instructor's Resource
• IRM: Additional Activities

Additional Activity.
Play a concentration game to practice vocabulary for future plans. See the **Instructor's Resource Manual** for materials for this activity.

También se dice...

capacitación ⟶ entrenamiento   solicitar ⟶ pedir

PRÁCTICA

F. ¿Quién sí y quién no? Indica quién de tu familia/amigos ya hizo lo que indica la ilustración y quién no lo ha hecho. Answers will vary.

Modelo

Mi prima Stacy se casó el año pasado.
Yo no me he casado todavía.

1.

_____

_____

_____

2.

_____

_____

_____

3.

_____

_____

_____

4.

_____

_____

_____

5.

_____

_____

_____

6.

_____

_____

_____

G. ¿Qué se define? Escribe la(s) palabra(s) adecuada(s) según la definición.

1. Cuando sigues estudiando en la universidad después de graduarte. <u>hacer una maestría</u>

2. El documento que contiene la historia de tus estudios y tu experiencia de trabajo. <u>el currículum</u>

3. El papel que llenas cuando pides trabajo en una compañía. <u>la solicitud</u>

4. Cuando decides trabajar en una empresa que te ofrece un trabajo. <u>aceptar un puesto</u>

5. Cuando recibes instrucción para hacer un trabajo específico. <u>entrar a un programa de capacitación</u>

6. Cuando una pareja decide ya no vivir juntos. <u>separarse</u>

H. Ya o todavía no. Imagina que vas a cambiarte a otra universidad. Con un(a) compañero/a, discutan lo que ya hicieron y lo que les falta.   Answers will vary.

> **Modelo**   escribir la carta de presentación (no)
> —**¿Ya escribiste tu carta de presentación?**
> —**No, no la he escrito todavía.**

1. llenar la solicitud (no)
2. pedir la constancia de estudios (*transcripts;* no)
3. tomar los exámenes de admisión (sí)
4. hablar con el consejero (no)
5. buscar apartamento nuevo (sí)
6. solicitar la beca (*scholarship;* no)

I. Radioterapia.

Audio
CD-ROM

Parte 1. Vas a escuchar un programa de radio llamado "Radioterapia." Una chica de diecinueve años quiere casarse y formar una familia. Escucha los consejos que le da el sicólogo; después contesta las preguntas.

Instructor's Resources
• Worktext CD
• IRM: Tapescript

Script. See the Instructor's Resource Manual for the script to this activity.

1. ¿Cómo conoció a su novio? ¿Cómo es? ¿Cuántos años tiene la chica? ¿Por qué quiere casarse? <u>Lo conoció en una de sus clases. Es muy bueno y le gustan los niños. Tiene 19 años y está enamorada.</u>

2. ¿Cuál es el problema? <u>Sus padres no quieren que se case porque dicen que es demasiado joven.</u>

3. ¿Por qué dice el sicólogo que no es bueno casarse tan joven? <u>Si se casan muy jóvenes, al cumplir los treinta años es posible que tengan pocas cosas en común y que se termine la relación.</u>

4. ¿Qué consejos le da? ¿Qué piensas tú de esos consejos? ¿Son buenos/malos? ¿Por qué? <u>Answers will vary. Los consejos son: que se preparen profesionalmente y que esperen para casarse y para tener hijos, que por ahora se diviertan y estudien.</u>

Parte 2. Discute las siguientes preguntas con tus compañeros en grupos de cuatro.   Answers will vary.

5. ¿Cuántos años tenían tus padres cuando se casaron? ¿Siguen casados?
6. ¿Cuántos compañeros/as de clase son casados?
7. ¿A los cuántos años te quieres casar?
8. ¿Cuáles son las ventajas de casarse joven? ¿Y las desventajas?
9. ¿Tienes amigos/as divorciados/as? ¿Por qué se han divorciado?
10. ¿Cuáles son las causas principales de los divorcios?

J. La experiencia de trabajo de mis compañeros. En grupos de cuatro personas, llenen la siguiente encuesta. Después compartan los resultados con la clase. Answers will vary.

Nombre
_____ _____ _____

1. ¿Dónde has solicitado trabajo? _____ _____ _____
2. ¿Cuántas entrevistas has tenido? _____ _____ _____
3. ¿Dónde has aceptado un puesto? _____ _____ _____
4. ¿Tienes tu currículum listo? _____ _____ _____
5. ¿Has trabajado para el gobierno? _____ _____ _____
6. ¿Cuándo vas a graduarte? _____ _____ _____
7. ¿Te interesa continuar con una maestría? _____ _____ _____
8. ¿Has pensado en hacer un doctorado? _____ _____ _____

K. Los consejos para la entrevista. Tú eres consejero/a en una agencia de empleo. Dale seis consejos a las personas que estás preparando para tener su primera entrevista de trabajo. Answers will vary.

Instructor's Resource
• IRM: Additional Activities

Additional Activ
See the Instructo
Resource Manua
materials for a ga
to practice vocab
for future plans.

Es muy importante que...

1. _____
_____

2. _____
_____

3. _____
_____

4. _____
_____

5. _____
_____

6. _____
_____

L. Las recomendaciones para el futuro. Escribe cinco cosas que tus padres
o familiares te recomiendan que hagas o no hagas en el futuro. Comparte tus respuestas
con tu compañero/a.   Answers will vary.

| Modelo | Mi papá me aconseja que no me case demasiado joven. Quiere que me espere hasta los treinta años. |

¡Fíjate!
Remember that the subjunctive is used to give suggestions and recommendations.

1. _____
2. _____
3. _____
4. _____
5. _____

¡Fíjate!
Use the expressions on page 299 and the vocabulary from this episode.

Invitación a **Venezuela**

Del álbum de
Ramón

Caracas es una ciudad ultramoderna, llena de rascacielos (*skyscrapers*), autopistas, gigantescos centros comerciales, un metro (*Cametro*) y hasta un teleférico urbano. La explotación petrolera que ha traído progreso y desarrollo económico al país también ha traído desigualdad e inestabilidad económica, inflación y masivas protestas populares. Venezuela también tiene increíbles lugares naturales como el Salto Ángel, la caída de agua (*waterfall*) más alta del mundo, y bellas playas cuyo (*whose*) clima tropical todo el año las hace sumamente atractivas al turismo internacional.

Práctica adicional

| Cuaderno de tareas WB pp.342–343, G–H LM pp.345–346, A–C | Audio CD-ROM Episodio 28 | Website vistahigher learning.com |

Actividades comunicativas

A. ¿Qué han hecho últimamente?

Parte 1. Busca a nueve compañeros/as que hayan hecho las siguientes cosas. Escribe un nombre en cada línea. No puedes usar el mismo nombre más de una vez.   Answers will vary.

A. Students will need seven to eight minutes to complete this activity. You may want to participate to give students the opportunity to use the **usted** form of the verbs.

Nombres

1. ¿Has viajado a algún país latino?   _____

2. ¿Has visto una buena película últimamente?   _____

3. ¿Te has roto el brazo alguna vez?   _____

4. ¿Te has enamorado muchas veces?   _____

5. ¿Has chocado alguna vez?   _____

6. ¿Te has mudado de casa este año?   _____

7. ¿Has sacado malas notas en algún examen?   _____

8. ¿Has solicitado trabajo en McDonald's alguna vez?   _____

9. ¿Has conocido a alguien interesante últimamente?   _____

Parte 2. Ahora comparte tus respuestas con la clase. Formula preguntas para saber más información.

> **Modelo**   —Kevin fue a Venezuela el año pasado.
> —Kevin, ¿cuánto tiempo estuviste en Venezuela?
> —Estuve cuatro semanas.

¡Fíjate!

Notice that you use the preterit to share what your classmates have done. In Spanish, just like in English, you would say *Kevin went to the theatre.*

However, you would use the present perfect if he had not gone.

Kevin has not been to the theatre.

Salto Ángel, Venezuela

B. Crucigrama.

Instrucciones para **Estudiante 1**

Tu compañero/a y tú tienen el mismo crucigrama, pero tú tienes las respuestas que él/ella no tiene, y viceversa. Necesitas explicarle las palabras usando definiciones, sinónimos, antónimos o frases incompletas.

| **Modelo** | *9 horizontal:* | **Sinónimo de pedir un trabajo.** |

			¹M		²M		³D							
	⁴G	R	A	D	U	A	C	I	Ó	N				
		E		D			V							
		S		A		⁵D	O	C	T	O	R	A	D	O
		T		R			R							
⁶E	M	P	R	E	S	A		⁷C	E	L	E	B	R	A	R
M		Í		E				I					⁸C	
B		A						A					U	
A								R					R	
R							⁹S	O	L	I	¹⁰C	I	T	A	R
A				¹¹G			E			A			R	
Z				O						S			Í	
A				B						A			C	
¹²R	E	C	I	B	I	R	S	E		R			U	
S				E						S			L	
¹³E	N	A	M	O	R	A	R	S	E		E		U	
				N									M	
			¹⁴S	O	L	I	C	I	T	U	D			

B. Crucigrama.

Instrucciones para **Estudiante 2**

Tu compañero/a y tú tienen el mismo crucigrama, pero tú tienes las respuestas que él/ella no tiene, y viceversa. Necesitas explicarle las palabras usando definiciones, sinónimos, antónimos o frases incompletas.

Modelo   *3 vertical:*   **Si no quieres continuar la relación con tu esposo, pueden...**

			¹M		²M			³D								
	⁴G	R	A	D	U	A	C	I	Ó	N						
			E		D			V								
			S		A		⁵D	O	C	T	O	R	A	D	O	
			T		R			R								
⁶E	M	P	R	E	S	A		⁷C	E	L	E	B	R	A	R	
M			Í		E			I								
B			A		E			A					⁸C			
A								R					U			
R						⁹S	O	L	I	¹⁰C	I	T	A	R		
A				¹¹G		E			A				R			
Z				O					S				Í			
A				B					A				C			
¹²R	E	C	I	B	I	R	S	E		R			U			
S				E						S			L			
¹³E	N	A	M	O	R	A	R	S	E		E		U			
			N										M			
		¹⁴S	O	L	I	C	I	T	U	D						

C. ¡Qué gusto verte!

Instrucciones para **Estudiante 1**

Parte 1. Imagina que encuentras a un(a) amigo/a que no has visto en muchos años. Usa los dibujos para decirle qué has hecho con tu vida. Inventa todos los detalles. Usa las palabras del **Banco de palabras** para contar todo lo que te ha pasado. Answers will vary.

Modelo	Han pasado muchas cosas desde la última vez que te vi...

Banco de palabras

pasar la luna de miel
to honeymoon

romperse la pierna
to break one's leg

sacarse la lotería
to win the lottery

¡Fíjate!

Remember to use the preterit to tell the main events of your story and the imperfect to give background information.

Parte 2. Cuando termines de contar tu historia, pregúntale qué cosas ha hecho él/ella y reacciona a sus comentarios con estas expresiones: **qué bueno, qué pena** y **lo siento mucho.**

C. ¡Qué gusto verte!

Instrucciones para **Estudiante 2**

Parte 1. Imagina que encuentras a un(a) amigo/a que no has visto en muchos años. Pregúntale qué cosas ha hecho y reacciona a sus respuestas con estas expresiones: **qué bueno, qué pena** y **lo siento mucho.** Answers will vary.

> **Modelo**   ¡Hola! ¿Cómo has estado? ¿Qué has hecho todos estos años?

Parte 2. Cuando tu compañero/a termine, usa los dibujos para decirle qué has hecho tú con tu vida. Inventa todos los detalles. Usa las palabras del **Banco de palabras** para contar todo lo que te ha pasado.

Banco de palabras

pasar la luna de miel
to honeymoon

romperse la pierna
to break one's leg

sacarse la lotería
to win the lottery

¡Fíjate!

Remember to use the preterit to tell the main events of your story and the imperfect to give background information.

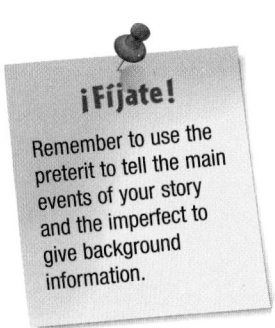

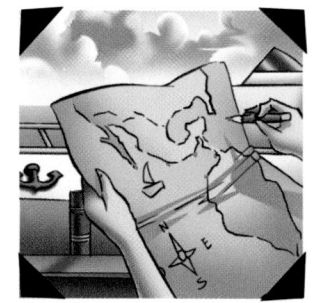

La correspondencia

El correo: Las grandes mujeres humildes *(humble).* Lee el siguiente artículo de Eduardo Galeano que apareció en la revista infantil llamada **La pandilla,** que se publica en Ecuador. Después contesta las preguntas.

1. ¿Qué mujeres famosas menciona el artículo? <u>Lady Di y la Madre Teresa de Calcuta.</u>

2. ¿Por qué habla el artículo de la mujer común? <u>Habla de la mujer común porque nadie escribe sobre ella.</u>

3. ¿Cómo defines tú "vivir dignamente"? <u>Answers will vary.</u>

4. ¿Qué hacen las mujeres humildes que sus esposos no hacen? <u>Hacen el inventario de lo que les falta,</u>
<u>discuten con las autoridades qué obras son prioritarias y cuáles no, luchan porque sus hijos tengan una cancha deportiva</u>
<u>y sus maridos una sede social.</u>

5. ¿En tu opinión, por qué merecen *(deserve)* nuestra admiración estas mujeres?
<u>Answers will vary.</u> ·

Grandes mujeres humildes

Se ha escrito mucho sobre las mujeres famosas, sobre reinas y princesas. No hace mucho tiempo, la prensa del mundo dedicó páginas enteras a publicar la vida, la obra,[1] el enigma y la muerte de una joven princesa: Lady Di. La prensa también dedicó espacios especiales para la vida de una pequeña gran mujer: la Madre Teresa de Calcuta.

Se habla de la gran mujer, pero no se habla de la mujer común y corriente,[2] que todos los días cumple una jornada de trabajo[3] con sacrificio y amor, que se dedica a su familia y a los hijos, que busca su superación personal.

Una mujer humilde, que vende caramelos[4] o periódicos, que trabaja en el mercado o de empleada doméstica, aquélla que barre las calles o lava tu ropa, puede ser una mujer ejemplar porque se gana honestamente la vida, porque educa a sus hijos, porque es honrada y no busca fama ni reconocimiento ni prestigio, sino vivir dignamente.

En los barrios populares,[5] en los que más necesitan, no son los hombres, sino las mujeres quienes hacen el inventario de lo que les falta, son ellas quienes discuten con las autoridades qué obras son prioritarias y cuáles no. Estas mujeres muchas veces no tienen tiempo para hacer deporte pero luchan[6] porque sus hijos tengan una cancha deportiva y sus maridos una sede social.

Las mujeres en el mundo desempeñan[7] un papel cada vez más amplio, grande e importante; ellas ya no pasan recluídas en su casa, sino que además de las labores del hogar[8] trabajan por la comunidad, para que sea mejor. Estas mujeres no reclaman igualdad de derechos[9] con el hombre, sencillamente porque ejercen sus derechos y cumplen sus obligaciones con responsabilidad, dedicación y amor a la vida.

Estas mujeres anónimas, desconocidas, merecen nuestro respeto y nuestro homenaje en el Día de la Mujer, porque ellas son, realmente, mujeres ejemplares.

[1]*accomplishments* [2]**común**... *everyday (common)* [3]**jornada**... *workday* [4]*candies*... [5]**barrios**... *low-income neighborhoods* [6]*fight* [7]*carry out* [8]*home* [9]*rights*

En papel: Una mujer especial. Escribe algo sobre una mujer especial que tú conoces. Escribe quién es, cómo es (su personalidad), qué cosas hace, qué admiras de ella y por qué es especial para ti.

¡A ver de nuevo!

Video
CD-ROM

Parte 1. Mira el video o escucha el CD otra vez para hacer un resumen del episodio.

Audio
CD-ROM

Instructor's Resources
• VHS Video
• Worktext CD
• IRM: Videoscript

Parte 2. Ahora trabaja con un(a) compañero/a para añadir la información que te haya faltado.

Práctica adicional		
Cuaderno de tareas WB pp.343–344, I–K LM p.346, A–B	Audio CD-ROM Episodio 28	Website vistahigher learning.com

Vocabulario del Episodio 28

Instructor's Resources
• Testing program
• Website

Objetivos comunicativos

You should now be able to do the following in Spanish:

✓ talk about what you have done

✓ express things that you have not done yet, but want to do

Expresiones adverbiales

alguna vez	*ever*	**todavía no**	*not yet*
hasta ahora	*until now, so far*	**últimamente**	*lately*
hasta el momento	*until this moment*	**ya**	*already; yet*
todavía	*still*		

Los participios pasados irregulares

abrir	*to open*	**abierto**
decir (e → i)	*to say, to tell*	**dicho**
escribir	*to write*	**escrito**
hacer	*to do, to make*	**hecho**
morir (o → ue)	*to die*	**muerto**
poner	*to put, to place*	**puesto**
resolver (o → ue)	*to solve*	**resuelto**
romper	*to break*	**roto**
ver	*to see, to watch*	**visto**
volver (o → ue)	*to return, to go back*	**vuelto**

Para hablar del futuro

aceptar un puesto	*to accept a position*
ahorrar dinero	*to save money*
cambiar	*to change*
celebrar	*to celebrate*
el currículum	*curriculum vitae; résumé*
divorciarse	*to get divorced*
el doctorado	*PhD*
la empresa	*company*
enamorarse (de)	*to fall in love (with)*
entrar a un programa de capacitación	*to enter a training program*
la entrevista	*interview*
la graduación	*graduation*
graduarse	*to graduate*
hacer una maestría	*to pursue a Master's degree*
llenar una solicitud	*fill out an application*
mudarse	*to move (change residences)*
quedar embarazada/embarazarse	*to get pregnant*
recibirse	*to graduate*
seguir estudiando	*to continue studying*
separarse	*to separate*
solicitar	*to request, to apply for*
terminar	*to finish, to end*
trabajar para el gobierno	*to work for the government*

Vocabulario personal

Escribe todo el vocabulario que necesitas saber para hablar de tu futuro, de las cosas que has hecho y de las que nunca has hecho, pero deseas hacer algún día.

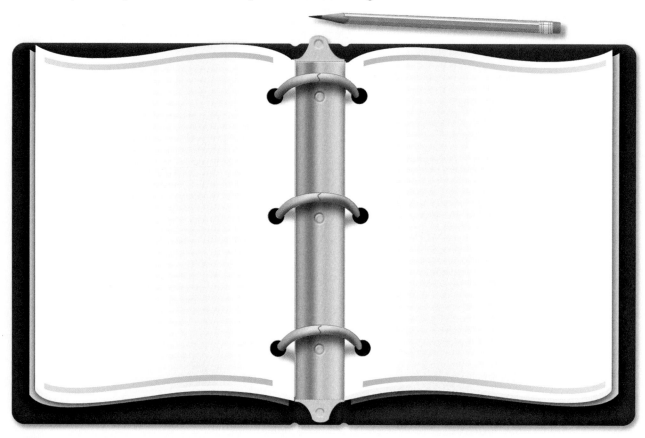

¡A escribir!

Episodio

28

Escenas de la vida: Decisiones importantes

Video CD-ROM

A. ¡A ver cuánto entendiste! See how much of the **Escena** you understood by matching the Spanish phrases with their English equivalents.

Wayne

1. Lo que quiere Wayne.

__e__ 1. Tal vez me tenga que ir de esta ciudad.

__d__ 2. Creo que es hora de hablar de nuestro futuro.

__b__ 3. ¿Tú te irías conmigo?

__f__ 4. No quiero irme sin ti.

__c__ 5. Sí quieres casarte conmigo, ¿verdad?

__a__ 6. No puedo creer que ya haya terminado el semestre.

a. I can't believe that the semester is over.

b. Would you go with me?

c. You do want to marry me, right?

d. I think it's time to talk about our future.

e. I may have to move.

f. I don't want to leave without you.

Sofía

2. Lo que piensa Sofía.

__d__ 1. Creo que no hemos vivido lo suficiente.

__a__ 2. Tú tampoco has hecho las cosas que quieres hacer.

__f__ 3. Ojalá que encuentres trabajo aquí.

__e__ 4. No he terminado mi carrera.

__c__ 5. Quiero trabajar y ser independiente antes de pensar en casarme.

__b__ 6. Quiero continuar mi relación contigo.

a. You haven't done the things you wanted to do, either.

b. I want to continue my relationship with you.

c. I want to work and be independent before I think about getting married.

d. I don't think we've lived enough.

e. I haven't finished my degree.

f. I hope you find work here.

Nombre _____ Fecha _____

B. Pensando en el futuro. Complete the sentence with an element from column **A** and column **B**. Then write who made each set of statements.

1. ¿Quién lo dijo? _____ Sofía _____

A	B
__c__ 1. Creo que no hemos vivido lo suficiente	a. mi carrera.
__b__ 2. Además quiero trabajar y ser independiente unos años	b. antes de pensar en casarme.
__d__ 3. Yo también he pensado	c. para tomar una decisión tan importante.
__e__ 4. Tú tampoco	d. mucho en ti.
__a__ 5. No he terminado	e. has hecho las cosas que quieres hacer.

2. ¿Quién lo dijo? _____ Wayne _____

__c__ 1. Casi no puedo creer	a. conmigo, ¿verdad?
__e__ 2. Las quiero hacer	b. a buscar trabajo.
__d__ 3. Hace diez meses que	c. que ya haya terminado el semestre.
__b__ 4. Ya empecé	d. salimos juntos.
__a__ 5. Pero sí quieres casarte	e. contigo.

Gramática 1

Talking about what you have done
- **The present perfect tense with regular and irregular past participles**

C. ¿Qué han hecho? Complete the statements to find out what the characters have or have not done yet. Use **haber** + [*past participle*].

1. Wayne ___ha esquiado___ (esquiar) muchas veces.

2. Sofía y Ana Mari no ___han terminado___ (terminar) sus carreras.

3. Ana Mari y yo nunca ___hemos tenido___ (tener) un accidente de coche.

4. Ramón no ___ha estudiado___ (estudiar) para los exámenes finales.

5. Manolo no ___ha decidido___ (decidir) qué va a estudiar.

6. Ramón todavía no ___ha escrito___ (escribir) la solicitud de trabajo.

7. Adriana y Santiago ___han consultado___ (consultar) a una consejera matrimonial.

8. Wayne no ___ha ido___ (ir) a Guadalajara, pero Sofía ___ha vuelto___ (volver) muchas veces.

9. Santiago no ___ha hecho___ (hacer) la comida, ni ___ha puesto___ (poner) la mesa.

10. Emilio no ___ha vuelto___ (volver) a ver a su vecino.

11. Wayne no le ___ha dicho___ (decir) a Sofía que le compró el anillo de compromiso.

12. ¿Tú ___has visitado___ (visitar) algún país donde se habla español? ¿Cuál? ___Answers will vary.___

D. ¡Hemos estado muy ocupados! The characters have been very busy. Based on the illustrations, indicate what they have not been able to do this week.

1.   2.   3.   4.   5.

1. Manolo _no ha hecho ejercicio._

2. Ana Mari _no se ha pintado._

3. Sofía _no ha hecho su cama._

4. Los chicos _no han ido al cine._

5. Adriana _no ha hablado/discutido con Santiago._

E. ¿Lo has hecho últimamente? Ask the characters if they have done these activities lately.

> **Modelo**   Manolo, ¿has comido comida saludable últimamente?

1.   2.   3.   4.

  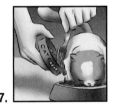 

5.   6.   7.   8.

1. Manolo, _¿has cocinado últimamente?_

2. Tus hermanos, _¿han ido a patinar últimamente?_

3. Tus primos, _¿han salido de campamento últimamente?_

4. Wayne, _¿has cortado el pasto últimamente?_

5. Adriana, _¿ha sacado la basura últimamente?_

6. Emilio, _¿te has quedado sin gasolina / ha descompuesto tu coche últimamente?_

7. Ramón, _¿le has dado de comer al gato últimamente?_

8. Y tú, _¿has solicitado un trabajo últimamente?_

F. El agente de la INTERPOL. Imagine you work for the INTERPOL, the federal investigation agency in Spain, and you are interviewing a man that wants to work for you. You need to do a background check and find out if he has done anything questionable. Ask him if he has ever used drugs (**drogas**), been married, been in trouble (**tener problemas**) with the police, bought arms (**armas**), visited a communist country, and any other question you see fit. Answers will vary.

1. _____

2. _____

3. _____

4. _____

5. _____

6. _____

7. _____

8. _____

Vocabulario 1

Expressing things you have not done yet but want to do
• **Vocabulary for future plans**

G. Las recomendaciones del papá de Ramón. Imagine that Ramón's father talks to Wayne. How would he say the following in Spanish?

1. I advise you to save money before you plan to get married.

   Te aconsejo que ahorres dinero antes de hacer planes para casarte.

2. It's important that Sofía continue her studies.

   Es importante que Sofía siga estudiando.

3. I recommend that Sofía and you travel first.

   Te recomiendo que Sofía y tú viajen primero.

4. I hope you find a job in this city.

   Espero que encuentres un trabajo en esta ciudad.

5. Everything has changed lately; couples (**las parejas**) get divorced very often.

   Todo ha cambiado últimamente; las parejas se divorcian frecuentemente.

6. I hope you two don't get divorced!

   ¡Espero que ustedes dos no se divorcien!

H. ¿De qué estoy hablando? Write the correct word(s) based on the cue provided.

1. Salir a conocer otras ciudades y otros países. viajar _____
2. Poner dinero en el banco y no gastarlo. ahorrar dinero _____
3. Pedir trabajo en una empresa. solicitar empleo _____
4. Cuando esperas tener un bebé. embarazarse _____
5. La celebración que indica que ya has terminado la carrera. la graduación _____
6. Lo que necesitas hacer si te dan trabajo en otra ciudad. mudarse _____

Para terminar

I. Una miniprueba. This activity is review of all the tenses. Pay close attention to the verb tenses you need to ask the questions.

1. Ask Sofía and Ana Mari:

        a. when they are going to graduate

        b. if they have applied for any jobs yet

        c. how many times they have fallen in love

2. Tell Adriana:

        d. your brother works for the goverment

        e. your cousin got pregnant when she was twenty-five

        f. you don't want to get married until (**hasta que +** [*subjunctive*]) you are thirty

        g. you used to celebrate your birthdays at your grandmother's house

3. Ask Wayne:

        h. if he is going to continue studying

        i. how many companies has he applied to for a job

        j. how much money he has saved this year

        k. why Sofía does not want to marry him right now

a. ¿Cuándo se van a graduar? _____

b. ¿Han solicitado algún empleo? _____

c. ¿Cuántas veces se han enamorado? _____

d. Mi hermano trabaja para el gobierno. _____

e. Mi prima quedó embarazada cuando tenía veinticinco años. _____

f. No me quiero casar hasta que tenga treinta años. _____

g. Yo celebraba mis cumpleaños en casa de mi abuela. _____

h. ¿Vas a seguir estudiando? _____

i. ¿En cuántas compañías has solicitado empleo? _____

j. ¿Cuánto dinero has ahorrado este año? _____

k. ¿Por qué Sofía no se quiere casar contigo ahora? _____

J. Las dudas de Manolo. Manolo is writing to his cousin in Miami. Read his letter and answer the questions.

1. ¿Qué piensa Manolo de David? Piensa que es una persona estupenda.

2. ¿Qué cualidades posee Ana Mari? Es guapa, inteligente, muy simpática y extrovertida.

3. ¿Qué es importante para Manolo? Es importante que su pareja tenga ideales parecidos a los de él o, por lo menos, compatibles.

4. ¿Qué le preocupa a Manolo? Cuando Ana Mari y él tengan algún problema o discusión, lo sepa todo el mundo.

5. ¿Qué debe hacer Manolo? Answers will vary.

Querida prima:

¡Cómo me alegro que te hayas casado con David! Es una persona estupenda y ustedes dos se complementan perfectamente. ¡Felicidades! ¡Ojalá que yo encuentre a alguien así!

Bueno, tal vez ya la he encontrado, pero no estoy seguro. ¿Cómo sabes cuando alguien es la persona correcta? Tienes que ayudarme porque tengo un enredo[1].

Creo que ya te he contado de mi amiga Ana Mari. Me gusta mucho. Es guapa, inteligente, muy simpática y extrovertida, y tiene otras cualidades que yo admiro. Tú sabes que para mí es importante que mi pareja tenga ideales parecidos a los míos o, por lo menos, compatibles. Ana Mari es idealista; le gusta ayudar a la gente, como a mí. Quiere ser abogada porque cree que los hispanos necesitan a alguien que les pueda explicar cómo funcionan las leyes en este país. Ella dice que muchas veces los hispanos se meten[2] en problemas simplemente porque desconocen las leyes. Yo no sé si eso es cierto o no, pero me alegro de que ella así lo sienta.

Un inconveniente es que Ana Mari es hermana de mi amigo Ramón y la mejor amiga de Sofía. A mí me preocupa un poco que cuando Ana Mari y yo tengamos algún problema o discusión, lo sepa (y opine) todo el mundo. Otros inconvenientes son que no tengo dinero, todavía no sé qué voy a estudiar, comparto un apartamento con un chico y difícilmente me puedo mantener yo solo... Dudo que Ana Mari crea que la pobreza es romántica. Yo tampoco lo creo.

No sé, prima... ¿tú qué piensas? ¿Crees que estoy exagerando los problemas sólo por miedo? Tal vez lo que debo hacer es invitarla a salir, ¿no?

Un beso del indeciso de tu primo.

Manolo

[1] I am confused [2] get into

K. Querido Manolo. Imagine that you received Manolo's letter. Write back to him with your recommendations and suggestions. Give him your overall opinion. Write your response on another sheet of paper, so you can hand it in. Answers will vary.

¡A escuchar!

Episodio

28

Comprensión

Audio
CD-ROM

A. ¿Qué has hecho hoy? You will hear Wayne and Ramón talk about how they spent the day. Listen and indicate if the statements are **cierto** or **falso**. If a statement is false, correct it to make it true. You will hear the conversation twice.

	Cierto	Falso
1. Ramón ha estudiado todo el día. _____	✓	☐
2. Wayne no ha salido tampoco. Wayne se ha divertido mucho hoy.	☐	✓
3. Hacía mal tiempo. Llovía y hacía frío. El día estaba muy bonito.	☐	✓
4. Wayne y Sofía fueron a la playa. Wayne y Sofía hicieron un picnic en el parque.	☐	✓
5. Descansaron y tomaron el sol. _____	✓	☐
6. Jugaron al fútbol con unos amigos. Jugaron vóleibol con unos amigos.	☐	✓
7. Wayne se siente mal de que Ramón no haya podido divertirse con ellos. _____	✓	☐
8. Lo más importante para Ramón es dormir. Lo más importante para Ramón es graduarse con buenas notas.	☐	✓

Audio
CD-ROM

B. ¡Hay que divertirnos! Ramón and Wayne decide that they need to have some fun after graduation. Listen to the plans they are making and then select the options that reflect what they talked about. **¡Atención!** In some items, more than one option can be correct. You will hear the conversation twice.

1. Wayne siempre ha querido...
   a. viajar más en Latinoamérica.
   b. vivir en Chile.

2. Wayne dice que nunca ha...
   a. visitado Macchu Picchu.
   b. conocido Guatemala.
   c. visto los pirámides y templos mayas.
   d. bailado en las discotecas de Cali, Colombia.

3. Ramón siempre ha querido...
   a. trabajar en una empresa española.
   b. viajar a Europa.

4. Ramón dice que nunca ha...
   a. ido a España.
   b. conocido a las chicas españolas.
   c. visto el Museo del Prado.
   d. visitado el Alcázar de Sevilla.

5. Por fin, ¿qué decidieron hacer?
   a. Van a ir de vacaciones a Centroamérica.
   b. Van a viajar a Europa.
   c. No saben adónde van a ir, pero van a divertirse.

C. ¿Ya lo ha hecho, o todavía no? You will hear Carmen, a friend of Ana Mari, describe things that she has done in her life and what she is thinking of doing in the future. Listen and indicate whether she has already done each action or is considering doing it in the future. You will hear the narration twice.

	Pasado	Futuro		Pasado	Futuro
1. Graduarse	☑	☐	**5.** Comprar un carro	☐	☑
2. Seguir estudiando	☐	☑	**6.** Ir a Europa	☐	☑
3. Aceptar un puesto	☑	☐	**7.** Viajar en Latinoamérica	☑	☐
4. Ahorrar dinero	☐	☑	**8.** Tomar una decisión	☐	☑

Más escenas de la vida

While Sofía and Manolo are studying for calculus, they start talking about their plans for the future. Listen to their conversation, and then complete activities **A** and **B**. You will hear the conversation twice.

A. ¿Cierto o falso? Indicate whether the following statements are **cierto** or **falso**, according to the conversation.

	Cierto	Falso
1. Manolo ha decidido irse de aquí para siempre.	☐	☑
2. Él siempre ha querido ayudar a los pobres.	☑	☐
3. Todavía no ha decidido qué quiere estudiar.	☑	☐
4. Sofía le recomienda que estudie sicología.	☐	☑
5. Sofía no quiere que Manolo se vaya.	☑	☐
6. Manolo quiere saber si Sofía se va a casar con Wayne.	☑	☐

B. Responde. Write the answers to the following questions.

1. ¿Por qué cree Manolo que necesita irse un tiempo?

   Necesita irse para decidir qué hacer con su vida.

2. ¿Qué consejo le da Sofía?

   Quedarse y seguir estudiando.

3. ¿Hace cuánto tiempo que Sofía y Manolo son amigos?

   Hace un año que son amigos.

4. ¿Qué quiere saber Manolo?

   Quiere saber si Sofía está realmente enamorada de Wayne y si se va a casar con él.

Objetivos comunicativos

In this episode, you will practice:

✓ reacting to present actions and events

✓ reporting past intentions

Escenas de la vida: Soluciones positivas

Video
CD-ROM

Audio
CD-ROM

Instructor's Resources
- Overheads
- VHS Video
- Worktext CD
- Website
- IRM: Videoscript, Comprehensible input

A. ¡Mira cuánto puedes entender! Indica si los comentarios son **ciertos** o **falsos**.

	Cierto	Falso
1. Santiago…		
a. quiere que Adriana estudie en la universidad.	☐	☑
b. tiene miedo de perder a Adriana.	☑	☐
c. comprende y ayuda a Adriana en la casa.	☐	☑
d. no quiere que Adriana esté tanto tiempo fuera de casa.	☑	☐
e. es celoso; le molesta que Adriana salga con sus amigos.	☑	☐
2. Adriana…		
a. no quiere que se vayan sus hijos de casa.	☐	☑
b. quiere tener una profesión.	☑	☐
c. quiere que Santiago se vaya de casa.	☐	☑
d. necesita la ayuda de su esposo y sus hijos.	☑	☐
e. no va a discutir con Santiago cuando esté enojada.	☑	☐

Video
CD-ROM

Audio
CD-ROM

B. ¿Te diste cuenta? Indica quién dijo lo siguiente: Adriana (**A**), Santiago (**S**) o la doctora (**D**).

  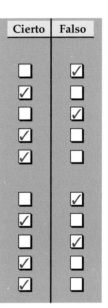

Adriana   **Santiago**   **Dra. Castaños**

Video Synopsis.
Adriana and Santiago visit a marriage counselor. Dr. Castaños makes suggestions to help them; Adriana and Santiago agree to make an effort to improve their relationship.

  S   1. No me gusta que esté tanto tiempo fuera de casa.

  A   2. Quiero que se sienta orgulloso de mí.

  S   3. Siento que prefiera salir con sus amigos.

  D   4. Es importante que no discutan cuando estén enojados.

  A   5. Tengo miedo de que cuando mis hijos se vayan, yo me quede sola.

  A   6. Quiero que hablemos de otra cosa que no sea la casa y los niños.

  S   7. Me molesta que siempre tenga ocupaciones.

  D   8. Es bueno que ustedes se digan lo que les gusta y lo que les molesta.

Video
CD-ROM

Audio
CD-ROM

C. Resolviendo los problemas. Responde a las preguntas de acuerdo con lo que pasa en la **Escena**.

1. ¿Qué le molesta a Santiago? <u>Le molesta que Adriana esté tanto tiempo fuera de la casa y que siempre tenga ocupaciones.</u>

2. ¿Por qué Adriana quiere continuar estudiando? <u>Quiere superarse.</u>

C. You may wish to ask the following questions to deepen students' understanding of the content of the **Escena**: ¿Qué problemas tienen Adriana y Santiago? ¿Qué le molesta a Santiago? ¿Qué quiere Adriana? ¿Por qué van Adriana y Santiago a ver a la Dra. Castaños? ¿Qué deben hacer para empezar a comprenderse? ¿Por qué volvió Adriana a la universidad?

3. ¿Qué consejos les da la doctora a Adriana y Santiago? <u>Que no discutan cuando estén enojados.</u>

Cultura a lo vivo

Al igual que en el resto del mundo, en los países hispanos es cada vez más común encontrar mujeres participando en casi todas las profesiones y ocupaciones. Esto se debe a varias razones, entre ellas la liberación femenina y el deterioro de la situación económica mundial. La liberación femenina ha traído cambios importantes en el papel de la mujer. Hoy en día encontramos mujeres senadoras, congresistas, abogadas, doctoras e incluso presidentas. Asimismo, debido a la situación económica en la mayoría de los países latinoamericanos, es necesario que muchas familias tengan dos sueldos para poder llevar una vida más cómoda.

Práctica adicional

Cuaderno de tareas WB pp.363–364, A–B	Video CD-ROM Episodio 29

Para comunicarnos mejor

Gramática 1

Reacting to present actions and events
• The subjunctive with expressions of emotion and doubt

In this episode, you will learn to use the subjunctive after verbs of emotion or doubt. The external event or action that causes you to feel emotion or doubt is expressed in the subjunctive.

In the conversation with the therapist, Santiago said:

No me gusta que Adriana **esté** tanto tiempo fuera de casa.

Me molesta que siempre **tenga** ocupaciones.

Siento que prefiera salir con sus amigos.

I don't like that Adriana spends so much time away from home.

It bothers me that she's always busy.

It hurts me that she prefers to go out with her friends.

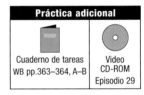

1. Notice that these sentences have the same structure as those that express a suggestion, recommendation, or desire.

[*Subject* 1] + [*Verb of emotion*] + **que** + [*Subject* 2] + [*Subjunctive*]
(yo)　　**Siento mucho**　+ **que** + **Adriana** + **tenga problemas**.

Para expresar emoción	
(No) Me gusta que...	I (don't) like (that)...
Me molesta/choca que...	It bothers me (that)...
Qué bueno que...	It's good (that)...
sentir (e → ie)	to feel
Siento que... (sentir)	I feel bad (that)
Tengo miedo de que...	I am afraid (that)...

2. We use emotions to give indirect commands; for example, *it bothers me that you come late* is another way of expressing *don't come late.*

> **Me molesta que** llegues tarde.
> **No me gusta que** te vayas sin hacer tu cama.

3. Expressions of doubt are always followed by the subjunctive. Note that, while the English *it is possible* has a connotation of certainty, the Spanish **es posible** is considered an expression of uncertainty, and therefore must be followed by the subjunctive.

Para expresar duda	
Es (im)posible que...	It is (im)possible (that)...
No creo que...	I do not believe (that)...

4. To express certainty, be it a given fact or a personal belief (*I am sure, I believe, it is true*), use the indicative.

> **Creo que** Adriana **va** a resolver sus problemas.
> **Es verdad que necesitamos** ayuda.

Para expresar certeza	
Creo que...	I believe (that)...
Estoy seguro/a de que...	I am sure (that)...
Es verdad que...	It's true (that)...

PRÁCTICA

A. Las reacciones de la familia. Indica si los comentarios son **ciertos** o **falsos** para ti. Answers will vary.

	Cierto	Falso
1. Mis padres esperan que yo no trabaje.	☐	☐
2. A mi mamá/papá le molesta que yo llegue tarde a casa.	☐	☐
3. Me gusta que mis padres me den consejos.	☐	☐
4. Ojalá que me gradúe pronto.	☐	☐
5. A mi mamá/papá le molesta que no lave la ropa.	☐	☐
6. No me gusta que mis compañeros me pidan la tarea.	☐	☐

349

B. En Disneylandia. Con un(a) compañero/a, reacciona a los siguientes comentarios de Disneylandia. Usa **(no) me gusta** y **me molesta.** Answers will vary.

> **Modelo**   está lejos de mi casa
> **No me gusta que esté lejos de mi casa.**

1. hay mucha gente
2. tiene muchas cafeterías
3. la comida es muy cara
4. puedes ver a los personajes de Disney

5. haces cola (*stand in line*) para todo
6. siempre hace calor y sol
7. caminas mucho
8. está abierto todo el año

C. Las predicciones. Con un(a) compañero/a, expresa tu opinión acerca de estas predicciones para el año 2050. Usa estas expresiones: **es posible que… , (no) creo que…** y **estoy seguro/a de que…** Answers will vary.

> **Modelo**   Los coches van a funcionar con energía solar.
> **No creo que funcionen con energía solar. Creo que van a funcionar con electricidad.**

Para el año 2050…

1. vamos a tener una mujer presidente.
2. vamos a comer comida en pastillas.
3. vamos a ir de vacaciones a otros planetas.
4. los científicos van a encontrar una cura para el cáncer.
5. las computadoras van a hacer todo el trabajo.
6. vamos a trabajar solamente tres días a la semana.
7. todos los residentes de Estados Unidos van a hablar inglés y español.

¡Fíjate!
Remember to use **No creo** + [*subjunctive*], and **creo que** + [*indicative*].

D. ¿Qué dices? Imagina que los personajes del libro te dicen lo siguiente. ¿Qué les respondes? Trabaja con tu compañero/a. Usa estas expresiones: **siento que…, espero que…, ojalá que…, qué bueno que…** y **no creo que…** Answers will vary.

> **Modelo**
>
> Adriana: Tengo problemas con mi esposo.
> **Ojalá que los resuelvan pronto.**

1. Manolo: Mi gata está enferma.
2. Sofía: Ahora tengo un trabajo excelente.
3. Adriana: A Santiago le molesta que salga con mis compañeros.
4. Wayne: Sofía es la mujer más maravillosa del mundo.
5. Santiago: Mis hijos me ayudan mucho en casa.
6. Manolo: Necesito buscar otro compañero de cuarto.
7. Ramón: Siempre saco A en los exámenes.
8. Emilio: Extraño (*I miss*) mucho a mi esposa.

Instructor's Resource
• IRM: Additional Activities

Additional Activity. See the **Instructor's Resource Manual** for materials to more activities.

E. La universidad. Con un(a) compañero/a, escriban tres cosas que les gustan y tres cosas que les molestan de la universidad donde estudian. Después escriban tres cosas que quieren que cambien o que pasen.   Answers will vary.

> **Modelo**   Me molesta que tengamos que tomar tres clases de inglés.
> Me gusta que podamos hablar con los profesores después de clase.
> Ojalá que hagan más estacionamientos.

Learning Strategy: Use strategies to compensate for weaknesses

- Acquire routines to manage conversations, especially phrases that inform speakers when communication has broken down **(repita, por favor; no entiendo; ¿cómo se dice… ?; más despacio; ¿perdón?)** and conversational fillers **(déjame ver/pensar, pues… , eh..., este… , así es, es que…)**.

- Interact with Spanish speakers to increase your understanding and your ability to function in the Spanish-speaking world. Remember that we tend to notice differences, not similarities, and that beliefs and behaviors result from the universal human need to respond to the challenges that exist in each culture.

F. La conversación telefónica. En la oficina, una compañera del trabajo está hablando por teléfono. Tú sólo oyes cómo reacciona ella. Basándote en sus comentarios, escribe lo que le pasa a la amiga de tu compañera. Contesta estas preguntas.

Instructor's Resources
- Worktext CD
- IRM: Tapescript

Script. See the Instructor's Resource Manual for the script to this activity.

1. ¿Cuál es su problema?

   Está enferma.

2. ¿Adónde fue? ¿Qué le hicieron ahí?

   Fue al doctor. Le hicieron unos análisis.

3. ¿Quién le lleva comida?

   Su novio le lleva comida.

4. ¿De qué tiene miedo?

   Tiene miedo de perder su trabajo.

G. En esta clase... En parejas imaginen que hay un compañero nuevo en la clase. Díganle qué es lo que le gusta y no le gusta al/a la maestro/a de español. Escriban cuando menos seis cosas diferentes.   Answers will vary.

> **Modelo**   Al/A la maestro/a le choca que lleguemos tarde a clase.
> Le gusta que entreguemos la tarea a tiempo y no la acepta tarde.

1. _____
2. _____
3. _____
4. _____
5. _____
6. _____

Práctica adicional

Cuaderno de tareas
WB pp.364–365, C–F

Gramática 2 — Reporting past intentions • Reported speech

Gramática 2. You may have one student with good reading skills read the "What Adriana said" statements; you change the statements to reported speech.

You have used the imperfect to talk about your childhood, to describe how things used to be, and to provide background information when narrating an event. The imperfect is also used to report what others said (reported speech) and to say what you intended to do, but didn't or couldn't (using **quería** and **iba**).

What Adriana said	Reporting what Adriana said
Estamos aquí porque **necesitamos** ayuda.	Adriana dijo que **estaban** ahí porque **necesitaban** ayuda.
Todo lo que **hago** le **molesta** a Santiago.	Adriana dijo que todo lo que **hacía** le **molestaba** a Santiago.
Me enfermé.	Adriana dijo que **se había enfermado**.
Me lastimé la mano con la puerta.	Adriana dijo que **se había lastimado** la mano con la puerta.
Quería explicarle la situación, pero no **pude**.	Adriana dijo que **quería** explicarle la situación pero que no **había podido**.

1. Notice that **dijo que** is used when reporting what someone said.
2. When someone makes a statement in the present tense, you use the imperfect to report the statement.
3. When someone makes a statement in the preterit, you may use the pluperfect (also called the *past perfect*) to report that statement. The pluperfect uses the imperfect form of **haber**, plus the past participle.
4. Keep the imperfect when the statement you are reporting was made in the imperfect (**quería**).
5. Use **quería** and **iba a** to express what you intended to do (your past intention).

¡Fíjate!

The imperfect of **haber** is formed as follows: **había, habías, había, habíamos, habíais, habían.**

Quería hablar contigo, pero te **fuiste**.	*I wanted to talk to you, but you left.*
Iba a explicarle la situación, pero no **quiso** escucharme.	*I was going to explain the situation to him, but he refused to listen.*

PRÁCTICA

H. ¿Qué dijo? Cuéntale a un(a) compañero/a lo que oíste decir a Sofía.

> **Modelo** Adriana tiene problemas con su esposo.
> **Sofía dijo que Adriana tenía problemas con su esposo.**

1. A Ana Mari le gusta Manolo. Sofía dijo que a Ana Mari le gustaba Manolo.
2. Ramón es obsesivo. Sofía dijo que Ramón era obsesivo.
3. Emilio no le ha escrito a su esposa todavía. Sofía dijo que Emilio no le había escrito a su esposa todavía.
4. Lalo se va de campamento con sus amigos otra vez. Sofía dijo que Lalo se iba de campamento con sus amigos otra vez.

H. Additional items: 5. Adriana chocó el mes pasado. (Dijo que Adriana había chocado el mes pasado.) 6. Tengo que llenar la solicitud para empezar la maestría. (Dijo que tenía que llenar la solicitud.) 7. Wayne y yo no nos vamos a casar todavía. (Dijo que Wayne y ella no se iban a casar todavía.) 8. Manolo está enamorado de Ana Mari, pero no se lo ha dicho a nadie. (Dijo que Manolo estaba enamorado de Ana Mari, pero no se lo había dicho a nadie.)

I. La conferencia. Imagina que asististe a una conferencia sobre asuntos de la mujer en Latinoamérica. Escríbele a un(a) amigo/a lo que dijo la conferencista.

> **Conferencista:** En Latinoamérica hay algunas leyes laborales que toman en cuenta la realidad de la mujer que trabaja. En México, por ejemplo, la mujer que va a tener un bebé tiene derecho a 90 días de incapacidad con sueldo después de dar a luz[1]. También, en muchas compañías y oficinas de gobierno, tienen guarderías[2] gratis para los hijos de los empleados.

[1]*give birth*   [2]*nurseries*

¿Qué dijo la conferencista?

La conferencista dijo que en Latinoamérica había algunas leyes laborales que tomaban en cuenta la realidad de la mujer que trabaja.

Dijo que en México, por ejemplo, la mujer que iba a tener un bebé tenía derecho a 90 días de incapacidad con sueldo después de dar a

luz. También, dijo que en muchas compañías y oficinas de gobierno, tenían guarderías gratis para los hijos de los empleados.

J. Teléfono descompuesto. En grupos de cinco personas, jueguen al teléfono descompuesto. El **estudiante 1** le dice algo interesante a su compañero en secreto. Después ese compañero le reporta al siguiente lo que le dijeron. Continúan así sucesivamente hasta que el último estudiante le dice al primero lo que dijo. Después el **estudiante 2** inicia con otra cosa interesante. Answers will vary.

Modelo	Estudiante 1:	**El sábado pasado esquié en agua por primera vez.**
	Estudiante 3:	*(Al estudiante 2)* **¿Qué te dijo?**
	Estudiante 2:	**Me dijo que el sábado pasado había esquiado en agua por primera vez.**

K. El drama continúa. En la oficina, tu compañera de trabajo sigue hablando por teléfono. Escribe lo que le dijo su amiga.

Audio
CD-ROM

Script. See the Instructor's Resource Manual for the script to this activity.

Instructor's Resource
• Worktext CD
• IRM: Tapescript

¿Qué le dijo?

Dijo que llevaba dos semanas enferma y se sentía muy mal porque habían pasado muchas cosas. Dijo que su novio ya casi nunca la

visitaba. Ella creía que estaba saliendo con otras… Lo bueno era que su mamá iba todos los días a ayudarlo. Los resultados de los

análisis eran buenos. No tenía infección en los pulmones. Dijo que tenía tiempo de leer muchas novelas y que a ella le gustaba

muchísimo leer, pero antes no tenía tiempo. Esperaba encontrar trabajo pronto.

353

L. Las buenas intenciones.

Parte 1. Siempre queremos hacer cosas durante las vacaciones o los fines de semana, pero terminamos no haciéndolas. Escribe las cosas que querías o ibas a hacer, pero no hiciste. Usa **este semestre, el fin de semana pasado, durante las vacaciones** o **ayer**. Answers will vary.

Modelo	Este semestre quería sacar A en todas mis clases, pero voy a sacar una B en química.
	Las vacaciones pasadas mi mamá y yo íbamos a ir a México, pero no fuimos.

1. _____

2. _____

3. _____

4. _____

5. _____

Parte 2. Túrnense para que cada quien lea una de sus frases al resto de la clase.

Parte 3. ¿Qué dijeron tus compañeros/as? ¡A ver cuánto recuerdas! Repite lo que dijeron tres o cuatro compañeros/as; escríbelo abajo.

Modelo	Elena dijo que quería sacar A en todas sus clases, pero que iba a sacar una B en química.
	Roberto dijo que su mamá y él iban a ir a México, pero que no habían ido.

_____

_____

_____

_____

_____

_____

_____

_____

Additional Activity. For this activity, you will need 3x5 index cards and images of different objects. Create sets of sentences and images—more images than sentences. Write a different statement on each card (at least one card per student), such as **Necesito un coche nuevo; el mío ya está muy viejo,** or **Mi casa tiene una piscina/alberca, pero nadie la usa.** To accompany those statements, there must be an image of either a new car or an old one, and either an empty or a full swimming pool. Have students form groups of three and decide who is going to be Student One, Two, and Three. All Student Ones of every group go to one corner of the room, Student Twos to another, and Student Threes to another. Student One will read the statement to Student Two so that Student Three cannot hear. Student Two will then go to Student Three and report what Student One said. Student Three will then choose the correct image. They may take turns being student One, Two, and Three, or they may finish all the sentences playing the same positions. The group with the most correct sentences/image matches wins. Make sure you have similar images, but only one fits each description. It is easiest to start with a group of images, and create appropriate sentences for them.

Práctica adicional	
Cuaderno de tareas	Audio
WB pp.366–367, G–I	CD-ROM
LM pp.369–370, A–C	Episodio 29

Actividades comunicativas

A. ¿Qué hacemos?

Instrucciones para Estudiante 1

Tu compañero/a y tú tienen que decidir si deben despedir *(fire)* a una empleada de la compañía donde trabajan. A ti te molestan varias cosas de la empleada y crees que es necesario despedirla. Habla con tu compañero/a de las anotaciones que hiciste de su rendimiento *(performance)*. Decidan si van a despedirla o no. Usen expresiones como **me molesta que, no me gusta que, qué bueno que, no creo que** y **espero que.** Answers will vary.

¡Fíjate!

You are in favor of firing the employee. Emphasize the aspects of her performance that support your opinion. You may make up other details not included in your list.

- Con frecuencia llega tarde.
- Se viste muy informalmente.
- Recibe llamadas personales.
- Regresa tarde del almuerzo.
- No acepta sugerencias.
- _____
- _____
- _____
- _____

A. ¿Qué hacemos?

Instrucciones para **Estudiante 2**

Tu compañero/a y tú tienen que decidir si deben despedir *(fire)* a una empleada de la compañía donde trabajan. A ti te gustan varias cosas de la empleada y no crees que sea necesario despedirla. Habla con tu compañero/a de las anotaciones que hiciste de su rendimiento *(performance)*. Decidan si van a despedirla o no. Usen expresiones como **me molesta que, no me gusta que, qué bueno que, no creo que** y **espero que.** Answers will vary.

¡Fíjate!

You are in favor of retaining the employee. Emphasize the aspects of her performance that support your opinion. You may make up other details not included in your list.

- Se queda en la oficina hasta terminar el trabajo del día.
- Siempre es amable con los clientes y sus compañeros.
- Resuelve situaciones delicadas.
- Es muy organizada.
- Es eficiente y hace todo su trabajo.
- _____
- _____
- _____
- _____

B. Problemas con los vecinos.

Instrucciones para **Estudiante 1**

Parte 1. Habla con tu compañero/a sobre las cosas que te gustan y no te gustan de tus vecinos. Incluye todos los detalles que ves en los dibujos. Pídele consejos para determinar si debes mudarte o no. Answers will vary.

> **Modelo**   Tengo algunos problemas con mis vecinos. Los niños...

Banco de palabras

hacer hoyos
to make holes

arruinar las flores
to ruin flowers

Parte 2. Después escucha los problemas que tiene tu compañero/a con sus vecinos, dale consejos y ayúdale a decidir si debe mudarse de casa o no. Usa expresiones como: **Siento mucho que…, ojalá que…, te recomiendo que…** y **espero que….**

B. Problemas con los vecinos.

Instrucciones para **Estudiante 2**

Parte 1. Escucha los problemas que tiene tu compañero/a con sus vecinos, dale consejos y ayúdale a decidir si debe mudarse de casa o no. Usa expresiones como: **siento mucho que…, ojalá que…, te recomiendo que…** y **espero que….**   Answers will vary.

Parte 2. Después habla con tu compañero/a sobre las cosas que te gustan y no te gustan de tus vecinos. Incluye todos los detalles que ves en los dibujos. Pídele consejos para determinar si debes mudarte o no.

> **Modelo**   Tengo algunos problemas con mis vecinos. El perro...

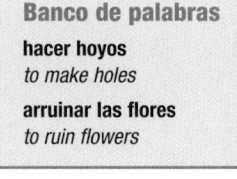

Banco de palabras

hacer hoyos
to make holes

arruinar las flores
to ruin flowers

C. Las personas importantes en mi vida.

Piensa en las cosas que más te gustan y que más te molestan de algunas personas importantes en tu vida: tus compañeros/as de cuarto, tus amigos/as, tu pareja, tus padres, tu jefe. Compártelas con tu compañero/a. Traten de descubrir si tienen algunas cosas en común.   Answers will vary.

> **Modelo** —Tengo un hermano menor. Es muy irresponsable. Me molesta que me pida dinero y no me lo pague.
> —Yo no tengo hermanos, pero mi amiga Judy me pide dinero con frecuencia. No me molesta porque siempre me paga.

Invitación a **Chile**

Del álbum de
Wayne

La tierra de Pablo Neruda y Gabriela Mistral, poetas chilenos ganadores del Premio Nobel de Literatura, es también uno de los países con mayor desarrollo y estabilidad económica de Latinoamérica. Este largo país (4.000 millas de costa) es tan variado que cuenta con el desierto más seco del mundo en el norte, gigantescos glaciares en el sur y una de las zonas más fértiles y productivas en la zona central. La comida chilena es variada, pero las famosas empanadas y parrilladas se consumen en todo el país. La influencia europea (el 95% de los habitantes son blancos) es evidente en todos los aspectos de la vida chilena, pero también existen en Chile tres culturas autóctonas importantes: la cultura aymara, los mapuches y los rapa nui.

La correspondencia

El correo: La solicitud de Ramón. Lee la carta que escribe Ramón solicitando un puesto de trabajo en España. Después contesta las preguntas.

1. ¿En qué tipo de compañía Ramón está solicitando trabajo? Está solicitando trabajo en una compañía española de hoteles.

2. ¿Qué cosas ha hecho Ramón que lo han preparado para ese puesto? Estudió Negocios internacionales y ha trabajado en un puesto similar en Venezuela.

3. ¿Qué documentos necesita mandar? Necesita mandar la solicitud de empleo, su currículum, una copia fotostática de su título universitario y una fotografía reciente.

---

15 de mayo

Lic. Julio Rojas, Gerente de Personal
Hoteles españoles S.A. de C.V.
Apartado Postal 232
Madrid, España

Estimado Lic. Rojas:

Fue un placer hablar con usted la semana pasada. Como le dije en nuestra conversación telefónica, estoy interesado en el puesto de Asistente de Ventas Internacionales en su empresa.

Acabo de recibirme con un título de Negocios internacionales. Mi especialidad es Asuntos latinoamericanos. Nací en Estados Unidos, pero mis padres son de México y Honduras, por lo que hablo el inglés y el español perfectamente. Hace dos años recibí una beca[1] para hacer una práctica profesional en Venezuela. Estuve un semestre en Caracas y trabajé para Ediciones Venezuela, bajo la dirección del gerente de Ventas internacionales. Mis responsabilidades eran procesar los contratos de venta y hacer los arreglos[2] necesarios para los clientes internacionales. También servía de intérprete y traductor. Los fines de semana viajaba a diferentes partes de Venezuela para conocer el país.

En Estados Unidos he trabajado tiempo parcial desde que tengo diecisiete años. Tengo muy buenas referencias, en caso de que sean necesarias. En la universidad, fui el tesorero del Club de Negocios Internacionales durante dos años. El club organizaba conferencias y presentaciones relacionadas con el mundo de los negocios internacionales. Teníamos invitados que compartían sus experiencias en diversos países y en distintas empresas.

Por la descripción que me dio de las responsabilidades del puesto, me considero absolutamente capacitado para desempeñar[3] el trabajo. Además me encantaría ir a España. Puedo empezar a principios de octubre. Usted mencionó que la compañía podría hacer los arreglos para mi viaje; le agradezco que me envíe más información para poder coordinar mi transferencia.

Según lo convenido en nuestra conversación, le mando la solicitud de empleo, mi currículum, una copia fotostática de mi título universitario y una fotografía reciente. Le envío el más cordial saludo.

Atentamente,
Ramón Robledo

---

[1]scholarship [2]arrangements [3]perform

En papel: Un puesto en Chile. Imagina que hay un puesto que te interesa en Chile. Escribe una carta donde hables de tu experiencia de trabajo, de tus calificaciones y de tus actividades en la escuela o en el trabajo que sean importantes o relevantes para este puesto. Usa la carta de Ramón como modelo.

¡A ver de nuevo!

Parte 1. Mira o escucha otra vez la **Escena** para hacer un resumen del episodio.

Parte 2. Ahora trabaja con un(a) compañero/a para añadir la información que te haya faltado.

Práctica adicional		
Cuaderno de tareas WB p.368, J LM p. 370, A–B	Audio CD-ROM Episodio 29	Website vistahigher learning.com

Vocabulario del Episodio 29

Para expresar emoción

(No) Me gusta que...	*I (don't) like (that)...*
Me molesta/choca que...	*It bothers me (that)...*
Qué bueno que...	*It's good (that)...*
Sentir (e ⟶ ie)	*to feel*
Siento que...	*I feel bad (that)...*
Tengo miedo de que...	*I am afraid (that)...*

Instructor's Resources

• Testing program
• Website

Para expresar duda

Es (im)posible que...	*It is (im)possible (that)...*
No creo que...	*I do not believe (that)...*

Para expresar certeza

Creo que...	*I believe (that)...*
Estoy seguro/a de que...	*I am sure (that)...*
Es verdad que...	*It's true (that)...*

Vocabulario personal

Escribe las palabras que necesitas saber para expresar tus emociones.

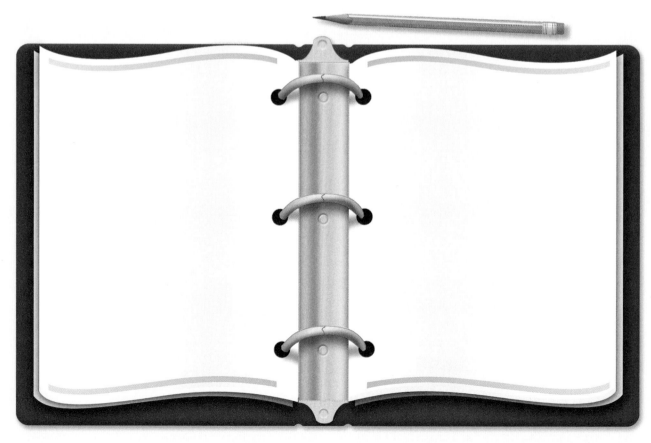

362

¡A escribir!

Episodio

29

Escenas de la vida: Soluciones positivas

A. ¡A ver cuánto entendiste! See how much of the **Escena** you understood by matching the Spanish phrases with their English equivalents.

1. Adriana y Santiago

___f___ 1. Parece que todo lo que hago le molesta a Santiago.

___b___ 2. Yo te quiero y no me vas a perder.

___e___ 3. Quiero que él se sienta orgulloso de mí.

___c___ 4. Sé que para ti es un sacrificio que yo estudie.

___d___ 5. Espero que me apoyes.

___a___ 6. Dudo que tengamos mucho en común con tus compañeros.

a. I doubt that we have a lot in common with your classmates.

b. I love you and you are not going to lose me.

c. I know that it's a sacrifice for you that I study.

d. I hope that you'll support me.

e. I want him to be proud of me.

f. It seems that everything I do bothers Santiago.

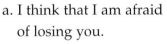

2. Con la Dra. Castaños

___b___ 1. Me alegro de que hayan tomado la decisión de venir a verme.

___a___ 2. Creo que lo que tengo es miedo de perderte.

___c___ 3. Tengo miedo de que cuando mis hijos se vayan de la casa, me quede sola sin saber hacer nada.

___d___ 4. Quiero que podamos hablar de otra cosa que no sea la casa y los niños.

___e___ 5. Es importante que no discutan cuando están enojados.

a. I think that I am afraid of losing you.

b. I'm happy that you have made the decision to come and see me.

c. I'm afraid that when my kids leave home, I'll be alone, without knowing how to do anything.

d. I want us to be able to talk about something other than the house and the kids.

e. It's important that you don't argue when you are angry.

Video
CD-ROM

B. ¿Qué pasó con Adriana y Santiago? Use the following questions as a guide to write a summary of the **Escena**. Answers will vary.

1. ¿Dónde están Adriana y Santiago?
2. ¿Por qué están allí?
3. ¿De qué tiene miedo Santiago?
4. ¿Cómo se siente Adriana?
5. ¿Qué les recomienda la Dra. Castaños?

_____

_____

_____

_____

_____

_____

Gramática 1

Reacting to present actions and events
• The subjunctive with expressions of emotion and doubt

C. ¡El mundo al revés! *(The world upside down!)* Someone has made the following very inappropriate statements. Correct them by using an appropriate expression of emotion. Expressions used may vary.

Modelo	Siento que tengas el día libre.
	Qué bueno que tengas el día libre.

1. Qué pena que te paguen tanto dinero.
   Qué bueno que te paguen tanto dinero.

2. Qué bueno que tu mejor amigo esté enfermo.
   Siento que tu mejor amigo esté enfermo.

3. Me alegro de que estés adolorido de la pierna.
   Qué pena que estés adolorido de la pierna.

4. Ojalá que saques F en el examen.
   Tengo miedo de que saques F en el examen.

5. Me molesta que cocines tan bien.
   Me encanta que cocines tan bien.

6. Me gusta que siempre llegues tarde a todos lados.
   Me choca que siempre llegues tarde a todos lados.

7. Tengo miedo de que seas feliz.
   Quiero que seas feliz.

D. Los deseos. Think about five things that you would like to see happen in the near future regarding your studies. Express your desires using **ojalá que....** Answers will vary.

> **Modelo**   Ojalá que saque A en cálculo.

1. _____
2. _____
3. _____
4. _____
5. _____

E. Los compañeros de cuarto. Write four things that you like or hate about roommates (or the person/people you live with). Use **me molesta que...,** **(no) me gusta que...,** and **me choca que....** Answers will vary.

> **Modelo**   Me molesta que mis compañeros de cuarto fumen en la casa.

1. _____
2. _____
3. _____
4. _____

F. ¿Tú qué crees? Say whether you think the following things will happen to Sofía and her friends. Use **(no) creo que...,** **es posible que...,** and **(no) estoy seguro/a de que...** to express your predictions.   Answers will vary.

> **Modelo**   Adriana se divorcia de Santiago.
> **No creo que Adriana se divorcie de Santiago.**
> or   **Sí, creo que Adriana se va a divorciar de Santiago.**

1. Sofía se casa con Wayne.

_____

2. Ana Mari se va a vivir a otro estado.

_____

3. Wayne conoce a otra chica.

_____

4. Manolo se convierte (becomes) en un artista famoso.

_____

5. Ramón va a trabajar con la empresa española.

_____

6. Adriana no termina la universidad.

_____

7. La esposa de Emilio nunca viene a verlo.

_____

8. Emilio aprende inglés perfectamente.

_____

Gramática 2 Reporting past intentions
• Reported speech

G. Lo que escribío Emilio. Reread Emilio's letter to his wife on page 206, **Episodio 23.** Re-write the first paragraph of his letter.

Emilio le dijo a su esposa que...
_____

el piso que había encontrado era muy bonito y que estaba bien situado. Era algo pequeño, pero que no

necesitaba más. Estaba muy bien equipado; la cocina tenía de todo, incluso tenía horno de microondas.

Emilio

_____

_____

_____

_____

_____

_____

_____

_____

H. Promesas, promesas. Think of the promises you, your friends, or other important people in your life have made. Write a paragraph describing what they said they would do, and indicate whether or not they did it. Answers will vary.

Modelo	Mi papá dijo que iba a dejar de fumar, pero no lo hizo.
	Yo dije que iba a ir al gimnasio. Todavía no he ido, pero sí pienso ir.

_____

_____

_____

_____

_____

_____

_____

_____

_____

I. ¿Qué quieren? Answer the following questions about the characters' desires.

Modelo

¿Qué no quiere Ramón?
Ramón no quiere que Wayne compre el anillo de compromiso.

comprar el anillo de compromiso

viajar

1. ¿Qué le recomienda Ramón a Wayne?

   Ramón le recomienda a Wayne que viaje.

salir con otras chicas

4. ¿Qué le aconseja Ramón a Wayne?

   Ramón le aconseja a Wayne que salga con otras chicas.

conocer a Wayne

2. ¿Qué es importante para la familia de Sofía?

   Es importante que conozcan a Wayne.

graduarse

5. ¿Qué es necesario para Sofía antes de casarse?

   Es necesario que Sofía se gradúe.

casarse con Sofía

3. ¿Qué quiere Wayne?

   Wayne quiere casarse con Sofía.

encontrar un trabajo

6. ¿Qué quiere Sofía para Wayne?

   Sofía quiere que Wayne encuentre un trabajo.

Para terminar

J. La carta de Adriana. Read Adriana's letter to her sister, which she wrote before visiting Doctor Castaños, and then answer the questions.

1. ¿Por qué discutieron Adriana y Santiago la semana pasada?

   Santiago cree que a Adriana le interesan más sus amigos y sus estudios que su familia.

2. ¿Por qué estudiar es importante para Adriana?

   Quiere superarse y hacer algo productivo con su vida.

3. ¿Cómo se siente Adriana?

   Tiene catarro, una migraña insoportable y le duele todo.

4. ¿Qué cree Adriana acerca de consultar a una consejera matrimonial?

   Cree que es una buena idea; que si piden ayuda pueden resolver sus problemas.

Querida hermana:

¿Cómo están todos? Espero que estén disfrutando de su nueva casa. Carlos me dijo que es bellísima. Tengo muchas ganas de verla. Quiero agradecerte todas las atenciones que tuviste con Carlos y su amigo. Regresó feliz de Puerto Rico. Creo que ahora se siente más orgulloso de ser puertorriqueño y de hablar español.

Yo también necesito unas vacaciones urgentes. Los problemas con Santiago van de mal en peor. Cada día peleamos más y discutimos por todo. La semana pasada tuvimos una discusión horrible. Él insiste en que me interesan más mis amigos y mis estudios que mi familia. Me dijo que yo era una egoísta, ¿te imaginas? El egoísta es él. Yo sólo quiero superarme,[1] hacer algo productivo con mi vida ahora que los niños ya no me necesitan tanto. No quiero dedicarme a cocinar, lavar y planchar el resto de mi vida; después de la pelea se fue a un viaje de negocios (eso creo) sin decirme nada. Todavía no regresa, y yo, por supuesto, me enfermé del disgusto. No tengo nada serio pero me dio catarro y una migraña insoportable, sí que me duele todo.

Tengo miedo de que estas discusiones afecten a los niños. Tú sabes que están en una edad muy delicada. ¡No sé qué hacer! Una amiga me recomendó consultar a una consejera matrimonial. A mí me parece buena idea, así que hice una cita, pero no sé si Santiago acepte. Yo creo que si pedimos ayuda podemos resolver nuestros problemas. No quiero que nuestra familia se desintegre. Además, todavía estoy enamorada[2] de Santiago y creo que él me quiere también. ¿Qué me aconsejas? ¿Qué debo hacer?

Siento mucho escribirte una carta tan triste, y preocuparte con mis problemas, pero estoy tan descorazonada[3] y ahora me siento muy sola.

Un beso y un abrazo de tu hermana que te quiere,

Adriana

[1]*better myself* [2]*in love* [3]*disheartened*

Episodio

29

¡A escuchar!

Comprensión

Audio
CD-ROM

A. Opiniones. Based on the statement you see and the phrase you hear, express an opinion about Adriana and Santiago's relationship. Join the two clauses with **que**, and consider whether the second verb should be in the indicative or the subjunctive. Repeat the correct answer after the speaker.

Modelo	You see:	**Santiago no quiere a Adriana.**
	You hear:	**No es cierto.**
	You say:	**No es cierto que Santiago no quiera a Adriana.**

1. Adriana quiere superarse.
2. Santiago no la apoya.
3. Santiago tiene miedo de perderla.
4. Santiago no quiere cocinar.

5. Los hijos ayudan en casa.
6. Adriana prefiere salir con sus amigos.
7. Adriana le pide el divorcio.
8. Ellos resuelven sus problemas.

Audio
CD-ROM

B. Temas polémicos. You will hear a segment of José Luis' radio talk show, **"Temas polémicos"**. The theme for today is bilingual education. Listen and complete each statement with a verb from the list provided. You will hear the recording twice.

aprendan   estudien   hablen   ofrezcan   piensen   puedan   son   tengan

Las opiniones de Rosa:

1. Me gusta que mis hijos ____puedan____ estudiar sus materias en español e inglés.
2. Es imposible que ____estudien____ todo en inglés sin aprender primero la lengua.

Las opiniones de Sergio:

3. Tengo miedo de que mis hijos no ____aprendan____ bien el inglés y no ____tengan____ las mismas oportunidades en la vida.
4. No quiero que ____hablen____ español en la escuela.

Las opiniones de Ana Luisa:

5. Estoy segura de que los niños ____son____ capaces de aprender el inglés rápidamente.
6. Pero me molesta que todos ____piensen____ que pueden hacerlo de un día para otro.
7. Es mejor que les ____ofrezcan____ el beneficio de la educación bilingüe por uno o dos años.

C. Reacciones. You are going to hear four brief conversations. In each one, a person makes an announcement or asks a question. Select the written option that best indicates how the other person reacts to the situation.

1. Cristina _____ Carla se case con Raimundo.
   a. tiene miedo de que
   b. duda que *(circled)*
   c. está contenta de que

2. _____ vengan los abuelos!
   a. ¡Qué bueno que *(circled)*
   b. ¡Es necesario que
   c. ¡Es imposible que

3. Marta _____ sus padres le regalen un coche nuevo.
   a. siente que
   b. duda que
   c. está muy contenta de que *(circled)*

4. Ricardo _____ su hermano no se gradúe.
   a. tiene miedo de que *(circled)*
   b. está furioso de que
   c. siente triste que

Más escenas de la vida

Ana Mari is confiding in Sofía about what she finds annoying about living at home with her parents. Listen to their conversation, and then complete activities **A** and **B**. You will hear the conversation twice.

A. Termínala. Complete these statements according to the conversation.

1. El papá de Ana Mari tiene miedo de que <u>le pase algo.</u>

2. A Ana Mari no le gusta que <u>la quiera proteger tanto.</u>

3. Su mamá le dijo que <u>la puerta estaba abierta.</u>

4. Sofía no cree que <u>la mamá de Ana Mari lo diga en serio.</u>

5. Ojalá los papás de Ana Mari <u>la comprendan en esto.</u>

B. Responde. Write the answers to the following questions.

1. ¿Qué le molesta al papá de Ana Mari?

   <u>Le molesta que Ana Mari tenga deseos de salirse de la casa.</u>

2. ¿Qué hizo la mamá de Ana Mari, según ella?

   <u>Pasó de la casa de su papá a la casa de su marido.</u>

3. ¿Cuándo y por qué va a cambiar la dinámica en la casa de Ana Mari?

   <u>Va a cambiar cuando Ramón acepte el puesto en España, porque Ramón la molesta.</u>

4. ¿Qué piensa Sofía de los papás de Ana Mari?

   <u>Piensa que son buenos y la dejan hacer lo que quiera.</u>

Episodio 30

Escenas de la vida: La vida sigue

A. ¡Mira cuánto puedes entender! Indica si los comentarios se refieren a Ana Mari (**AM**), Emilio (**E**), Manolo (**M**), Ramón (**R**), Sofía (**S**) o Wayne (**W**).

__AM__	1. Quiere visitar a Ramón en España.
__R__	2. Tiene varias opciones para el futuro.
__AM__	3. Le van a regalar un coche cuando se reciba.
__M__	4. No sabe qué quiere estudiar.
__S__	5. Va a pasar tres meses en Europa.
__M__	6. Va a salir con Ana Mari.
__E__	7. Quiere ver a su esposa.
__W__	8. No quiere hacer una maestría.

B. ¿Te diste cuenta? Mira o escucha de nuevo la **Escena** para escoger la respuesta correcta.

1. Mejor acepta el puesto con la compañía española para que…
   a. empieces a ganar dinero.
   (b.) podamos visitarte en España.
   c. practiques tu español.

2. Ramón no quiere decidir nada hasta que…
   (a.) las universidades le digan si lo aceptaron.
   b. sepa si se va a España.
   c. termine de estudiar.

3. Sofía quiere ir a Europa en cuanto…
   a. tenga dinero.
   b. sus papás le paguen el viaje.
   (c.) termine su carrera.

4. A Ana Mari le van a regalar un coche cuando…
   a. aprenda a manejar.
   (b.) se reciba.
   c. encuentre trabajo.

Video Synopsis. The characters discuss their future plans at Ramón and Wayne's graduation party. Manolo finally asks Ana Mari on a date.

C. ¡Hablemos de los planes! Responde a las preguntas de acuerdo con tu opinión y tus planes para el futuro. Answers will vary.

1. ¿Qué planes te parecen más interesantes? ¿Por qué?

_____

_____

_____

2. ¿Qué planes tienes tú para después de graduarte?

_____

_____

_____

Cultura a lo vivo. You may ask students to read several sentences and then check for comprehension by asking questions like: ¿A qué han contribuido los ganadores hispanos de los premios Nobel? ¿Quién es Rigoberta Menchú? ¿De dónde es Óscar Arias Sánchez? ¿Por qué recibió Adolfo Pérez Esquivel el premio Nobel? ¿De dónde es Adolfo García Robles? ¿Por qué recibió Carlos Saavedra Lamas el premio Nobel? ¿Cuántos españoles han recibido el premio Nobel? ¿Cuántos mexicoamericanos han recibido el premio Nobel? ¿Por sus contribuiciones en qué áreas?

Cultura a lo vivo

A lo largo del siglo XX, muchos hispanos han recibido premios Nobel por sus contribuciones a la humanidad en todas las áreas. De especial importancia son los ganadores de los premios Nobel de la Paz. Tú ya sabes algo de la vida y las contribuciones de Rigoberta Menchú. Algunos de los ganadores son personas que han contribuido a establecer justicia social en Latinoamérica. Es decir, han ayudado a resolver conflictos armados, a detener[1] la exterminación de grupos indígenas y la violación de derechos[2] humanos y a prohibir la existencia de armas nucleares en la región.

[1] to stop [2] rights

Molina

Arias

Cela

Año	País	Nombre	Área
1904	España	José Echegaray	Literatura: dramaturgo
1906	España	Santiago Ramón y Cajal	Medicina: sistema nervioso
1922	España	Jacinto Benavente Martínez	Literatura: dramaturgo
1936	Argentina	Carlos Saavedra Lamas	Paz
1945	Chile	Gabriela Mistral	Literatura: poeta
1947	Argentina	Bernardo Alberto Houssay	Medicina: endocrinología
1956	España	Juan Ramón Jiménez	Literatura: poeta
1959	Estados Unidos	Severo Ochoa	Medicina: ácidos nucleicos
1967	Guatemala	Miguel Ángel Asturias	Literatura: novelista
1968	Estados Unidos	Luis Walter Álvarez	Física
1970	Argentina	Luis Federico Leloir	Química
1971	Chile	Pablo Neruda	Literatura: poeta
1977	España	Vicente Aleixandre	Literatura: poeta
1980	Argentina	Adolfo Pérez Esquivel	Paz
1982	Colombia	Gabriel García Márquez	Literatura: novelista
1982	México	Alfonso García Robles	Paz
1984	Argentina	César Milstein	Medicina: anticuerpos
1987	Costa Rica	Óscar Arias Sánchez	Paz
1989	España	Camilo José Cela	Literatura: novelista
1990	México	Octavio Paz	Literatura: poeta, ensayista
1992	Guatemala	Rigoberta Menchú	Paz
1995	Estados Unidos	Mario José Molina	Química

Práctica adicional	
Cuaderno de tareas	Video CD-ROM
WB pp.387–388, A–C	Episodio 30

Para comunicarnos mejor

 Gramática 1

Talking about future plans
- **The subjunctive after certain conjunctions**

Notice that the characters used the subjunctive to refer to their future actions and intentions.

No quiero decidir nada **hasta que** las universidades me **digan** si me aceptaron.
En cuanto termine mi carrera…
Cuando yo me reciba…
Va a hablar con su jefe **para que** le **den** vacaciones.

I don't want to decide anything until the universities tell me if they've accepted me.
As soon as I finish my degree…
When I graduate…
She's going to talk to her boss so that she gets a vacation.

When talking about the future, use the subjunctive after these conjunctions:

Conjunciones			
a menos que	*unless*	**en cuanto**	*as soon as*
antes (de) que	*before*	**hasta que**	*until*
cuando	*when*	**para que**	*so that*

PRÁCTICA

A. ¿Qué van a hacer? En parejas, unan las oraciones con la conjunción indicada para crear una relación lógica entre ellas. Answers will vary.

> **Modelo** Los padres de Ana Mari le van a comprar un coche/ella buscar trabajo en la ciudad. (para que)
> **Los padres de Ana Mari le van a comprar un coche para que ella busque trabajo en la ciudad.**

1. Sofía quiere ir a Europa/terminar sus estudios. (en cuanto)
2. Wayne quiere casarse con Sofía/tener un buen trabajo. (cuando)
3. Emilio se queda en Estados Unidos/hablar inglés perfectamente. (hasta que)
4. Ramón no viaja a España/darle trabajo allá. (a menos que)
5. Adriana y su esposo hablan con una consejera/ella ayudarlos a resolver sus problemas. (para que)
6. ¿Tú vas a viajar/graduarte? (cuando)

B. ¿Amor o interés? Ana Mari y Sofía oyeron la siguiente conversación en una telenovela. Con tu compañero/a, usa las conjunciones apropiadas para llenar los espacios en blanco. Después inventa el resto de la conversación. Answers will vary.

para que	hasta que	cuando	a menos que	en cuanto

Lola   ¡Mi amor, estoy tan contenta! Por fin vamos a casarnos, pero no podemos finalizar los detalles (1) ___hasta que___ compremos una casa grande.

Julio   Pero, mi amor, ya compré una casita muy bonita. No necesitamos una casa grande.

Lola   ¡Qué pena que hayas comprado una casa sin preguntarme! Yo siempre he querido una casa grande. Además no podemos hacer fiestas (2) ___a menos que___ tengamos un jardín enorme con una piscina.

Julio   ¡Está bien, mi cielo! Yo hago lo que tú me digas.

Lola   Gracias, cariño. También necesitamos dos empleadas (3) ___para que___ yo pueda ir al gimnasio.

Julio   Sí, mi cielo, lo que tú quieras. (4) ___En cuanto___ llegue a casa, voy a poner un anuncio en el periódico.

Lola   Gracias, amor. ¡Vamos a ser tan felices (5) ___cuando___ nos casemos!

Julio   ¡Sí, estoy seguro! Pero... necesito pedirte algo.

Lola   ¿Qué cosa? Lo que sea.

Julio   Quiero que firmemos un contrato prenupcial.

Lola   ¡¿Qué?! ¿Por qué? ¡No necesitamos eso! ¡Yo te quiero mucho!

Julio   Ya lo sé, pero... (Inventa el resto de la conversación)

Lola   (6) _____

Julio   (7) _____

Lola   (8) _____

Julio   (9) _____

C. Mis planes. Completa las oraciones según tus planes. Después comparte tus respuestas con tu compañero/a. Answers will vary.

1. No me voy a casar hasta que _____.

2. Voy a buscar un buen trabajo en cuanto _____.

3. Voy a comprar un coche nuevo cuando _____.

4. No voy a salir bien en esta clase a menos que _____.

5. Voy a graduarme de la universidad para que mis papás _____.

Audio
CD-ROM

D. ¿Qué pasó después? Escucha lo que te cuenta Sofía sobre sus amigos para indicar si los comentarios se refieren a Adriana (**A**), Ana Mari (**AM**), Manolo (**M**), Ramón (**R**), Sofía (**S**) o Wayne (**W**).

__R__ 1. Aceptó un puesto en España.

__AM y M__ 2. Se casaron y un año después ella se embarazó.

__A__ 3. Se recibió y ahora trabaja para el gobierno.

__S y W__ 4. No se casaron, pero siguen siendo buenos amigos.

__R__ 5. Sale con la hermana de Emilio.

__W__ 6. Viaja mucho por su trabajo.

Invitación a **Paraguay**

Del álbum de
Sofía

Paraguay es un país verdaderamente bilingüe. La lengua indígena no es un idioma minoritario, ni sus hablantes están marginados; por el contrario, hablar guaraní y español es parte de la identidad y el orgullo nacional. El gobernador José Gaspar R. de Francia (1814-1840) ordenó que la población de origen europeo se casara exclusivamente con población local, dando como resultado un mestizaje y un bilingüismo positivo basado en el respeto y entendimiento mutuos.

Práctica adicional

Website
vistahigher
learning.com

E. Mi futuro. Habla con tu compañero/a de tus planes personales y profesionales. Answers will vary.

En lo personal:
- si quieres casarte
- si quieres tener hijos, cuántos
- si quieres mudarte a otra ciudad
- si quieres viajar, adónde

En lo profesional:
- cuándo te vas a graduar
- si piensas seguir estudiando
- dónde vas a solicitar trabajo
- si necesitas entrar a algún programa de capacitación

F. El Cuerpo de Paz. Escucha la información acerca de los trabajos que ofrece el Cuerpo de Paz *(Peace Corps)* en Paraguay. Contesta las preguntas antes de escuchar la información de los trabajos que se han realizado ahí. Después, mientras escuchas la narración, llena el cuadro.

Audio CD-ROM

Instructor's Resources
- Worktext CD
- IRM: Tapescript

Banco de palabras

asearse *to wash, shower*	**la fresa** *strawberry*	**potable** *drinkable*
los canales *ducts*	**la higiene** *hygiene*	**el subempleo** *low-paying jobs*
la delincuencia *criminal behavior*	**el medio ambiente** *environment*	**las zonas forestales** *wooded areas*

1. ¿Qué tipo de ayuda crees que necesitan las personas que viven en zonas rurales?

   Answers will vary.

2. ¿Qué tipo de ayuda crees que necesitan las comunidades pobres?

   Answers will vary.

3. ¿Qué tipo de ayuda crees que necesitan las comunidades donde hay muchos crímenes y no hay suficientes trabajos? Answers will vary.

	Los trabajos realizados por los voluntarios
agricultura	Un voluntario ayudó a un agricultor a investigar la producción de fresas. Como resultado, el agricultor produjo más de 4.000 plantas de fresa.
educación	En una escuela rural, una voluntaria ayudó a las maestras a crear un currículum para desarrollar la lectura, la escritura y las matemáticas. También organizaron entrenamientos para otros maestros del área.
salud e higiene	En un pequeño pueblo, había un gran número de niños y adultos con parásitos. Los voluntarios que trabajaban ahí identificaron la causa del exceso de parásitos y ayudaron a instalar canales de agua potable en el pueblo. También les enseñaron principios básicos de higiene y cuidado dental.
zonas forestales	Crearon programas de reforestación, rotación de cultivo, el uso de pesticidas no tóxicos y programas de educación para niños y adultos.
clubes o grupos locales	Les proveen servicios necesarios como ayuda sicológica, entrenamiento técnico, capacitación y actividades recreativas, y en muchos casos, ofrecen un lugar donde pueden comer, bañarse y pasar la noche.

Práctica adicional

Cuaderno de tareas
WB pp.388–390, D–E

Script. See the Instructor's Resource Manual for the script to this activity.

Actividades de repaso

El presente 1

Use the present to talk about your everyday activities and your life now: what you do on the weekends, your daily routine, your classes, your job, your hobbies, etc.

1. In the following chart, fill in the endings of the **-ar (trabajar), -er (comer)**, and **-ir (vivir)** verbs.

El presente			
	-ar verbs	**-er** verbs	**-ir** verbs
yo	trabaj___o	com___o	viv___o
tú	trabaj___as	com___es	viv___es
usted/él/ella	trabaj___a	com___e	viv___e
nosotros/as	trabaj___amos	com___emos	viv___imos
vosotros/as	trabajáis	coméis	vivís
ustedes/ellos/as	trabaj___an	com___en	viv___en

PRÁCTICA

G. Tu rutina. Habla con un(a) compañero/a de tu rutina diaria. Usa las ilustraciones para guiarte. Incluye todos los detalles posibles. También hablen de las actividades de los fines de semana. Usen expresiones como **por la mañana, los martes, los jueves por la noche, tres veces a la semana, todos los días, casi nunca,** etc.   Answers will vary.

Verbos especiales 2

Review the verbs that need the indirect object pronouns. Study **Episodio 19** and **Episodio 24**.

Verbos que requieren pronombres indirectos

a mí	me	encanta(n)	**Me encantan** las canciones de Luis Miguel.
a ti	te	gusta(n)	¿**Te gusta** salir entre semana?
a usted/él/ella	le	fascina(n)	A Manolo **le fascinan** los animales.
a nosotros/as	nos	molesta(n)	A Ana Mari y a mí **nos molesta** la actitud de Ramón.
a vosotros/as	os	interesa(n)	¿A vosotros **os interesa** la tecnología?
a ustedes/ellos/as	les	choca(n)	A los estudiantes **les choca** gastar tanto dinero en libros.

Las cosas que haces por otros

dar	to give
decir (e ⟶ i)	to tell
enseñar (a)	to teach; to show
explicar	to explain
llevar	to take
mandar	to send
ofrecer	to offer
pedir (e ⟶ i)	to ask for
prometer	to promise
traer	to bring

PRÁCTICA

H. En español, por favor. Traduce al español las siguientes frases y preguntas.

1. The doctor gives us good advice. El/La doctor(a) nos da buenos consejos.

2. My father taught me how to drive. Mi padre me enseñó a manejar.

3. The nurse is explaining the problem to them. La enfermera les está explicando el problema.

4. My husband brought me flowers. Mi esposo me trajo flores.

5. Does your husband bring you flowers? ¿Tu esposo te trae flores?

6. He promised her he would call. Le prometió que la iba a llamar.

7. Did he offer you his help? ¿Te ofreció su ayuda?

8. He used to tell us the truth. Él nos decía la verdad.

9. My mother loves to cook. A mi mamá le encanta cocinar.

10. It bothers me a lot when people smoke. Me molesta mucho cuando la gente fuma.

11. My friends have to stay home on weekends. Mis amigos se tienen que quedar en casa los fines de semana.

12. Her boyfriend is interested in politics. A su novio le interesa la política.

El pretérito  3

Use the preterit to describe the past with expressions like **ayer, anoche, la semana pasada, el año pasado,** etc. Review **Episodios 17** and **20** to complete the chart.

El pretérito

	hablar	beber	escribir		
yo	habl___é	beb___í	escrib___í		
tú	habl___aste	beb___iste	escrib___iste		
usted/él/ella	habl___ó	beb___ió	escrib___ió		
nosotros/as	habl___amos	beb___imos	escrib___imos		
vosotros/as	hablasteis	bebisteis	escribisteis		
ustedes/ellos/as	habl___aron	beb___ieron	escrib___ieron		

	ir/ser	poder	hacer	dar	decir
yo	fui	pude	hice	di	dije
tú	fuiste	pudiste	hiciste	diste	dijiste
usted/él/ella	fue	pudo	hizo	dio	dijo
nosotros/as	fuimos	pudimos	hicimos	dimos	dijimos
vosotros/as	fuisteis	pudisteis	hicisteis	disteis	dijisteis
ustedes/ellos/as	fueron	pudieron	hicieron	dieron	dijeron

	dormir	divertirse	servir	pedir
yo	dormí	me divertí	serví	pedí
tú	dormiste	te divertiste	serviste	pediste
usted/él/ella	durmió	se divirtió	sirvió	pidió
nosotros/as	dormimos	nos divertimos	servimos	pedimos
vosotros/as	dormisteis	os divertisteis	servisteis	pedisteis
ustedes/ellos/as	durmieron	se divirtieron	sirvieron	pidieron

PRÁCTICA

I. ¿Qué hiciste el fin de semana pasado? Habla con un(a) compañero/a de todo lo que hiciste el fin de semana pasado. Incluye a qué hora te levantaste, adónde fuiste, qué ropa te pusiste, si saliste, con quién, adónde y a qué hora llegaste a tu casa. Si te quedaste en casa, describe qué hiciste ahí, qué comiste, qué programas viste, con quién hablaste y a qué hora te acostaste. Answers will vary.

J. Entrevista. Traduce las preguntas en español y entrevista a un(a) compañero/a. Answers will vary.

1. Did you see a good movie last week?

_____¿Viste una buena película la semana pasada?_____

2. Did you do your homework last night?

_____¿Hiciste tu tarea anoche?_____

3. What time did you come home?

_____¿A qué hora llegaste a casa?_____

4. Who called you on your birthday?

_____¿Quién te llamó en tu cumpleaños?_____

5. Who taught you how to drive?

_____¿Quién te enseñó a manejar?_____

6. Did you move last year?

_____¿Te mudaste el año pasado?_____

El imperfecto 4

Use the imperfect to describe how people and things were in the past, to talk about what you used to do, and describe how things used to be. Also use the imperfect to set the stage and to give background information in the narration of an event. Use expressions like: **antes, cuando era niño/a, en aquel entonces, en esos tiempos, cuando tenía... años,** etc. Review **Episodio 22** in order to complete the charts.

El imperfecto: verbos regulares e irregulares				
-ar verbs	**-er** verbs	**-ir** verbs		
mirar	**comer**	**dormir**	**ir**	**ser**
yo	mir_aba_	com _ía_	dorm_ía_	iba	_era_
tú	mir _abas_	com _ías_	dorm_ías_	_ibas_	eras
usted/él/ella	mir_aba_	com _ía_	dorm_ía_	_iba_	_era_
nosotros/as	mir _ábamos_	com _íamos_	dorm_íamos_	_íbamos_	_éramos_
vosotros/as	mirábais	comíais	dormíais	ibais	erais
ustedes/ellos/as	mir _aban_	com _ían_	dorm_ían_	_iban_	_eran_

PRÁCTICA

K. Tu niñez. Habla con un(a) compañero/a sobre tu niñez. Usa las ilustraciones para guiarte. Incluye todos los detalles posibles: dónde vivías, qué hacías los fines de semana, adónde ibas con tus amigos, quién venía a tu casa a jugar, a qué jugaban, qué te gustaba o chocaba hacer, si te castigaban, etc. Answers will vary.

El pretérito y el imperfecto 5

Study **Episodio 25** and **Episodio 26** to review the uses of the preterit and the imperfect used together.

USES OF THE PRETERIT

a. To tell single events or a sequence of events in the past.

Ayer **choqué**.

Manolo y Sofía **estudiaron** todo el día.

Esta mañana **fui** a la gasolinera, le **llené** el tanque al coche y le **revisé** el aceite antes de ir a la universidad.

b. To recount events that took place during a specific amount of time or a specific number of times.

Viví cinco años en Los Ángeles.

Este mes Sofía y Adriana **fueron** al cine tres veces.

c. To express the beginning or end of an action.

Ramón **decidió** hacer una maestría.

Llegué a la casa a las cinco.

d. To describe mental or emotional reactions.

Después de la noticia, **le dolió** la cabeza todo el día.

Me **molestó** lo que dijiste.

USES OF THE IMPERFECT

a. To express habitual actions.

De niña siempre **jugaba** con Lalo.

Nos levantábamos muy temprano.

b. To describe on-going actions.

En ese momento **estaba** leyendo el periódico.

El policía **iba** cruzando la calle.

c. To set the stage and the background information for events.

Hacía mucho frío la noche del accidente.

Había tres coches enfrente de mí.

d. To tell time and age.

Cuando **tenía** nueve años aprendí a nadar.

Eran las seis de la mañana.

e. Describe mental and emotional states.

Estábamos muy tristes.

Me dolía mucho la pierna; por eso, fui al doctor.

PRÁCTICA

L. La peor cita de mi vida. Imagina que eres el chico en esta historia. Describe lo que te pasó cuando fuiste a ver una corrida de toros con tu amiga. Usa las frases para componer tu historia. Añade los detalles necesarios. Answers will vary.

una amiga invitarme a corrida de toros/en la plaza presentarme al torero/ que ser su amigo/ser agradable y simpático/cuando empezar la corrida/ponerme nervioso/el toro ser muy agresivo/todos gritar y estar emocionados/yo no entender nada/ sentirme mareado y enfermo/tener que ir al baño/ser horrible/estar muy sucio/haber muchas personas enfermas también/por fin, cuando terminar la corrida/ir a cenar a restaurante/tener mucha hambre /pero cuando ver y oler (to smell) la comida/sentirme mal otra vez/ dar ganas de vomitar/tener quc ir a casa/estar enfermo todo el día/tener dolor de cabeza/tomarse muchos Alka-seltzer/¡no volver a salir con esa chica nunca más!

M. ¡Dos multas en un día! Usa las ilustraciones para describir lo que le pasó a la chica de esta historia el sábado pasado. Describe por dónde iba, qué iba pensando, qué le pasó, por qué. Inventa los detalles necesarios. Después compara tu descripción con la de un(a) compañero/a. Answers will vary.

El subjuntivo y los progresivos 6

Review **Episodio 23** and **Episodio 27**. Use the subjunctive to give indirect commands. Use the past progressive to tell what the children were doing in **Práctica N**.

El subjuntivo

	hablar	tener	salir
Es importante que yo	hable	tenga	salga
tú	hables	tengas	salgas
usted/él/ella	hable	tenga	salga
nosotros/as	hablemos	tengamos	salgamos
vosotros/as	habléis	tengáis	salgáis
ustedes/ellos/as	hablen	tengan	salgan

El subjuntivo irregular

	dar	estar	haber	ir	saber	ser
yo	dé	esté	haya	vaya	sepa	sea
tú	des	estés	hayas	vayas	sepas	seas
usted/él/ella	dé	esté	haya	vaya	sepa	sea
nosotros/as	demos	estemos	hayamos	vayamos	sepamos	seamos
vosotros/as	deis	estéis	hayáis	vayáis	sepáis	seáis
ustedes/ellos/as	den	estén	hayan	vayan	sepan	sean

1. In the progressive, only **estar** changes to match the subject:

   Estoy viendo una película.   *I am watching a movie.*
   Te **estábamos** esperando.   *We were waiting for you.*

2. The **-ir** stem-changing **verbs—decir (e ⟶ i), divertirse (e ⟶ i), dormir (o ⟶ u), pedir (e ⟶ i), sentirse (e ⟶ i), servir (e ⟶ i)**—have an irregular **-ndo** form.

   ¿Me estás **diciendo** toda la verdad?   *Are you telling me the whole truth?*
   Adriana estaba **durmiendo**.   *Adriana was sleeping.*

3. Object and reflexive pronouns may be placed before a verbal phrase or may be attached to the **-ando, -iendo** forms. These forms are accented when pronouns are attached to them.

   Te estamos **esperando** para cenar. }
   Estamos **esperándote** para cenar. }   *We are waiting for you to have dinner.*

4. Verbs whose stem ends in a vowel (**leer, oír**) have a spelling change.

   leer ⟶ leyendo
   Adriana **está leyendo** el periódico.

PRÁCTICA

N. ¡Qué desastre! Eres maestro/a sustituto/a en una escuela primaria. Saliste del salón por un minuto, y cuando regresaste, esto es lo que viste. Da instrucciones a tus alumnos para regresar al orden. Dile a tu asistente que escriba un reporte para el director describiendo lo que cada niño estaba haciendo cuando tú regresaste.   Answers will vary.

Modelo	Estudiante 1 dice:	**John, no quiero que escuches la radio en la clase, por favor.**
	Estudiante 2 escribe:	**John estaba escuchando la radio en la clase.**

Usa **no quiero que, no me gusta que, me choca que, es importante que,** etc.

El presente perfecto 7

Use the present perfect for events that have happened in the past, but extend to the present, use expressions like: **alguna vez, hasta ahora, hasta el momento, todavía, ya,** and **últimamente**. The present perfect is formed with the present tense of **haber** (*to have*: **he, has, ha, hemos, habéis, han**) plus the invariable past participle form of a verb. The past participle of most verbs is formed by replacing the **-ar** ending with **-ado** (terminar—➤ terminado) and the **-er/-ir** endings with **-ido** (comer —➤ comido, vivir —➤ vivido). See page 322 to review the irregular past participles.

¿**Has comprado** un coche?	*Did you buy a car?*
No **he hecho** mi tarea.	*I haven't done my homework.*

PRÁCTICA

Ñ. ¿Quién no lo ha hecho todavía? Usa las ilustraciones para hablar con tu compañero/a sobre quién en tu familia o cuál de tus amigos (no) ha hecho lo siguiente. Answers will vary.

> **Modelo**   Yo no me he casado todavía, pero mi hermano Rubén se casó muy joven.

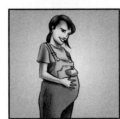

Práctica adicional		
WB pp.390–396, D–G LM pp.397–398	Audio CD-ROM Episodio 30	Website vistahigher learning.com

Instructor's Resources

• Testing program
• Website

Conjunciones

a menos que	*unless*
antes (de) que	*before*
cuando	*when*
en cuanto	*as soon as*
hasta que	*until*
para que	*so that*

Vocabulario personal

Escribe todo el vocabulario que necesitas saber para hablar de tu futuro.

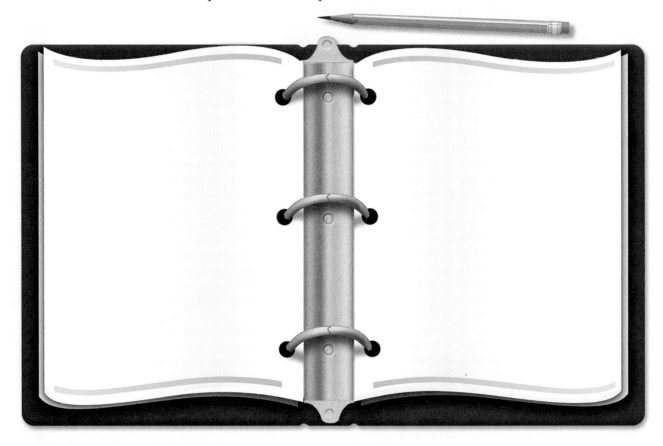

¡A escribir!

Episodio 30

Escenas de la vida: La vida sigue

Video
CD-ROM

A. ¿Qué planes tienen? See how much of the **Escena** you understood by matching the Spanish phrases with their English equivalents.

___c___ 1. En cuanto termine mi carrera, me voy a ir a Europa.

___d___ 2. Cuando me reciba, mis papás me van a regalar un coche.

___a___ 3. No quiero decidir hasta que las universidades me digan si me aceptaron.

___e___ 4. Sí, para que busques trabajo.

___b___ 5. Voy a estar aquí hasta que aprenda bien a hablar inglés.

a. I don't want to decide until the universities tell me if they've accepted me.

b. I'm going to be here until I learn to speak English well.

c. When I graduate, I'm going to go to Europe.

d. When I graduate, my parents are going to give me a car.

e. Yeah, so that you can look for a job.

Video
CD-ROM

B. Un futuro prometedor. Use the words below to complete the conversations.

podamos	he	opción	estudiando
maestría	empresa	programa	puesto

Manolo   ¿Qué planes tienes ahora?

Ramón   Tengo varias opciones: aceptar el (1) ____puesto____ en la (2) ____empresa____ española, o hacer una (3) ____maestría____.

Ana Mari   Mejor acepta el puesto con la compañía española para que (4) ____podamos____ visitarte en España.

Ramón   Es que no (5) ____he____ decidido si voy a empezar a trabajar o a seguir (6) ____estudiando____.

den	reciba	estudie	hasta que	termine	para que

Sofía   En cuanto (1) ____termine____ mi carrera, me voy a ir a Europa tres meses.

Ana Mari   Cuando yo me (2) ____reciba____, mis papás me van a regalar un coche.

Wayne   Emilio, ¿cuánto tiempo más vas a estar aquí?

Emilio   (3) ____Hasta que____ aprenda bien a hablar inglés.

Santiago   ¿Y cuándo viene tu esposa?

Emilio   No sabemos todavía. Va a hablar con su jefe (4) ____para que____ le (5) ____den____ vacaciones.

Video
CD-ROM

C. ¿Qué piensan hacer? Answer the following questions based on the photo and what happened in the **Escena**.

1. ¿Qué celebran?

   Celebran la graduación de Ramón y Wayne. _____

   _____

2. ¿Qué ropa llevan Wayne y Ramón? ¿Por qué?

   Answers will vary. _____

   _____

3. ¿Qué quiere hacer Wayne?

   Quiere trabajar y ganar un buen sueldo. _____

   _____

4. ¿Qué va a hacer Sofía cuando termine la escuela?

   Se va a ir a Europa tres meses. _____

   _____

5. ¿Qué le van a regalar a Ana Mari cuando se reciba? ¿Quién se lo va a regalar?

   Sus papás le van a regalar un coche. _____

   _____

6. ¿Qué les dice Adriana a Wayne y a Ramón?

   Dice que terminar una carrera es difícil y que requiere mucha dedicación y esfuerzo. _____

   _____

7. ¿Qué le pregunta Manolo a Ana Mari? ¿Crees que Ana Mari acepte?

   Le pregunta que si quiere ir a cenar con él el sábado. Yo creo que sí/no va a aceptar. ____

   _____

Actividades de repaso

D. ¿Qué ha pasado en la vida de Ramón y Ana Mari? Fill in the missing words to find out what happened to Ramón and Ana Mari.

solicitar	currículum	compañía
graduación	empresas	examen

Ramón

Después de la (1) _____graduación_____ Ramón decidió

(2) _____solicitar_____ trabajo en varias (3) _____empresas_____ internacionales.

Por eso, preparó muy cuidadosamente su (4) _____currículum_____. Tuvo mucha suerte

y encontró un trabajo buenísimo en España.

se casaron	empezaron	celebrar	se enamoraron
se mudaron	se embarazó	se recibió	tiempo parcial
sigue	busca		

Ana Mari

No van a creer lo que ha pasado con Ana Mari y Manolo.

Yo sabía desde el principio que eran el uno para el otro.

(5) __Se enamoraron__ locamente y después de tres años de novios,

(6) __se casaron__. Ana Mari (7) __se recibió__ de abogada y Manolo

de maestro. Él empezó a trabajar en una escuela y ella en un bufete de abogados.

Desafortunadamente para mí, ellos (8) __se mudaron__ a Miami, así que no los

veo tanto como me gustaría. Ana Mari (9) __quedó embarazada__ el año pasado y tuvo

dos bebés bellísimos. Yo fui a Miami a (10) __celebrar__ el nacimiento de los

gemelos (*twins*). Ana Mari (11) __sigue__ trabajando, pero solamente

(12) __tiempo parcial__. Manolo ha hecho varias exposiciones de pintura y le

empieza a ir muy bien.

E. Ramón es el experto.

Parte 1. Read the conversation between Ramón and Sofía, where Ramón shares
his experience in applying for jobs.

Sofía   Ramón, sé que solicitaste varios empleos y has recibido algunas ofertas de
trabajo. ¿Me podrías dar algunos consejos para Wayne? Hay un puesto que
le interesa mucho en una empresa de computadoras.

Ramón   Sí, seguí los consejos que me dio mi papá y me han funcionado muy bien.
Primero, dile a Wayne que llame al gerente de personal para expresar su
interés por el puesto y decirle que va a recibir su documentación en unos
días. Es importante que lo llame antes de que reciba la solicitud de Wayne.
También, dile que escriba la solicitud a máquina, aunque algunas solicitudes
dicen que se pueden escribir a mano, no se ve bien; se ven más profesionales
escritas a máquina. Dile que puede usar la mía; ya sé que él no tiene.
Después, si le piden que vaya a una entrevista a otra ciudad, que les diga
que puede ir si ellos le pagan los gastos del viaje. Si él paga sus propios
gastos van a pensar que está desesperado por conseguir el trabajo. Por
último, no debe firmar nada hasta saber exactamente cuál es el sueldo, los
beneficios y las condiciones de trabajo. Tiene que leer el contrato
minuciosamente para no tener sorpresas desagradables después.

Parte 2. Based on the advice that Ramón gave to Sofía, complete the conversation
between Wayne and Sofía.

Sofía   Oye, hablé con Ramón y me dio algunos consejos que a él le han funcionado
bien para conseguir trabajo.

Wayne	¿Ah sí? ¿Qué te dijo?
Sofía	Bueno, mira. Primero, dice que tienes que llamar al gerente de personal de la empresa antes de que (1) _____ reciba tu documentación _____.
Wayne	Pues, sí es buena idea, ¿verdad?
Sofía	Segundo, dice que tienes que escribir la solicitud a máquina para que (2) _____ se vea más profesional _____.
Wayne	Pero yo no tengo máquina de escribir. Ya nadie las usa y no puedes hacer la solicitud en la computadora.
Sofía	Ramón tiene una y dice que puedes usarla. Después, dice que si te llaman a una entrevista en otra ciudad, que no vayas a menos que ellos (3) _____ te paguen los gastos del viaje _____.
Wayne	Pues sólo así podría ir porque de todas maneras no tengo dinero para viajes.
Sofía	Y, por último, que no firmes ningún documento hasta que (4) _____ sepas exactamente cuál es el sueldo, los beneficios y las condiciones de trabajo _____; y que leas el contrato con mucho cuidado para que (5) _____ no tengas sorpresas desagradables después _____.
Wayne	Oye, dale las gracias a Ramón por sus consejos. Bueno, de hecho, lo voy a llamar ahora mismo. También, a ver si me presta su máquina de escribir.

Para terminar

F. Marte y Venus en una cita. Read the following strategy, and then read the review from the book **Marte y Venus en una cita**[1] on the following pages and answer the questions.

Reading Strategy: Using Spanish as a source of information

As you continue your study of Spanish, you will be asked to read longer selections in order to use the information you acquire in speech and in writing. With longer texts, like the one you will read in the following pages, it is especially important to identify your purpose for reading, which will guide you in focusing on the information you need to accomplish your task.

As you read the article that follows, focus on identifying (1) differences in male and female behavior, and (2) the stages males and females pass through when developing a stable relationship. To answer the questions that accompany the article, you will need to describe these issues. Before you begin, use your background knowledge to guess at the content of the article, using its title and subtitles as guides. Note: **etapa** means *stage*.

- **Marte y Venus en una cita**
- **Primera etapa: La atracción**
- **Segunda etapa: La duda**
- **Tercera etapa: La exclusividad**
- **Cuarta etapa: La intimidad**
- **Quinta etapa: El compromiso**

Now read each section in order, using these strategies: (1) scan the section for cognates and use them to confirm or reject your guesses; (2) skim the section for main ideas based on the cognates you have identified; (3) read the section slowly, taking notes that will adequately describe both the stage and typical male and female behaviors within the stage. When you have completed this task for each stage, answer the questions below. Compare the information in your notes with your responses.

---

[1]*Título original:* Mars and Venus on a Date *by John Grey*

En su último libro, el doctor John Grey habla de las cinco etapas necesarias en el arte de iniciar una relación duradera[1] con miembros del sexo opuesto. También habla de las importantes diferencias en las expectativas de los hombres (marcianos) y las mujeres (venusianas). Asimismo, da algunos consejos prácticos de cómo comportarse y qué actitud deben tener ambos sexos en las diferentes etapas de una relación. El libro está lleno de consejos útiles para los jóvenes que desean tener una relación seria. Aunque presenta las complejas relaciones humanas de una manera un poco simplista, ofrece consejos prácticos para el lector.

[1]*lasting*

Primera etapa: *La atracción*

Aunque la atracción inicial por una persona es automática e instintiva, hay varias cosas que los hombres y las mujeres pueden (deben) hacer para mantener esa atracción más allá de la primera cita. La cosa más importante, según Grey, es mostrar nuestro lado positivo. Las venusianas deben alabar[1] el buen gusto de su pareja en escoger la película, o lo bueno del restaurante, la exquisita cena, etc. Los marcianos deben hacer comentarios acerca de lo bien que se ve la chica con ese vestido, o lo lindo de sus ojos, o lo interesante de su conversación.

Otra cosa importante es mostrar genuino interés en la persona. Nadie debe dominar la conversación, debe haber un intercambio de experiencias, preguntas y comentarios, es decir, compartir la conversación. No hay nada más desilusionante para una venusiana que salir con alguien que se pasa toda la noche hablando de sí mismo, de sus logros, de su trabajo, de sus opiniones, de sus metas. De la misma manera, si una chica se pasa toda la noche hablando de sus previas relaciones o criticando a sus parejas anteriores o hablando de su familia, los hombres piensan que es imposible complacer a esta chica y pierden interés rápidamente.

Grey habla de varios niveles de atracción que se manifiestan en diferente orden en los marcianos y en las venusianas: la atracción física, la atracción intelectual, la atracción emocional y la atracción espiritual.

La primera atracción que el hombre siente hacia una mujer es la atracción física. La primera atracción de la mujer es la atracción intelectual, es decir, de algún aspecto de la personalidad del hombre. Sin alguna de estas dos atracciones, la relación no va a ningún lado. Sin embargo, para que exista una relación duradera, la persona debe sentir los cuatro tipos de atracción hacia su pareja.

[1]*praise*

Primera etapa: La atracción

1. ¿Qué debe hacer una chica en las primeras citas para que el chico se sienta bien?

   Debe alabar el buen gusto de su pareja.

2. ¿Qué debe hacer un chico en las primeras citas para que la chica se sienta bien?

   Debe hacer comentarios acerca de lo bien que se ve la chica o de lo interesante de su conversación.

3. ¿Qué no deben hacer las chicas en su primera cita?

   No deben pasarse toda la noche hablando de sus previas relaciones.

4. ¿Qué no deben hacer los chicos en su primera cita?

   No deben pasarse la noche hablando de sí mismos.

5. ¿Qué le atrae más al hombre de una mujer en esta etapa?

   La apariencia física atrae al hombre.

6. ¿Qué le atrae más a la mujer de un hombre en esa etapa?

   Algún aspecto de la personalidad del hombre atrae a la mujer.

Segunda etapa: *La duda*

Es normal que después de las primeras citas, tanto las venusianas como los marcianos sientan dudas acerca de su pareja. La diferencia está en cómo reaccionan ambos en este período de duda. El marciano generalmente siente que si no está seguro de la persona, debe seguir saliendo con otras chicas. O simplemente deja de llamar o visitar a la chica. En estas ocasiones las mujeres piensan: "No sé qué pasó, todo iba bien, y de repente, dejó de llamarme o de invitarme a salir." Grey dice que los hombres son como una liga:[1] cuando sienten dudas, se alejan. La mujer debe entender este comportamiento común en Marte y debe darle tiempo y espacio al marciano. Si la relación vale la pena,[2] volverá más seguro y más enamorado que antes, como la liga cuando se retracta. Lo que no deben hacer las venusianas en estos momentos es llamarlo, hacerle recriminaciones, pedirle explicaciones, o peor aún, perseguirlo,[3] pues la liga se va a romper y no regresará.

Cuando las venusianas sienten dudas, también necesitan espacio, aunque no necesariamente quieren dejar de salir con el chico. Lo que quieren es no seguir avanzando tan rápidamente en la relación (tal vez volver a la primera etapa). El error que comete el marciano es presionarla, prometer amor eterno o ser demasiado insistente.

[1]*rubber band* [2]**vale...** *is worth it* [3]*pursue him*

Segunda etapa: La duda

7. ¿Cómo reaccionan las chicas cuando sienten dudas?

No quieren seguir avanzando tan rápido en la relación.

8. ¿Cómo reaccionan los chicos cuando sienten dudas?

Siguen saliendo con otras chicas o dejan de llamar o visitar a la chica.

9. ¿Qué cosas no debe hacer la chica en este período?

No debe llamarlo, hacerle recriminaciones, pedirle explicaciones o perseguirlo.

10. ¿Qué cosas no debe hacer el chico en este período?

No debe presionarla, prometer amor eterno o ser demasiado insistente.

Tercera etapa: *La exclusividad*

En este período los dos deciden que quieren conocer mejor a la persona. Es el momento de dar y recibir libremente, de abrir el corazón y darnos a conocer plenamente, con nuestros defectos y nuestras cualidades. El error que cometen tanto los marcianos como las venusianas en esta etapa es relajarse demasiado. El dejar de hacer las cosas que lo hicieron atractivo a la persona en primer lugar: dejar de planear las salidas, dejar de arreglarse cuidadosamente, dejar de hacer cosas divertidas o interesantes. Los marcianos dejan de conversar y hacerle cumplidos a las chicas, las venusianas resienten que los chicos ya no se ofrezcan a ayudar, que ya no les digan lo bien que se ven o lo deliciosa de la cena. Esto puede llevar rápidamente al aburrimiento y a que se acabe el atractivo.

Lo más importante que debe hacer una mujer en esta etapa es saber pedir ayuda y apoyo de su pareja antes de que sea una queja. En vez de decir "Hace semanas que no hacemos nada," puede decir "¿Por qué no vamos a la playa este fin de semana? Podríamos ir a acampar."

Tercera etapa: La exclusividad

11. ¿Qué es lo que pasa en la etapa de exclusividad?

En esta etapa se da y se recibe libremente, se abre el corazón y se dan a conocer plenamente, con sus defectos y sus cualidades.

12. ¿Qué errores cometen los dos en esta etapa?

Se relajan demasiado y dejan de hacer las cosas que los hicieron atractivos en primer lugar.

Cuarta etapa: *La intimidad*

Cuando conocemos a una persona, o hay química o no la hay. No podemos crear la química (en lo que consiste la atracción). Lo que podemos hacer es crear las condiciones necesarias para que la química inicial se extienda a los otros niveles de atracción.

Cuando sentimos esa atracción física, intelectual, emocional y espiritual hacia nuestra pareja, entonces es el momento de entrar a la etapa de la intimidad. Grey explica que la química física crea deseo y excitación; la química emocional crea cariño, afecto y confianza; la química intelectual crea interés y receptividad; y finalmente, la química espiritual abre nuestros corazones para sentir amor, respeto y aprecio. El error que cometen muchas parejas es pasar de la primera etapa a la cuarta, sin que haya los ingredientes necesarios para que exista una fuerte atracción en todos los niveles. En la mayoría de los casos el resultado final es el rompimiento[1] de la relación. Grey enfatiza que no es que esa pareja no fuera ideal el uno para el otro, sino que no invirtieron suficiente tiempo y esfuerzo en apreciar y conocer los aspectos de la otra persona, por lo que no tienen armas para solucionar problemas o interpretar las acciones de su pareja.

[1]*break up*

Cuarta etapa: La intimidad

13. Según Grey, ¿qué es la química?

La química es la atracción.

14. ¿Cómo se puede extender la química inicial a otros niveles de la atracción?

Se pueden crear las condiciones necesarias.

15. ¿Qué errores llevan al rompimiento de la relación?

Pasar de la primera etapa a la cuarta, sin que haya los ingredientes necesarios para que exista una fuerte atracción en todos los niveles.

16. ¿Qué se debe hacer para evitar *(avoid)* el rompimiento de la relación?

Se debe invertir suficiente tiempo y esfuerzo en apreciar y conocer los otros aspectos de la persona.

Quinta etapa: *El compromiso*

Esta etapa debe considerarse el período de entrenamiento[1] antes del matrimonio. Una vez que hemos encontrado a la persona ideal para nosotros, es el momento de comprometerse. Este período es ideal para crear memorias duraderas del amor especial que sienten y comparten. Las parejas que tienen de cinco a ocho meses de compromiso están mejor preparados para la prueba del matrimonio. Es el momento de prepararse para los rigores del matrimonio, de formar una familia, de vivir juntos, de compartir una vida.

Según Grey, los marcianos deben recordar que en Venus, pedir la mano es la segunda cosa más importante (la primera es la boda) en los recuerdos personales de las venusianas. Es esencial que planeen el día o el momento cuidadosamente.

En la quinta etapa, la pareja debe practicar una de las cualidades más importantes en un matrimonio entre marcianos y venusianas: el arte de pedir perdón y el arte de perdonar.

"Cuando un hombre no reconoce sus errores, la mujer se los recordará hasta que lo haga". (pág. 114) El doctor añade que no es suficiente pedir perdón, sino saber hacerlo: no es suficiente explicar por qué llegó tarde, aunque tenga una excelente razón, sino que debe entender y validar los sentimientos de enojo de la mujer. Por otro lado, la mujer debe perdonar al hombre de manera que quede claro que lo acepta y lo quiere de todas maneras. Decir simplemente, "Te perdono", no es suficiente. Es necesario añadir algo como "Está bien, pero la próxima vez llámame, estaba preocupada por ti".

[1] *training*

Quinta etapa: El compromiso

17. ¿Para qué sirve la última etapa?

Sirve para crear memorias duraderas del amor especial que sienten y comparten.

18. ¿Qué puede hacer el hombre para que la mujer tenga recuerdos inolvidables del compromiso?

Debe planear cuidadosamente el día o el momento de pedir la mano de la chica.

19. ¿En qué consiste el arte de pedir perdón y saber perdonar?

El hombre debe entender y validar los sentimientos de enojo de la mujer. La mujer debe perdonar al hombre de manera que quede

claro que lo acepta y lo quiere de todas maneras.

20. ¿Te gustó la reseña? ¿Por qué?

Answers will vary.

G. ¡Tú eres el experto! A friend of yours has had a history of unsuccessful dates. After reading the book review **Marte y Venus en una cita,** give them six or seven suggestions and recommendations to improve their dating techniques. Use the following pairs of expressions. Answers will vary.

es importante que...   para que/hasta que   dudo que... cuando...
(no) te aconsejo que...   a menos que...   es necesario que... antes de que...
(no) te recomiendo que...   hasta que...   es bueno que... para que...

Primera etapa: la atracción

> **Modelo**   Es importante que sientas genuino interés en la persona para que compartan la conversación.

_____
_____
_____
_____

Segunda etapa: la duda

_____
_____
_____
_____

Tercera etapa: la exclusividad

_____
_____
_____
_____

Cuarta etapa: la intimidad

_____
_____
_____
_____

Quinta etapa: el compromiso

_____
_____
_____
_____

¡A escuchar!

Episodio

30

Comprensión

Audio CD-ROM

A. Para buscar empleo. Make statements that you might hear in the personnel office of an international firm if you were applying for a position. Join the two sentences you see with the cue that you hear, and change the verb in the second sentence to the subjunctive. Repeat the correct response after the speaker.

> **Modelo** You see: **No puede trabajar aquí. Entra al programa de capacitación**
> You hear: **a menos que**
> You say: **No puede trabajar aquí a menos que entre al programa de capacitación.**

1. Tiene que recibirse. Puede solicitar empleo aquí.
2. Necesita traer el currículum. Lo presenta al entrevistador.

3. No puede hablar con el entrevistador. Llena una solicitud.
4. Puede pasar a la oficina. El entrevistador vuelve del almuerzo.

Audio CD-ROM

B. Para hablar del futuro. When you graduate from college, you will have things to do and decisions to make about the future. Listen to these definitions of words and phrases related to this topic, and select the best answer from the written options.

1. a. se enamora   b. se separa   c. se casa

2. a. un doctorado   b. una empresa   c. un puesto

3. a. recibirse   b. enamorarse   c. mudarse

4. a. un doctorado   b. una composición   c. un currículum

5. a. una compañía   b. un programa de capacitación   c. una solicitud
   internacional

6. a. casarse   b. mudarse a otro país   c. solicitar un empleo

C. Aspiraciones para un buen futuro. You will hear Carmen tell you about her life and how it has affected her plans and decisions for the future. Listen and indicate if the statements are **cierto** or **falso**. If a statement is false, correct it to make it true. You will hear the conversation twice.

	Cierto	Falso
1. Carmen es la única hija en su familia. Hay ocho hijos en la familia de Carmen.		☑
2. Su familia es unida y contenta.	☑	
3. Ha tenido una vida fácil. Ha tenido una vida dura.		☑
4. Su padre era profesor. Su padre no tenía profesión.		☑
5. Su madre se embarazó a los diecinueve años.	☑	
6. Sus padres creen que la educación es importante.	☑	
7. Sus padres se divorciaron cuando ella era joven. Hay mucho amor entre ellos.		☑
8. Para Carmen, el dinero es lo más importante. Para ella, la felicidad es lo más importante.		☑
9. Carmen va a graduarse antes de casarse.	☑	
10. Ella no quiere tener hijos. Ella quiere tener hijos algún día.		☑

Más escenas de la vida

Sofía, Ana Mari, and Adriana are talking about their future plans. Listen to their conversation, and then complete activity **A**. You will hear the conversation twice.

A. Responde. Write the answers to the following questions.

1. ¿Qué planes tiene Adriana para las vacaciones de verano? Se va a quedar en casa y va a hacer un viaje a Puerto Rico con toda la familia.

2. ¿Qué no va a poder hacer? No va a poder recibirse el próximo año.

3. ¿Qué consejos les da a Sofía y a Ana Mari? Les dijo que no se casen hasta que terminen sus estudios; que viajen, se diviertan y disfruten su independencia.

4. ¿Cómo se pusieron los papás de Ana Mari cuando les dijo que quería salirse de la casa? Se pusieron muy tristes y un poco molestos.

5. ¿Por qué dice Adriana que es normal que los papás de Ana Mari se pongan tristes? Es normal porque la van a extrañar y se preocupan por ella.

6. ¿Qué planes tiene Sofía cuando se reciba? Se quiere ir a Europa todo un verano.

7. ¿Qué cosas tienen en común Ana Mari y Manolo? De niños a los dos les gustaba escribir poemas y leer muchos libros.

8. ¿Qué le dijo Manolo a Sofía? Le dijo que estaba pensando irse con el Cuerpo de Paz.

Glossary of Grammatical Terms

ADJECTIVE A word that modifies or describes a noun or pronoun.

muchos libros	un hombre **rico**
many books	*a **rich** man*
las mujeres **altas**	
*the **tall** women*	

Demonstrative adjective An adjective that points out a specific noun.

esta fiesta	**ese** chico
***this** party*	***that** boy*
aquellas flores	
***those** flowers*	

Possessive adjective An adjective that indicates ownership or possession.

mi mejor vestido	Éste es **mi** hermano.
***my** best dress*	*This is **my** brother*

Stressed possessive adjective A possessive adjective that emphasizes the owner or possessor.

Es un libro **mío**.
*It's **my book**./It's a book **of mine**.*

Es amiga **tuya**; yo no la conozco.
*She's a friend **of yours**; I don't know her.*

ADVERB A word that modifies or describes a verb, adjective, or another adverb.

Pancho escribe **rápidamente**.
*Pancho writes **quickly**.*

Este cuadro es **muy** bonito.
*This picture is **very** pretty.*

ARTICLE A word that points out either a specific (definite) noun or a non-specific (indefinite) noun.

Definite article An article that points out a specific noun.

el libro	**la** maleta
the book	*the suitcase*
los diccionarios	**las** palabras
the dictionaries	*the words*

Indefinite article An article that points out a noun in a general, non-specific way.

un lápiz	**una** computadora
a pencil	*a computer*
unos pájaros	**unas** escuelas
some birds	*some schools*

CLAUSE A group of words that contains both a conjugated verb and a subject, either expressed or implied.

Main (or Independent) clause A clause that can stand alone as a complete sentence.

Pienso ir a cenar pronto.
I plan to go to dinner soon.

Subordinate (or Dependent) clause A clause that does not express a complete thought and therefore cannot stand alone as a sentence.

Trabajo en la cafetería **porque necesito dinero para la escuela**.
*I work in the cafeteria **because I need money for school**.*

COMPARATIVE A word or construction used with an adjective or adverb to express a comparison between two people, places, or things.

Este programa es **más interesante que** el otro.
*This program is **more interesting than** the other one.*

Tomás no es **tan alto como** Alberto.
*Tomás is not **as tall as** Alberto.*

CONJUGATION A set of the forms of a verb for a specific tense or mood or the process by which these verb forms are presented.

Preterit conjugation of **cantar**

cant**é**	cant**amos**
cant**aste**	cant**asteis**
cant**ó**	cant**aron**

CONJUNCTION A word or phrase used to connect words, clauses, or phrases.

Susana es de Cuba **y** Pedro es de España.
*Susana is from Cuba **and** Pedro is from Spain.*

No quiero estudiar, **pero** tengo que hacerlo.
*I don't want to study, **but** I have to do it.*

CONTRACTION The joining of two words into one. The only contractions in Spanish are **al** and **del**.

Mi hermano fue **al** concierto ayer.
*My brother went **to the** concert yesterday.*

Saqué dinero **del** banco.
*I took money **from the** bank.*

DIRECT OBJECT A noun or pronoun that directly receives the action of the verb.

Tomás lee **el libro**.   **La** pagó ayer.
*Tomás reads **the book**.*   *She paid **it** yesterday.*

GENDER The grammatical categorizing of certain kinds of words, such as nouns and pronouns, as masculine, feminine, or neuter.

Masculine
articles **el**, un**o**
pronouns **él**, l**o**, mí**o**, ést**e**, és**e**, aquell**o**
adjective simpátic**o**

Feminine
articles **la**, un**a**
pronouns ell**a**, l**a**, mí**a**, ést**a**, és**a**, aquéll**a**
adjective simpátic**a**

GERUND See Present Participle, p. 402.

IMPERSONAL EXPRESSION A third-person pl. and sing. expression with no expressed or specific subject.

Es muy importante.   **Llueve** mucho.
*It's **very important**.*   *It's **raining** hard.*

Aquí **se habla** español.   **Sirven** lasaña.
*Spanish **is spoken** here.*   *They serve lasagna.*

INDIRECT OBJECT A noun or pronoun that receives the action of the verb indirectly; the object, often a living being, to or for whom an action is performed.

Eduardo **le** dio un libro **a Linda**.
*Eduardo gave a book **to Linda**.*

La profesora **me** dio una C en el examen.
*The professor gave **me** a C on the test.*

INFINITIVE The basic form of a verb. Infinitives in Spanish end in **-ar**, **-er**, or **-ir**.

hablar   correr   abrir
to speak   *to run*   *to open*

INTERROGATIVE An adjective or pronoun used to ask a question.

¿**Quién** habla?   ¿**Cuántos** compraste?
Who is speaking?   *How many did you buy?*

¿**Qué** piensas hacer hoy?
What do you plan to do today?

INVERSION Changing the word order of a sentence, often to form a question.

Statement: Tu mamá vive en Boston.

Inversion: ¿(A)dónde vive tu mamá?

MOOD A grammatical distinction of verbs that indicates whether the verb is intended to make a statement or command, or to express a doubt, emotion, or condition contrary to fact.

Imperative mood Verb forms used to make commands.

Diga la verdad.   **Caminen** Uds. conmigo.
Tell the truth.   *Walk with me.*

¡**Comamos** ahora!
Let's eat now!

Indicative mood Verb forms used to state facts, actions, and states considered to be real.

Sé que **tienes** el dinero.
I know that you have the money.

Subjunctive mood Verb forms used principally in subordinate (or dependent) clauses to express wishes, desires, emotions, doubts, and certain conditions, such as contrary-to-fact situations.

Prefieren que **hables** en español.
*They prefer that **you speak** in Spanish.*

Dudo que Luis **tenga** el dinero necesario.
*I doubt that Luis **has** the necessary money.*

NOUN A word that identifies people, animals, places, things, and ideas.

hombre   gato
man   *cat*

México   casa
Mexico   *house*

libertad
freedom

NUMBER A grammatical term that refers to singular or plural. Nouns in Spanish and English have number. Other parts of a sentence, such as adjectives, articles, and verbs, can also have number.

Singular	Plural
una cosa	**unas** cosa**s**
a thing	*some things*
el profesor	**los** profesor**es**
the professor	*the professors*

NUMBERS Words that represent amounts.

Cardinal numbers Words that show specific amounts.

cinco minutos
five minutes

el año **dos mil dos**
the year 2002

Ordinal numbers Words that indicate the order of a noun in a series.

el **cuarto** jugador	la **décima** hora
*the **fourth** player*	*the **tenth** hour*

PAST PARTICIPLE A past form of the verb used in compound tenses. The past participle may also be used as an adjective, but it must then agree in number and gender with the word it modifies.

Han **buscado** por todas partes.
*They have **searched** everywhere.*

Yo no había **estudiado** para el examen.
*I hadn't **studied** for the exam.*

Hay una **ventana rota** en la sala.
*There is a **broken window** in the living room.*

PERSON The form of the verb or pronoun that indicates the speaker, the one spoken to, or the one spoken about. In Spanish, as in English, there are three persons: first, second, and third.

Person	Singular	Plural
1st	**yo** *I*	**nosotros/as** *we*
2nd	**tú, Ud.** *you*	**vosotros/as, Uds.** *you*
3rd	**él, ella** *he/she*	**ellos, ellas** *they*

PREPOSITION A word that describes the relationship, most often in time or space, between two words.

Anita es **de** California.
*Anita is **from** California.*

La chaqueta está **en** el carro.
*The jacket is **in** the car.*

¿Quieres hablar **con** ella?
*Do you want to speak **to** her?*

PRESENT PARTICIPLE In English, a verb form that ends in *-ing*. In Spanish, the present participle ends in **–ndo**, and is often used with **estar** to form a progressive tense.

Mi hermana está **hablando** por teléfono ahora mismo.
*My sister is **talking** on the phone right now.*

PRONOUN A word that takes the place of a noun or nouns.

Demonstrative pronoun A pronoun that takes the place of a specific noun.

Quiero **ésta**.
*I want **this one**.*

¿Vas a comprar **ése**?
*Are you going to buy **that one**?*

Juan prefirió **aquéllos**.
*Juan preferred **those** (over there).*

Object pronoun A pronoun that functions as a direct or indirect object of the verb. Object pronouns may be placed before conjugated verbs or attached to an infinitive or present participle.

Te digo la verdad.
*I'm telling **you** the truth.*

Me lo trajo Juan.
*Juan brought **it to me**.*

Lo voy a llevar a la escuela.
Voy a **llevarlo** a la escuela.
*I'm going to bring **him** to school.*

Me estaba llamando por teléfono.
Estaba **llamándome** por teléfono.
*She was calling **me** on the phone.*

Reflexive pronoun A pronoun that indicates that the action of a verb is performed by the subject on itself. These pronouns are often expressed in English with *-self: myself, yourself*, etc.

Yo **me bañé** antes de salir.
*I **bathed (myself)** before going out.*

Elena **se acostó** a las once y media.
*Elena **went to bed** at eleven-thirty.*

Relative pronoun A pronoun that connects a subordinate clause to a main clause.

El chico **que** nos escribió viene a visitarnos mañana.
*The boy **who** wrote to us is coming to visit us tomorrow.*

Ya sé **lo que** tenemos que hacer.
*I already know **what** we have to do.*

Subject pronoun A pronoun that replaces the name or title of a person or thing and acts as the subject of a verb.

Tú debes estudiar más.
You should study more.

Él llegó primero.
He arrived first.

SUBJECT A noun or pronoun that performs the action of a verb and is often implied by the verb.

María va al supermercado.
María goes to the supermarket.

(Ellos) Trabajan mucho.
They work hard.

Esos **libros** son muy caros.
*Those **books** are very expensive.*

SUPERLATIVE A word or construction used with an adjective or adverb to express the highest or lowest degree of a specific quality among three or more people, places, or things.

Entre todas mis clases, ésta es la **más interesante**.
*Among all my classes, this is the **most interesting**.*

Raúl es el **menos simpático** de los chicos.
*Raúl is the **least pleasant** of the boys.*

TENSE A set of verb forms that indicates the time of an action or state: past, present, or future.

Compound tense A two-word tense made up of an auxiliary verb and a present or past participle. In Spanish, there are two auxiliary verbs: **estar** and **haber**.

En este momento, **estoy estudiando**.
*At this time, **I am studying**.*

El paquete no **ha llegado** todavía.
*The package **has not arrived** yet.*

Simple tense A tense expressed by a single verb form.

María **estaba** mal anoche.
*María **was** ill last night.*

Juana **hablará** con su mamá mañana.
*Juana **will** speak with her mom tomorrow.*

VERB A word that expresses actions or states-of-being.

Auxiliary verb A verb used with a present or past participle to form a compound tense. **Haber** is the most commonly used auxiliary verb in Spanish.

Los chicos **han** visto los elefantes.
*The children **have** seen the elephants.*

Espero que **hayas** comido.
*I hope you **have** eaten.*

Reflexive verb A verb that describes an action performed by the subject on itself and is always used with a reflexive pronoun.

Me compré un carro nuevo.
I bought myself *a new car.*

Pedro y Adela **se levantan** muy temprano.
*Pedro and Adela **get (themselves) up** very early.*

Spelling change verb A verb that undergoes a predictable change in spelling in order to reflect its actual pronunciation in the various conjugations.

practicar	c → qu	practico	practi**qué**
dirigir	g → j	diri**j**o	dirigí
almorzar	z → c	almorzó	almor**c**é

Stem-changing verb A verb whose stem vowel undergoes one or more predictable changes in the various conjugations.

entender (i → ie)	ent**ie**ndo
pedir (e → i)	p**i**den
dormir (o → ue, u)	d**ue**rmo, d**u**rmieron

Verb conjugation tables

The verb lists

The list of verbs below and the model-verb tables that start on page 406 show you how to conjugate every verb taught in **INVITACIONES**. Each verb in the list is followed by a model verb conjugated according to the same pattern. The number in parentheses indicates where in the tables you can find the conjugated forms of the model verb. If you want to find out how to conjugate **divertirse**, for example, look up number 29, **sentir**, the model for verbs that follow the **i ➤ ie** stem-change pattern.

How to use the verb tables

In the tables you will find the infinitive, past and present participles, and all the simple forms of each model verb. The formation of the compound tenses of any verb can be inferred from the table of compound tenses, pages 406–407, either by combining the past participle of the verb with a conjugated form of **haber** or combining the present participle with a conjugated form of **estar**.

---

abrir like vivir (3) *except* past participle is abierto
acabar de like hablar (1)
aceptar like hablar (1)
aconsejar like hablar (1)
acostarse (o ➤ ue) like contar (21)
afeitarse like hablar (1)
ahorrar like hablar (1)
almorzar (o ➤ ue) like contar (21) *except* (z ➤ c)
alquilar like hablar (1)
andar like hablar (1) *except* preterit stem is anduv-
aprender like comer (2)
armar like hablar (1)
ayudar(se) like hablar (1)

bailar like hablar (1)
bañarse like hablar (1)
barrer like comer (2)
beber like comer (2)
besar(se) like hablar (1)
bucear like hablar (1)
buscar (c ➤ qu) like tocar (35)

cambiar like hablar (1)
cantar like hablar (1)
casarse like hablar (1)
castigar like hablar (1)
cenar like hablar (1)

chocar (c ➤ qu) like tocar (35)
colorear like hablar (1)
comer (2)
compartir like vivir (3)
comprar like hablar (1)
conocer (c ➤ zc) (30)
contar (o ➤ ue) (21)
correr like comer (2)
cortar like hablar (1)
costar (o ➤ ue) like contar (21)
creer (y) (31)
cruzar (z ➤ c) (32)
cuidar(se) like hablar (1)

dar(se) (4)
deber like comer (2)
decidir like vivir (3)
decir (e ➤ i) (5)
dejar like hablar (1)
desayunar like hablar (1)
descansar like hablar (1)
descomponerse like poner(se) (12)
dibujar like hablar (1)
discutir like vivir (3)
disfrazar(se) like hablar (1)
divertirse (e ➤ ie) like sentir (29)
divorciarse like hablar (1)
dormir(se) (o ➤ ue) (22)
ducharse like hablar (1)
dudar like hablar (1)

embarazar(se) like hablar (1)
empezar (e ➤ ie) (z ➤ c) (23)
empujar like hablar (1)
enamorarse like hablar (1)
encantar like hablar (1)
encontrar(se) (o ➤ ue) like contar (21)
enfermarse like hablar (1)
enseñar like hablar (1)
entender (e ➤ ie) (24)
entrar like hablar (1)
entregar like hablar (1) *except* (g ➤ gu)
entrenarse like hablar (1)
escribir like vivir (3) *except* past participle is escrito
escuchar like hablar (1)
esperar like hablar (1)
esquiar (esquío) (33)
estacionar(se) like hablar (1)
estar (6)
estudiar like hablar (1)
explicar (c ➤ qu) like tocar (35)

fascinar like hablar (1)
frenar like hablar (1)
fumar like hablar (1)

ganar like hablar (1)
gastar like hablar (1)
gustar like hablar (1)

haber (hay) (7)
hablar (1)
hacer (8)

iluminar like hablar (1)
importar like hablar (1)
interesar like hablar (1)
invitar like hablar (1)
ir(se) (9)

jugar (u➤ue) (g➤gu) (25)
juntar(se) like hablar (1)

lastimarse like hablar (1)
lavar(se) like hablar (1)
leer (y) like creer (31)
levantar(se) like hablar (1)
limpiar like hablar (1)
llamar(se) like hablar (1)
llegar (g➤gu) (34)
llenar like hablar (1)
llevar(se) like hablar (1)
mandar like hablar (1)
manejar like hablar (1)
mirar like hablar (1)
molestar like hablar (1)
montar like hablar (1)
morir (o➤ue) like dormir (22)
 except past participle is muerto
mudarse like hablar (1)

necesitar like hablar (1)
nevar (e➤ie) like pensar (27)

obedecer (c➤zc) like conocer (30)
ofrecer (c➤zc) like conocer (30)
oír (10)

pagar (g➤gu) like llegar (34)
parar(se) like hablar (1)
pasar(se) like hablar (1)
pasear like hablar (1)
patinar like hablar (1)
pedir (e➤i) (26)
pegar like hablar (1) *except* (g➤gu)
pelearse like hablar (1)
pensar (e➤ie) (27)
perder (e➤ie) like entender (24)
pintar(se) like hablar (1)
planchar like hablar (1)
poder (o➤ue) (11)
poner(se) (12)

ponchar(se) like hablar (1)
portar(se) like hablar (1)
practicar (c➤qu) like tocar (35)
preferir (e➤ie) like sentir (29)
prestar like hablar (1)
prometer like comer (2)

quedar(se) like hablar (1)
querer (e➤ie) (13)
quitar(se) like hablar (1)

rasurar(se) like hablar (1)
recibir(se) like vivir (3)
recomendar (e➤ie) like pensar (27)
recordar (o➤ue) like contar (21)
regalar like hablar (1)
regañar like hablar (1)
romper(se) like comer (2) *except* past
 participle is roto

saber (14)
sacar (c➤qu) like tocar (35)
salir(se) (15)
saltar like hablar (1)
seguir (e➤i) (28)
sentir(se) (e➤ie) (29)
separarse like hablar (1)
ser (16)
servir (e➤i) like pedir (26)
solicitar like hablar (1)
subir(se) like vivir (3)

tener (e➤ie) (17)
terminar like hablar (1)
tocar (c➤qu) (35)
tomar like hablar (1)
trabajar like hablar (1)
traer (18)

usar like hablar (1)

vender like comer (2)
venir (e➤ie) (19)
ver (20)
vestir(se) (e➤i) (36)
viajar like hablar (1)
visitar like hablar (1)
vivir (3)

Regular verbs: simple tenses

Infinitive	INDICATIVE						SUBJUNCTIVE		IMPERATIVE
	Present	Imperfect	Preterit	Future	Conditional		Present	Past	
hablar	hablo	hablaba	hablé	hablaré	hablaría		hable	hablara	
	hablas	hablabas	hablaste	hablarás	hablarías		hables	hablaras	habla tú (no hables)
Participles:	habla	hablaba	habló	hablará	hablaría		hable	hablara	hable Ud.
hablando	hablamos	hablábamos	hablamos	hablaremos	hablaríamos		hablemos	habláramos	hablemos
hablado	habláis	hablabais	hablasteis	hablaréis	hablaríais		habléis	hablarais	hablad (no habléis)
	hablan	hablaban	hablaron	hablarán	hablarían		hablen	hablaran	hablen Uds.
comer	como	comía	comí	comeré	comería		coma	comiera	
	comes	comías	comiste	comerás	comerías		comas	comieras	come tú (no comas)
Participles:	come	comía	comió	comerá	comería		coma	comiera	coma Ud.
comiendo	comemos	comíamos	comimos	comeremos	comeríamos		comamos	comiéramos	comamos
comido	coméis	comíais	comisteis	comeréis	comeríais		comáis	comierais	comed (no comáis)
	comen	comían	comieron	comerán	comerían		coman	comieran	coman Uds.
vivir	vivo	vivía	viví	viviré	viviría		viva	viviera	
	vives	vivías	viviste	vivirás	vivirías		vivas	vivieras	vive tú (no vivas)
Participles:	vive	vivía	vivió	vivirá	viviría		viva	viviera	viva Ud.
viviendo	vivimos	vivíamos	vivimos	viviremos	viviríamos		vivamos	viviéramos	vivamos
vivido	vivís	vivíais	vivisteis	viviréis	viviríais		viváis	vivierais	vivid (no viváis)
	viven	vivían	vivieron	vivirán	vivirían		vivan	vivieran	vivan Uds.

All verbs: compound tenses

PERFECT TENSES

INDICATIVE								SUBJUNCTIVE			
Present Perfect		Past Perfect		Future Perfect		Conditional Perfect		Present Perfect		Past Perfect	
he		había		habré		habría		haya		hubiera	
has	hablado	habías	hablado	habrás	hablado	habrías	hablado	hayas	hablado	hubieras	hablado
ha	comido	había	comido	habrá	comido	habría	comido	haya	comido	hubiera	comido
hemos	vivido	habíamos	vivido	habremos	vivido	habríamos	vivido	hayamos	vivido	hubiéramos	vivido
habéis		habíais		habréis		habríais		hayáis		hubierais	
han		habían		habrán		habrían		hayan		hubieran	

PROGRESSIVE TENSES

	INDICATIVE					SUBJUNCTIVE	
	Present Progressive	**Past Progressive**		**Future Progressive**	**Conditional Progressive**	**Present Progressive**	**Past Progressive**
	estoy	estaba		estaré	estaría	esté	estuviera
	estás	estabas	hablando	estarás	estarías	estés	estuvieras
	está	estaba	comiendo	estará	estaría	esté } hablando	estuviera } hablando
	estamos	estábamos	viviendo	estaremos	estaríamos	estemos } comiendo	estuviéramos } comiendo
	estáis	estabais		estaréis	estaríais	estéis } viviendo	estuvierais } viviendo
	están	estaban		estarán	estarían	estén	estuvieran

Irregular verbs

		INDICATIVE						SUBJUNCTIVE		IMPERATIVE
	Infinitive	**Present**	**Imperfect**	**Preterit**	**Future**	**Conditional**		**Present**	**Past**	
4	dar	**doy**	daba	**di**	daré	daría		**dé**	**diera**	
		das	dabas	**diste**	darás	darías		**des**	**dieras**	da tú (no **des**)
		da	daba	**dio**	dará	daría		**dé**	**diera**	**dé** Ud.
	Participles:	**damos**	dábamos	**dimos**	daremos	daríamos		**demos**	**diéramos**	**demos**
	dando	dais	dabais	**disteis**	daréis	daríais		**deis**	**dierais**	dad (no **deis**)
	dado	dan	daban	**dieron**	darán	darían		**den**	**dieran**	**den** Uds.
5	decir (e → i)	**digo**	decía	**dije**	**diré**	**diría**		**diga**	**dijera**	
		dices	decías	**dijiste**	**dirás**	**dirías**		**digas**	**dijeras**	**di** tú (no **digas**)
		dice	decía	**dijo**	**dirá**	**diría**		**diga**	**dijera**	**diga** Ud.
	Participles:	decimos	decíamos	**dijimos**	**diremos**	**diríamos**		**digamos**	**dijéramos**	**digamos**
	diciendo	decís	decíais	**dijisteis**	**diréis**	**diríais**		**digáis**	**dijerais**	decid (no **digáis**)
	dicho	**dicen**	decían	**dijeron**	**dirán**	**dirían**		**digan**	**dijeran**	**digan** Uds.
6	estar	**estoy**	estaba	**estuve**	estaré	estaría		esté	**estuviera**	
		estás	estabas	**estuviste**	estarás	estarías		estés	**estuvieras**	está tú (no estés)
		está	estaba	**estuvo**	estará	estaría		esté	**estuviera**	esté Ud.
	Participles:	estamos	estábamos	**estuvimos**	estaremos	estaríamos		estemos	**estuviéramos**	estemos
	estando	estáis	estabais	**estuvisteis**	estaréis	estaríais		estéis	**estuvierais**	estad (no estéis)
	estado	están	estaban	**estuvieron**	estarán	estarían		estén	**estuvieran**	estén Uds.

		INDICATIVE					SUBJUNCTIVE		IMPERATIVE
Infinitive	Present	Imperfect	Preterit	Future	Conditional	Present	Past	
7 haber	**he**	había	**hube**	**habré**	habría	**haya**	**hubiera**	
	has	habías	hubiste	**habrás**	habrías	**hayas**	**hubieras**	
	ha	había	**hubo**	**habrá**	habría	**haya**	**hubiera**	
Participles:	**hemos**	habíamos	hubimos	habremos	habríamos	**hayamos**	**hubiéramos**	
habiendo	**habéis**	habíais	hubisteis	habréis	habríais	**hayáis**	**hubierais**	
habido	**han**	habían	hubieron	habrán	habrían	**hayan**	**hubieran**	
8 hacer	**hago**	hacía	**hice**	**haré**	**haría**	**haga**	**hiciera**	
	haces	hacías	**hiciste**	**harás**	**harías**	**hagas**	**hicieras**	haz tú (no **hagas**)
Participles:	hace	hacía	**hizo**	**hará**	**haría**	**haga**	**hiciera**	haga Ud.
haciendo	hacemos	hacíamos	**hicimos**	**haremos**	**haríamos**	**hagamos**	**hiciéramos**	**hagamos**
hecho	hacéis	hacíais	**hicisteis**	**haréis**	**haríais**	**hagáis**	**hicierais**	haced (no **hagáis**)
	hacen	hacían	**hicieron**	**harán**	**harían**	**hagan**	**hicieran**	hagan Uds.
9 ir	**voy**	**iba**	**fui**	iré	iría	**vaya**	**fuera**	
	vas	**ibas**	**fuiste**	irás	irías	**vayas**	**fueras**	ve tú (no **vayas**)
Participles:	**va**	**iba**	**fue**	irá	iría	**vaya**	**fuera**	vaya Ud.
yendo	**vamos**	**íbamos**	**fuimos**	iremos	iríamos	**vayamos**	**fuéramos**	**vamos**
ido	**vais**	**ibais**	**fuisteis**	iréis	iríais	**vayáis**	**fuerais**	id (no **vayáis**)
	van	**iban**	**fueron**	irán	irían	**vayan**	**fueran**	vayan Uds.
10 oír (y)	**oigo**	oía	**oí**	oiré	oiría	**oiga**	**oyera**	
	oyes	oías	oiste	oirás	oirías	**oigas**	**oyeras**	oye tú (no **oigas**)
Participles:	**oye**	oía	**oyó**	oirá	oiría	**oiga**	**oyera**	oiga Ud.
oyendo	**oímos**	oíamos	oímos	oiremos	oiríamos	**oigamos**	**oyéramos**	**oigamos**
oído	oís	oíais	oísteis	oiréis	oiríais	**oigáis**	**oyerais**	oíd (no **oigáis**)
	oyen	oían	**oyeron**	oirán	oirían	**oigan**	**oyeran**	oigan Uds.
11 poder (o → ue)	**puedo**	podía	**pude**	**podré**	**podría**	**pueda**	**pudiera**	
	puedes	podías	**pudiste**	**podrás**	**podrías**	**puedas**	**pudieras**	puede tú (no **puedas**)
Participles:	**puede**	podía	**pudo**	**podrá**	**podría**	**pueda**	**pudiera**	pueda Ud.
pudiendo	podemos	podíamos	**pudimos**	**podremos**	**podríamos**	**podamos**	**pudiéramos**	podamos
podido	podéis	podíais	**pudisteis**	**podréis**	**podríais**	**podáis**	**pudierais**	poded (no **podáis**)
	pueden	podían	**pudieron**	**podrán**	**podrían**	**puedan**	**pudieran**	puedan Uds.
12 poner	**pongo**	ponía	**puse**	**pondré**	**pondría**	**ponga**	**pusiera**	
	pones	ponías	**pusiste**	**pondrás**	**pondrías**	**pongas**	**pusieras**	pon tú (no **pongas**)
Participles:	pone	ponía	**puso**	**pondrá**	**pondría**	**ponga**	**pusiera**	ponga Ud.
poniendo	ponemos	poníamos	**pusimos**	**pondremos**	**pondríamos**	**pongamos**	**pusiéramos**	**pongamos**
puesto	ponéis	poníais	**pusisteis**	**pondréis**	**pondríais**	**pongáis**	**pusierais**	poned (no **pongáis**)
	ponen	ponían	**pusieron**	**pondrán**	**pondrían**	**pongan**	**pusieran**	pongan Uds.

13. querer (e→ie)
Participles: queriendo, querido

	INDICATIVE					SUBJUNCTIVE		IMPERATIVE
	Present	Imperfect	Preterit	Future	Conditional	Present	Past	
	quiero	quería	quise	querré	querría	quiera	quisiera	
	quieres	querías	quisiste	querrás	querrías	quieras	quisieras	quiere tú (no quieras)
	quiere	quería	quiso	querrá	querría	quiera	quisiera	quiera Ud.
	queremos	queríamos	quisimos	querremos	querríamos	queramos	quisiéramos	queramos
	queréis	queríais	quisisteis	querréis	querríais	queráis	quisierais	quered (no queráis)
	quieren	querían	quisieron	querrán	querrían	quieran	quisieran	quieran Uds.

14. saber
Participles: sabiendo, sabido

	INDICATIVE					SUBJUNCTIVE		IMPERATIVE
	Present	Imperfect	Preterit	Future	Conditional	Present	Past	
	sé	sabía	supe	sabré	sabría	sepa	supiera	
	sabes	sabías	supiste	sabrás	sabrías	sepas	supieras	sabe tú (no sepas)
	sabe	sabía	supo	sabrá	sabría	sepa	supiera	sepa Ud.
	sabemos	sabíamos	supimos	sabremos	sabríamos	sepamos	supiéramos	sepamos
	sabéis	sabíais	supisteis	sabréis	sabríais	sepáis	supierais	sabed (no sepáis)
	saben	sabían	supieron	sabrán	sabrían	sepan	supieran	sepan Uds.

15. salir
Participles: saliendo, salido

	INDICATIVE					SUBJUNCTIVE		IMPERATIVE
	Present	Imperfect	Preterit	Future	Conditional	Present	Past	
	salgo	salía	salí	saldré	saldría	salga	saliera	
	sales	salías	saliste	saldrás	saldrías	salgas	salieras	sal tú (no salgas)
	sale	salía	salió	saldrá	saldría	salga	saliera	salga Ud.
	salimos	salíamos	salimos	saldremos	saldríamos	salgamos	saliéramos	salgamos
	salís	salíais	salisteis	saldréis	saldríais	salgáis	salierais	salid (no salgáis)
	salen	salían	salieron	saldrán	saldrían	salgan	salieran	salgan Uds.

16. ser
Participles: siendo, sido

	INDICATIVE					SUBJUNCTIVE		IMPERATIVE
	Present	Imperfect	Preterit	Future	Conditional	Present	Past	
	soy	era	fui	seré	sería	sea	fuera	
	eres	eras	fuiste	serás	serías	seas	fueras	sé tú (no seas)
	es	era	fue	será	sería	sea	fuera	sea Ud.
	somos	éramos	fuimos	seremos	seríamos	seamos	fuéramos	seamos
	sois	erais	fuisteis	seréis	seríais	seáis	fuerais	sed (no seáis)
	son	eran	fueron	serán	serían	sean	fueran	sean Uds.

17. tener (e→ie)
Participles: teniendo, tenido

	INDICATIVE					SUBJUNCTIVE		IMPERATIVE
	Present	Imperfect	Preterit	Future	Conditional	Present	Past	
	tengo	tenía	tuve	tendré	tendría	tenga	tuviera	
	tienes	tenías	tuviste	tendrás	tendrías	tengas	tuvieras	ten tú (no tengas)
	tiene	tenía	tuvo	tendrá	tendría	tenga	tuviera	tenga Ud.
	tenemos	teníamos	tuvimos	tendremos	tendríamos	tengamos	tuviéramos	tengamos
	tenéis	teníais	tuvisteis	tendréis	tendríais	tengáis	tuvierais	tened (no tengáis)
	tienen	tenían	tuvieron	tendrán	tendrían	tengan	tuvieran	tengan Uds.

18. traer
Participles: trayendo, traído

	INDICATIVE					SUBJUNCTIVE		IMPERATIVE
	Present	Imperfect	Preterit	Future	Conditional	Present	Past	
	traigo	traía	traje	traeré	traería	traiga	trajera	
	traes	traías	trajiste	traerás	traerías	traigas	trajeras	trae tú (no traigas)
	trae	traía	trajo	traerá	traería	traiga	trajera	traiga Ud.
	traemos	traíamos	trajimos	traeremos	traeríamos	traigamos	trajéramos	traigamos
	traéis	traíais	trajisteis	traeréis	traeríais	traigáis	trajerais	traed (no traigáis)
	traen	traían	trajeron	traerán	traerían	traigan	trajeran	traigan Uds.

Table 1 (verbs 19–20)

	Infinitive	INDICATIVE					SUBJUNCTIVE		IMPERATIVE
		Present	Imperfect	Preterit	Future	Conditional	Present	Past	
19	venir (e→ie)	vengo	venía	vine	vendré	vendría	venga	viniera	
		vienes	venías	viniste	vendrás	vendrías	vengas	vinieras	ven tú (no vengas)
		viene	venía	vino	vendrá	vendría	venga	viniera	venga Ud.
	Participles:	venimos	veníamos	vinimos	vendremos	vendríamos	vengamos	viniéramos	vengamos
	viniendo	venís	veníais	vinisteis	vendréis	vendríais	vengáis	vinierais	venid (no vengáis)
	venido	vienen	venían	vinieron	vendrán	vendrían	vengan	vinieran	vengan Uds.
20	ver	veo	veía	vi	veré	vería	vea	viera	
		ves	veías	viste	verás	verías	veas	vieras	ve tú (no veas)
		ve	veía	vio	verá	vería	vea	viera	vea Ud.
	Participles:	vemos	veíamos	vimos	veremos	veríamos	veamos	viéramos	veamos
	viendo	veis	veíais	visteis	veréis	veríais	veáis	vierais	ved (no veáis)
	visto	ven	veían	vieron	verán	verían	vean	vieran	vean Uds.

Stem–changing verbs

	Infinitive	INDICATIVE					SUBJUNCTIVE		IMPERATIVE
		Present	Imperfect	Preterit	Future	Conditional	Present	Past	
21	contar (o→ue)	cuento	contaba	conté	contaré	contaría	cuente	contara	
		cuentas	contabas	contaste	contarás	contarías	cuentes	contaras	cuenta tú (no cuentes)
		cuenta	contaba	contó	contará	contaría	cuente	contara	cuente Ud.
	Participles:	contamos	contábamos	contamos	contaremos	contaríamos	contemos	contáramos	contemos
	contando	contáis	contabais	contasteis	contaréis	contaríais	contéis	contarais	contad (no contéis)
	contado	cuentan	contaban	contaron	contarán	contarían	cuenten	contaran	cuenten Uds.
22	dormir (o→ue)	duermo	dormía	dormí	dormiré	dormiría	duerma	durmiera	
		duermes	dormías	dormiste	dormirás	dormirías	duermas	durmieras	duerme tú (no duermas)
		duerme	dormía	durmió	dormirá	dormiría	duerma	durmiera	duerma Ud.
	Participles:	dormimos	dormíamos	dormimos	dormiremos	dormiríamos	durmamos	durmiéramos	durmamos
	durmiendo	dormís	dormíais	dormisteis	dormiréis	dormiríais	durmáis	durmierais	dormid (no durmáis)
	dormido	duermen	dormían	durmieron	dormirán	dormirían	duerman	durmieran	duerman Uds.
23	empezar (e→ie) (c)	empiezo	empezaba	empecé	empezaré	empezaría	empiece	empezara	
		empiezas	empezabas	empezaste	empezarás	empezarías	empieces	empezaras	empieza tú (no empieces)
		empieza	empezaba	empezó	empezará	empezaría	empiece	empezara	empiece Ud.
	Participles:	empezamos	empezábamos	empezamos	empezaremos	empezaríamos	empecemos	empezáramos	empecemos
	empezando	empezáis	empezabais	empezasteis	empezaréis	empezaríais	empecéis	empezarais	empezad (no empecéis)
	empezado	empiezan	empezaban	empezaron	empezarán	empezarían	empiecen	empezaran	empiecen Uds.

		INDICATIVE					SUBJUNCTIVE		IMPERATIVE
Infinitive	Present	Imperfect	Preterit	Future	Conditional	Present	Past	
24 entender (e→ie) **Participles:** entendiendo entendido	**entiendo** **entiendes** **entiende** entendemos entendéis **entienden**	entendía entendías entendía entendíamos entendíais entendían	entendí entendiste entendió entendimos entendisteis entendieron	entenderé entenderás entenderá entenderemos entenderéis entenderán	entendería entenderías entendería entenderíamos entenderíais entenderían	**entienda** **entiendas** **entienda** entendamos entendáis **entiendan**	entendiera entendieras entendiera entendiéramos entendierais entendieran	**entiende** tú (no **entiendas**) **entienda** Ud. entendamos entended (no entendáis) **entiendan** Uds.
25 jugar (u→ue) (gu) **Participles:** jugando jugado	**juego** **juegas** **juega** jugamos jugáis **juegan**	jugaba jugabas jugaba jugábamos jugabais jugaban	**jugué** jugaste jugó jugamos jugasteis jugaron	jugaré jugarás jugará jugaremos jugaréis jugarán	jugaría jugarías jugaría jugaríamos jugaríais jugarían	**juegue** **juegues** **juegue** **juguemos** **juguéis** **jueguen**	jugara jugaras jugara jugáramos jugarais jugaran	**juega** tú (no **juegues**) **juegue** Ud. **juguemos** jugad (no **juguéis**) **jueguen** Uds.
26 pedir (e→i) **Participles:** pidiendo pedido	**pido** **pides** **pide** pedimos pedís **piden**	pedía pedías pedía pedíamos pedíais pedían	pedí pediste **pidió** pedimos pedisteis **pidieron**	pediré pedirás pedirá pediremos pediréis pedirán	pediría pedirías pediría pediríamos pediríais pedirían	**pida** **pidas** **pida** **pidamos** **pidáis** **pidan**	**pidiera** **pidieras** **pidiera** **pidiéramos** **pidierais** **pidieran**	**pide** tú (no **pidas**) **pida** Ud. **pidamos** pedid (no **pidáis**) **pidan** Uds.
27 pensar (e→ie) **Participles:** pensando pensado	**pienso** **piensas** **piensa** pensamos pensáis **piensan**	pensaba pensabas pensaba pensábamos pensabais pensaban	pensé pensaste pensó pensamos pensasteis pensaron	pensaré pensarás pensará pensaremos pensaréis pensarán	pensaría pensarías pensaría pensaríamos pensaríais pensarían	**piense** **pienses** **piense** pensemos penséis **piensen**	pensara pensaras pensara pensáramos pensarais pensaran	**piensa** tú (no **pienses**) **piense** Ud. pensemos pensad (no penséis) **piensen** Uds.
28 seguir (e→i) (gu) **Participles:** siguiendo seguido	**sigo** **sigues** **sigue** seguimos seguís **siguen**	seguía seguías seguía seguíamos seguíais seguían	seguí seguiste **siguió** seguimos seguisteis **siguieron**	seguiré seguirás seguirá seguiremos seguiréis seguirán	seguiría seguirías seguiría seguiríamos seguiríais seguirían	**siga** **sigas** **siga** **sigamos** **sigáis** **sigan**	**siguiera** **siguieras** **siguiera** **siguiéramos** **siguierais** **siguieran**	**sigue** tú (no **sigas**) **siga** Ud. **sigamos** seguid (no **sigáis**) **sigan** Uds.
29 sentir (e→ie) **Participles:** sintiendo sentido	**siento** **sientes** **siente** sentimos sentís **sienten**	sentía sentías sentía sentíamos sentíais sentían	sentí sentiste **sintió** sentimos sentisteis **sintieron**	sentiré sentirás sentirá sentiremos sentiréis sentirán	sentiría sentirías sentiría sentiríamos sentiríais sentirían	**sienta** **sientas** **sienta** **sintamos** **sintáis** **sientan**	**sintiera** **sintieras** **sintiera** **sintiéramos** **sintierais** **sintieran**	**siente** tú (no **sientas**) **sienta** Ud. **sintamos** sentid (no **sintáis**) **sientan** Uds.

411

Reflexive verbs and verbs with spelling changes

30 conocer (c→zc) — Participles: conociendo, conocido

	INDICATIVE					SUBJUNCTIVE		IMPERATIVE
Infinitive	Present	Imperfect	Preterit	Future	Conditional	Present	Past	
conocer	conozco	conocía	conocí	conoceré	conocería	conozca	conociera	
	conoces	conocías	conociste	conocerás	conocerías	conozcas	conocieras	conoce tú (no conozcas)
	conoce	conocía	conoció	conocerá	conocería	conozca	conociera	conozca Ud.
	conocemos	conocíamos	conocimos	conoceremos	conoceríamos	conozcamos	conociéramos	conozcamos
	conocéis	conocíais	conocisteis	conoceréis	conoceríais	conozcáis	conocierais	conoced (no conozcáis)
	conocen	conocían	conocieron	conocerán	conocerían	conozcan	conocieran	conozcan Uds.

31 creer (y) — Participles: creyendo, creído

	INDICATIVE					SUBJUNCTIVE		IMPERATIVE
Infinitive	Present	Imperfect	Preterit	Future	Conditional	Present	Past	
creer	creo	creía	creí	creeré	creería	crea	creyera	
	crees	creías	creíste	creerás	creerías	creas	creyeras	cree tú (no creas)
	cree	creía	creyó	creerá	creería	crea	creyera	crea Ud.
	creemos	creíamos	creímos	creeremos	creeríamos	creamos	creyéramos	creamos
	creéis	creíais	creísteis	creeréis	creeríais	creáis	creyerais	creed (no creáis)
	creen	creían	creyeron	creerán	creerían	crean	creyeran	crean Uds.

32 cruzar (c) — Participles: cruzando, cruzado

	INDICATIVE					SUBJUNCTIVE		IMPERATIVE
Infinitive	Present	Imperfect	Preterit	Future	Conditional	Present	Past	
cruzar	cruzo	cruzaba	crucé	cruzaré	cruzaría	cruce	cruzara	
	cruzas	cruzabas	cruzaste	cruzarás	cruzarías	cruces	cruzaras	cruza tú (no cruces)
	cruza	cruzaba	cruzó	cruzará	cruzaría	cruce	cruzara	cruce Ud.
	cruzamos	cruzábamos	cruzamos	cruzaremos	cruzaríamos	crucemos	cruzáramos	crucemos
	cruzáis	cruzabais	cruzasteis	cruzaréis	cruzaríais	crucéis	cruzarais	cruzad (no crucéis)
	cruzan	cruzaban	cruzaron	cruzarán	cruzarían	crucen	cruzaran	crucen Uds.

33 esquiar (esquío) — Participles: esquiando, esquiado

	INDICATIVE					SUBJUNCTIVE		IMPERATIVE
Infinitive	Present	Imperfect	Preterit	Future	Conditional	Present	Past	
esquiar	esquío	esquiaba	esquié	esquiaré	esquiaría	esquíe	esquiara	
	esquías	esquiabas	esquiaste	esquiarás	esquiarías	esquíes	esquiaras	esquía tú (no esquíes)
	esquía	esquiaba	esquió	esquiará	esquiaría	esquíe	esquiara	esquíe Ud.
	esquiamos	esquiábamos	esquiamos	esquiaremos	esquiaríamos	esquiemos	esquiáramos	esquiemos
	esquiáis	esquiabais	esquiasteis	esquiaréis	esquiaríais	esquiéis	esquiarais	esquiad (no esquiéis)
	esquían	esquiaban	esquiaron	esquiarán	esquiarían	esquíen	esquiaran	esquíen Uds.

34 llegar (gu) — Participles: llegando, llegado

	INDICATIVE					SUBJUNCTIVE		IMPERATIVE
Infinitive	Present	Imperfect	Preterit	Future	Conditional	Present	Past	
llegar	llego	llegaba	llegué	llegaré	llegaría	llegue	llegara	
	llegas	llegabas	llegaste	llegarás	llegarías	llegues	llegaras	llega tú (no llegues)
	llega	llegaba	llegó	llegará	llegaría	llegue	llegara	llegue Ud.
	llegamos	llegábamos	llegamos	llegaremos	llegaríamos	lleguemos	llegáramos	lleguemos
	llegáis	llegabais	llegasteis	llegaréis	llegaríais	lleguéis	llegarais	llegad (no lleguéis)
	llegan	llegaban	llegaron	llegarán	llegarían	lleguen	llegaran	lleguen Uds.

35 tocar (qu)

Participles: tocando, tocado

	INDICATIVE					SUBJUNCTIVE		IMPERATIVE
	Present	Imperfect	Preterit	Future	Conditional	Present	Past	
	toco	tocaba	**toqué**	tocaré	tocaría	**toque**	tocara	
	tocas	tocabas	tocaste	tocarás	tocarías	**toques**	tocaras	toca tú (no **toques**)
	toca	tocaba	tocó	tocará	tocaría	**toque**	tocara	**toque** Ud.
	tocamos	tocábamos	tocamos	tocaremos	tocaríamos	**toquemos**	tocáramos	**toquemos**
	tocáis	tocabais	tocasteis	tocaréis	tocaríais	**toquéis**	tocarais	tocad (no **toquéis**)
	tocan	tocaban	tocaron	tocarán	tocarían	**toquen**	tocaran	**toquen** Uds.

36 vestir(se) (e→i)

Participles: vistiendo, vestido

	INDICATIVE					SUBJUNCTIVE		IMPERATIVE
	Present	Imperfect	Preterit	Future	Conditional	Present	Past	
	me visto	me vestía	me vestí	me vestiré	me vestiría	**me vista**	**me vistiera**	
	te vistes	te vestías	te vestiste	te vestirás	te vestirías	**te vistas**	**te vistieras**	**vístete** tú
	se viste	se vestía	**se vistió**	se vestirá	se vestiría	**se vista**	**se vistiera**	**vístase** Ud.
	nos vestimos	nos vestíamos	nos vestimos	nos vestiremos	nos vestiríamos	**nos vistamos**	**nos vistiéramos**	**vistámonos**
	os vestís	os vestíais	os vestisteis	os vestiréis	os vestiríais	**os vistáis**	**os vistierais**	vestíos (no os **vistáis**)
	se visten	se vestían	**se vistieron**	se vestirán	se vestirían	**se vistan**	**se vistieran**	**vístanse** Uds.

413

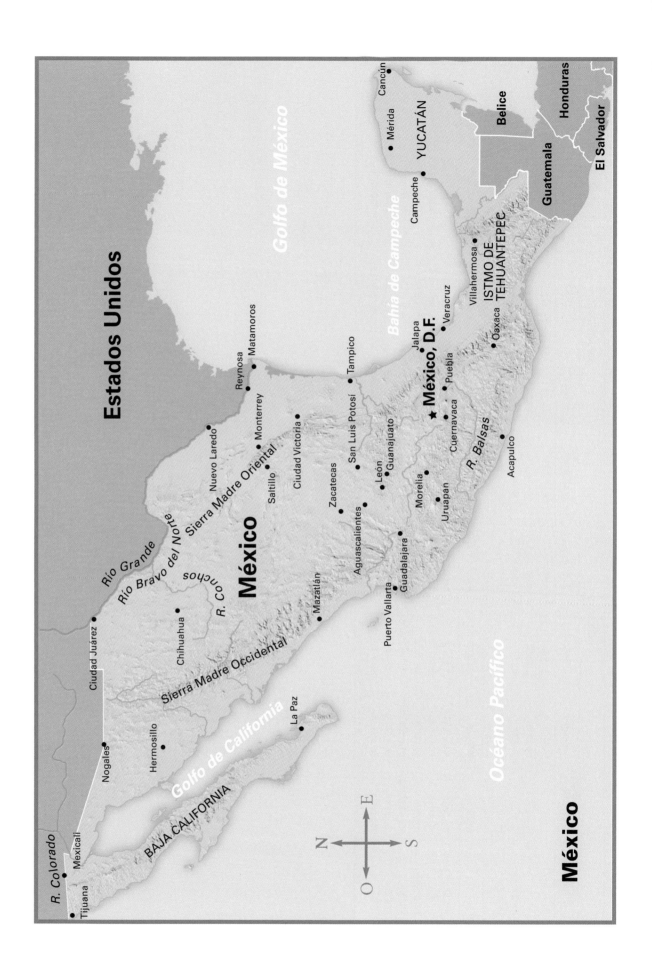

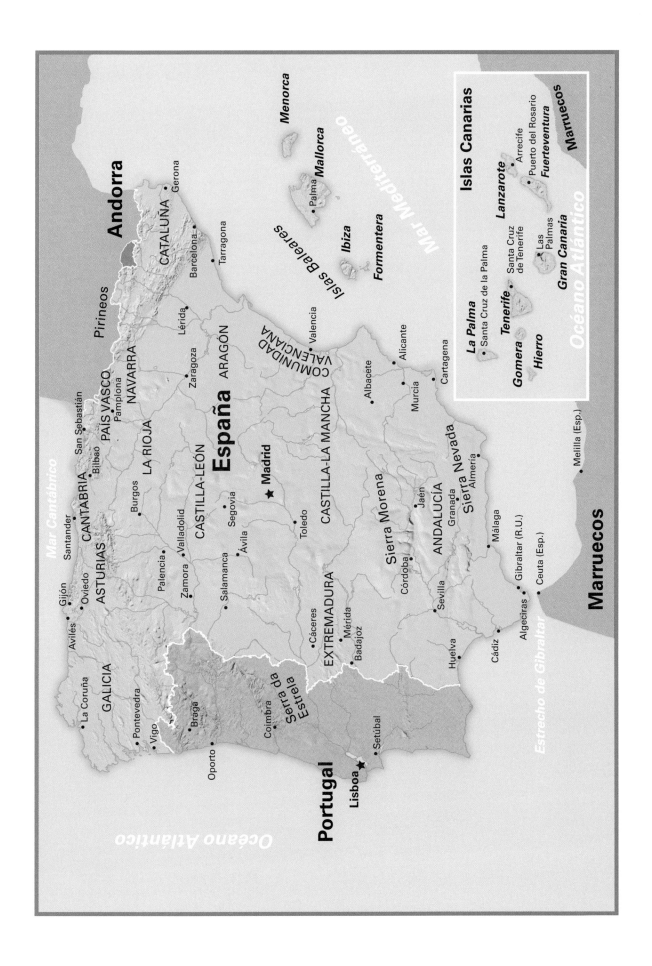

Andorra

Menorca

Mallorca
Palma

Gerona

CATALUÑA

Tarragona

Barcelona

Lérida

Pirineos

Ibiza

Formentera

Islas Baleares

Mar Mediterráneo

NAVARRA

Zaragoza

ARAGÓN

Valencia

COMUNIDAD VALENCIANA

PAÍS VASCO
San Sebastián
Pamplona

Bilbao

LA RIOJA

Alicante

Albacete

Murcia

Cartagena

Islas Canarias

Arrecife
Puerto del Rosario
Lanzarote
Fuerteventura

Santa Cruz
de Tenerife

Las
Palmas

Gran Canaria

La Palma
• Santa Cruz de la Palma

Tenerife

Gomera
Hierro

Océano Atlántico

Marruecos

España

Madrid

CANTABRIA

Santander

ASTURIAS
Oviedo
Gijón

Burgos

CASTILLA-LEÓN

Valladolid

Segovia

Ávila

Toledo

CASTILLA-LA MANCHA

Sierra Morena

Jaén

Granada

Sierra Nevada

Almería

Málaga

ANDALUCÍA

Córdoba

Sevilla

Gibraltar (R.U.)

Ceuta (Esp.)

Algeciras

Cádiz

Melilla (Esp.)

Marruecos

Mar Cantábrico

Palencia

Zamora

Salamanca

Cáceres

EXTREMADURA

Mérida
Badajoz

Huelva

Estrecho de Gibraltar

Aviles

GALICIA

La Coruña

Pontevedra

Vigo

Braga

Oporto

Coimbra

Serra da Estrela

Setúbal

Portugal

Lisboa

Océano Atlántico

América del Sur

416

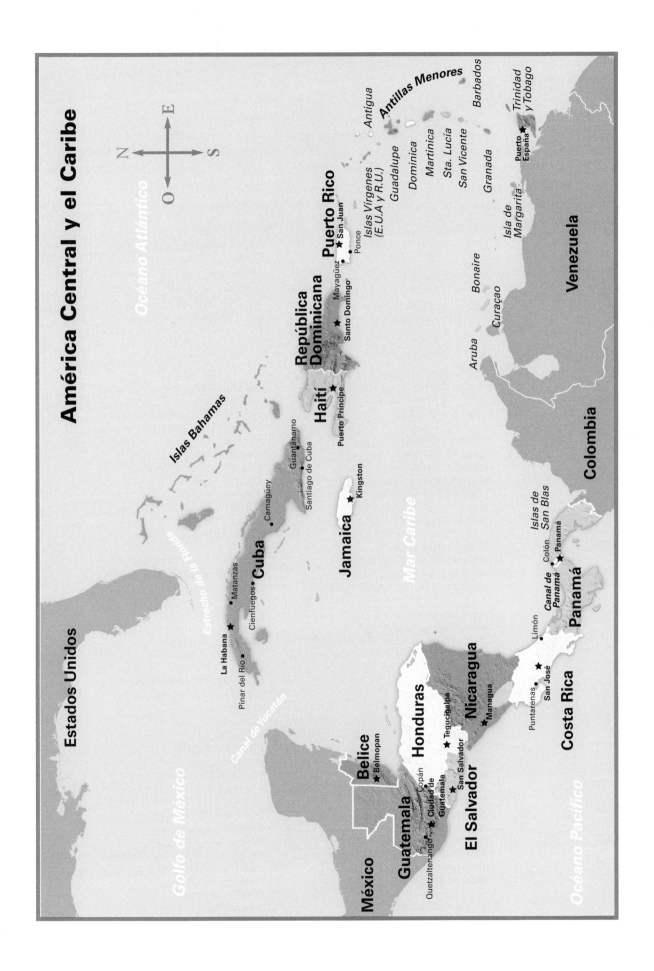

América Central y el Caribe

N E S O

Estados Unidos

Golfo de México

Océano Atlántico

Islas Bahamas

Estrecho de la Florida

Cuba

La Habana
Pinar del Río
Matanzas
Cienfuegos
Camagüey
Guantánamo
Santiago de Cuba

Canal de Yucatán

México

Guatemala
Quetzaltenango
Ciudad de Guatemala
Copán

Belice
Belmopan

Honduras
Tegucigalpa

El Salvador
San Salvador

Nicaragua
Managua

Costa Rica
Puntarenas
San José
Limón

Panamá
Canal de Panamá
Colón
Panamá

Islas de San Blas

Jamaica
Kingston

Mar Caribe

Haití
Puerto Príncipe

República Dominicana
Santo Domingo

Puerto Rico
Mayagüez
San Juan
Ponce

Islas Vírgenes (E.U.A y R.U.)

Antillas Menores

Antigua

Guadalupe

Dominica

Martinica

Sta. Lucía

San Vicente

Granada

Barbados

Trinidad y Tobago
Puerto España

Isla de Margarita

Bonaire
Curaçao
Aruba

Venezuela

Colombia

Océano Pacífico

Guide to Vocabulary

Note on alphabetization

Formerly, **ch**, **ll**, and **ñ** were considered separate letters in the Spanish alphabet, **ch** appearing after **c**, **ll** after **l**, and **ñ** after **n**. In current practice, for purposes of alphabetization, **ch** and **ll** are not treated as separate letters, but **ñ** still follows **n**. Therefore, in this glossary you will find that **añadir**, for example, appears after **anuncio**.

The numbers that follow the entries indicate the episode number where the words are taught; entries labelled 1–15 are found in **Primera Parte**, and entries marked 16–30 are found in **Segunda Parte**.

Abbreviations used in this glossary

adj.	adjective	*i.o.*	indirect object	*prep.*	preposition
adv.	adverb	*irr*	irregular	*pron.*	pronoun
conj.	conjunction	*m.*	masculine	*ref.*	reflexive
d.o.	direct object	*n.*	noun	*sing.*	singular
f.	feminine	*obj.*	object	*sub.*	subject
fam.	familiar	*p.p.*	past participle	*v.*	verb
form.	formal	*pl.*	plural		
interj.	interjection	*poss.*	possessive		

Spanish-English

A

a *prep.* to
abierto/a *adj.* open
abogado/a *n.* lawyer 12
abrazo *n., m* hug
abrigo *n., m* coat, jacket 13
abril *n.* April 13
abrir *v.* to open 8
abuelo/a *n.*
    grandfather/grandmother 4
abuelos *n., m* grandparents 4
aburrido/a *adj.* boring 6; bored 15
acabar de *v.* to have just 21
acampar *v.* to camp
aceite *n., m* oil
aceptar *v.* to accept 28
aconsejar *v.* to advise 27
acostarse (o→ue) *v.* to go to bed
    14
activo/a *adj.* active 3
acuario *n., m* aquarium
acuático/a *adj.* aquatic
además *adv.* besides
(a)dentro *adv.* inside 15
adiós *interj.* good-bye 1
administración *n., f* management
administrador(a) de empresas *n.*
    business administrator 12
adolorido/a *adj.* sore 21
aeropuerto *n., m* airport 8
afeitarse *v.* to shave 23
aficionado/a *n.* fan
(a)fuera *adv.* outside 15
agente *n., mf* agent 12
agosto *n., m* August 13
agradable *adj.* nice 6
agregar *v.* to add
agua, (el) *n., f* water 9
aguacate *n., m* avocado
ahí *adv.* there
ahora *adv.* now 28

ahorrar dinero *v.* to save money 28
aire *n., m* air
ajeno/a *n.* stranger
ajo *n., m* garlic
alberca *n., f* swimming pool
alcanzar *v.* to reach; to achieve
alcoba *n., f* bedroom
alegrarse *v.* to be happy for
alfombra *n., f* carpet 18
algo *n.* something 18
alguien *n.* somebody 18
algún, alguna *adj.* some 18
alguna vez ever 28
allí/allá *adv.* there
almohada *n., f* pillow
almorzar (o→ue) *v.* to have lunch
    10
almuerzo *n., m* lunch 9
alojamiento *n., m* lodging
alpinismo *n., m* mountain climbing
alquilar *v.* to rent
alrededor *adv.* around
alto *n., m* stop (sign)
alto/a *adj.* tall, high 11
alumno/a *n.* student
ama de casa, (el) *n., f* housewife,
    home-maker 11
amable *adj.* kind, nice, friendly 6
amante *n., mf* lover
amarillo/a *adj.* yellow 13
ambicioso/a *adj.* ambitious 3
amigo/a *n.* friend 4
amistad *n., f* friendship
amor *n., m* love
amueblar *v.* to furnish
analista *n., mf* analyst 12
anaranjado/a *adj.* orange 13
andar en bicicleta *v.* to ride bikes
    18
anfitrión, anfitriona *n.* host
ángel *n., m* angel
anillo *n., m* ring 27
anoche *adv.* last night 15
anteayer *adv.* day before yesterday

antemano, (de) *adv.* beforehand
antes (de) que *adv.* before 30
antibiótico *n., m* antibiotic 21
antigüedad *n., f* antiquity; seniority
antipático/a *adj.* irritating, nasty 6
antropología *n., f* anthropology 1
anuncio *n., m* advertisement
añadir *v.* to add
año *n., m* year
Año Nuevo *n., m* New Year
aparcar *v.* to park
apartamento *n., m* apartment 18
apellido *n., m* last name
apenas *adv.* just, barely
apostar (o→ue) *v.* to bet
apoyar *v.* to support
aprender *v.* to learn 19
apretado/a *adj.* tight
apuesta *n., f* wager
apuntes *n., m* notes
araña *n., f* spider
árbol *n., m* tree 20
armar (un rompecabezas) *v.* to
    assemble (a puzzle) 22
armario *n., m* closet
arquitecto/a *n.* architect 12
arquitectura *n., f* architecture
arrancar *v.* to start
arrecife *n., m* reef
arreglado/a *adj.* tidy 18
arreglar *v.* to tidy up, to fix
arrestar *v.* to arrest
arriba *adv.* above
arrogante *adj.* arrogant 3
arroz *n., m* rice 9
artesanía *n., f* hand-made crafts
artista *n., mf* artist 12
asador *n., m* barbecue 18
asistir *v.* to attend
aspiradora *n., f* vacuum cleaner
aspirina *n., f* aspirin 21
astronomía *n., f* astronomy 1
asunto *n., m* matter, issue
asustado/a *adj.* scared

atender a los clientes *v.* to take care of clients **11**
atento/a *adj.* kind, attentive
atractivo/a *adj.* attractive **3**
atrás *adv.* behind **25**
atún *n., m* tuna **9**
auditorio *n., m* auditorium, theater **2**
aula *n., f* classroom
aunque *conj.* although
auto *n., m* car
autobús *n., m* bus **5**
autopista *n., f* freeway, expressway **26**
autorretrato *n., m* self-portrait
autosuficiencia *n., f* self-sufficiency
avenida *n., f* avenue **26**
aventar *v.* to throw
avión *n., m* airplane **20**
ayer *adv.* yesterday **15**
ayudar *v.* to help **11**
azul *adj.* blue **13**

B

bachillerato *n., m* high school
bailar *v.* to dance **5**
bajo/a *adj.* short, low **6**
balcón *n., m* balcony
banana *n., f* banana
banco *n., m* bank
bandera *n., f* flag **2**
bañarse *v.* to shower, to take a bath **14**
bañera *n., f* bathtub
baño *n., m* bathroom **2**
bar *n., m* bar
barato/a *adj.* cheap, inexpensive
barda *n., f* fence
barrer *v.* to sweep **18**
barrio *n., m* neighborhood
bastante *adv.* quite
basura *n., f* trash **18**
bebé *n., mf* baby **8**
beber *v.* to drink
bebida *n., f* beverage
beca *n., f* scholarship
béisbol *n., m* baseball
bello/a *adj.* beautiful
berrinche *n., m* tantrum **22**
besar *v.* to kiss **20**
beso *n., m* kiss **20**
biblioteca *n., f* library **2**
bien *adv.* well, good **1**
bienes raíces *n., m* real estate **12**
bikini *n., m* bikini **13**
billetera *n., f* wallet
biología *n., f* biology **1**
bistec *n., m* steak
blanco/a *adj.* white **13**
bluejeans *n., m* jeans
blusa *n., f* blouse **13**
boca *n., f* mouth **21**
bocacalle *n., f* intersection

boda *n., f* wedding
bolera *n., f* bowling
boleto *n., m* ticket
boliche *n., m* bowling **8**
bolígrafo *n., m* pen
bolos *n., m* bowling
bolsa *n., f* bag, purse
bolsillo *n., m* pocket, purse
bombero *n., m* firefighter **12**
bonito/a *adj.* pretty **6**
borracho/a *adj.* drunk
botánica *n., f* botany
bote de basura *n., m* trash can
brazalete *n., m* bracelet
brazo *n., m* arm **21**
brincar *v.* to jump
brócoli *n., m* broccoli **9**
bronca *n., f* problem, fight
bruja *n., f* witch
bucear *v.* to scuba dive **18**
buen *adj.* good (before the noun)
buenas noches good evening, good night **1**
buenas tardes good afternoon **1**
bueno/a *adj.* good (after the noun) **6**
buenos días good morning **1**
bufanda *n., f* scarf **13**
buró *n., m* night table
buscar *v.* to look for **5**
buzón *n., m* mail box

C

caballo *n., m* horse **18**
cabeza *n., f* head **21**
cacahuate *n., m* peanut
cada *adj.* each
café *n., m* coffee, coffee shop **5**
café *adj.* brown **13**
cafetería *n., f* cafeteria **2**
caja *n., f* box, cash register
calculadora *n., f* calculator **2**
caliente *adj.* hot
calificaciones *n., f* grades
calificado/a *adj.* qualified
calle *n., f* street **26**
calor *n., m* heat, hot **13**; **hace calor** it's hot
caloría *n., f* calorie
cama *n., f* bed **15**
cámara *n., f* camera
camarero/a *n.* waiter/waitress
camarón *n., m* shrimp **9**
cambiar *v.* to change **28**
cambiarse (de casa) *v.* to move
caminata *n., f* hike
camino *n., m* way
camión *n., m* truck
camisa *n., f* shirt **13**
camiseta *n., f* T-shirt **13**
campamento *n., m* camp
cancha *n., f* court, field **2**
canción *n., f* song

canica *n., f* marble
cansado/a *adj.* tired **15**
cantar *v.* to sing **20**
capacitación *n., f* training **28**
capaz *adj.* capable
carga *n., f* freight
caricatura *n., f* cartoon
cariñoso/a *adj.* affectionate **6**
carne *n., f* meat **9**
carne de res *n., f* beef **9**
carnet (de conducir) *n., m* driver's license
caro/a *adj.* expensive
carrera *n., f* major, field of study
carretera *n., f* highway **26**
carril *n., m* lane
carro *n., m* car
carta *n., f* letter
cartas *n., f* deck of cards
cartera *n., f* wallet, purse
casa *n., f* house **8**
casado/a *adj.* married **6**
casarse *v.* to get married **27**
casero/a *adj.* homemade
casi *adv.* almost **8**
caso *n., m* case
castaño/a *adj.* brunet(te)
castigar *v.* to punish **22**
castigo *n., m* punishment
casualidad, (por) *n., f* by chance
catarro *n., m* cold **21**
católico/a *adj.* Catholic **22**
celebrar *v.* to celebrate **28**
celos *n., m* jealousy
celoso/a *adj.* jealous
cena *n., f* dinner, supper **9**
cenar *v.* to dine **9**
centavo *n., m* cent
centro *n., m* downtown; middle, center
centro comercial *n., m* mall, shopping center **8**
cepillarse los dientes *v.* to brush one's teeth
cerca *n., f* fence
cerca (de) *adv.* close, near
cercano/a *adj.* close
cerdo *n., m* pork **9**
cereal *n., m* cereal **9**
cerrar (e → ie) *v.* to close
cerveza *n., f* beer **9**
césped *n., m* lawn
chamarra *n., f* jacket
chaqueta *n., f* jacket **13**
cheque *n., m* (personal) check
chico/a *n.* young person **4**
chilaquiles *n., m* Mexican dish with tortilla, salsa, and cheese
chillar *v.* to yell; to cry
chimenea *n., f* fire place
chiste *n., m* joke
chistoso/a *adj.* funny
chocar *v.* to dislike **(me choca) 19**; *v.* to hit (a car) **26**
chocolate *n., m* chocolate

chofer *n., mf* driver **11**
choque *n., m* car accident (crash) **26**
cierto *adj.* true, certain
cine *n., m* movies, movie theater **8**
cinta *n., f* tape
cinturón (de seguridad) *n., m* seat belt **26**
cirujano/a *n.* surgeon
cita *n., f* date, appointment
ciudad *n., f* city
ciudadanía *n., f* citizenship
ciudadano/a *n.* citizen
claro *interj.* of course
clase *n., f* class **2**
claxon *n., m* horn
clima *n., m* weather
clóset *n., m* closet **18**
cobrar *v.* to charge, collect
cobre *n., m* copper
coche *n., m* car **5**
cochera *n., f* garage
cocina *n., f* kitchen **18**
cocinar *v.* to cook
colar (o→ue) *v.* to strain
colegio *n., m* school **22**
colgar (o→ue) *v.* to hang
colonia *n., f* neighborhood
color *n., m* color **13**
colorear *v.* to color **22**
comedor *n., m* dining room **18**
comer *v.* to eat **8**; *v.* to have lunch **9**
comida *n., f* food **5**
cómo *adv.* how (interrogative) **6**
como *prep.* as (comparison)
cómoda *n., f* dresser **18**
comodidad *n., f* comfort
cómodo/a *adj.* comfortable **20**
compañero/a *n.* mate **2**
compañía *n., f* company, business
compartir *v.* to share **22**
competente *adj.* competent **3**
completo/a *adj.* complete, full
comportamiento *n., m* behavior
comportarse *v.* to behave oneself
comprar *v.* to buy **5**
comprensión *n., f* understanding
compromiso *n., m* engagement **27**
computadora *n., f* computer **5**
común *adj.* common
con *prep.* with
con frecuencia *adv.* frequently
conducir (yo conduzco) *v.* to drive
conductor(a) *n.* driver **26**
confianza *n., f* trust
confundir *v.* to confuse
conmigo *prep. pron.* with me
conmoción *n., f* concussion
conocer *v.* to meet; *v.* to know **12**
conocimiento *n., m* knowledge
consejero/a *n.* advisor **2**
consejo *n., m* advice **11**
consentido/a *adj.* spoiled (person) **22**
consultorio *n., m* doctor's office

consumidor *n., m* consumer
contable *adj.* countable
contador(a) *n.* accountant **12**
contar (o→ue) *v.* to tell **11**; *v.* to count
contento/a *adj.* happy **15**
contestar *v.* to answer
contigo *prep. pron.* with you
contra *prep.* against
contrario, (al) *prep.* on the contrary
conversación *n., f* conversation
conversar *v.* to talk, to chat
corbata *n., f* tie **13**
coro *n., m* choir
correo *n., m* post office, mail
correo electrónico *n., m* e-mail
correr *v.* to run, to jog **8**
cortar el pasto *v.* to mow the lawn **18**
cortarse *v.* to cut (oneself)
corto/a *adj.* short **13**
cosa *n., f* thing **2**
cosecha *n., f* crops
coser *v.* to sew
costar (o→ue) *v.* to cost
crear *v.* to create
creativo/a *adj.* creative **3**
crecer (yo crezco) *v.* to grow
creer *v.* to believe, to think **17**
crema *n., f* cream
cruce *n., m* intersection; junction
crudo/a *adj.* raw
Cruz Roja *n., f* Red Cross
cruzadas *n., f* Crusades
cruzar *v.* to cross **26**
cuaderno *n., m* notebook **2**
cuadra *n., f* city block **26**
cuadro *n., m* picture; square
cuál *pron.* which, what (interrogative) **6**
cuando *prep., conj.* when
cuándo *adv.* when (interrogative) **6**
cuánto/a(s) *adj.* how much/many (interrogative) **6**
Cuaresma *n., f* Lent
cuarto *n., m* room **5**
cubrir *v.* to cover
cuchara *n., f* spoon
cucharita *n., f* teaspoon
cuchillo *n., m* knife
cuello *n., m* neck **21**
cuenta *n., f* bill **9**
cuerda *n., f* rope **22**
cuerpo *n., m* body **21**
cueva *n., f* cave
cuidado *n., m* care; caution
cuidar *v.* to take care of; **cuidarse** to take care of (oneself) **21**
culpa *n., f* fault **25**
culpar *v.* to blame
cumpleaños *n., m* birthday
cumplido *n., m* compliment
cuñado/a *n.* brother-in-law/sister-in-law **4**
cura *n., m* priest

curar *v.* to cure
curiosidades *n., f* curios
currículum *n., m* résumé **28**

D

damas chinas *n., f* checkers **22**
dar (yo doy) *v.* to give **11**; **dar de comer** *v.* to feed **18**; **dar gusto** *v.* to please; **dar un paseo** *v.* to go for a walk **18**; **dar vuelta** *v.* to turn **26**; **darse cuenta** *v.* to realize **25**; **darse vuelta** *v.* to turn **25**
de repente *adv.* suddenly, all of a sudden **25**
deber *v.* must, ought to
decir (yo digo) *v.* to tell **20**
dedicar *v.* to dedicate
defender (e→ie) *v.* to defend
defensa *n., f* defense
dejar *v.* to allow; to leave; to drop off **11**
dejar de *v.* to stop (doing something)
delgado/a *adj.* thin **6**
demasiado/a *adj.,* too much
demonio *n., m* demon
departamento *n., m* apartment
deporte *n., m* sport
derecha *n., f* right **23**
derecho *n., m* law
derecho/a *adj.* straight **26**
desagradable *adj.* unpleasant
desarreglado/a *adj.* messy **18**
desastre *n., m* disaster
desayunar *v.* to have breakfast **9**
desayuno *n., m* breakfast **9**
descanso *n., m* rest **21**
descansar *v.* to rest **5**
descomponerse *v.* to break down
descubrimiento *n., m* discovery
descubrir *v.* to uncover; to discover
desde *prep.* since
desear *v.* to wish; to hope
desempeñar *v.* to perform
deseo *n., m* wish
desfile *n., m* parade
desierto *n., m* desert
deshonesto/a *adj.* dishonest **3**
desilusionado/a *adj.* disappointed **15**
desobedecer (yo desobedezco) *v.* to disobey **22**
despacho *n., m* office
despedir (e→i) *v.* to fire, to lay off; **despedirse (e→i)** *v.* to say good-bye
despertador *n., m* alarm clock
después *adv.* after, later
desventaja *n., f* disadvantage **11**
detalle *n., m* detail
devolver *v.* to return (merchandise) **27**

día *n., m* day
diario *n., m* newspaper; diary; journal
diario/a *adj.* daily
dibujar *v.* to draw 22
dibujo *n., m* drawing
dibujo animado *n., m* cartoon 22
diccionario *n., m* dictionary 2
diciembre *n., m* December 13
dieta *n., f* diet
diferente *adj.* different 6
difícil *adj.* hard, difficult 6
dinero *n., m* money 11
dirección *n., f* address
direcciones *n., f* directions, instructions
director(a) *n.* principal, director
disco compacto (CD) *n., m* compact disc
discoteca *n., f* disco 8
discreto/a *adj.* discrete 3
disculparse *v.* to apologize
discutir *v.* to argue; to discuss 8
diseñador(a) gráfico/a *n.* graphic designer 12
diseñar *v.* to design
disfrazarse de *v.* to wear a . . . costume 20
disfrutar *v.* to enjoy
dispuesto/a *adj.* willing
divertido/a *adj.* fun 6
divertirse (e➝ie) *v.* to have fun 14
divorciarse *v.* to get divorced 28
doblar *v.* to turn 26
doctor(a) *n.* doctor 1
doctorado *n., m* doctorate, Ph. D. 28
dólar *n., m* dollar
doler (o➝ue) *v.* to hurt
dolor *n., m* pain
domingo *n., m* Sunday 5
dona *n., f* donut 9
dónde *adv.* where (interrogative) 6
dormir (o➝ue) *v.* to sleep 10
dormirse *v.* to fall asleep
dormitorio *n., m* bedroom
drama *n., m* drama 1
ducha *n., f* shower 18
ducharse *v.* to shower
duda *n., f* doubt
dudar *v.* to doubt
dueño/a *n.* owner
dulce *n., m* candy
dulce *adj.* sweet 9
durante *prep.* during

E

economía *n., f* economics 1
edad *n., f* age
edificio *n., m* building 2
educación física *n., f* physical education 1
educador(a) *n.* educator 12

egoísta *adj.* selfish
ejecutivo/a *n., adj.* executive
ejercicio *n., m* exercise
ejército *n., m* army
ejotes *n., m* green beans
embarazarse *v.* to get pregnant
embarazo *n., m* pregnancy
emocionado/a *adj.* excited 15
empezar (e➝ie) *v.* to start, to begin 10
empleado/a *n.* employee 11
empresa *n., f* company, business 12
empujar *v.* to push 25
en cuanto *adv. conj.* as soon as 30
en vez de *prep.* instead of
enamorado/a *v.* to be in love
enamorarse *v.* to fall in love 28
encantado/a *interj.* delighted 1
encantar *v.* to enchant 19
encontrar (o➝ue) *v.* to find 10
enero *n., m* January 13
enfermarse *v.* to get sick 21
enfermería *n., f* health center 2
enfermero/a *n.* nurse 12
enfermo/a *adj.* sick 15
enfrente *prep.* across from, in front of 26
engordar *v.* to gain weight
enojado/a *adj.* upset, mad 15
enojarse *v.* to get upset
ensalada *n., f* salad 9
ensanchar *v.* to widen
enseñar *v.* to teach; to show 24
entender (e➝ie) *v.* to understand 10
entonces *adv.* then
entrada *n., f* entrance 26
entrar *v.* to enter 28
entre semana *adv.* on weekdays 5
entregar *v.* to deliver; to turn in 24
entrenamiento *n., m* training
entrenar *v.* to train
entrevista *n., f* interview 28
enviar *v.* to send
envolver (o➝ue) *v.* to wrap
equipo *n., m* equipment; team
escandalosa/o *adj.* scandalous
escoger *v.* choose
esconderse *v.* to hide
escondidillas *n., f* hide-and-seek 22
escondite *n., m* hiding place
escondite (al) *n., m* hide-and-seek 22
escribir *v.* to write 8
escribir a máquina *v.* to type
escritor(a) *n.* writer
escritorio *n., m* desk 2
escuchar *v.* to listen 5
escuela *n., f* school 8
escuela pública *n., f* public school 22
escuela de niñas/os *n., f* all-girls/boys school 22
escultor(a) *n.* sculptor
ese/a *adj.* that 6

esencial *adj.* essential
esfuerzo *n., m* effort
esos/as *adj.* those 6
espagueti *n., m* spaghetti 9
espalda *n., f* back 21
español *n., m* Spanish 1; **español(a)** *adj.* Spaniard
espantoso/a *adj.* horrendous
espejo *n., m* mirror 18
esperanza *n., f* hope
esperar *v.* to wait; *v.* to hope, to expect 27
esponja *n., f* sponge
esposo/a *n.* husband/wife 4
esquiar (yo esquío) *v.* to ski 18
esquina *n., f* corner 26
esta noche *n.* tonight
estable *adj.* stable
estación *n., f* season 13
estacionamiento *n., m* parking 2
estacionar(se) *v.* to park 26
estadio *n., m* stadium 2
estancia *n., f* stay, visit
estandarte *n., m* banner
estar (yo estoy) *v.* to be 15
estar en *v.* to be at/in/on
estar listo/a *v.* to be ready 15
estar seguro *v.* to be sure
este *n., m* east 26
este/a *adj.* this 6
éste/a *n.* this one
estómago *n., m* stomach 21
estos/as *adj.* these 6
estrecho/a *adj.* narrow, close
estricto/a *adj.* strict
estudiante *n., mf* student 2
estudiar *v.* to study 5
estudios *n., m* studies
estudioso/a *adj.* studious 3
estufa *n., f* stove 18
estupendo/a *adj.* great
etapa *n., f* stage
evitar *v.* to avoid
examen *n., m* exam, test
excelente *adj.* excellent 3
exceso *n., m* excess
exhibición de arte *n., f* art exhibition 8
exigente *adj.* demanding
exigir (g➝j) *v.* to demand
éxito *n., m* success
experto/a *n.* expert
explicar *v.* to explain 24
extrañar *v.* to miss
extranjero/a *adj.* foreign; **extranjero/a** *n.* foreigner
extraño/a *adj.* strange
extrovertido/a *adj.* extroverted 3

F

fácil *adj.* easy 6
falda *n., f* skirt 13
faltar *v.* to be missing, to lack

familia *n., f* family
familiares *n., m* relatives **4**
farmaceuta *n., mf* pharmacist
fascinar *v.* to love; to be fascinated by **19**
febrero *n., m* February **13**
fecha *n., f* date (calendar)
felicidad *n., f* happiness
feliz *adj.* happy **20**
feo/a *adj.* ugly **6**
fibra *n., f* fiber
fiebre *n., f* fever **21**
fiesta *n., f* party
fijarse *v.* to pay attention
fijo/a *adj.* fixed, steady **11**
filosofía *n., f* philosophy **1**
fin de semana *n., m* weekend **5**
final *adj.* final
final *n., m* end
fino/a *adj.* fine, high quality
firma *n., f* signature
firmar *v.* to sign
flaco/a *adj.* thin
flan *n., m* flan, custard **9**
flexible *adj.* flexible **3**
flojo/a *adj.* lazy, loose
flor *n., f* flower
folleto *n., m* brochure
formal *adj.* formal **20**
fortaleza *n., f* fort
fosforescente *adj.* fluorescent
fotografía *n., f* picture
fractura *n., f* fracture
francés *n., m* French; **francés, francesa** *adj.* French
frecuencia *adv.* often, frequently
fregadero *n., m* kitchen sink **18**
frenar *v.* to break **26**
freno *n., m* brake
frente *n., f* forehead
frente a *prep.* in front of
fresco/a *adj.* fresh, cool **13**; **hace fresco** it's cool **13**
frijoles *n., m* beans **9**
frío/a *adj.* cold **13**; **hace frío** it's cold **13**
frito/a *adj.* fried
frontera *n., f* border
fruta *n., f* fruit **9**
fuente *n., f* fountain
fuerte *adj.* strong
fuerza *n., f* force
fumar *v.* to smoke **19**
funcionar *v.* to work, to function
fútbol *n., m* soccer **8**

G

galleta *n., f* cookie **9**
ganar *v.* to win **12**
ganarse *v.* to earn
garaje *n., m* garage **18**
garganta *n., f* throat **21**
gaseosa *n., f* soda

gasolina *n., f* gas **26**
gasolinera *n., f* gas station
gastar *v.* to spend **19**
gato/a *n.* cat **4**
generoso/a *adj.* generous **3**
gente *n., f* people
geografía *n., f* geography **1**
gerente *n., mf* manager **12**
gimnasio *n., m* gym **2**
gobierno *n., m* government **28**
golpe *n., m* hit **25**
goma *n., f* tire
gordo/a *adj.* fat **6**
grabado *n., m* print, carving
grabadora *n., f* tape recorder
gracias *interj.* thank you **1**
gracioso/a *adj.* funny **6**
grado *n., m* degree (temperature)
graduación *n., f* graduation **28**
graduarse *v.* to graduate **28**
grama *n., f* grass
grande *adj.* big, large **6**
grasa *n., f* fat
gratis *adj.* free (of charge)
grave *adj.* serious
gripe *n., f* flu
gris *adj.* gray **13**
gritar *v.* to shout, to yell
grosero/a *adj.* impolite, rough, rude **6**
guapo/a *adj.* handsome, good-looking **6**
guantes *n., m* gloves **13**
guardabosques *n., mf* park ranger
guayaba *n., f* guava
güero/a *adj.* blond(e)
guerra *n., f* war
guía *n., mf* tour guide (person)
guía *n., f* guide book, pamphlet
guineo *n., m* banana
guitarra *n., f* guitar **5**
gustar (me gusta) *v.* to like **3**

H

habilidad *n., f* ability
habitación *n., f* bedroom, room
hábito *n., m* habits
hablar *v.* to speak, to talk **5**
hacer (yo hago) *v.* to do, to make **8**; **hacer berrinches** *v.* to throw tantrums **22**; **hacer ejercicio** *v.* to exercise **8**; **hacer las maletas** *v.* to pack **20**; **hacer travesuras** *v.* to get into trouble **22**; **hacer un picnic** *v.* to have a picnic **18**; **hacer un viaje** *v.* to take a trip **18**; **hacer una fiesta** *v.* to throw a party **18**; **hacer una maestría** *v.* to pursue a Master's degree **28**; **hacerse daño** *v.* to hurt oneself
hambre, (el) *n., f* hunger
hamburguesa *n., f* hamburger **9**
hasta (que) *prep.* until **28**; **hasta**

ahora until now **28**; **hasta luego** see you later **1**; **hasta mañana** see you tomorrow **1**
hay *v.* there is/are
hecho, (de) *n., m* in fact
helado *n., m* ice cream **9**
herida *n., f* wound
hermano/a *n.* brother, sister **4**
hielo *n., m* ice
hierba *n., f* grass, herb
hierro *n., m* iron
higienista dental *n., mf* dental hygienist **12**
hijo/a *n.* son, daughter **4**
hijo/a único/a *n.* only child **6**
historia *n., f* history; story **1**
hola *interj.* hello, hi **1**
hombre *n., m* man
honesto/a *adj.* honest **3**
hora *n., f* hour, time (of day)
horario *n., m* schedule **11**; **horario fijo** fixed schedule **11**; **horario flexible** flexible schedule **11**
horno *n., m* oven **18**
horno, (al) *adj.* baked
horrible *adj.* horrible
hoy *n.* today
huarache *n., m* sandal
huevo *n., m* egg **9**
huir *v.* to flee
húmedo/a *adj.* humid
hundirse *v.* to sink

I

idealista *n., mf* idealist **3**
idioma *n., m* language **12**
iglesia *n., f* church **8**
igual *adj.* same, equal **21**
igualmente *adv.* likewise **1**
iluminar *v.* to color
imaginar *v.* to imagine
imaginativo/a *adj.* imaginative
impaciente *adj.* impatient **3**
impermeable *n., m* raincoat **13**
importante *adj.* important **27**
impuesto *n., m* tax
inagotable *adj.* inexhaustible
incendio *n., m* fire
incluir *v.* to include
increíble *adj.* incredible **3**
indiscreto/a *adj.* indiscreet
infección *n., f* infection **21**
información *n., f* information **5**
informal *adj.* casual **20**
ingeniero/a en computación *n.* computer engineer **12**
inglés *n., m* English; **inglés, inglesa** *adj.* English
inscripción *n., f* registration
inseguro/a *adj.* uncertain, insecure
insoportable *adj.* unbearable
inteligente *adj.* intelligent
interesante *adj.* interesting **3**

interesar (me interesa) *v.* to interest 19
intersección *n., f* intersection 26
inundación *n., f* flood
investigación *n., f* research
investigador(a) *n.* investigator 12
invierno *n., m* winter 13
invitado/a *n.* guest
invitar *v.* to invite 10
inyección *n., f* shot, injection
ir (irr.) *v.* to go 20; **ir (a exceso de velocidad)** *v.* to speed 26; **ir de campamento** *v.* to go camping 18; **ir de compras** *v.* to go shopping; **ir de excursión** *v.* to hike 18; **irse** to leave 14; **irse de vacaciones** to go on vacation 14
irreconocible *adj.* unrecognizable
irresponsable *adj.* irresponsible 3
izquierda *n., f* left 26
izquierdo/a *adj* left 23

J

jamón *n., m* ham 9
jarabe para la tos *n., m* cough syrup 21
jardín *n., m* backyard, garden 18
jeans *n. m* jeans 13
jefe/a *n.* boss
¡jolines! *interj.* Wow!
joven *n., mf* young man, woman 6
joyería *n., f* jewelry store 27
jubilado/a *adj.* retired
judío/a *adj.* Jewish; **judío/a** *n.* Jew
juego *n., m* game
jueves *n., m* Thursday 5
jugador(a) *n.* player
jugar (u➞ue) *v.* to play (sports, games) 10
jugo *n., m* juice 9
juguete *n., m* toy 22
julio *n., m* July 13
junio *n., m* June 13
junta *n., f* meeting
juntarse *v.* to get together 14
junto/a *adj.* together
jurado *n., m* jury (panel of judges)

L

lado *n., m* side 23
lado, (al) *prep.* next to
ladrón, ladrona *n.* thief
lago *n., m* lake
lámpara *n., f* lamp 18
langosta *n., f* lobster 9
lápiz *n., m* pencil 2
largo/a *adj.* long
lastimarse *v.* to get hurt 21
latón *n., m* brass
lavabo *n., m* bathroom sink 18
lavar *v.* to wash 5

lavar los platos *v.* to do (wash) the dishes 18
lavarse *v.* to wash (oneself)
lavarse las manos *v.* to wash one's hands 14
lavarse los dientes *v.* to brush one's teeth 14
lección *n., f* lesson
leche *n., f* milk 9
lechón *n., m* suckling pig
lechuga *n., f* lettuce 9
leer *v.* to read 8
lejos *adv.* far
lengua *n., f* tongue; language
lentes de sol *n., m* sun glasses 13
levantar pesas *v.* to lift weights 18
levantarse *v.* to get up 14
ley *n., f* law
libre *adj.* free 15
librería *n., f* bookstore 2
libro *n., m* book 2
licencia de manejar *n., f* driver's license 26
licenciatura *n., f* bachelor's degree
liceo *n., m* high school
ligero/a *adj.* light 13
límite *n., m* limit
limonada *n., f* lemonade 9
limpiar *v.* to clean 5
limpio/a *adj.* clean 18
línea *n., f* line
lío *n., m* problem
líquidos *n., m* liquids 21
listo/a (ser) *adj.* smart 6
literatura *n., f* literature 1
llamar *v.* to call 11
llanta *n., f* tire 26
llegada *n., f* arrival
llegar *v.* to arrive 5
llenar *v.* to fill 28
llevar *v.* to take someone somewhere 24; to wear 13; **llevarse bien/mal** *v.* to get along well/poorly 22
llorar *v.* to cry
llorón, llorona *adj.* crybaby 22
llover (o➞ue) *v.* to rain 13
lluvia *n., f* rain
loco/a *adj.* crazy, mad
logro *n., m* accomplishment, achievement
lucha *n., f* struggle
luego *adv.* later
lugar *n., m* place 11
lujo *n., m* luxury
lunes *n., m* Monday 5
luz *n., f* light

M

madre *n., f* mother 4
madrugar *v.* to get up early
maduro/a *adj.* mature 3
maestría *n., f* Master's 28

maestro/a *n.* teacher
mágico/a *adj.* magical
magisterio *n., m* teaching
mahones *n., m* jeans
majo/a *adj.* nice, cute
mal *adv.* bad, ill 21
malecón *n., m* seawall
maleducar *v.* to spoil
malentendido *n., m* misunderstanding
maleta *n., f* suitcase 13
malo/a *adj.* bad 6
malta *n., f* malt
mamá *n., f* mom
mandar *v.* to send 11
mandar un fax *v.* to fax
mandón, mandona *adj.* bossy
manejar *v.* to drive 26
manera *n., f* way
mango *n., m* mango
maní *n., m* peanut
mano *n., f* hand 14
mantequilla *n., f* butter
manzana *n., f* apple 9; city block
mañana *n., f* morning 11
mañana *adv.* tomorrow
mañanitas *n., f* birthday song 20
mapa *n., m* map 2
maquillarse *v.* to apply makeup
máquina *n., f* machine
máquina de escribir *n., f* typewriter
mareado/a *adj.* dizzy 21
mariscos *n., m* seafood 9
marrón *adj.* brown
martes *n., m* Tuesday 5
marzo *n., m* March 13
más *adv.* more; **más o menos** so-so 1; **más... que** more... than 17
masaje *n., m* massage
mascota *n., f* pet
matatena *n., f* jacks
matemáticas *n., f* math 1
materia *n., f* subject
materialista *adj.* materialistic 3
materno/a *adj.* maternal
matrimonio *n., m* marriage
mayo *n., m* May 13
mayor *adj.* older 6
mayor, (el/la) *n.* the oldest 6
mayoría *n., f* majority
mecánica *n., f* mechanics
mecánico/a *adj.* mechanic
médico/a *n.* doctor 12
medio/a *n., adj.* half, medium
mediodía *n., m* noon
mejor que *adj.* better than 17
menor *adj.* younger 6
menor, (el/la) *n.* the youngest 6
menos que, (a) *conj.* unless 30
menos... que *adv.* less... than 17
mensaje *n., m* message
mentira *n., f* lie 24
menú *n., m* menu
mercadeo *n., m* marketing
mercadotécnia *n., f* marketing 12

mermelada *n., f* marmalade
mes *n., m* month 13
mesa *n., f* table 18; **mesa de noche** *n., f* night table 18
mesero/a *n.* waiter, waitress 9
meta *n., f* goal
meterse *v.* to get involved
metro *n., m* subway; meter (measurement)
mezclilla *n., f* denim
microondas, (el) *n., f* microwave (oven) 18
miedo *n., m* fear
mientras *adv.* while
miércoles *n., m* Wednesday 5
mil *adj.* thousand
milla *n., f* mile
minifalda *n., f* mini-skirt 13
mirar *v.* to see, to watch 5
misa *n., f* mass; religious service
mismo/a *n., adj.* same; self
mochila *n., f* backpack 2
moderno/a *adj.* modern 20
moler (o➤ue) *v.* to grind
molestar *v.* to bother 19
molesto/a *adj.* upset 15
momento *n., m* moment 28
moneda *n., f* coin
montaña *n., f* mountain
montar *v.* to ride 18
morado/a *adj.* purple 13
moreno/a *adj.* dark-skinned, tanned 6
morir (o➤ue) *v.* to die 28
mostrar (o➤ue) *v.* to show
mover (o➤ue) *v.* to move
mozo/a *n.* waiter, waitress
muchacho/a *n.* young person
mucho/a *adv.* a lot 5; **mucho gusto** nice to meet you 1
muchos/as *adj.* many
mudarse *v.* to move 28
mueble *n., m* furniture 18
mujer *n., f* woman
mujeriego *n., m* womanizer
multa *n., f* fine, ticket 26
muñeco/a *n.* doll 22
muro *n., m* wall (outside)
museo *n., m* museum 8
música *n., f* music 1; **poner la música muy alta** *v.* to play loud music 23
muy *adv.* very; **muy bien** very well 1

N

nada *n.* nothing, anything 18
nadar *v.* to swim
nadie *n.* anybody, nobody, no one 18
naranja *n., f* orange 9
nariz *n., f* nose 21
Navidad *n., f* Christmas

necesario/a *adj.* necessary
necesitar *v.* to need 5
negarse (e➤ie) *v.* to refuse
negocio *n., m* business
negro/a *adj.* black 13
nervioso/a *adj.* nervous 3
neumático *n., m* tire
nevar (e➤ie) *v.* to snow 13
ni *conj.* neither, nor; **ni siquiera** *adv.* not even
nieto/a *n.* grandson/daughter 4
ningún, ninguna *adj.* not any 18; **ninguna parte, (a)** nowhere 8
niñero/a *n.* baby-sitter 11
niñez *n., f* childhood
niño/a *n.* child, kid 4
nivel *n., m* level
noche *n., f* evening, night 11
nombre *n., m* name
normalista *n., mf* elementary teacher
norte *n., m* north 26
nota *n., f* grades; note 5
notar *v.* to notice
noticias *n., f* news
novela *n., f* novel
noviazgo *n., m* engagement
noviembre *n., m* November 13
novio/a *n.* boy/girlfriend 4
nublado/a *adj.* cloudy 13; **está nublado** it's cloudy 13
nudo *n., m* knot
nuera *n., f* daughter-in-law
nuevo/a *adj.* new 6
número *n., m* number 1
nunca *adv.* never 8

O

obedecer (yo obedezco) *v.* to obey 22
obediente *adj.* obedient
obligación *n., f* duty
obra de arte *n., f* work of art
octubre *n., m* October 13
ocupación *n., f* occupation
ocupado/a *adj.* busy 15
odiar *v.* to hate
oeste *n., m* west 26
oficial de prisión *n., mf* prison guard 12
oficina *n., f* office 2
ofrecer (yo ofrezco) *v.* to offer 24
oído *n., m* (inner) ear 20
oír (yo oigo) *v.* to hear 17
ojalá que... *interj.* hopefully 27
ojo *n., m* eye 21
olvidar *v.* to forget
onda *n., f* wave
oportunidad *n., f* opportunity
optimista *adj.* optimistic 3
ordenado/a *adj.* tidy
ordenador *n., m* computer
organizar *v.* to organize

orgullo *n., m* pride
orgulloso/a *adj.* proud
origen *n., m* origin
ostión *n., m* oyster
otoño *n., m* fall 13
otra vez again
otro/a *adj.* another

P

paciencia *n., f* patience
paciente *n., mf* patient 3
padre *n., m* father; priest 4
padres *n., m* parents 4
paella *n., f* Spanish rice dish
pagar *v.* to pay 11
país *n., m* country
pájaro *n., m* bird 4
palabra *n., f* word
pan tostado *n., m* toast 9
pantalones *n., m* pants 13; **pantalones de mezclilla** *n., m* jeans; **pantalones cortos** *n., m* shorts 13
papa *n., f* potato 9; **papas fritas** *n., f* french fries 9
papá *n., m* dad
papás *n., m* parents
papel *n., m* paper; role 2
papelería *n., f* office supply store
par *n., m* pair, couple; even
para *prep.* for
para que *conj.* so that 30
parabrisas *n., m* windshield
paraguas *n., m* umbrella 13
pararse *v.* to stop 26
parcial *adj.* part-time; partial
pardo *adj.* brown
parecer (yo parezco) *v.* to seem; to look like
pared *n., f* wall
pareja *n., f* couple
parientes *n., m* relatives
parque (de atracciones) *n., m* (amusement) park 8
parte *n., f* part
particular *adj.* private 22
partido *n., m* match, game 8
partir *v.* to cut; to depart
pasado/a *adj.* last (year,...), past 15
pasar *v.* to pass 26
pasar la aspiradora *v.* to vacuum 18
pasarse (el alto/el semáforo en rojo) *v.* to run a red light 26
pasear *v.* to walk, to stroll
paseo *n., m* walk, stroll
pastel *n., m* cake 9
pastilla *n., f* pill 21
pasto *n., m* lawn, grass 18
patata *n., f* potato
paterno/a *adj.* paternal
patinar en línea, en hielo *v.* to skate; to rollerblade; to ice skate 18
patio *n., m* patio 18

pavo *n., m* turkey **9**
pedazo *n., m* piece
pedida *n., f* marriage proposal
pedir (e ➔ i) *v.* to ask, to request **9**
pedir cosas prestadas *v.* to borrow things **11**
pedir la mano *v.* to propose (marriage)
pegar *v.* to hit, to glue **25; pegarse** *v.* to stick; to hit yourself
peinarse *v.* to comb one's hair
pelar *v.* to peel
pelearse *v.* to fight **22**
película *n., f* film
peligro *n., m* danger
peligroso/a *adj.* dangerous
pelirrojo/a *adj.* red-haired
pelota *n., f* ball
pena *n., f* pity, sorrow
pensar (e ➔ ie) *v.* to think **10; pensar + [verb]** *v.* to plan
peor que *adv.* worse than **17**
pequeño/a *adj.* small **6**
pera *n., f* pear **9**
perder (e ➔ ie) *v.* to lose; to miss **17**
perdón *interj.* sorry
perdonar *v.* to forgive; to excuse
perezoso/a *adj.* lazy **6**
perico/a *n.* parakeet
periódico *n., m* newspaper
periodista *n., mf* journalist **12**
perro/a *n.* dog **4**
persona *n., f* person
personaje *n., m* character (movie, book)
personal *n., m* personnel
pesado/a *adj.* heavy
pesar, (a) *conj.* despite
pescado *n., m* fish (food) **9**
pesimista *adj.* pessimistic **3**
peso *n., m* weight, currency
petaca *n., f* suitcase
pez *n., m* fish (live) **4**
pie *n., m* foot **21**
piel *n., f* leather; skin
pierna *n., f* leg **21**
pieza *n., f* bedroom
pijama *n., m, n., f* pajamas **13**
pincharse (una llanta) *v.* to have a flat tire
pintar *v.* to paint
pintarse *v.* to put on makeup **14**
pintor(a) *n.* painter
pintura *n., f* painting
piñata *n., f* container filled with candies **22**
pirámide *n., f* pyramid
piscina *n., f* swimming pool **2**
piso *n., m* apartment
pista *n., f* track, runway
pizarra *n., f* blackboard
pizarrón *n., m* blackboard **2**
placar *n., m* closet
plan *n., m* plan

planchar *v.* to iron **18**
plata *n., f* silver
plátano *n., m* banana **9**
platicar *v.* to chat
platillo *n., m* dish **9**
plato *n., m* dish, plate **9**
playa *n., f* beach **8**
pleito *n., m* fight
pluma *n., f* pen **2**
pobre *adj.* poor **6**
pobrecito/a *n.* poor thing
pobreza *n., f* poverty
poco/a *adj.* a little **5**
poder *n., m* power **10**
poder (o ➔ ue) *v.* to be able to, can **20**
poema *n., m* poem
policía *n., m, n., f* police officer **12**
policía *n., f* the police force **23**
pollera *n., f* skirt
pollo *n., m* chicken **9**
poncharse (una llanta) *v.* to have a flat tire **26**
poner (yo pongo) *v.* to put, to place **11; poner el árbol** *v.* to decorate the tree **20; poner la mesa** *v.* to set the table **18; ponerse (irr. yo)** *v.* to wear, to put on, to become **14**
por *prep.* for, because of; **por cierto** *interj.* by the way; **por favor** please; **por lo menos** at least; **por qué** why **6; por supuesto** of course
porque *conj.* because
portarse bien/mal *v.* to behave, misbehave **22**
posada *n., f* shelter; a traditional Mexican pre-Christmas party
posgrado *n., m* graduate school
posible *adj.* possible
pozole *n., m* corn and meat soup
precio *n., m* price
preferir (e ➔ ie) *v.* to prefer **10**
preguntar *v.* to ask (questions)
preocupado/a *adj.* worried **15**
preparatoria *n., f* high school **22**
prestación *n., f* fringe benefits **11**
prestar *v.* to lend **11**
pretexto *n., m* excuse, pretext
primaria *n., f* grammar school **22**
primavera *n., f* spring **13**
primero/a *adj.* first **26**
primeros auxilios *n., m* first aid
primo/a *n.* cousin **4**
principiante *n.* beginner
principio *n., m* beginning, principle
prisa *n., f* hurry
probar *v.* to taste, to try
problema *n., m* problem **11**
profesión *n., f* profession
profesor(a) *n.* professor **1**
programa *n., m* program **28**
programador(a) *n.* computer programmer **12**

promedio *n., m* average
prometer *v.* to promise **24**
propina *n., f* tip
propio *adj.* own, self
proteger *v.* to protect
protestante *n., mf* Protestant
próximo/a *adj.* next, close
prueba *n., f* test **2**
público/a *adj.* public
público *n., m* public
pueblo *n., m* town
puerta *n., f* door **2**
puesto *n., m* position, job **11**
pupitre *n., m* student desk **2**

Q

que *conj. pron.* that **27**
qué *adv. pron.* what **6**
quedar embarazada *v.* to get pregnant **28**
quedarse *v.* to stay, to remain **14**
quehacer *n., m* chore **18**
queja *n., f* complaint
quejarse *v.* to complain
quemados *n., m* dodge ball **22**
querer (e ➔ ie) *v.* to love (a person) **10;** to want **27**
queso *n., m* cheese **9**
quién *n.* who **6**
química *n., f* chemistry **1**
quitarse *v.* to take off (clothes) **14**
quizá *adv.* maybe

R

radiador *n., m* radiator
rallar *v.* to grate
raro/a *adj.* strange
rasurarse *v.* to shave
ratito *n., m* little while
rato *n., m* while (short time)
reaccionar *v.* to react
reata *n., f* rope
rebanada *n., f* slice
rebelde *adj.* rebellious **22**
recámara *n., f* bedroom
receta *n., f* recipe
recibir *v.* to get, to receive **8**
recibirse *v.* to graduate **28**
recoger (g ➔ j) *v.* to pick up **18**
recoger la mesa *v.* to clear the table **18**
recomendar (e ➔ ie) *v.* to recommend **27**
recordar (o ➔ ue) *v.* to remember **10**
recuerdo *n., m* memory
recuperación *n., f* recovery
refresco *n., m* soda **9**
refrigerador *n., m* refrigerator **18**
refrito/a *adj.* fried
regalar *v.* to give a gift **20**

regalo *n., m* gift, present **11**
regañar *v.* to scold, to reprimand **22**
regresar *v.* to come back, to return, to get back
reloj *n., m* watch, clock
remedio *n., m* remedy
reparar *v.* to repair, to mend
repartir *v.* to deliver
requisito *n., m* requirement
reservado/a *adj.* reserved **3**
resfriado *n., m* cold
residencia *n., f* residence
residencia estudiantil *n., f* dormitory **2**
resolver (o→ue) *v.* to solve **28**
respetuoso/a *adj.* respectful
respirar *v.* to breathe
responsable *adj.* responsible **3**
restaurante *n., m* restaurant **8**
revisar *v.* to check
revista *n., f* magazine
revuelto/a *adj.* scrambled
Reyes Magos *n., m* the Magi (of Catholic tradition)
rico/a *adj.* rich; tasty **6**
risa *n., f* laughter
rojo/a *adj.* red **13**
romántico/a *adj.* romantic **3**
rompecabezas *n., m* jigsaw puzzle **22**
romper *v.* to break **22**; **romperse** to break (a hand, an arm) **21**
ropa *n., f* clothes **5**
ropero *n., m* closet
rubio/a *adj.* blond(e) **6**
ruido *n., m* noise
ruta *n., f* route
rutina *n., f* routine

S

sábado *n., m* Saturday **5**
saber (yo sé) *v.* to know **11**
sacar *v.* to take (out) **18**; **sacar buenas notas** to get good grades **5**; **sacar al perro a pasear** to take out (walk) the dog **18**
saco *n., m* jacket
sala *n., f* living room **18**; classroom
salida *n., f* exit
salir (yo salgo) *v.* to go out, to date **8**
salirse (en) *v.* to get off (at) **26**
salón *n., m* classroom **2**; living room; **salón de belleza** *n., m* beauty salon
saltar *v.* to jump **22**
salud *n., f* health **21**
saludable *adj.* healthy
salvar *v.* to save (a life)
sandalias *n., f* sandals **13**
sándwich *n., m* sandwich **9**
sano/a *adj.* healthy

seco/a *adj.* dry
secundaria, (escuela) *n., f* high school **22**
sed *n., f* thirst; **tener sed** to be thirsty **9**
seguir (e→i) *v.* to continue, to follow **26**
según *prep.* according to
segundo *n., m* second **26**
segundo/a *adj.* second (2nd)

seguridad *n., f* safety
seguro *n., m* insurance, safe **26**
selva *n., f* jungle
semáforo *n., m* street light **25**
semana *n., f* week **15**
sentarse (e→ie) *v.* to sit
sentido contrario *n.* wrong way
sentimental *adj.* sentimental **3**
sentimiento *n., m* feeling
sentir (e→ie) *v.* to feel (sorry); **sentirse** *v.* to feel **21**
señor(a) *n.* mister, missus **1**
señorita *n., f* miss **1**
separarse *v.* to separate **28**
septiembre *n., m* September **13**
ser (irr.) *v.* to be **4**
serio/a *adj.* serious **3**
servir (e→i) *v.* to serve **9**
sicología *n., f* psychology **1**
sicólogo/a *n.* psychologist **12**
siempre *adv.* always **8**
siguiente *adj.* next, following
silla *n., f* chair **18**
sillón *n., m* armchair **18**
similar *adj.* similar **6**
simpático/a *adj.* funny
sin *prep.* without **26**
sin embargo *conj.* nevertheless
sino *conj.* but
sistema *n., m* system **12**
sobrino/a *n.* nephew, niece **4**
sociable *adj.* sociable **3**
sofá *n., m* sofa **18**
sol *n., m* sun; **hace sol** it's sunny **13**
solamente *adv.* only
solicitar empleo *v.* to request, to apply for a job **28**
solicitud *n., f* application **28**
sólo *adv.* only
solo/a *adj.* alone
soltero/a *adj.* single (unmarried) **6**
sombrero *n., m* hat **13**
sonar (o→ue) *v.* to ring (bells); to sound
sopa *n., f* soup **9**
subirse a los árboles *v.* to climb trees **22**; **subirse a los columpios** to go on the swings **22**; **subirse a los juego** to go on rides **20**
sucio/a *adj.* dirty **18**
sudor *n., m* sweat
suegro/a *n.* father/mother-in-law **4**
sueldo *n., m* salary, wage **11**
suelo *n., m* floor **18**

sueño *n., m* dream
suerte *n., f* luck
suéter *n., m* sweater **13**
suficiente *adj.* enough, sufficient
sugerir (e→ie) *v.* to suggest
superarse *v.* to better oneself
superficie *n., f* surface
supermercado *n., m* market **8**
suponer (yo supongo) *v.* to suppose
sur *n., m* south **26**
surfear *v.* to surf
susto *n., m* scare, fright

T

tacón *n., m* heel
tal vez *adv.* maybe, perhaps
tamaño *n., m* size
también *adv.* also **18**
tambor *n., m* drum
tampoco *adv.* neither **18**
tan *adj.* as; **tan** [*adjective*] **como** as [*adjective*] as **17**
tanque *n., m* tank
tanto *adv.* so much; **tanto/a** [*noun*] **como** as [*noun*] as **17**
tapas *n., f* snacks
tardar(se) *v.* to take long
tarde *adv.* late **5**
tarde *n., f* afternoon
tarea *n., f* homework
tarjeta *n., f* (credit) card
té *n., m* tea **9**
teatro *n., m* theater
técnico/a en computación *n.* computer technician **12**
telaraña *n., f* cobweb
televisión *n., f* TV **2**
televisor *n., m* TV
teléfono *n., m* telephone **5**
tema *n., m* theme
temprano *adv.* early **5**
tenedor *n., m* fork
tener (yo tengo, e→ie) *v.* to have **4**; **tener calor** to be hot; **tener dolor de...** to have a(n) ...ache **21**; **tener frío** to be cold; **tener ganas de** to feel like **7**; **tener hambre** to be hungry **9**; **tener miedo** to be afraid; **tener prisa** to be in a hurry; **tener que** to have to **20**; **tener razón** to be right; **tener sed** to be thirsty **9**; **tener sueño** to be sleepy; **tener suerte** to be lucky
tenis *n., m* tennis (sport) **2**; tennis sneakers **13**
terapeuta *n., mf* therapist
tercero/a *adj.* third
terminar *v.* to finish, to end **28**
terremoto *n., m* earthquake
terrible *adj.* terrible **3**
tiempo *n., m* time, weather; occasion **13**; **tiempo, (a)** on time **5**; **tiempo, (hace buen/mal)** the

weather is nice/bad **13**; **tiempo completo/parcial** full-time, part-time **11**; **tiempo libre** spare time **11**

tienda *n., f* store **8**; **tienda de campaña** *n., f* tent

tierra *n., f* earth, soil

tímido/a *adj.* shy **3**

tina *n., f* bathtub **18**

tío/a *n.* uncle, aunt **4**

tipo *n., m* type, kind

tira cómica *n., f* comic strip

tirar *v.* to throw; to pull

título *n., m* degree, title

toalla *n., f* towel **18**

tocar *v.* to play (instrument); to touch **5**

tocino *n., m* bacon

todavía *adv.* already, yet **28**

todo/a *adj.* all, everything; **todos los días** every day **5**

tomar *v.* to take, to drink **5**

tomate *n., m* tomato **9**

tonto/a *adj.* dumb, silly **6**

tortilla *n., f* tortilla

tos *n., f* cough **21**

trabajador(a) *adj.* hard-working **6**

trabajar *v.* to work **5**

trabajo *n., m* work, job **8**

traductor(a) *n.* translator

traer (yo traigo) *v.* to bring, to take **20**

tráfico *n., m* traffic

traje *n., m* suit **13**

traje de baño *n., m* swimming suit **13**

tranquilo/a *adj.* calm, quiet **3**

tranvía *n., m* trolley

trapear *v.* to mop

trapo *n., m* cloth

trastes *n., m* dishes

travesura *n., f* mischief **22**

través, (a) *prep.* through

travieso/a *adj.* mischievous **22**

tren *n., m* train

triste *adj.* sad **15**

turno *n., m* shift, turn **11**

U

últimamente *adv.* lately **28**

último/a *adj.* last

único/a *adj.* unique, only

universidad *n., f* university

usar *v.* to use **5**; to wear **13**

útil *adj.* useful

uva *n., f* grape **9**

V

vacaciones *n., f* vacation **11**

vacaciones, (de) on vacation **13**

vacunar *v.* to vaccinate

vajilla *n., f* dishes

valija *n., f* suitcase

vaqueros *n., m* jeans

varios/as *adj.* several

vaso *n., m* glass

veces, (a) *adv.* sometimes **8**

vecino/a *adj.* neighbor **23**

veliz *n., m* suitcase

velocidad *n., f* speed

veloz *adv.* quick

vencido/a *adj.* expired, defeated

vendedor(a) *n.* salesperson

vender *v.* to sell **8**

venir (yo vengo, e → ie) *v.* to come **20**

ventaja *n., f* advantage **11**

ventana *n., f* window **2**

ver (yo veo) *v.* to see, to watch **8**

verano *n., m* summer **13**

verdad *n., f* truth

verde *adj.* green **13**

verdura *n., f* vegetable

vergüenza *n., f* shame, embarrassment

verificar *v.* to verify

vestido *n., m* dress **13**

vestirse (e → i) *v.* to get dressed

veterinario *n., mf* veterinarian **12**

vez *n., m* time

viajar *v.* to travel

viaje *n., m* trip **18**

vida *n., f* life

videocasetera *n., f* VCR **2**

vidrio *n., m* glass (crystal)

viejo/a *adj.* old **6**

viento *n., m* wind; **hace viento** it's windy **13**

viernes *n., m* Friday **5**

villancicos *n., m* carols **20**

vino *n., m* wine **9**

violín *n., m* violin

virar *v.* to turn

visitar *v.* to visit **5**

vivir *v.* to live **8**

volante *n., m* steering wheel

vóleibol *n., m* volleyball **2**

volver (o → ue) *v.* to return; to come back **28**; **volverse** to become

vuelo *n., m* flight

vuelta *n., f* turn **25**

Y

y *conj.* and

ya *adv.* already, still **28**

yate *n., m* yacht

yerno *n., m* son-in-law

yo *pron.* I

yogur *n., m* yogurt **9**

yuca *n., f* yucca

Z

zanahoria *n., f* carrot **9**

zapato *n., m* shoe **13**

zoológico *n., m* zoo

English-Spanish

A

able *adj.* capaz; **to be able** poder (o➤ue)
aboard *adv.* a bordo
above *adv.* arriba
abroad *adv.* en el extranjero
according (to) *prep.* según
account *n., f* cuenta
accountant *n.* contador(a) 12
across from *prep.* enfrente 26
active *adj.* activo/a 3
actor *n., m* actor
actress *n., f* actriz
advertisment *n., m* anuncio
address *n., f* dirección
adult *n., m* adulto
advantage *n., f* ventaja 11
advice *n., m* consejo 11
advise *v.* aconsejar 27
advisor *n.* consejero/a 2
affectionate *adj.* cariñoso/a 6
after *prep.* después
afternoon *n., f* tarde
again *adv.* otra vez
against *prep.* contra
age *n., f* edad
agent *n., mf* agente 12
agree *v.* aceptar, estar de acuerdo
agreement *n., m* acuerdo
AIDS *n., m* SIDA
air *n., m* aire
airplane *n., m* avión 20
airport *n., m* aeropuerto 8
all *adj.* todo/a
all-boys/girls school *n., f* escuela de niños/as 22
allow *v.* dejar, permitir 11
almost *adv.* casi 8
alone *adj.* solo/a
already *adv.* ya 28
also *adv.* también 18
although *conj.* aunque
always *adv.* siempre 8
a.m. de la mañana
ambitious *adj.* ambicioso/a 3
ambulance *n., f* ambulancia
amusement park *n., m* parque de atracciones 8
analyst *n., mf* analista 12
antiquity *n., f* antigüedad
angel *n., m* ángel
another *n.* otro/a
answer *v.* contestar
anthropology *n., f* antropología 1
antibiotic *n., m* antibiótico 21
anybody *n.* alguien
apartment *n., m* apartamento 18
apologize *v.* disculparse
apple *n., f* manzana 9
application *n., f* solicitud 28
apply for a job *v.* solicitar empleo 28

April *n., m* abril 13
aquatic *adj.* acuático/a
architect *n.* arquitecto/a 13
architecture *n., f* arquitectura
argue *v.* discutir 8
arm *n., m* brazo 21
armchair *n., m* sillón 21
around *prep.* alrededor
arrest *v.* arrestar
arrival *n., f* llegada
arrive *v.* llegar 5
arrogant *adj.* arrogante 3
art exhibition *n., f* exhibición de arte 8
artist *n., mf* artista 12
as soon as *adv.* en cuanto 30
as [adjective] as *adv.* tan [adjective] como 17
as [noun] as *adv.* tanto/a [noun] como 17
ask (questions) *v.* preguntar; **ask (to request)** pedir (e➤i) 9
aspirin *n., f* aspirina 21
assemble (a puzzle) *v.* armar (un rompecabezas) 22
astronomy *n., f* astronomía 1
attend *v.* asistir
attractive *adj.* atractivo/a 3
auditorium *n., m* auditorio 2
August *n., m* agosto 13
aunt *n., f* tía 4
avenue *n., f* avenida 26
average *n., m* promedio
avocado *n., m* aguacate

B

baby *n., mf* bebé
baby-sitter *n.* niñero/a 11
bachelor's *n., f* licenciatura
back *n., f* espalda 21
backpack *n., f* mochila 2
backyard *n., m* jardín 18
bacon *n., m* tocino
bad *adj.* malo/a, mal 6
bag *n., f* bolsa
baked *adj.* al horno
balcony *n., m* balcón
ball *n., f* pelota 22
banana *n., m* plátano, *f* banana, *m* guineo 9
bank *n., m* banco
bar *n., m* bar
barbecue *n., m* asador 18
baseball *n., m* béisbol
bathtub *n., f,* bañera, tina 18
bathe *v.* bañarse 14
bathroom *n., m* baño 2
bathroom sink *n., m* lavabo 18
be *v.* estar (yo estoy) 15; **be** ser (irr.) 4; **be able to** poder (o➤ue) 20; **be afraid** tener miedo; **be at/in/on** estar en; **be cold (person)** tener frío; **be cold**

(thing) estar frío/a; **be cold (place)** hacer frío 13; **be happy for** alegrarse; **be hot (person)** tener calor; **be hot (thing)** estar caliente; **be hot (place)** hacer calor 13; **be hungry** tener hambre 9; **be in a hurry** tener prisa; **be interested** interesar 19; **be lucky** tener suerte; **be ready** estar listo 15; **be right** tener razón; **be sleepy** tener sueño; **be sure** estar seguro; **be thirsty** tener sed 9
beach *n., f* playa 8
beans *n., m* frijoles 9
beautiful *adj.* bello/a
beauty salon *n., m* salón de belleza
because *conj.* porque
become *v.* ponerse (yo me pongo) 20
bed *n., f* cama 15
bedroom *n., f* cuarto 18
beef *n., f* carne de res 9
beer *n., f* cerveza 9
before *prep.* antes (de) que 30
begin *v.* empezar (e➤ie), comenzar (e➤ie) 10
beginner *n., mf* principiante
behave *v.* portarse bien 22; **behave oneself** comportarse
behavior *n., m* comportamiento
behind *prep.* atrás 25
believe *v.* creer 17
belt *n., m* cinturón 26
benefits *n., f* prestaciones 11
bet *v.* apostar (o➤ue)
better than *adj.* mejor que 17
better (oneself) *v.* mejorar, superarse
beverage *n., f* bebida 8
big *adj.* grande 6
bikini *n., m* bikini 13
bill *n., f* cuenta 9
biology *n., f* biología 1
bird *n., m* pájaro 4
birthday *n., m* cumpleaños; **birthday song** *n. f* mañanitas 20
black *adj.* negro/a 13
blackboard *n., m* pizarrón, *f* pizarra 2
blame *v.* culpar
blond(e) *adj.* rubio/a 6
blouse *n., f* blusa 13
blue *adj.* azul 13
body *n., m* cuerpo 21
book *n., m* libro 2
bookstore *n., f* librería 2
bored *adj.* aburrido/a 15
boring *adj.* aburrido/a 6
borrow things *v.* pedir cosas prestadas 11
boss *n.* jefe/a
bossy *adj.* mandón, mandona
botany *n., f* botánica
bother *v.* molestar 19
bowling *n., m* boliche 8

boy *n., m* niño **4**
boyfriend *n., m* novio **4**
brake *n., m* freno; *v.* frenar
break *v.* romper; **break (a hand, an arm)** romperse (la mano, el brazo) **21**; **break down** descomponerse
breakfast *n., m* desayuno **9**
bring *v.* traer (yo traigo) **20**
broccoli *n., m* brócoli **9**
brother *n., m* hermano **4**
brother-in-law *n., m* cuñado **4**
brown *adj.* café (color) **13**
brunet(te) *adj.* castaño/a
brush (oneself) *v.* cepillarse; **brush one's teeth** lavarse los dientes **14**
building *n., m* edificio **2**
bus *n., m* autobús **5**
business *n., m* negocio, *f* empresa **12**
business administrador *n.* administrador(a) de empresas **12**
busy *adj.* ocupado/a **15**
but *conj.* pero
butter *n., f* mantequilla
buy *v.* comprar **5**

C

cafeteria *n., f* cafetería **2**
cake *n., m* pastel **9**
calculator *n., f* calculadora **2**
call *v.* llamar **11**
calorie *n., f* caloría
camp *v.* acampar; *n., m* campamento
can *v.* poder (o→ue) **22**
candy *n., m* dulce **9**
capable *adj.* capaz
car *n., m* coche **5**
car accident (crash) *n., m* choque **26**
cards *n., f* cartas
care *n., m* cuidado
carols *n., m* villancicos **20**
carpet *n., f* alfombra **18**
cartoon *n., m* dibujo animado **22**
case *n., m* caso
cash register *n., f* caja
casual *adj.* informal **20**
cat *n.* gato/a **4**
Catholic *adj.* católico/a **22**
caution *n., m* cuidado
cave *n., f* cueva
celebrate *v.* celebrar **28**
cent *n., m* centavo
cereal *n., m* cereal **9**
chair *n., f* silla **18**
chance, (by) *n., f* por/de casualidad
change *v.* cambiar **28**
character (in book) *n., m* personaje; **character (personality)** *n., m* carácter

charge *v.* cobrar
chat *v.* platicar
cheap *adj.* barato/a
check (personal) *n., m* cheque; **check (bill)** *n., f* cuenta; **check** *v.* revisar
checkers *n., f* damas chinas **22**
cheese *n., m* queso **9**
chemistry *n., f* química **1**
chicken *n., m* pollo **9**
child *n.* niño/a **4**
childhood *n., f* niñez
chocolate *n., m* chocolate
choir *n., m* coro
chore *n., m* quehacer **18**
chose *v.* escoger
Christmas *n., f* Navidad
church *n., f* iglesia **8**
citizen *n.* ciudadano/a
citizenship *n., f* ciudadanía
city *n., f* ciudad; **city block** *n., f* cuadra, *f* manzana **26**
class clase *n., f* **2**
classroom *n., m* salón de clase, *f* sala **2**
clean *v.* limpiar; *adj.* limpio/a **5**
clear the table *v.* recoger la mesa **18**
climb trees *v.* subirse a los árboles **22**
close *adj.* cerca
close *v.* cerrar (e→ie)
closet *n., m* clóset **18**
clothes *n., f, sing.* ropa **5**
cloudy, (it's) *adj.* (está) nublado **13**
coat *n., m* abrigo **13**
cookie *n., f* galleta **9**
coffee *n., m* café **5**
cold catarro *n., m*, resfriado **21**; **it's cold** *adj.* hace frío **13**
color *n., m* color; *v.* colorear **13**
comb one's hair *v.* peinarse
come *v.* venir (yo vengo, e→ie) **20**; **come back** regresar, volver (o→ue) **28**
comfortable *adj.* cómodo/a **20**
comic strip *n., f* tira cómica
common *adj.* común
company *n., f* compañía
competent *adj.* competente **3**
complain *v.* quejarse
complaint *n., f* queja
complete *adj.* completo/a
compliment *n., m* cumplido
computer *n., f* computadora **5**; **computer engineer** *n.* ingeniero/a en computación **12**; **computer programmer** *n.* programador(a) **12**; **computer technician** *n.* técnico/a en computación **12**
concussion *n., f* conmoción
confuse *v.* confundir
consumer *n., m* consumidor
continue *v.* seguir (e→i)
conversation *n., f* conversación
cook *v.* cocinar

cool *adj.* fresco/a **13**; **it's cool** hace fresco **13**
corner *n., f* esquina **26**
cost *v.* costar (o→ue)
cough *n., f* tos **21**
cough syrup *n., m* jarabe para la tos **21**
count *v.* contar (o→ue)
country *n., m* país
couple *n., f* pareja
court (sports) *n., f* cancha **2**
cousin *n.* primo/a **4**
cover *v.* cubrir
crash *v.* chocar
crazy *adj.* loco/a
cream *n., f* crema
create *v.* crear
creative *adj.* creativo/a **3**
credit card *n., f* tarjeta
cross *v.* cruzar **26**
cry *v.* llorar
cry baby *n.* llorón, llorona **22**
cure *v.* curar
curios *n., f* curiosidades
custard *n., m* flan
cut *v.* cortar, partir (un pastel) **18**; **cut (oneself)** cortarse

D

dad *n., m* papá
daily *adj.* diario/a
dance *v.* bailar **5**
dangerous *adj.* peligroso/a
dark-skinned *adj.* moreno/a **6**
date *v.* salir (con) (yo salgo); **date (appointment)** *n., f* cita **8**; **date (calendar)** *n., f* fecha
daughter-in-law *n., f* nuera
day *n., m* día
December *n., m* diciembre **13**
decorate the tree *v.* poner el árbol **20**
dedicate *v.* dedicar
defend *v.* defender (e→ie)
defense *n., f* defensa
degree *n., m* título
degree (temperature) *n., m* grado
delighted *adj.* encantado/a **1**
demand *v.* exigir (g→j)
demanding *adj.* exigente
demon *n., m* demonio
denim *n., f* mezclilla
dental hygienist *n., mf* higienista **12**
depart *v.* salir (yo salgo)
design *v.* diseñar
designer *n.* diseñador(a) **12**
desk *n., m* escritorio **2**
detail *n., m* detalle
dictionary *n., m* diccionario **2**
die *v.* morir (o→ue) **28**
diet *n., f* dieta
different *adj.* diferente **6**
dine *v.* cenar **9**

dining room *n., m* comedor 18
dinner *n., f* cena 9
dirty *adj.* sucio/a 18
disadvantage *n., f* desventaja 11
disappointed *adj.* desilusionado/a 15
disaster *n., m* desastre
disco *n., f* discoteca 8
discover *v.* descubrir
discovery *n., m* descubrimiento
discrete *adj.* discreto/a 3
dish *n., m* plato, platillo 9
dishonest *adj.* deshonesto/a 3
dislike *v.* chocar 19
disobey *v.* desobedecer (yo desobedezco) 22
divorce *v.* divorciarse 28
dizzy *adj.* mareado/a 21
do *v.* hacer (yo hago) 8; **do the dishes** lavar los platos 18
doctor *n.* doctor(a), médico/a 1; **doctor's degree** *n., m* doctorado 28; **doctor's office** *n., m* consultorio
dodge ball *n., m* quemados 22
dog *n.* perro/a 4
doll *n.* muñeco/a 22
dollar *n., m* dólar
donut *n., f* dona 9
door *n., f* puerta 2
dormitory *n., f* residencia estudiantil 2
doubt *v.* dudar
downtown *n., m* centro
drama *n., m* drama 1
draw *v.* dibujar 22
drawing *n., m* dibujo
dream *n., m* sueño
dress *n., m* vestido 13
dresser *n., f* cómoda 18
drink *v.* beber, tomar 8
drive *v.* manejar 26, conducir (yo conduzco)
driver *n.* conductor(a) 26
driver's license *n., f* licencia de manejar 26, *n., m* carnet de conducir
drunk *adj.* borracho/a
dry *adj.* seco/a
dumb *adj.* tonto/a 6
during *adv.* durante
duty *n., f* obligación

E

each *adj.* cada
ear (inner) *n., m* oído 20
early *adv.* temprano 5
earn *v.* ganarse
easy *adj.* fácil 6
eat *v.* comer 8
economics *n., f* economía 1
educator *n.* educador(a) 12
egg *n., m* huevo 9

e-mail *n., m* correo electrónico
embarrassment *n., f* vergüenza
employee *n.* empleado/a 11
end *v.* terminar 28
engagement *n., m* compromiso, noviazgo 27
engineer *n.* ingeniero/a 12
English *n., m* inglés 1; **English** *adj.* inglés, inglesa
enter *v.* entrar 28
enjoy *v.* disfrutar
essential *adj.* esencial
evening *n., f* noche 11
ever *adv.* alguna vez 28
every day *n.* todos los días 5
everything *n.* todo
exam *n., m* examen
excellent *adj.* excelente 3
excess *n., m* exceso
excited *adj.* emocionado/a 15
executive *adj.* ejecutivo/a
exercise *v.* hacer ejercicio 8
exercise *n., m* ejercicio
expect *v.* esperar 27
expensive *adj.* caro/a
expired *adj.* vencido/a
explain *v.* explicar
expressway *n., f* autopista 26
extroverted *adj.* extrovertido/a 3
eye *n., m* ojo 21

F

fascinate *v.* fascinar 19
fall (season) *n., m* otoño 13
fall *v.* caerse; **fall asleep** dormirse (o→ue); **fall in love** enamorarse 28
family *n., f* familia
fan *n.* aficionado/a
far *adv.* lejos
fat *adj.* gordo/a 6
fat (in food) *n., f* grasa
father *n., m* padre 4
father-in-law *n., m* suegro 4
fault *n., f* culpa 25
February *n., m* febrero 13
feed *v.* dar de comer 18
feel *v.* sentir(se) (e→ie) 21; **feel like** tener ganas de
fence *n., f* barda, cerca
fever *n., f* fiebre 21
few *adj.* poco/a
fiber *n., f* fibra
fight *v.* pelear 22
fill *v.* llenar 28
film *n., f* película 8
final *adj.* final
find *v.* encontrar (o→ue) 10
fine *adv.* bien 1
fine (high quality) *adj.* fino/a
finish *v.* terminar 28
fire (from work) *v.* despedir (e→i)
fireplace *n., f* chimenea

firefighter *n., m* bombero 12
first *adj.* primero/a 26
first aid *n., m* primeros auxilios
fish (live) pez *n., m* 4; **fish (food)** pescado 9
fix *v.* arreglar, componer
fixed schedule *n., m* horario fijo 11
flag *n., f* bandera 2
flat *adj.* desinflada/o
flexible *adj.* flexible 3
flexible schedule *n., m* horario flexible 11
flight *n., m* vuelo
floor *n., m* suelo 18
flu *n., f* gripe
follow *v.* seguir (e→i), continuar 26
food *n., f* comida 5
foot *n., m* pie 21
forehead *n., f* frente
foreign *adj.* extranjero/a
foreigner *n.* extranjero/a
forget *v.* olvidar
forgive *v.* perdonar
fork *n., m* tenedor
formal *adj.* formal 20
fracture *n., f* fractura
free *adj.* libre 15; **free (of charge)** gratis
freeway *n., f* autopista 26
freight *n., f* carga
French *n., m* francés; **French** *adj.* francés, francesa
french fries *n., f* papas fritas 9
frequently *adv.* con frecuencia
Friday *n., m* viernes 5
fried *adj.* frito/a
friend *adj.* amigo/a 4
friendship *n., f* amistad
front *prep.* frente a
fruit *n., f* fruta 9
full *adj.* lleno/a
full-time tiempo completo 11
fun *adj.* divertido/a 6
funny *adj.* gracioso/a 6
furnish *v.* amueblar
furniture *n., m* muebles 18

G

gain weight *v.* engordar
gamble *v.* apostar (o→ue)
game *n., m* juego
game (match) *n., m* partido 8
garage *n., m* garaje 18
garden *n., m* jardín 18
garlic *n., m* ajo
gas *n., f* gasolina 26
gas station *n., f* gasolinera
generous *adj.* generoso/a 3
geography *n., f* geografía 1
get (obtain) *v.* recibir 18; **get along** llevarse bien/mal 22; **get divorced** divorciarse 28; **get**

dressed vestirse (e➤i); **get good grades** sacar buenas notas 5; **get hurt** lastimarse 21; **get into trouble** hacer travesuras 22; **get involved** meterse; **get married** casarse 27; **get off (at)** salirse (en) 26; **get off (leave) early/late** salir temprano/tarde 11; **get pregnant** quedar embarazada 28; **get sick** enfermarse 21; **get together** juntarse 14; **get up** levantarse 14; **get up early** madrugar; **get upset** enojarse
gift *n., m* regalo 11
girl *n., f* niña 4
girlfriend *n., f* novia 4
give *v.* dar (yo doy) 11
glass *n., m* vaso
gloves *n., m* guantes 13
go *v.* ir (irr.) 20; **go for a walk** dar un paseo 18; **go on rides** subirse a los juegos 20; **go on the swings** subirse a los columpios 22; **go on vacation** ir de vacaciones 14; **go out** salir (yo salgo) 8; **go to bed** acostarse (o➤ue) 14
goal *n., f* meta
good *adj.* bueno/a, buen 6; **good afternoon** buenas tardes 1; **good evening (night)** buenas noches 1; **good morning** buenos días 1
good-bye *interj.* adiós 1
government *n., m* gobierno 28
grade (temperature) *n., m* grado
grades *n., f* calificación, nota
graduate *v.* recibirse, graduarse 28
graduate school *n., m* posgrado
graduation *n., f* graduación 28
grammar school *n., f* primaria 22
grandfather *n., m* abuelo 4
granddaughter *n., f* nieta 4
grandmother *n., f* abuela 4
grandparents *n., m* abuelos 4
grandson *n., m* nieto 4
grape *n., f* uva 9
graphic designer *n.* diseñador(a) gráfico/a 12
gray *adj.* gris 13
green *adj.* verde 13
green beans *n., m* ejotes
grind *v.* moler (o➤ue)
grow (up) *v.* crecer (yo crezco)
guava *n., f* guayaba
guest *adj.* invitado/a
guide book *n., f* guía
guitar *n., f* guitarra 5
gym *n., m* gimnasio 2

habits *n., m* hábito
half *adj.* medio/a
ham *n., m* jamón 9
hamburger *n., f* hamburguesa 9

hand *n., f* mano 14
hand-made crafts *n., f* artesanía
handsome *adj.* guapo/a 6
hang *v.* colgar (o➤ue)
happiness *n., f* felicidad
happy *adj.* contento/a, feliz 15
hard (difficult) *adj.* difícil 6
hard-working *adj.* trabajador(a) 6
hat *n., m* sombrero 13
hate *v.* odiar
have *v.* tener (yo tengo, e➤ie) 4; **have a(n) ...ache** tener dolor de... 21; **have a picnic** hacer un picnic 18; **have a flat tire** poncharse una llanta 26, pincharse; **have breakfast** desayunar 9; **have fun** divertirse (e➤ie) 14; **have just** acabar de 21; **have lunch** comer 9; almorzar (o➤ue) 10; **have to** tener que 20
head *n., f* cabeza 21
health *n., f* salud 21
health center *n., f* enfermería 2
healthy *adj.* sano/a, saludable
hear *v.* oír (yo oigo) 17
heat *n., m* calor 13
heavy *adj.* pesado/a
heel *n., m* tacón
hello *interj.* hola 1
help *v.* ayudar 11
hi *interj.* hola 1
hide-and-seek *n., f* escondidillas, al escondite 22
hiding place *n., m* escondite
high *adj.* alto/a 11
high school *n., f* escuela secundaria, preparatoria 22
highway *n., f* carretera 26
hike *v.* ir de excursión 18
history *n., f* historia 1
hit *n., m* golpe 25
hit *v.* pegar 25; **hit (oneself)** pegarse
homemade *adj.* casero/a
homework *n., f* tarea
honest *adj.* honesto/a 3
hope *v.* desear, esperar 27
hopefully *interj.* ojalá que... 27
horn *n., m* claxon
horrible *adj.* horrible
horse *n., m* caballo 18
host(ess) *n.* anfitrión, anfitriona
hot *adj.* caliente **it's hot** *adj.* hace calor 13
hour *n., f* hora
house *n., f* casa 8
housewife *n., f* (el) ama de casa 11
how *adv.* cómo 6
how much (many) *adv.* cuánto/a(s) 6
hug *n., m* abrazo
humid *adj.* húmedo/a
hunger *n., m* hambre
hurry *n., f* prisa
hurt *v.* doler (o➤ue)
husband *n., m* esposo 4

idealist *n., mf* idealista 3
ice *n., m* hielo
ice cream *n., m* helado 9
imaginative *adj.* imaginativo/a
impatient *adj.* impaciente 3
impolite *adj.* grosero/a 6
important *adj.* importante 27
in *prep.* en, dentro de; **in fact** de hecho; **in front of** enfrente de 26
incredible *adj.* increíble
indiscreet *adj.* indiscreto/a
inexpensive *adj.* barato/a
infection *n., f* infección 21
information *n., f* información 5
injection *n., f* inyección
inside *adv.* (a)dentro 15
instead of *prep.* en vez de
instructions *n., f* direcciones, instrucciones
insurance *n., m* seguro 26
intelligent *adj.* inteligente
interesting *adj.* interesante 3
intersection *n., f* intersección 26, bocacalle, *m* cruce
interview *n., f* entrevista 28
investigador *n.* investigador(a) 12
invite *v.* invitar 10
iron *v.* planchar 18
irresponsible *adj.* irresponsable 3
irritating *adj.* antipático/a 6
issue *n., m* asunto

jacket *n., m* chaqueta, *n., m* saco 13
jacks (to play) *n., f* matatena
jam *n., f* mermelada
January *n., m* enero 13
jealous *adj.* celoso/a
jealousy *n., m* celos
jeans *n., m* jeans 13, pantalones de mezclilla
jewelry store *n., f* joyería 27
Jewish *adj.* judío/a
jigsaw puzzle *n., m* rompecabezas 22
job *n., m* trabajo 8
jog *v.* correr 8
joke *n., m* chiste
journalist *n., mf* periodista 12
juice *n., m* jugo 9
July *n., m* julio 13
jump *v.* brincar, saltar 22
June *n., m* junio 13
just (barely) *adv.* apenas

kind *adj.* atento/a
kiss *v.* besar; *n., m* beso 20
kitchen *n., f* cocina 18

kitchen sink *n., m* fregadero 18
knife *n., m* cuchillo
know (a person, a place) *v.* conocer 12; know (about, how) saber (yo sé) 12
knowledge *n., m* conocimiento

L

lake *n., m* lago
lamp *n., f* lámpara 18
lane *n., m* carril
language *n., m* idioma 12
large *adj.* grande 6
last *adj.* último/a
last (year,...) *adj.* (año,...) pasado/a 15
last name *n., m* apellido
last night *adv.* anoche 15
late *adv.* tarde 5
lately *adv.* últimamente 28
later *adv.* después, luego
law (academic field) *n., m* derecho
law *n., f* ley
lawn *n., m* pasto 18
lawyer *n.* abogado/a 12
lazy *adj.* perezoso/a, flojo/a 6
learn *v.* aprender 19
leave *v.* irse (irr.)14
left *n., f* izquierda 23
leg *n., f* pierna 21
lemonade *n., f* limonada 9
lend *v.* prestar 11
less... than *adv.* menos... que 17
lesson *n., f* lección
letter *n., f* carta
lettuce *n., f* lechuga 9
level *n., m* nivel
library *n., f* biblioteca 2
license *n., f* licencia 26
lie *n., f* mentira 24
life *n., f* vida
lift weights *v.* levantar pesas 18
light *n., f* ligero/a, luz 13
like *v.* gustar 19
likewise *adv.* igualmente 1
limit *n., m* límite
liquids *n., m* líquidos 21
listen *v.* escuchar 5
literature *n., f* literatura 1
little, (a) *adj.* (un) poco 5
live *v.* vivir 8
living room *n., f* sala 18
lobster *n., f* langosta 9
lodging *n., m* alojamiento
long *adj.* largo/a
look *v.* mirar, ver (yo veo)
look for *v.* buscar 5
lose *v.* perder (e➞ie) 17
lot, (a) *adj.* mucho 5
love (a person) *v.* querer 10; love (something) *v.* encantar 19
lover *n., mf* amante
luck *n., f* suerte
lunch *n., m* almuerzo 9
luxury *n., m* lujo

M

machine *n., f* máquina
mad *adj.* enojado/a 15
magazine *n., f* revista
Magi *n., m* Reyes Magos
mail box *n., m* buzón
major (field of study) *n., f* carrera
majority *n., f* mayoría
make *v.* hacer (yo hago) 8; make a decision tomar una decisión
makeup *n., m* maquillaje
mall *n., m* centro comercial 8
man *n., m* hombre
management *n., f* administración
manager *n., mf* gerente 12
many *adj.* muchos/as
map *n., m* mapa 2
marbles *n., f* canicas
March *n., m* marzo 13
market *n., m* supermercado 8
marketing *n., f* mercadotécnia, *n., m* mercadeo 12
marriage *n., m* matrimonio
married *adj.* casado/a 6
marry *v.* casarse
mass *n., f* misa
Master's degree *n., f* maestría 28
mate *n.* compañero/a 2
materialistic *adj.* materialista 3
maternal *adj.* materno/a
math *n., f* matemáticas 1
mature *adj.* maduro/a 3
May *n., m* mayo 13
maybe *adv.* tal vez
meat *n., f* carne 9
mechanic *adj* mecánico/a
mechanics *n., f* mecánica
memory *n., m* recuerdo
menu *n., m* menú
messy *adj.* desarreglado/a 18
microwave (oven) *n., m* microondas 18
middle school *n., f* secundaria 22
mile *n., f* milla
milk *n., f* leche 9
mini-skirt *n., f* minifalda 13
mirror *n., m* espejo 18
misbehave *v.* portarse mal 22
mischief *n., f* travesura 22
mischievous *adj.* travieso/a 22
miss *n., f* señorita 1
miss (a person) *v.* extrañar; miss (a flight) perder (e➞ie); miss (lacking) faltar
mister señor 1
misunderstanding *n., m* malentendido
modern *adj.* moderno/a 20
mom *n., f* mamá 4
moment *n., m* momento 28
Monday *n., m* lunes 5
money *n., m* dinero 11
month *n., m* mes 13
mop *v.* trapear

more *adj.* más 17; more... than más... que 17
morning *n., f* mañana 11
mother *n., f* madre 4
mother-in-law *n., f* suegra 4
mountain *n., f* montaña
mountain climbing *n., m* alpinismo
mouth *n., f* boca 21
move (change residence) *v.* mudarse 28, cambiarse de casa; move (objects) mover (o➞ue)
movies *n., m* cine
mow (the lawn) *v.* cortar (el pasto) 18
museum *n., m* museo 8
music *n., f* música 1
music, (to play loud music) *v.* poner la música muy alta 23
must *v.* deber

N

name *n., m* nombre
narrow *adj.* estrecho/a
near *prep.* cerca (de)
necessary *adj.* necesario/a
neck *n., m* cuello 21
need *v.* necesitar 5
neighbor *n.* vecino/a 23
neighborhood *n., f* colonia, *n., m* barrio
neither *conj.* tampoco 18
nephew *n., m* sobrino 4
nervous *adj.* nervioso/a 3
never *adv.* nunca 8
new *adj.* nuevo/a 6
New Year *n., m* Año Nuevo
news *n., f* noticias
newspaper *n., m* periódico
next (to) *prep.* al lado; next (close) *adj.* próximo, cerca de; next (following) siguiente
nice *adj.* agradable 6; nice (friendly) amable 6; nice to meet you mucho gusto 1
niece *n., f* sobrina 4
night table *n., m* mesa de noche 18
not even *adj.* ni siquiera
nobody *n.* nadie 18
noon *n., m* mediodía
north *n., m* norte 26
nose *n., f* nariz 21
not any *adj.* ningún, ninguna 18
notebook *n., m* cuaderno 2
notes *n., m* apuntes
nothing *n.* nada 18
notice *v.* notar
novel *n., f* novela
November *n., m* noviembre 13
now *adv.* ahora 28
nowhere *adv.* a ninguna parte 8
number *n., m* número
nurse *n.* enfermero/a 12

O

obedient *adj.* obediente
obey *v.* obedecer (yo obedezco) 22
occupation *n., f* ocupación
October *n., m* octubre 13
of course claro
offer *v.* ofrecer (yo ofrezco) 24
office *n., f* oficina 2
office supply store *n., f* papelería
often *adv.* con frecuencia
oil *n., m* aceite
old *adj.* viejo/a 6
oldest *n.* (el/la) mayor 6
only *adv.* solamente, sólo
only child *n.* hijo/a único/a 6
open *v.* abrir 8
optimistic *adj.* optimista 3
orange (color) *adj.* anaranjado/a 13; **orange (fruit)** *n., f* naranja 9
organize *v.* organizar
origin *n., m* origen
outside *adv.* (a)fuera 15
oven *n., m* horno 18
oyster *n., m* ostión

P

pack *v.* hacer las maletas 20
pain *n., m* dolor
paint *v.* pintar
painter *n.* pintor(a)
painting *n., f* pintura
pajamas *n., mf* pijama 13
pants *n., m* pantalones 13
paper *n., m* papel 2
parakeet *n.* perico/a
parents *n., m* padres 4
park *v.* estacionar(se) 26
park ranger *n., mf* guardabosques
parking *n., m* estacionamiento 2
part *n., f* parte
part-time *adj.* tiempo parcial 11
party *n., f* fiesta
pass *v.* pasar 26
paternal *adj.* paterno/a
patience *n., f* paciencia
patient *n., mf* paciente 3
patio *n., m* patio 18
pay *v.* pagar 11; **pay attention** fijarse
peanut *n., m* maní, cacahuate
pear *n., f* pera 9
pen *n., f* pluma 2
pencil *n., m* lápiz 2
people *n., f* gente
perform *v.* desempeñar
perhaps *adv.* tal vez, quizás
person *n., f* persona
personnel *n., m* personal
pessimistic *adj.* pesimista 3
pet *n., f* mascota
pharmacist *n., mf* farmaceuta
philosophy *n., f* filosofía 1

physical education *n., f* educación física 1
pick up *v.* recoger (g→j) 18
picture *n., f* fotografía
picture (painting) *n., m* cuadro
pill *n., f* pastilla 21
pillow *n., f* almohada
pity *n., f* pena
place *n., m* lugar 11
place *v.* poner (yo pongo) 11
plan *n., m* plan
plan *v.* pensar + [*verb*]
plate *n., m* plato 9
play (instrument) *v.* tocar 5; **play (sports, games)** jugar (u→ue) 10
player *n.* jugador(a)
please por favor
pocket *n., m* bolsillo
poem *n., m* poema
police force *n., f* policía 23
police (officer) *n., mf* policía 12
poor *adj.* pobre 6
pork *n., m* cerdo 9
position (job) *n., m* puesto 11
possible *adj.* posible
post office *n., m* correo
potato *n., f* papa 9
prefer *v.* preferir (e→ie) 10
pregnancy *n., m* embarazo
present *n., m* regalo 11
pretty *adj.* bonito/a 6
price *n., m* precio
principal *n.* director(a)
prison guard *n., mf* oficial de prisión 12
private *adj.* particular 22
problem *n., m* problema 11
profession *n., f* profesión
professor *n.* profesor(a) 1
program *n., m* programa 28
promise *v.* prometer 24
propose (marriage) *v.* pedir la mano
protect *v.* proteger
Protestant *adj.* protestante
proud *adj.* orgulloso/a
psychologist *n.* sicólogo/a 12
psychology *n., f* sicología 1
public *adj.* público
public school *n.* escuela pública 22
pull *v.* jalar, tirar, halar
punish *v.* castigar 22
punishment *n., m* castigo
purple *adj.* morado/a 13
purse *n., f* bolsa
pursue a master's degree hacer una maestría 28
push *v.* empujar 25
put *v.* poner (yo pongo) 11; **put on makeup** pintarse 14; **put on (wear)** ponerse 14

Q

qualified *adj.* calificado/a
quick *adj.* rápido/a
quiet *adj.* tranquilo/a 3
quit (a job) *v.* renunciar
quit (a habit, action) *v.* dejar de
quite *adv.* muy, bastante

R

radiator *n., m* radiador
rain *n., f* lluvia
rain *v.* llover (o→ue) 13
raincoat *n., m* impermeable 13
raw *adj.* crudo/a
react *v.* reaccionar
read *v.* leer 8
ready *adj.* (estar) listo/a 15
real estate *n., m* bienes raíces 12
realize *v.* darse cuenta 25
rebellious *adj.* rebelde 22
receive *v.* recibir 8
recipe *n., f* receta
recommend *v.* recomendar (e→ie) 27
recovery *n., f* recuperación
red *adj.* rojo 13
Red Cross *n., f* Cruz Roja
red-haired *adj.* pelirrojo/a
reef *n., m* arrecife
refrigerator *n., m* refrigerador 18
refuse *v.* negarse (e→ie)
registration *n., f* inscripción
relatives *n., m* familiares, parientes 4
remain *v.* quedarse
remedy *n., m* remedio
remember *v.* recordar (o→ue) 10
rent *v.* alquilar
repair *v.* reparar, arreglar
reprimand *v.* regañar 22
request *v.* solicitar 28, pedir
requirement *n., m* requisito
reserved *adj.* reservado/a 3
residence *n., f* residencia
respectful *adj.* respetuoso/a
responsible *adj.* responsable 3
rest *v.* descansar; *n., m* descanso 5
restaurant *n., m* restaurante 8
résumé *n., m* currículum (vitae) 28
return *v.* regresar, volver (o→ue) 28; **return (merchandise)** devolver 27
rice *n., m* arroz 9
rich *adj.* rico/a 6
ride (bikes) *v.* andar en bicicleta 18
right *n., f* derecha 23
ring (engagement) *n., m* anillo (de compromiso) 27
rollerblade *v.* patinar en línea 18
romantic *adj.* romántico/a 3
room *n., m* cuarto, *n., f* habitación 5
rope *n., f* cuerda 22

routine *n., f* rutina
rude *adj.* grosero/a, maleducado/a 6
run *v.* correr 8; **run a red light** pasarse el alto/el semáforo en rojo 26

S
---

sad *adj.* triste 15
safety *n., f* seguridad
salad *n., f* ensalada 9
salary *n., m* sueldo 11
salesperson *n.* vendedor(a)
same *adj.* igual 21; mismo/a
sandals *n., f* sandalias 13
Saturday *n., m* sábado 5
save money *v.* ahorrar dinero 28
say good-bye *v.* despedirse (e➜i)
scandalous *adj.* escandaloso/a
scare *n., m* susto
scared *adj.* asustado/a
scarf *n., f* bufanda 13
schedule *n., m* horario 11
scholarship *n., f* beca
school *n., f* escuela 8
scold *v.* regañar 22
scrambled *adj.* revuelto/a
scuba dive *v.* bucear 18
sculptor *n.* escultor(a)
seafood *n., m* mariscos 9
season *n., f* estación 13
seat belt *n., m* cinturón de seguridad 26
second *adj.* segundo/a 26
second *n., m* segundo
see *v.* mirar 5; **see you later** hasta luego 1; **see you tomorrow** hasta mañana 1
self propio
selfish *adj.* egoísta
sell *v.* vender 8
send *v.* mandar, enviar 11
sentimental *adj.* sentimental 3
separate *v.* separarse 28
September *n., m* septiembre 13
serious *adj.* serio/a 3
serve *v.* servir (e➜i) 9
set the table *v.* poner la mesa 18
several *adj.* varios/as
sew *v.* coser
share *v.* compartir 22
shave *v.* afeitarse 23, rasurarse
shift (turn) *n., m* turno 11
shirt *n., f* camisa 13
shoe *n., m* zapato 13
short (length) *adj.* corto/a 13; **short (height)** bajo/a 6
shorts *n., m* pantalones cortos 13
show *v.* mostrar (o➜ue)
shower *v.* bañarse, ducharse 14; **shower** *n., f* ducha 18
shrimp *n., m* camarón 9
shy *adj.* tímido/a 3

sick *adj.* enfermo/a 15
side *n., m* lado 23
sight *n., f* vista
sign *v.* firmar
signature *n., f* firma
silverware *n., m* cubierto
similar *adj.* similar 6
since *conj.* desde
sing *v.* cantar 20
single (unmarried) *adj.* soltero/a 6; **single room** *n., f* habitación sencilla
sister *n., f* hermana 4
sister-in-law *n., f* cuñada 4
sit *v.* sentarse (e➜ie)
size *n., m* tamaño
skate *v.* patinar 18
ski *v.* esquiar 18
skirt *n., f* falda 13
sleep *v.* dormir (o➜ue) 10
small *adj.* pequeño/a 6
smart *adj.* (ser) listo/a 6
snacks *n., f* tapas
snow *v.* nevar (e➜ie) 13
so much tanto
so-so más o menos 1
so that para que 30
soccer *n., m* fútbol 8
sociable *adj.* sociable 3
soda *n., m* refresco 9
sofa *n., m* sofá 18
solve *v.* resolver (o➜ue) 28
some *pron.* algún, alguna 18
somebody *n.* alguien 18
something *n.* algo 18
sometimes *adv.* a veces 8
son *n., m* hijo 4
son-in-law *n., m* yerno
song *n., f* canción
sore *adj.* adolorido/a 21
sorry (to apologize) perdón; **to be sorry** *v.* sentirlo
soup *n., f* sopa 9
south *n., m* sur 26
spaghetti *n., m* espagueti 9
Spanish *n., m* español 1; **Spanish** *adj.* español/a
spare (part) *n., m* repuesto, *n., f* refacción
spare time *n., m* tiempo libre 11
speak *v.* hablar 5
speed *v.* ir a exceso de velocidad 26
speed limit *n., f* velocidad máxima
spend *v.* gastar 19
spider *n., f* araña
spoil *v.* maleducar
spoiled *adj.* consentido/a 22
spoon *n., f* cuchara
sports *n., m* deportes
spring *n., f* primavera 13
stadium *n., m* estadio 2
stage *n., f* etapa
start *v.* empezar (e➜ie) 10
start (a car) *v.* arrancar

stay *v.* quedarse 14
steak *n., m* bistec
stomach *n., m* estómago 21
stop *v.* pararse 26
stop (sign) *n., m* alto 26
store *n., f* tienda 8
story *n., f* historia, *n., m* cuento
stove *n., f* estufa 18
straight *adj.* derecho/a 26
strain *v.* colar (o➜ue)
street *n., f* calle 26
street light *n., m* semáforo 25
strict *adj.* estricto/a
stroll *n., m* paseo
student *n., mf* estudiante 2; **student desk** *n., m* pupitre 2
studies *n., m* estudios
studious *adj.* estudioso/a 3
study *v.* estudiar 5
subject *n., f* materia
subway *n., m* metro
suddenly *adv.* de repente 25
suggest *v.* sugerir (e➜ie)
suit *n., m* traje 13
suitcase *n., f* maleta 13
summer *n., m* verano 13
sun *n., m* sol
sun glasses *n., m* lentes de sol 13
Sunday *n., m* domingo 5
sunny, (it's) hace sol 13
support *v.* apoyar
suppose *v.* suponer (yo supongo)
surf *v.* surfear
surgeon *n.* cirujano/a
sweater *n., m* suéter 13
sweep *v.* barrer 18
sweet *n., f* dulce 9
swim *v.* nadar
swimming pool *n., f* piscina, alberca 2
swimming suit *n., m* traje de baño 13
system *n., m* sistema 12

T

T-shirt *n., f* camiseta 13
table *n., f* mesa 18
take *v.* tomar 5; **take (out)** sacar 18; **take a trip** hacer un viaje 18; **take care of** cuidar 11; **take care of (oneself)** cuidarse 21; **take care of clients** atender a los clientes 11; **take long** tardarse; **take off (clothes)** quitarse 14; **take out (walk) the dog** sacar al perro a pasear 18; **take someone somewhere** llevar 24
talk *v.* hablar 5
tall *adj.* alto/a 11
tank *n., m* tanque
tantrum *n., m* berrinche 22
tape *n., f* cinta
tea *n., m* té 9

teach *v.* enseñar 24
teacher *n.* maestro/a 12
   teaching (profession) *n., m* magisterio
team *n., m* equipo
teaspoon *n., f* cucharita
telephone *n., m* teléfono 5
tell *v.* decir (yo digo), contar 20
tennis (sport) *n., m* tenis 2; **tennis (sneakers)** tenis 13
tent *n., f* tienda de campaña
terrible *adj.* terrible 3
test *n., f* prueba 2
thank you *interj.* gracias 1
that *adj.* ese/a 6
theater *n., m* teatro
theme *n., m* tema
then *adv.* entonces
therapist *n., mf* terapeuta
there *adj.* ahí, allí, allá
there is/are hay
these *adj.* estos/as 6
thin *adj.* delgado/a 6
thing *n., f* cosa 2
think *v.* pensar (e→ie) 10
third *adj.* tercero/a
thirst *n., f* sed; **to be thirsty** tener sed
this (object) *adj.* este, esta 6
those *adj.* esos/as 6
thousand *n.* mil
throat *n., f* garganta 21
through *prep.* a través
throw *v.* aventar, tirar; **throw a party** hacer una fiesta 18; **throw tantrums** hacer berrinches 22
Thursday *n., m* jueves 5
ticket (plane) *n., m* boleto (de avión); **ticket (fine)** *n., f* multa 26
tidy *adj.* ordenado/a 18
tidy up *v.* arreglar
tie *n., f* corbata 13
tight *adj.* apretado/a
time *n., m* tiempo; *n., f* vez
time, (on) *adv.* a tiempo 5
tip *n., f* propina
tire *n., f* llanta 26, goma, *n., m* neumático
tired *adj.* cansado/a 15
title *n., m* título
toast *n., m* pan tostado 9
today *adv.* hoy
together *adj.* junto/a
tomato *n., m* tomate 18
tomorrow *n., m* mañana 22
tonight *adv.* esta noche
towel *n., f* toalla 18
toy *n., m* juguete 22
track *n., f* pista
traffic *n., m* tráfico
train *v.* entrenar; *n., m* tren
training *n., f* capacitación, *n., m* entrenamiento 28
translator *n.* traductor(a)
trash *n., f* basura 18

trash can *n., m* bote de basura
travel *v.* viajar
tree *n., m* árbol 20
trip *n., m* viaje 18
truck *n., m* camión
true (certain) *adj.* cierto
trust *n., f* confianza
truth *n., f* verdad
Tuesday *n., m* martes 5
tuna *n., m* atún 9
turkey *n., m* pavo 9
turn *v.* dar vuelta, doblar 25, virar
TV *n., f* televisión 2
type *v.* escribir a máquina

U

ugly *adj.* feo/a 6
umbrella *n., m* paraguas 13
unbearable *adj.* insoportable
uncle *n., m* tío 4
understand *v.* entender (e→ie) 10
understanding *n., f* comprensión
university *n., f* universidad
unless *conj.* a menos que 30
unpleasant *adj.* desagradable
until *conj.* hasta (que) 28
upset *adj.* molesto/a 15, enojado/a
use *v.* usar 5

V

vacation *n., f* vacaciones 11; **on vacation** de vacaciones 13
vacuum *v.* pasar la aspiradora 18
vacuum cleaner *n., f* aspiradora
VCR *n., f* videocasetera 2
vegetable *n., f* verdura 9
very *adv.* muy
very well *adv.* muy bien 1
veterinarian *n.* veterinario/a 12
violin *n., m* violín
visit *v.* visitar 5
volleyball *n., m* vóleibol 2

W

wager *n., f* apuesta
wait *v.* esperar 27
waiter *n., m* mesero, camarero 9
waitress *n., f* mesera, camarera 9
wall *n., f* pared
wallet *n., f* billetera, cartera
want *v.* querer (e→ie) 27
war *n., f* guerra
wash *v.* lavar 5; **wash (oneself)** lavarse 14; **wash one's hands** lavarse las manos 14
watch *v.* ver (yo veo) 8
watch *n., m* reloj 2
water *n., f* (el) agua 9
water ski *n., m* esquí acuático
watercolor *n., f* acuarela

way *n., m* camino
way *n., f* manera
wear *v.* ponerse (yo me pongo) 14; **wear a costume** disfrazarse 20
weather *n., m* clima; **the weather is nice/bad** hace buen/mal tiempo 13
Wednesday *n., m* miércoles 5
week *n., f* semana 15
weekdays, (on) *adv.* entre semana 5
weekend *n., m* fin de semana 5
weight *n., m* peso
well *adv.* bien 1
west *n., m* oeste 26
what *pron.* qué 6
when *adv.* cuándo 6
when *conj.* cuando 30
where *adv.* dónde 6
which *adv.* cuál 6
while *conj.* mientras
white *adj.* blanco/a 13
who *pron.* quién 6
why *adv.* por qué 6
wife *n., f* esposa 4
win *v.* ganar 12
wind *n., m* viento
windy, (it's) *n.* hace viento 13
window *n., f* ventana 2
windshield *n., m* parabrisas
wine *n., m* vino 9
winter *n., m* invierno 13
wish *v.* desear; *n., m* deseo
witch *n., f* bruja
with *prep.* con; **with me** conmigo; **with you** contigo
without *prep.* sin 26
woman *n., f* mujer
word *n., f* palabra
work *v.* trabajar 5
work (job) *n., m* trabajo 8
worried *adj.* preocupado/a 15
worse than *adj.* peor que 17
wound *n., f* herida
write *v.* escribir 8
writer *n.* escritor(a)

Y

year *n., m* año
yellow *adj.* amarillo 13
yesterday *adv.* ayer 15
yet *adv.* todavía 28
yogurt *n., m* yogur 9
young man/woman *n., mf* joven 6
young person *n.* chico/a 4
younger *adj.* menor 6
youngest *n.* (el/la) menor 6
yucca *n., f* yuca

Z

zero *n., m* cero
zip code *n., m* código postal
zoo *n., m* zoológico

Each entry is followed by a citation, **(1)** or **(2)**. All entries followed by a **(1)** are found on the corresponding page in **INVITACIONES: Primera parte**; entries followed by a **(2)** are found on the page noted in **INVITACIONES: Segunda parte**.

Photo Credits: Primera parte

Corbis Images: 2 (tr) © Graham Neden, (bl) © James Marshall, (br) © Darrell Jones. 3 (tl) © Pablo Corral V, (tr) © Francesco Venturi. 15 © Morton Beebe. 48 © Tony Arruza. 66 © Tizziana and Gianni Baldizzone. 119 © Buddy Mays. 142 © Shaul Schwarz. 193 © Nik Wheeler. 216 (l) © Miki Kratsman, (r) © Owen Franken. 239 © Hans Georg Roth. 273 © Wolfgang Kaehler. 320 © Amos Nachoum. 354 © Nik Wheeler. 367 (l) © Michael Freeman. 383 © Doug Wilson. 391 © Rob Lewine. 396 (b) © Reuters NewMedia Inc./Rafael Perez.

CyberSpain: 3 (bl) permission to reproduce J. Carballo.

© Randy Krauss: 3 (br)

Latin Focus: 151 © Jimmy Dorantes. 152 © Jimmy Dorantes.

Courtesy Mabis Robledo: 2 (tl)

Photo Credits: Segunda parte

Art Explosion: 330

Cantomedia: 251 © Frank Cantor 2003.

Rex Cauldwell: 127

Corbis Images: 20 © Jacques Pavlovsky. 49 (l) © Charles & Josette Lenars, (r) © Jeremy Horner. 50 © Barnabas Bosshart. 78 (tl) © Adam Woolfitt, (tr) © Paul Hardy, (b) © Tony Savino. 104 © Tom Bean. 128 © Jeremy Horner. 145 © Bettmann. 154 © Macduff Everton. 173 © Reuters NewMedia Inc./Andrees Latif. 207 © Tom Brakefield. 230 © Joyce Naltchayan. 232 © Charles & Josette Lenars. 278 © Dave G. Houser. 308 © AFP/Daniel Garcia. 329 © Pablo Corral. 359 © Jeremy Horner. 372 (l) © Brooks Kraft, (m) © Bill Gentile, (r) © Reuters NewMedia Inc./Enrique Shore.

© Randy Krauss: 49 (m). 335

Lucky S. R. L.: 375 Gunter Dittmar.

Courtesy Mabis Robledo: 11

Margorie Stitson: 150

Text and Realia Credits: Primera parte

Pages 6 and 37: "*Catálogo de carreras*" adapted and reprinted with permission from Único – Universidad de la Comunidad, Universidad Autónoma de Guadalajara.
Page 307: "Premio escolar espíritu de superación." Adapted and reprinted with permission from Zubi Advertising.
Page 83: "¡Vivir bien con poca grasa!" ad adapted and reprinted with permission from Rodale Press International.
Page 223: "Estancia Santa Gertrudis." Ad adapted and reprinted with permission from Darío Saráchaga.
Page 316: "The Ultimate Oversees Career," 1997. Translated and adapted with permission from *Hispanic Magazine*.
Page 332: "Instituto Forrester." Ad adapted and reprinted with permission from Instituto Forrester, S.A.

Text and Realia Credits: Segunda parte

Page 495 "Grandes mujeres humildes," 1998. Reprinted with permission from *Revista La Pandilla*.

About the Authors

Deana Alonso-Lyrintzis was born and raised in Mexico City. After graduating from High School and studying for a year at the *Universidad Nacional Autónoma de México* (UNAM) her family moved to the United States. She earned a Bachelor of Arts Degree in Mathematics and a Master's Degree in Spanish from San Diego State University. She also holds a Master's Degree in Teaching English to Speakers of Other Languages from California State University, Los Angeles. She served for four years as consultant and teacher leader at the Los Angeles Area Site of the California Foreign Language Project. In addition, Deana co-authored several texts for McGraw-Hill, Prentice Hall and National Textbook Company. She taught Spanish for five years at Citrus College and she is presently a Professor of Spanish at Southwestern College. She has traveled extensively throughout Europe and Latin America.

Esther Alonso was born and raised in Mexico City. After graduating from High School and studying for two years at the *Universidad Internacional de Turismo,* her family moved to the United States. She earned a Bachelor's Degree in Linguistics and a Master's Degree in Spanish and English Sociolinguistics from San Diego State University. Esther was a consultant and teacher leader for the Los Angeles Area Site of the California Foreign Language Project for a year. She has published her research on language assessment in professional journals. She taught Spanish for five years at California State University, San Marcos where she currently is the Language Proficiency Assessor. She is presently an Associate Professor of Spanish at Southwestern College. She has traveled extensively through Europe and Latin America.

Brandon Zaslow was born and educated in the United States. He holds graduate degrees in Spanish and Education from the University of California, Los Angeles, where he was a University Distinguished Scholar and from California State University, Los Angeles. From 1990 to 1995, he held a teaching position in UCLA's Graduate School of Education where he taught Methods of Foreign Language Instruction and Primary and English Language Development. Since 1995, he serves as Director of the Los Angeles Area Site of the California Foreign Language Project, which is funded by the legislature through the Office of the President of the University of California to improve K–16 foreign, second and heritage language programs. In addition to serving on a team that authored a program for heritage speakers of Spanish, Brandon worked to develop California's Classroom Oral Competency Interview (COCI), Classroom Writing Competency Assessment (CWCA), and Classroom Receptive Competency Matrix (CRCM) and was contributor and consultant to the 2001 Foreign Language Framework for California Public Schools. Recently, Brandon was honored by his colleagues being named California Language Teacher of the Year.